大人の育て方

子どもの自立心を育む方法

ジュリー・リスコット・ヘイムス
Julie Lythcott-Haims
多賀谷正子　菊池由美◆訳

How to Raise an Adult

Break Free of the Overparenting Trap and Prepare Your Kid for Success

いつものようにダンへ

そして

もうすぐ大人になるふたりの子ども、
ソーヤーとアベリーへ

HOW TO RAISE AN ADULT:
Break Free of the Overparenting Trap and Prepare Your Kid for Success

by Julie Lythcott-Haims

はじめに

旅人よ、そこに道はない。道は歩くことによってつくられる。[1]

――アントニオ・マチャード（1875～1939／スペインの詩人）

これから、子どもの人生に干渉しすぎる親について書こうと思う。過干渉の裏にある愛情と不安についても詳しく説明しよう。また、親が干渉しすぎると、子どもにどんな悪影響があるのかも考察する。そのうえで、子育てをどのように変えれば、長い目で見たときに、よりよい目標を達成できるのか、そして、子どものより大きな成功をサポートできるのかを見ていくことにしよう。

親であれば誰しもそうだが、私は自分の子どもをとても愛しているし、親が子どもに何かをしてあげようと思うのは、すべてこの愛情のなせるわざだと知っている。だがこの数年、本書執筆のためのリサーチをしていてわかったのは、親の行動の多くは不安からきているということだ。最も大きな不安は、自分の子どもが社会でうまくやっていけないのではないか、というものだろう。もちろん、子どもに成功してほしいと願うのは親としては当然のことだが、私が行ったリサーチや、100人あまりへのインタビュー、さらに個人的な経験から私が得た結論は、私たち親は「成功」の定義をあまりにも狭くしすぎているということだ。困ったことに、この狭すぎて誤った定義のせいで、私たちは若者（つまり自分の子どもたち）に悪い影響を与えてしまっている。

私はスタンフォード大学で10年間、新入生担当の学生部長として働いてきたが、その間、若者たちと知り合い、彼らのことを気にかけ、また案じてもきた。この仕事は気にいっていたし、18歳から22歳の男の子や女の子が大人へと花開いていく様子をそばで見ていられるこの仕事は、なんてすてきな仕事なのだろうと思っていた。学生たちは私を笑わせたり泣かせたりしてくれたが、どんなときにも私は彼らの応援団だった。だから、この本は彼らや彼らと同年代の若者、つまり１９８０年以降に生まれたミレニアル世代を非難するものではない。だが、その親たち（つまり私たち）については話が別だ。

私のこともお話ししておこう。私はスタンフォード大学で学生部長をしていたが、私自身もスタンフォード大学とハーバード・ロースクールの卒業生である。だが私が本書を執筆している理由は、卒業生だから、ではないし、卒業生にもかかわらず、でもない。そうしたバックグラウンドは、今回の分析にあたっては、自分の特権や経験が生きる一方で邪魔にもなりうる、とつねに自分に言い聞かせていた。先ほども書いたように、私もひとりの母親だ。私たち夫婦には10代の子どもがふたりいる。２歳違いの男の子と女の子だ。私たちはシリコンバレーの中心地、パロアルトで彼らを育てているが、ここは、世界のどこにでもあるような、過保護な親たちが大勢住んでいるエネルギッシュな場所だ。一流大学で学生部長をしていたころには子どもに干渉しすぎる親たちに顔をしかめていた私だが、この問題について何年も考えているうちに、かつて自分がのんきに非難していた親たちと、自分もたいして変わらないと思うようになった。さまざまな点で、私自身も本書で紹介するような問題のある親なのだ。

親の思い

子どもがまだお腹の中にいるとき、親は、へその緒、呼吸など、体全体を通じて我が子に愛情を注ぎ、生まれた後は抱っこしたり、キスをしたり、授乳をしたりして、愛情を示すものだ。そして、雨風をしのげる安全な家に子どもを迎え入れ、数週間後には、初めて我が子としっかり目と目が合ったことに喜ぶ。子どもがバブバブと言うのを聞いては、言葉をしゃべったと言って喜び、寝返りができるようになった、お座りができるようになった、ハイハイができるようになったと、親は大喜びする。目前に広がる21世紀という時代を見わたせば、ますます広がるネット社会や競争が激化していく世界に、時に既視感を覚えたり、時に未知の領域だなどと不安を覚えたりする。そして、大切な小さな我が子を見つめて、この子がこれから歩む長い人生において、自分にできることはなんでもしてあげようと誓うのだ。子どもがまだ十分に準備できていないうちから、自分の足で立って歩くことを教えることはできない。それなのに、親というのは早くいろいろなことができるようにと躍起になってしまう。

子どもは自分とは違う人間であることは、親も初めからわかっている。それでも親は、我が子に対して、自分たちがこれまで切りひらいてきた道の先を行けばいい、自分たちを踏み台にすればいい、自分たちが知っていること、教えられることはすべて伝えてあげようと思うものだ。そして、子どもがよく学びよく成長していけるように、さまざまな経験をさせ、幅広い考えに触れさせ、いろいろな人に会わせ、さまざまな場所に連れて行ったりする。それだけでなく、我が子の潜在能力や可能性をおおいに高めてくれるような困難や機会にも触れてほしいと願う。親は、いまの社会で成功するには何が必要かわかっているし、子どもを守り導いてやりたいと切に願っているし、どんなことがあっても、肝心なときにはつねにそばにいてやりたいと考える。

一方、自分が子どもだったころは、親にあまり干渉されなかったと思う人も多いだろう。平日の午後、親（たいていは母親）が玄関のドアを開けて、「外で遊んできなさい。夕飯までには帰ってくるのよ」などと言うことはよくあった。私たちがどこで何をしているか、親はまったく知らなかったはずだ。当時は連絡をとるための携帯電話もなければ、どこにいるのかを検索するＧＰＳ装置もなかった。家から外の世界へと飛び出して、自分の家のある一角や、その近所、町、空き地や公園、森、並木道で遊んだものだ。時には、こっそり本を持ち出して、家の裏の階段に座って読んでいたこともあった。いまの子どもたちとは大違いだし、いまの若い親たちも、昔の子どもがそんな毎日を過ごしていたとは知らないだろう。

変わりゆく子育て

いったいいつから、そしてなぜ、どのように、子育ての仕方や子ども時代のあり方は変わってしまったのだろう？　ざっと考えただけでも、いくつかの要因がある。なかでも重要な転換点を迎えたのは１９８０年代半ばのことだ。

1つ目の要因は、1983年に子どもの誘拐事件への警戒が高まったこと。1981年、まだ幼かったアダム・ウォルシュの誘拐殺人事件が起きた。この事件はテレビ映画『アダム』にもなり、3800万人という過去最高の視聴者数を記録した。[2] その後すぐに、各地で行方不明になっている子どもたちの顔写真がテレビで公開されるようになり、朝食のテーブルに置かれた牛乳パックの向こうに、私たちは彼らの顔写真を目にするようになった。[3] アダムの父親であるジョン・ウォルシュが議会に働きかけたことで、1984年に全米失踪・被搾取児童センターが設立され、さらに、公開捜査番組「アメリカズ・モスト・ウォンテッド」が1988年からFOXテレビでオンエアされはじめた。見知らぬ人に対する恐れが生まれたのも無理はない。

2つ目は、1983年に出された連邦報告書「危機に立つ国家」[4] のなかで、子どもたちの学力が低下しているとの報告がなされたことだ。この報告書では、アメリカの子どもは他国の同年代の子どもに比べて競争力がないとされた。それ以降、「どの子も置き去りにしない」や「頂点への競争」といった国家の方針が、成績重視の社会を助長するようになり、シンガポール、中国、韓国といった詰め込み型の教育が主流の国の子どもたちの学力が増してきたことも相まって、こうした国の子どもにテストの成績で勝てるような、詰め込み型の教育に力が入れられるようになっていった。スタンフォード大学の教育学大学院の講師、デニス・ポープが2001年に出版した『学校教育――いつもイライラして、実利的で、間違った教育を受けた世代が生まれた原因はどこにあるのか（*Doing School: How We Are Creating a Generation of Stressed Out, Materialistic, and Miseducated Students*）』[5] や、2010年の映画『ゴールのない競争（*Race to Nowhere*）』[6] に描かれているように、その後アメリカの子どもとその親は、たくさんの宿題を抱えて四苦八苦するようになり、学校を卒業するために必死にならなくてはならなくなった。

3つ目の要因は、子どもの自尊心を高めようという風潮だ。これは1980年代に全米で広まった考え方で、結果ではなくその子自身の価値を認めてあげることで、子どもが人生において成功するのを親として手助けできるという考え方だ。[7] 2013年のベストセラー『世界教育戦争――優秀な子供をいかに生み出すか』（中央公論新社、2014年）の中で、著者のアマンダ・リプリーは、自尊心を高めようというこの風潮は、アメリカ特有の現象であると解説している。[8]

4つ目は、1984年ごろから「プレーデイト（遊ぶ日）」をあらかじめ決めておいて、子どもたちを遊ばせる習慣ができたことだ。[9] プレーデイトは、働く母親の数が最多となったこのころ、互いにうまくスケジュールを調整するために考えられたものだ。両親が共働きで、年々多くの子どもたちが託児所を利用するようになったため、学校が終わってから自宅に帰る児童の数が少なくなり、学校の友だちと遊ぶ場所も時間も見つけるのが難しくなっていった。親同士が、子どもたちが遊ぶ日をあらかじめ決めておくようになったおかげで、その家の親は子どもが遊んでいるところを見守ることができるようになったし、子どもたちの遊びにかかわるようにもなった。子どもの遊びにかかわる親が多くなってくると、今度は子どもたちに留守番をさせて、親の目がないところで遊ばせておくことがタブーになりはじめた。すると、幼い子どものためだった託児所が、もう少し大きい子どもが放課後を過ごすための、組織化された施設になった。1990年代に入るころには、子どものケガや、それを訴える裁判などを恐れて、アメリカ中の公園が見直されることになった。[10] こうして〝遊び〟の本質（これこそ、人生のなかで子どもの発達を促す基本的な要素）が変わりはじめたのだ。

1990年に、こうした転換点とその他の要素を勘案して、子どもの発達を研究しているフォスター・クラインとジム・フェイが、「ヘリコプターペアレント（過保護な親）」という言葉を生み出した。これは、子どもの上をつねにヘリコプターのように旋回して見張っている親を指す言葉で、自立した子どもを育てる親の責任とはまるで反対のものだ。[11] 幼い子どもを持つ親たちへのアドバイスを熱心にしてきたクラインとフェイは、この10年の間に起こったアメリカにおける子育ての大きな変化をよく把握していた。だが、彼らが「ヘリコプターペアレント」という言葉を生み出した年から25年後の今日、その変化はもはや定着してしまっていると言える。つまり、ヘリコプターペアレントに育てられた世代が、2010年前後に30歳を迎えたのだ。彼らの世代は「Y世代（ジェネレーションY）」あるいは「ミレニアル世代」と呼ばれる。

最初のミレニアル世代が大学に入学したのは1990年代の終わりごろだが、このころ、スタンフォード大学に勤めていた私と同僚は、新しい現象を目にしはじめた。大学のキャンパスに親の姿を見かけるようになったのだ。実際に、文字どおりの意味でだ。その後も年々、子どもに代わって好機を探す親、物事を決める親、問題を解決する親が増えていった。いずれも、大学に入学する年齢の子どもなら、昔は当然自分でやっていたようなことだ。念のために言っておくが、こうした現象が起こっているのは、なにもスタンフォード大学にかぎったことではない。全米中の4年制の単科大学（カレッジ）や総合大学（ユニバーシティ）で起こっており、このことは、各地にいる仕事仲間との会話からも明らかだ。こうした時代に、私と夫もふたりの幼い子どもを育てていたわけだが、自分たちもヘリコプターペアレントと同じような子育てをしていたことに、当時は気づきもしなかった。

ベビーブーム世代の親たち

1946年から1964年に生まれたベビーブーム世代が、最初に「ヘリコプターペアレント」のレッテルを貼られた人たちだ。彼らの子どもたちが、私が懸念している「ミレニアル世代」の先駆けということになる。ベビーブーマーの祖父母にあたる世代の人は「子どもは見守るが、子どもの言うことは聞かない」のがいいことだと信じていた。だからその人たちに育てられた、ベビーブーマーの親にあたる世代の人たちの口癖は「親の言うことをききなさい」というものだった。これとは対照的に、あるいはこれに反発した当時10代の若者だったベビーブーマーは、思考の自由や個人の権利を擁護する運動をし、時の権力に疑問を投げかけ、アメリカ社会における多くの基本的なパラダイムや社会慣習を覆していった。

もちろん、子どもの上をヘリコプターのように旋回していたのは、ベビーブーム世代が歴史上初めてというわけではない。1899年、のちに陸軍元帥となったダグラス・マッカーサーの母親が、息子と一緒に陸軍士官学校のあるウェストポイントに引っ越し、息子がきちんと勉強しているかどうかを望遠鏡で見張れるように、学校を見下ろせるところにあるクレニーホテルに宿泊していた、というのは有名な話だ(12)。ベビーブーマー(彼らの子どもが誕生するまで、アメリカの歴史上最多の7600万人を数えた)がトレンドを作りだすと、ファッションでも、技術でも、子育てでも、それは瞬く間に転換点となった。だから、このベビーブーム世代が親となってアメリカにおける子育てのあり方を変えていったのも、特に驚くことではないだろう。

彼ら独自の価値観や経験と、先に述べたような1980年代に起こったさまざまな社会的要因とが相まって、親となったベビーブーマーたちは、子どもの人生により深くかかわっていくようになった。ベビーブーマーの親にあたる人たちは、子どもと心理的にある程度の距離をとっていたが、ベビーブーマーは心理的にも子どもの人生につねに寄り添い、子どもにとって親友のような存在になる人が多かった。ベビーブーマーの親たちは、あまり子どもの手助けをしなかったが、自らが親となったベビーブーマーは、我が子をコントロールしようとしたり、結果が上手くいくように子どものために立ちまわったりして、子どもの最強の応援団になった。ベビーブーマーの親は、ヒエラルキー、組織、権力といったものに従順だったが、ベビーブーマーはこうしたものに激しく反発して、性革命や共稼ぎ世帯、離婚率の急上昇といった大きな社会変革をもたらした。また、子どもと過ごす時間の「長さより質が大切」といった考え方（つまり大切なのはどれほど長い時間を子どもと過ごすかではなく、子どもとどんな時間を過ごすかだという考え方）が生まれたのも、おそらく彼らと無縁ではないだろう(13)。自分の意見を主張することに慣れているベビーブーマーは、親となってもその動向が注目され、ひたすら我が道を進んでいるわけだが、彼らは、体制に反しようとも、どんなことがあろうとも、つねに我が子の〝そば〟にいたがった。それがいまや、子どもに成り代わって何かをしたり、あるいは子どもを体制や権力から守る盾となったりしている。子どもはもうすっかり成長しているというのに。

目の前のことだけを見れば、親が積極的に干渉する子育ては、子どもは無事に育つし、好機を逃すことなく捉えることもできるし、結果もついてくるという短期的な利益はある。陸軍士官学校を首席で卒業したマッカーサーのように、親が深く干渉する子育ての方法は、非常に「うまくいく」ように見える。そういう成功例があったため、２０００年代に入るころには、親が子どもに深く干渉する子育ては異例なものではなく、当たり前のものになっていった。私たち「X世代（ジェネレーションX。１９６５～１９８０年に生まれた世代）」が親となったときは、このベビーブーマーのやり方を踏襲したし、「ミレニアル世代（１９８０～２０００年に生まれた世代）」が親となったときも、そうだった。そのベビーブーマーたちはいまや祖父母となっているわけだが、良くも悪くもこれまでアメリカの社会に大きく貢献してきた彼らだからこそ、自分の子育てが終わったいまでさえ、育児方法について影響力を持っているのだろう。

目的はなにか？

親が子どもの人生に深く干渉するのは愛情があるからである。愛情があるのは間違いなくいいことだ。２０１２年にスタンフォード大学の学生部長を辞任するまで、私は多くの親だけでなく多くの学生ともかかわってきたわけだが、親に頼りきって、まったく何も考えていないような学生が年々増えているように感じていた。私は、大学に通う〝子どもたち〟（大学生は「子ども」と言われるようになってしまった）が人間として十分に成長しきっていないことが、どうにも案じられて仕方なくなった。彼らは両親の言うとおりにしているだけのように見えた。成長しきっておらず、生活能力もない。

ベビーブーマーにはさまざまな功績があると言われている。ベトナム戦争に徴兵されても、この戦争に異議を唱えたり、体をはって歴史的な公民権運動や人権擁護に取り組んだり、我が国最大の経済成長を支えたりしてきた。しかしその一方で彼らは、子どもが達成したことを自分の手柄のように思いこみ、子どもが自分の期待に応えてくれないと自分の成功が傷つけられたと感じていたのだろうか？[14] 自分の欲望やニーズを満たそうとするあまり、「自己効力感」という重要な心理的特性を子ども自身が築きあげる機会を奪っていたのだろうか？　著名な心理学者のアルバート・バンデューラによれば、「自己効力感」とは「予想される状況に対処するために必要な行動を自分がうまくとれるという、自己に対して抱く有能感」のことだ。[15] ここには深い皮肉がある。おそらく自己実現に関しては右に出る者のいないベビーブーマーたちが子どものために多くのことをやりすぎたせいで、子どもが自分自身への信頼感を培う機会が奪われてしまったのだ。

１９８０年代の半ば以降、子ども時代は、安全であること、いい成績をとること、自尊心を獲得すること、チェックリストに列記されたことを着々とこなしていくことが大切だというのが世間一般の常識となったが、それが原因で、子どもが健全な大人に成長していく機会が奪われてしまったのだろうか？テストでいい点をとれても、つねに親の手助けがなければ世間でうまくやっていけない若者たちは、いったいどうなってしまうのだろうか？　問題が起きてもいつも誰かが解決してくれて、自分はただお礼を言えばいいだけという状況に慣れきったまま大きくなった若者の目に、実社会はどう映るだろうか？いまさら自分の人生に責任をもとうとしても、もはや手遅れなのではないだろうか？　自分はもはや子どもではない、〝大人〟なんだと主張する日はくるのだろうか？　もし、その日がやってこないなら、そんな〝大人たち〟が住むこの社会はどうなってしまうのだろう？　私はこうした疑問を抱くようになり、それがこの本を執筆する原動力になった。

仕事中もつねにこの疑問が頭から離れなかったし、パロアルトの地域の集まりに行くときにもそうだった。なにしろ、パロアルトには、過保護な子育てをしている人が大勢いる。我が家もそうだ。子どもに指示を与えすぎたり、過剰に守りすぎたり、子どもの人生に干渉しすぎたりする親のなんと多いことか。子どもをまるで貴重な稀少植物の標本か何かのように扱い、細部まで行き届いた十分な世話をして食事を与え、自分で乗り越えれば強くなれるような難局も、あらかじめ排除してやっている。だが、人生で起こりうるさまざまな困難のなかを生き抜くには、難局を乗り切る力が必要だ。苦難のときを経験しないままでは、子どもたちは、まるでランの花のように、美しいけれども自分では世間の荒波に対処できない、時には身動きひとつとれないような人になってしまう。子どもに自分の人生を歩んでいく準備をさせるはずの子育てが、どうして子どもを人生の荒波から守る子育てに変わってしまったのだろう？　そんなことをすれば、子どもは自分の人生を歩む準備ができないままだ。また、私が抱いているこうした疑問が、中流家庭、あるいは上流中産階級の家庭の問題であるのはなぜか？　親は子どものことをとても気にかけるものだが、中流家庭や上流中産階級の家庭の場合、その親には幸いにも子育てにかける時間とお金が十分にあるからだ。私たちは、いい子育てがどういうものなのか、忘れてしまっているのだろうか？

さらに、親自身の人生はどうなるだろう？（「自分の人生って何？」という答えが返ってきそうだ）親はみな疲れている。子どものことを心配しすぎて、自分のことなど忘れている。私の住んでいる地域は写真映えがするようなところだし、料理とワインの組み合わせに気を配るような人たちが住んでいる。

それなのに、そこに暮らす子どもたちが成績をめぐってますます激しく競争をしているようでは、親も子も、いまの暮らしが「豊かな暮らし」だとはたして言えるだろうか？　言えないだろう。親の仕事は、子どもの勉強やその習熟度に目を光らせ、日々のスケジュールを管理し、彼らのやることを監視し、どこに行くにも送迎をし、その道すがら子どもをほめそやしてやることになってしまった。子どもの成功が親自身の成功や価値を測るものになってしまった。車のバンパーに貼られた大学の名前が入ったステッカーが、子どもの成功と同じように親の成功を表すものになってしまった。

２０１３年の春、私はパロアルトにある公立学校の財政支援をしている団体の会議に出席した。会議が終わったあと、学校の保護者たちがコーヒーケーキを食べながら世間話をして、そろそろ散会かというころに、ひとりの女性が私に話しかけてきた。彼女は私がどんな仕事をしているか知っている。「子どもたちがこんなにストレスを抱えるようになったのは、いつからかしら？」。彼女は遠い目をしてこう言った。私が彼女の肩に手をおくと、彼女の目は次第に潤んでいった。もうひとりの母親が、私たちの会話を聞いていたようで、うなずきながら近寄ってきた。彼女は身を寄せてくると、こう聞いた。「この町で精神不安の治療を受けている母親がどれくらいいるか知ってます？」。私は、どちらの質問にも答えられなかった。だが、こうした会話を母親たちとする機会が増えたことも、この本を書こうと思ったもうひとつの理由だ。

学生部長としての私は、親に過度に干渉されてきた若者たちの発達と将来を案じてきた。多くの若者と時間を共に過ごしてきたおかげで、私自身は親としてよりよい選択をしてこられたと思っている。だが、親としての私は、ほかの親が抱いているのと同じような恐れやプレッシャーと戦っている。繰り返しになるが、過保護な子育てをしてしまうのは、社会に対する不安や、子どもが親の助けなしでは社会でうまくやっていけないのではないかという不安があるからだ。だが、それは子どもにとって有害だ。子どものために、そして私たち自身のために、不安からくる子育てをやめ、もっと健全で、もっと賢く愛情を注ぐような子育てを、地域でも、学校でも、家庭でも、取り戻さなければならない。この本では、リサーチの結果と共に、実社会の有り様と常識的なアドバイスを織り交ぜながら、どうやって子どもたちを大人へと成長させてやればいいのか、そしてそのための勇気をどうやって出したらいいのかをご紹介しようと思う。

目次

※本書の注、参考文献は弊社サイト（http://www.panrolling.com/books/ph/ph76.html）に掲載しています。

I

子育てのおかしな現状

──過保護すぎる親たち

1 子どもの安全と健康

子育ての始まり

人生のあらゆる段階のなかで、幼少期ほど研究されているものはないだろう。ちょっとした本屋に行けば、子育てに関する書籍が本棚にずらりと並んでいる。子育てに関心がある親（関心のない親などいないだろう）がこうした書籍を手にとるのは、子どもを無事に育て上げるのは自分の仕事だという気持ちがあるからだろう。これは最も基本的なことであり、生物としてごく当然のことである。

息子のソーヤーが赤ちゃんのころの写真を収めたアルバムに、当時生後7カ月だった彼が、笑顔も見せずにカメラをじっと見つめている写真が残っている。写真に写っているのは、滑り台のてっぺんに座っているひとりの赤ちゃんだが、このとき、写真に写っていないところで、自分が息子をしっかりつかんで支えていたことを覚えている。

この日、息子のソーヤーは初めて公園に行き、生まれて初めて滑り台を滑った。写真を見ていると、そのときの私と夫が「大丈夫よ、お母さんたちがここにいるから」と、息子をなだめている声がいまでも聞こえてくるようだ。写真に残っている息子の表情を見ると、あまり効果はなかったようだが。

写真を眺めていると、自分の赤ちゃんが小さな滑り台のてっぺんに腰をおろしているところをハラハラしながら見ていたことを思い出す。その滑り台は、地面からわずか1メートルほどの高さしかなかったはずだが、私と夫が両サイドについていてもまだ心配だった。ほんの少し滑るだけだが、ソーヤーは怖くないだろうか？　下まで滑ってきたあと、滑り台から飛び出してゴムでできた地面に落ちはしないだろうか、そのときに頭を打ったりしないだろうか？　させなければよかった（させるべきでなかった）と思うような不快な経験をすることにならないだろうか？

何年も経ってから、ソーヤーと一緒にソファに座って小さいころの写真を見ているとき、ソーヤーが写真と同じように不安そうな顔をしていることに気づいた。これだけの年月が経ってようやく、当時赤ちゃんだった息子は、私たち夫婦が不安そうな顔をしているのを見て、同じような表情になったのではないだろうかと気づいた。小さな我が子を守ってやりたいと思う気持ちを、これから待ち受ける世界へ我が子を送りだそうという気持ちに変えるには、どうしたらいいだろうか？

事故を防ぐ

物質的に豊かで技術も進んだ世の中なのだから、どの子にもケガをさせないようにすることができる、そうする管理能力を自分たちは持っている、と私たちは信じている。そのために、私たちはより安全で、先を見越しやすい、子どもにとって優しい世界をつくってきた。こうした努力は、子どもがお腹の中にいるときから始まる。子どもは生まれるまで定期的にモニターで観察され、生まれたあとは、子どもを守るために完全に保護された家に帰る。

家の外の世界も、子どもたちにとってできるだけ安全な場所になるように考えられてきた。1978年から1985年の間に、子どもが車に乗るときはチャイルドシートを使わなければならないという法律がすべての州で施行され、その後すぐに、シートベルトの着用が義務付けられた(1)。こうした法律は、自由を謳歌した時代の終わりを告げるかのように聞こえたが（それまでは、ステーションワゴンの最後部に乗ってリアウィンドウから外を眺めていたものだ）、子どもの命を守ることのほうがずっと大切だ。同じころ、国家規格協会が自転車を乗るときにかぶるヘルメットの規格を初めて制定し、1994年には、全米の3分の1以上の人が、自転車に乗るときのヘルメット着用を義務付ける法律の適用対象となった。子どもを守るために、ローラースケート、アイススケート、スケートボードをするときにも、ヘルメットや肘当て、膝当てをさせることが多くなっていった。間違いなく、こうした法律や習慣は子どもの命を守ってきた。

だが、親はこれよりさらに踏みこんで、世界と子どもとの間に、自らがバンパーやガードレールとなって立ちはだかった。自分たちがいるかぎり子どもを決して危ない目にはあわさない、とでもいうように。先日、ある親子が一緒に通りを横切っているのを見たときに、そう思ったのだ。どの町や地域でも見られる光景だ。母親が通りを迷いなく歩いていた。その一歩後ろを、8歳くらいの男の子が、イヤホンをして携帯電話を見ながら歩いている。母親は左を見て右を見て、最後にもう一度左を見てから、息子と一緒に交差点を渡りはじめた。だが息子のほうは携帯電話を見たまま、まったく顔をあげなかった。その後すぐ、ミニブレーキという子どもの自転車用の製品についての記事を読んだのだが、これは、自転車に乗った子どもが車の往来の激しい道に近づきそうになったとき、自転車の後ろのタイヤのブレーキを、親がリモコンで操作できる製品だという。

学校は、知力を発達させるために子どもが通う、初めての重要な場所だ。しかし、子どもをただ学校に送迎しているだけでは、安全面に不安を感じる親もいる。そういう親は、学校が許すところまで子どもに付き添っていったりする。

子どもがまだ幼いころは、安全を考慮して学校まで付き添っていく親が多く、子どもの荷物を軽くしてやるためにいくらか持ってやる親もいる。つい最近も、娘の派手なピンク色をした小さなリュックサックを大きな肩に背負ったある父親が、自転車に乗って、せいぜい7歳か8歳くらいの娘の後ろを、自宅から3ブロック先の公立小学校まで走っているところを見かけ、ひとりでクスリと笑ってしまったところだ。微笑ましい光景ではあった。だが、その日の午後もそうだし、それまでも、それからも不思議に思っていたのは、「いくつになったら、子どもは自分で自分の荷物を持つようになるのだろうか。小学生の子どもの自立とは、どの程度のものなのだろうか」ということだ。私の住む町にある小学校の近くでこうした保護者の姿をよく見かけるので、この傾向がどこまで広がっているのか、調べてみることにした。

そこで、オハイオ州の郊外に住むローラという女性に話を聞いてみた。彼女の話では、スクールバスのバス停まで、小学3年生の子どもに毎日付き添ってくる母親がいるそうだ。その子どもはいたって健康で、何か障害があるわけではない。また、学校までの1・6キロもの道のりを毎日、自転車で娘に付き添っている父親がいるという話も聞いた。この父親は、私の町にいる、ピンク色のリュックサックを背負った父親と同じだ。違うのは、この父親の娘が6年生ということだけだ。学校が歩いて行けるところにあっても、車から排出される二酸化炭素の問題がどれほど深刻であろうとも、子どもを車で学校まで送っていく親が多い。学校の中まで付き添っていく親もいる。

先日、家族ぐるみで付き合いのあるエレン・ノーデルマンという女性と話をした。彼女は1969年以来、就園前の子どもから高校3年生までの子どもが通うロックランド・カントリー・デイ・スクールという私立学校に勤めている。この学校は、マンハッタンからハドソン川を隔てたニューヨーク州のコンガースにある。エレンはこの学校で英語教員として勤めはじめ、それ以来、授業を受けもちながら、学部長や大学への進学相談の仕事もしてきた。40年以上にわたりそうした仕事を続けてきたなかで、彼女は学校の門まで付き添ってくる親や、門の中にまで付き添ってくる親が年々増えてきたことに気づいたそうだ。

およそ半数の生徒はバス通学だが、「バスに乗れる子どもの半数が親に車で送迎してもらっている」と彼女は言う。しかも、低学年の生徒の親は子どもを学校の前で車から降ろすだけでなく、学校の中にまで付き添ってこようとするらしい。なかには、教室まで付き添いたがる親もいるとのことだ。「玄関ホールから先には入ってこないように、親御さんたちにはお願いしているのよ。好きなようにしていいとなったら、彼らは一日じゅう、教室の中で過ごしかねないから」。そして、こう付け加えた。「実際にそういう要望もあったのよ」

携帯電話はどうだろう。いまでは親子が連絡を取り合うときに使われるようになり、これがあるおかげで親が過保護にならなくてもすむようになったという一面もある。だが一方で、親がヘリコプターのようにつねに子どもの上空を旋回しようとすれば、携帯電話があるせいで、簡単にそれができるようになってしまうのも確かだ。研究者は携帯電話のことを「世界で最も長いへその緒」と呼んでいる[2]。

ある母親は、ビバリーヒルズにある高校に通っている息子が友人とビーチへ遊びに出かけたとき、行きと帰りの道中には、1時間ごとに自分にメールを送らせたそうだ。その母親は、息子が海でボディボードをすることよりも、行きと帰りのドライブのほうが心配だったらしい。ほかにもこんな例がある。スタンフォード大学に通う娘をもつある父親が、ある日大学に電話をかけてきて、丸一日、娘から連絡がないので行方不明ではないか、と言ってきたそうだ。アメリカの大学からニュージーランドへ留学したある生徒の母親は、留学プログラムの責任者に電話をかけてきて、山へのハイキング旅行から戻ったあと息子がいっこうに電話に出ないので、何かあったのではないかと心配していると話したらしい（その母親は、GPSで息子の動向を追跡していて、キャンパスに戻っていることは知っていた）。

親が十分に警戒してやったり、テクノロジーを活用したりすれば、子どもを外の世界から守ることはできるだろう。だが、親がいつまでも子どものそばにいて目を光らせているわけにはいかない。子どもを自立した大人に育てることこそ、生物としての親の責務であり、社会において自己を確立することこそ、人生における重要なスキルであり子どもが獲得するべきものだ。子どものそばにいて守ってやりたいと思ったとき、私たち親はこう自問すべきだ。「子育ての目的は何だろう？　子どもを保護して守ってやっていては、子どもが必要なスキルを学ぶことができないのでは？　どうしたら子どもに必要なスキルを教えてやることができるだろう？」

「見知らぬ人は危険」というのは考えすぎ

安全策の多く（安全に関する規則、安全のための防具、道を渡るときには親と一緒、子どもの自転車のブレーキを親がかける、学校まで親が付き添うなど）は、子どもを〝事故〟から守るのが目的だが、私たちは他人に対しても、この人は子どもを傷つけるかもしれないと考えて不安を抱く。だから、知らない人と話してはいけないと子どもに教えたり、外で遊ぶときには子どもを見守ったり、どこに行くにも子どもについていったり、スーパーの通路でも自分のそばを離さなかったりする。昔からある子ども向けの行事も影響を受けている。たとえば、ハロウィン。ひと昔前なら、子どもたちは大喜びで近所を走りまわって、近所の人や知らない人からもらったキャンディをほおばっていたものだ。だがいまでは、私の地域に住む12～13歳の子どもですら親に付き添われて近所を回り、その親たちは私道の入り口で子どもたちを待っていて、もらったキャンディにカミソリの刃や針が入ってはいないかと、ひとつひとつ確かめてから、子どもに食べてもいいと許可を出すありさまだ（最近は食べることすら許されないらしい）。

こうしてあらかじめ警戒をしておくのは、十分な根拠があるからだと思う人もいるかもしれない。だが実際は、ハロウィンのキャンディの中にカミソリの刃や針が入っていたというニュースは、嘘やいたずらだったことがわかっている。[3] 知らない人に誘拐されるのではないかという過度な不安も、わずかな事例をもとにしているだけだ。１９８３年に映画『アダム』（１９８１年に起きた子どもの誘拐事件を題材にしている）が公開されたことによって、見知らぬ人に誘拐されるのではないかという不安が、今日のアメリカに広まったという。[4] １９８０年代の初頭、子どもの安全を訴える人たちが、毎年何万人もの子どもが行方不明になっているという誤った情報を流したが、この数字には、家出をした子どもや、親権を持たない親が〝誘拐〟した子どもの数も含まれており、実際に知らない人に誘拐されたケースは極めて少数である。現在では、スマートフォンや24時間つながるネットの利用が加速し、世界のどこにいても、子どもに何かあったときは即座に知ることができる。親たちの不安感はメディアによってますます煽られ、恐ろしい事件を取り上げた番組の視聴率は高い。アメリカじゅうの親が、当然のことのように、あるいは憂慮した様子で、子どもをひとりで歩かせることができないと嘆く。なぜかと聞くと「小児性愛者がいるから」と言う。この国は昔より危険な国になってしまったと、私たち親は思っている。だが、統計によると、子どもの誘拐事件の発生率は高くなってはいないし、それどころか、数々の対策が講じられているおかげで、かつてないほど低くなっている。[5]

司法省が１９９０年に「行方不明の子供、誘拐された子供、家出した子供、捨てられた子供の発生に関する全国調査」（ＮＩＳＭＡＲＴ１）の報告書を出し、２００２年には最新の報告書（ＮＩＳＭＡＲＴ２）が出された。最新の報告書によれば、１年間で推定79万７５００人の子どもが行方不明になったとの報告があったが、そのうち家族以外の者によって長期にわたり連れ去られた重大な「本当の誘拐」の犠牲者である子どもの数は１１５人にすぎない（誘拐された子どもの40パーセントが殺害されている）。ＮＩＳＭＡＲＴ２が出されたのはずいぶん前のことだが、いわゆる「本当の誘拐」の発生件数は、今日でも増えていないばかりか、むしろ減っている。FBIの統計によれば、1997年から2011年の間に行方不明になった人の数は全年齢で31パーセント減少しており、「子どもに対する殺人や性的暴行その他の発生件数も減少している[6]」という。

このデータをもとに考えてみよう。2014年時点で、アメリカの人口はおよそ3億1800万人、そのうち子どもは7400万人である。仮に、そのうちの115人が誘拐の犠牲者となり、そのうちの40パーセントが殺害されるとすると、その数はごくわずかだ。知らない人に誘拐される子どもは、行方不明になったすべての子どもの数の0・01パーセントである。[7] 残りの99・99パーセントの子どもは、行方不明になったと保育者が勘違いしたり、家族によって連れ去られたり、家出をしたり、捨てられたりした子どもだ（子どもが帰ってくることを家族が望まなかったという意味だ）。行方不明になる子どもが年々増えている、行方不明になった子どもの大半は知らない人に連れ去られているというのは作り話なのだ。

もちろん、深刻な被害が起こる可能性はどの子にもあるのは実に悲しい現実だし、知らない人による犯罪はごく少数だといっても、子どもを狙う犯人が実際に存在することも確かである。だが、子どもが知らない人に誘拐されるかもしれない100万分の1という確率に基づいて、私たちが子どもの日々の行動を決めてしまうのはなぜなのだろう？　実際、パームビーチ・ポスト紙が2006年に報道した記事によれば、1年間に落馬事故で亡くなる子どもは29万7000人に1人、アメフトをしていて亡くなる子どもは7万8260人に1人、自動車事故で亡くなる子どもは1万7625人に1人である。[8] 長い目で見たときに、親である私たちが子どもに教えなくてはならないのは、たとえば通りを歩くときは、ひとりではなく友だちと一緒に歩くとか、ほとんどの人はいい人なのだが、その中にいるかもしれない悪い人を見分ける方法といった、都会で生きていくための知恵だろう。外の世界をうまく渡っていく方法を学ぶ機会を子どもから奪ってしまったら、そのツケは後から回ってくるだけだ。外の世界に出たときに、怖がったり、困ったり、迷子になったり、途方に暮れたりするのは、子どもたちなのだ。

もちろん、私もほかの親と同じように、こうした不安を抱いている。先に挙げたようなデータをよく知っているのだから、理論上は、むやみに恐れる必要はないと知っているはずなのに、知らない人は危険であるとの考えにとらわれてしまっている。息子のソーヤーが初めて友だちの家からひとりで歩いて帰ってきたときのことは、いまでも覚えている。この辺りは犯罪も滅多に起こらない、上流中産階級の家庭が住んでいるところだ。当時、息子は10歳ぐらい。辺りが薄暗くなりはじめた時間帯のことで、歩いてほんの10分ほどの距離だった。親というのは必要以上に不安を抱くものだとわかっていたし、子どもの自立心を育てることの大切さもわかっていたにもかかわらず、私はハラハラし、息子が無事に帰ってくるまで、ほかのことに懸命に意識を向けていなければならない有様だった。

恐ろしいことは世界のどこにいても起きる。恐ろしいことはいつだって起きてきたが、統計的に見ると、10年前に比べてその数は減っている。それでも、事件が起こるたび、そのニュースはすぐに私たちの耳に飛び込んでくる。すると「闘争か逃走か反応」が起きるわけだが、私たちはストレス要因と闘うことも、ストレス要因から逃げることもせず、ただ警戒レベルを上げておこうとする。

進化生物学者のロバート・サポルスキーは、人間のストレスに関するエキスパートだ。彼の著書『なぜシマウマは胃潰瘍にならないか――ストレスと上手につきあう方法』(9)（シュプリンガー・フェアラーク東京、1998年）は現在第3版が出版されているが、その中で彼は、何か悪いことが起きるのではないかという恐れは、私たちに害をもたらすことがあると書いている。

何か悪いことが本当に起きるのではないかという恐れからストレス反応を起こすとき、私たちは、この認知スキルがあるからこそ早期に防御態勢をとることができるのだと喜ぶ。こうして予め防御しておくことは極めて効果的であり、ストレス反応と呼ばれるものの多くは、予防するために起きる。だが、何ら要因がないとき、あるいは自分の力ではどうすることもできないことが起こったときに、このストレス反応を生理的に高めて活性化してしまうと、それが「不安」「神経症」「妄想症」「必要以上の敵意」となって表れる。

このように、身体的、心理的な侮辱を受けたときだけでなく、それを予期したときにも、ストレス反応が起こる。最も驚くべきことは、ストレス反応の普遍性である――実際に身体に痛みを感じたときだけでなく、そのことを考えただけで、ストレス反応という生理的なシステムが活性化する[10]。

いまの人間社会は、24時間365日、世界じゅうのニュースが飛び交うようになったが、私たちはそれに対処できるほど進化していない。情報が多すぎるという弊害もある。

普通の行いが犯罪扱いされる

たとえ個人的には何も恐れを抱いていないとしても、つねに不審者に目を光らせていなければ親として失格であるかのように感じてしまう世の中になった。子どもがひとりで外にいるのは、いまでは珍しい光景になってしまったので、親がそばにいない子どもを見かけると、どうしたのだろうかと私たちは心配になる。親と離れてしまったのだろうか？　まさか、誰も付き添いがいないのでは？　その結果、警官や児童保護サービスが呼び出されることもある。

2014年、サウスカロライナ州に住むデブラ・ハレルという女性が、マクドナルドで働いている間に、9歳の娘を公園でひとりで遊ばせていたとして逮捕された。彼女は次の日に保釈され、福祉センターに保護されていた娘の養育権をすぐに取り戻したが、この福祉センターに関する訴訟は、現時点でまだ続いており、公判を控えている(11)。

作家のキム・ブルックスは、涼しい日に4歳の息子を車の中で5分間待たせていたとして未成年者犯罪幇助罪で逮捕され、弁護士を雇わなくてはならなくなった(12)。どこかの親切な人がちょうどその駐車場にいて、ブルックスの息子が車の中にひとりでいる様子をビデオにおさめ、警察に通報したのだ。

だが、ブルックスの息子やハレルの娘を見かけた人の行為は、はたして親切なのだろうか？　それとも恐怖をやたらと煽りたがる、自警団のようなものだったのだろうか？　ハレルの娘もブルックスの息子もケガひとつなかった。危ないことが起こるかもしれないという恐れから、この母親たちは罪に問われたのだ。最近公表されているだけでも、このような罪に問われている母親は十数人もいて、このふたりの母親はほんの一例にすぎない。ひと昔前なら当たり前だった行動だし、親が文字どおり子どもにつきっきりでいるわけにはいかないのだから、今日でも子どもをひとりにしておかざるをえないときがある。子どもの殺害事件は、見知らぬ人によるものよりも親類によるもののほうが20倍も多い[13]。それなのに、恐怖を煽りたがる自警団の人たちが、八方ふさがりの状況のなかでなんとかやりくりしている母親たちを訴えようとするのだ。子どもたちはケガひとつしていないにもかかわらず。この自警団こそ、本当に憂慮すべき脅威だ。しかも、その人数は多い。

「自由に羽ばたける子ども」を提唱するレノア・スクナージが、彼らに立ち向かおうとしている。彼女の著書『自由に羽ばたける子ども（フリーレンジ・キッズ）を育てよう――のびのび育児のすすめ[14]』（バベルプレス、２０１３年）の巻末についているのは、子どもたちだけで外に遊びにいかせたいと考える親が実際に使えるツールである。必要なことを記入し、穴に紐を通して子どものリュックサックにつけたり、シャツに安全ピンでとめてやったりすることができるようになっている。そこには、こんなことが書かれている。「私は迷子ではありません。私は自由に遊んでいるだけです」。そして説明が書いてある[15]。実に馬鹿げている。まるで暗黒郷のようではないか。だがこれは、なんの配慮もなく子どもをひとりで外に遊びに行かせているのではないかと訝しく思う人たちに対して、実用的で積極的な回答になる。もちろん、こんな名札を子どものTシャツにつけていたら、近所の人たちに笑われるかもしれないし、反対に彼らをホッとさせるかもしれないが、警察は、子どもを自由に遊ばせたり歩き回らせたりしていいときと、それが違法になるときはいつなのかも明記されていない曖昧な掟を破ったとして、親たちを非難する。

メリーランド州に住むダニエル・ミーティブとアレクサンダー・〝サーシャ〟・ミーティブ夫妻は「フリーレンジ・キッズ」の支持者で、いつも親が付き添わずに、10歳になる息子に、６歳の妹を近所の公園や図書館や地元のコンビニに連れて行かせていた。[16] 2015年1月のある日のこと、近所に住むふたりの人が、子どもたちが親の付き添いなしで歩いている、と警察に通報した。警察官はすぐに現場に駆け付けると、パトカーで子どもたちを家まで送り届けた。警察官は親に向かってややきつい言葉を投げかけたあと、もし〝不審者〟につかまったらどうするつもりだったのか、と子どもたちに訊いた。間もなくして、児童保護サービスがミーティブ夫妻に〝安全計画〟に署名するように要求したが、サーシャは弁護士が目を通すまではどんな書類にも署名しないと拒否した。すると、児童保護サービスのスタッフはこう言ったのだ。「この書類に署名しないなら、子どもたちをいますぐ保護します」。そして、そのスタッフは警察に通報した。

皮肉なことに、ミーティブ夫妻のふたりの子どもは、スクナージの「私はフレーレンジ・キッズです」という名札をいつも持ち歩いていたのに、両親が逮捕されたこの日は、たまたまその名札を身につけていなかった。それがいけなかったのだろうか？　そうではないだろう。警察や児童保護サービスなど行政側の主張が、スクナージやその支持者の主張よりも受け入れられてしまうことこそが、問題なのだ。

キム・ブルックスやミーティブ夫妻のような中産階級の人なら、思いがけず発生した法的手続きを処理したり、児童福祉センターを訪れたり、罰金を支払ったりする時間もお金もあるかもしれない。だが、ハレルのように貧しい労働者階級の親は、こうした解決できない難問に度々頭を悩ませなければならない。彼女の時給は8ドルで、彼女が娘を公園で遊ばせていたのは、子どもを保育所に預けたりサマーキャンプに行かせたりするだけの金銭的余裕がなかったからである。だが、恐ろしいことに警察がプライベートな生活に介入してくることもあるし、[17] あからさまであろうとなかろうと、働く母親に対する悪意ある視線もある。同じことが我が身にふりかかったらどうだろうと想像してみると、ブルックスやハレルが受けた精神的な痛手はいかばかりかと思われる。

自分の親の判断が世間でこんなにも恐ろしく糾弾されるところを目にする子どもたちは、いったいどうなってしまうだろう？　両親が法律と闘っているときに里子に出される子どもたちは（それ自体、場合によっては悲惨な話になることもある）、いったいどうなってしまうのだろう？　この事態を子どもはどうとらえるだろうか？

スタンフォードの同僚だったアマンダは、この本を執筆するためのリサーチを手伝ってくれた。彼女にはふたりの息子がいて、シリコンバレーの郊外にある田舎町で、夫とともに息子たちを育てている。長男のローランドは４歳で、好奇心旺盛でなんでも自分でやりたがる年頃だ。アマンダはいつも、ローランドに洗濯乾燥機に洗濯物を入れさせたり、食事の手伝いをさせたりしている。

そのローランドが最近になって、母親がちょっとした用事で出かけるとき、一緒について行きたくないから家や車の中で待っていてもいいかとしきりに聞くようになったらしい。アマンダは、ほんの少しの間なら、親やほかの大人が見張っていなくても、彼ならおとなしく安全に待っていられるだろうと思っている。だが、「ネグレクト（育児放棄）」と言われる母親のニュースが最近よく聞かれるため、知らない人や警察の人が見たらきっとよく思わないだろうし、トラブルに巻き込まれてしまうこともあると息子に説明しなければならなかった。

ローランドは大きな声で笑い飛ばすと、自分は何も悪いことはしないから〝逮捕〟なんかされないよ、と言ったそうだ。そこでアマンダは、知らない人や警察の人は、あなたじゃなくて、子どもをひとりにしておいたママが悪いと思うのだ、なぜなら、誰も大人がついていないと子どもが危ないと考えているからだと説明してやった。すると彼は不思議そうな顔をして「僕はひとりでもちゃんとできるし、安全だし、なんの問題もないって、なぜみんなわからないのかな?」と答えたそうだ。

おそらく、ローランドは公共ラジオ放送を聞いていたに違いない。2014年の夏、このラジオ局で、日本では7歳の子や、時には4歳の子までが、ひとりで地下鉄に乗ることも珍しくないという話が紹介された。[18] そのときレポーターは、アメリカなら児童保護サービスに通報されてしまうだろうと語ったそうだ。我が国ではネグレクト(育児放棄)の定義が広くなりすぎて、親がいつ、どこまで、子どもにちょっとした自立的な行動をさせるかを決めることもできなくなってしまったし、未知の世界に対峙するために発達上必要なスキルを身につけさせることもできなくなってしまった。日本人はどうかしていると私たちが思う一方で、子どもはいつでも大人に監視され付き添われなければならないと考える私たちアメリカ人も、外から見ればおかしいに違いない。皮肉なことに(ちょっと考えてみると、とても残酷なことでもあるのだが)、こうした世の中において目に見えない弊害は、子どもたちが、見知らぬ悪人や、スーパーにいる買い物客や、もっと悪いことに、ハロウィンにキャンディをくれる隣人が、自分たちを傷つけようとしていると思いこんでしまうこと、そして自分の親が自分を危険な目にあわせようとしていると思いこんでしまうことだ。

友だちの不安に影響される

私自身も、息子のソーヤーと娘のアベリー（ソーヤーより2歳年下だ）をどちらかと言えば過保護に育てていると自覚しているが、彼らが大学に入学するころには、自分に自信がもてる人になっていてほしい。そのためには、子どものうちから自立する機会をもっと与えなくてはならない、と思うようになった。そこで、彼らの年齢に応じた自立をさせていくことにした。

そんな育て方をはじめてから数年が経つ。最近、こんなことがあった。アベリーが中学1年生だったある夜、これから学校で友だちと待ち合わせて、明日が誕生日の友だちのロッカーに飾り付けをすると言ってきた。娘は夕飯のあと私と一緒に皿洗いをしているときに、この話をした。夜だったが、学校まで自転車で行かせることになんの不安もなかった。学校は家からほんの５００メートルほどのところにあるし、私たちが住んでいるのはとても安全な郊外の町だ。実際、自立心を高めるために、ぜひ自分で行ってほしいと思っていたくらいだ。ところが、娘の友だちの母親が、アベリーを暗い中ひとりで自転車で行かせるのは不安だといって、娘を一緒に車で送り迎えしてくれると言う。娘はその友だちに「ありがとう、大丈夫よ。自転車で行くから」とメールを返した。何度かやりとりしたあと、娘は「ママが自転車で行かせたがっているの」とメールをした。だが結局、不安のほうが勝った。その友だちはすでに車で家を出たので、これから我が家に寄ってくれると言う。ここで断ったら、私たちは相当な変わり者と思われてしまうだろう。私は台所のタオルで立ったまま手を拭きながら、周りの人が心配性なせいで娘の行動が妨げられてしまうとすると、私はどうやって娘を育てていけばいいのだろうと考えていた。

周りの母親は私のことをどう思うだろうかということも、少しばかり不安になった。

バージニア州の北部で開催された、親たちの小さな集まりに出席したときも、ジェーンという女性が同じような懸念を口にしていた[19]。「自分が過激で、ちょっとおかしい反逆者みたいな気になるわよね。実際は前よりずっと安全になっているのに、ますます危険になっているという思いこみがあるのよ」。彼女は、11歳の娘が、夜、ガールスカウトのミーティングからひとりで歩いて帰ってくることになんの不安もないそうだ。だが、ミーティングの主催者がそうさせてくれないという。「だって、女の子なのよ」と友人があとで彼女に言ったそうだ。「よくひとりで歩かせられるわね」と。ジェーンは娘に、賢く生きて決して被害者にならないように気をつけることを教えたいのだと言っていた。彼女は娘に「私にちょっかいを出さないで」という毅然とした表情をすることを学んでもらいたいのだそうだ。

中学2年生になる前の夏、娘のアベリーはキャンプに行くためにサンフランシスコまで電車に乗っていったのだが、このときこそ、娘にその表情を教えなければならないと思った。私は娘と一緒に3日間、1時間かけて電車で通う練習をし、そのあと娘はひとりで電車に乗ってキャンプに出かけた。ソーヤーが友だちの家から初めてひとりで歩いて帰ってきたときと同じように、初めてひとりで電車に乗って帰ってきた娘を迎えに行ったときの私は、心臓が口から飛び出そうだった。だが、帰ってきた娘の表情は自信にあふれていて、たった1日で1年分も成長したかのようだった。

だが、ジェーンや私のように、子どもが自立できるようにさまざまな経験をさせたいと思っている親ですら、不安は拭いきれない。「『フリーレンジ・キッズ』を書いた母親（レノア・スクナージ）を尊敬するわ」とジェーンは言った。「でも、自分が家でくつろいでいる間に子どもに何か恐ろしいことが起きて、その夜のニュースに流れるなんてことに、誰もなりたくないもの」。私もそう思う。危険が隠れているこの世の中を渡っていくのは容易ではない。大きな不安があるから、子どもを管理しすぎてしまうのだ。だが、本当に私たちが自分に問いかけなくてはならないことは、「人が成長するには、ある程度の自由が必要ではないのか」ということだ。

成長する機会を逃してしまっている

子どもを無事に育てるとはどういうことか、その意味が変化してきたことを示すものとして、ベビーシッターに対する考え方が挙げられる。バージニア州の北部に住んでいた9歳か10歳くらいのころ、私は近所の子どものベビーシッターをはじめた。近所の母親たちに雇われて、日中の子どもの世話をしていたのだ。「母親のお手伝いさん」と呼んでくれる人もいた。私は数時間ほど子どもの面倒をみて、おやつを食べさせたり、一緒に遊んであげたり、昼寝をさせたり、電話や訪問者の応対をしたりしていた。12歳になるころには、平日の夜はある家庭のベビーシッターを定期的にやり、最低賃金分の時給を稼いでいた。ところが現在では全米セーフキッズ・キャンペーンが行われていて、12歳未満の子どもを家でひとりにしてはいけないし、年下の子の面倒をみさせてもいけないと勧告されている[20]。14の州で、ひとりで留守番させていい子どもの最低年齢が決められて条文化されている。カンザス州では6歳、イリノイ州では14歳など州ごとに年齢が異なっているが、平均するとおよそ10歳である[21]。ベビーシッターをしていい年齢について州の規定はないものの、多くの州では14歳から16歳というのが暗黙の了解になっている（それでいて、おかしなことに、30の州では親の許可がなくても結婚できる年齢を16歳と定めている。残りの州は17歳か18歳としている）。

家でひとりにしてはいけない、外にひとりで行かせてもいけないとなると、現代のアメリカの子どもたちが手にする自由は、親の代に比べるとほんのわずかなものだ。祖父母の代と比べるとさらに微々たるものだろう。親は、子どもがこれからの人生を自分の半径1マイルのところで過ごしてくれることを願っているかのようだし、自立することでしか獲得できない生活能力を身につけさせようとは、思ってもいないようだ。

ガールスカウト連盟の人々（緑色のベストを着てミントを売り歩く人たち）ですら、安全に配慮するあまり子どもの自立を妨げている。彼らの正式な手引書には、18歳の少女たちがクッキーを販売するときも、大人がある程度関与しなければならないと書かれている。[22] 実際に、その年齢の子が大人に監視されながらクッキーを販売しているところを見たことはないが、中学に通う年齢の少女たちが、おとなしく椅子に座って微笑んでいる横で、親たちが在庫の管理をしたり会計をしたりしているところはよく見かける。何もしなくても、少女たちはバッジをもらえるらしい！　いったいなんのためのバッジなのだろう？

子どもが心の傷を負わないよう気を配る親たち

バッジと言えば、ミレニアル世代はある理由から「全員がトロフィーをもらえる世代」とも呼ばれる。

子どもたちの感情が傷つかないようにという誤った気遣いのもと、親たちは子どものわずかな努力にも褒美を与えるようになったのだ。1980年代以降、アメリカの子どもたちは何かに参加しただけでバッジ、修了証、リボン、トロフィーなどをもらえるようになった。その場に来られただけでもすごいことなので、証明書やバッジやトロフィーで称えてやろう、というのだ。

子どもが何をしても、親はたっぷりとほめてやる。幼児が棒人間の絵を描けば「すばらしい！」とほめちぎり、子どもが野球の打席に立ってバットを振れば、たとえヒットを打てなくても「いいスウィングだ！」と大声でほめてやるなど、私たちはどんなに小さなことであろうと（「ひとりで靴を履けたなんて、えらいわ！」）、無理やりであろうと（「ビリーのことをぶたなかったのね、えらいわ」）、子どもをほめてやる。[23]どんなに簡単なことでも、子どもは賞をもらったり褒美をもらったりするべきなのだろうか？　これが無償の愛を示す方法なのだろうか？　もちろんそう考える人もいるだろう。[24]だがこれでは、人から抜きんでるためには人一倍の努力が必要なことを知らないままだし、将来職場で認めてもらって昇進する権利が当然自分にはあると思いこむことになるだけではないかという意見もある。

2013年に出版された『世界教育戦争』は、世界の子どもと比べてアメリカの子どもの学力はどのくらい競争力があるのかについて書かれた本だが、著者のアマンダ・リプリーは、「子どもの自尊心を高める運動」と称される、〝どの子にもトロフィーを〟という運動こそが子どもの学力の向上を阻んでおり、世界共通のテストでアメリカの子どもの成績が振るわないことの原因であると指摘している。[25]1980年代、「アメリカの親や教師たちは、子どもの将来の成功を願うなら、彼らの自尊心を傷つけないように競争（や現実）から守ってやることが必要だとさんざん言われてきた」。心理学者のハラ・

エストロフ・マラノが声高に叫んで反対しているように、「やりすぎた子育て」の結果、この国は「弱虫だらけの国」になってしまった。[26]

すぐに〝いじめっ子〟のレッテルを貼る親

子どもはいじめをすることがある。私が名付け親になったある男の子は、中学2年生のとき、ゲイであることをフェイスブック上で高校生たちにからかわれたことがある。ひどいいじめだった。いじめられたとき、子どもには、そのいじめから抜け出して乗り越えることを手助けしてくれる親や大人が必要だ。

だが、スーザン・ポーターが『いじめがはびこる国（*Bully Nation*）』[27]で書いているように、私たち親は、子どもが成長し社会性を身につけていく過程で起こる、よくある出来事に、いじめというレッテルを貼ってしまうことが多々ある（嘆かわしく、見ているのはつらい出来事ではあるが）。いまの世の中では、ほかの子どもに悲しい思いをさせる子はいじめっ子というレッテルを貼られてしまったり、親がよその家の子どもをいじめっ子だと非難したりするので、教職員はおおいに頭を悩ませている。ポーターは、すぐにいじめっ子というレッテルを貼るのではなく、人生の厳しい荒波を乗り越えるのに必要な「立ち直る力」を養うことができるよう、子どもたちを手助けすることが大切だと、親や教員たちに訴えている。

オラフ・〝オウル〟・ジョージェンソンは、私の自宅からほど近いところにある、カリフォルニア州サンノゼの私立学校、アーマデン・カントリー・スクールの校長だ。ここには幼稚園児から中学2年生までの子どもが通っている。彼はワシントン州のシアトル、カリフォルニア、ハワイ、アリゾナ州最大の学区であるメサ、それにアジア、ヨーロッパ、南米など、さまざまな地域の公立学校や私立学校で、25年以上も教師や管理職として働いてきた。

「いじめは、どこの学校にもある問題だ」とオウルは話してくれた。(28)「これまでも問題になってきたし、これからもそうだろう。だが、本来の意味でのいじめは増えてはいない。長期にわたって、意図的に誰かを威圧したり仲間はずれにしたり、集団で誰かのことをからかったり暴力をふるったりするような行為のことだ。25年前、私が教師の仕事をはじめたときと比べても、増えているわけではない」。オウルは続ける。「最近の親が、子どもたちを〝いじめっ子〟と非難するのは、自己中心的な見方であることが多いし、子どものことをよくわかっていないだけということもある。自分の子どもを慈しんで育てているインテリの人たちは、よその家の子どものやることを中傷したり、犯罪だとまで言ったりする。相手が小学生だったり幼稚園生だったりしてもだ。驚くべきことだし、悲しむべきことでもある」

　オウルの口調は優しかったが、電話越しでも彼の懸念が伝わってきた。「子どもと接する仕事をしている者なら、子どもの成長過程で、仲間はずれにするなどの関係性攻撃が起こることは普通だと知っている。もちろん、相手を傷つける卑劣な行為だから、我が子が傷つかないように守ろうとするのは親の本能だ。だが、子どもは、いじめをどうやって乗り越えるかを学ばなければならない。よその家の子どもに〝いじめっ子〟というレッテルを貼るのは、相手がまだ幼い場合は特に、その子がまだ十分に成長していないと言っているのと同じだ」

さらにオウルは、すぐにいじめだと決めつけてしまう風潮を、非難された子だけでなく、いじめられた子のためにもなんとかしなければならないと言う。「親が自分の子の代わりに出ていって介入してしまうと、子どもは被害者になってしまう。子どもに『あなたは何もできない。この問題を自分で解決できるほど強くもないのだから、私が出ていってあなたの代わりに問題を解決してあげる』というメッセージを我が子に送っていることになる」。つまり、親が我が子を無力にしてしまうのだ。

オウルは、ほかにもこんな話をしてくれた。「四角いコートの横に立って、運動場の見守りをしていたときのことだ。2年生の男の子が、ボールを抱えたまま私のところに駆けよってきて泣き出したんだ。男の子の後ろからついてきた女の子は、納得がいかないという様子だった。そこで、私はひざまずいて男の子の肩をなでながら、何があったのかと聞いた。すると『この子が僕をいじめるんだ！ この子が！』と男の子は泣き叫んだ。『この子が、ボールが外に出たって言ったんだ。入っていたのに。僕はちゃんと見たんだ！ 本当に入っていたんだよ！』」

この話をするオウルの声は悲哀に満ちていた。「7歳の子がどこでこんな言葉を覚えたんだろうね？」。彼は四角いコートを使って、その子にやり直しをすることを教えてやったそうだ。明らかに〝いじめっ子〟や〝被害者〟というレッテル貼りが、子どもの意識にも染み込んでいる。

オウルが話してくれた別のエピソードからは、親がこの言葉をうまく理解していないために、悲喜劇が生まれることがわかる。「数年前、新学期が始まってから2、3日経ったころに、転校生の親が私に面会したいと言ってきたんだ。うちの幼稚園で深刻ないじめがあると言ってね。それは大変だと思って、すぐにそのご両親に面談にきてもらった。幼稚園でいじめだって？ 私はノートを手にし、椅子から身を乗り出すようにしてご両親の話に耳をかたむけた。彼らの子どもが砂場で遊んでいるときに、友だちにプラスチックのシャベルで頭を叩かれたらしい。その親が尋ねたいのは、私がそのことを知っていたかどうかなのだろうか？　残念ながら私は知らなかった。だが、その場面を見ていたほかの先生がいたことがわかってね。その先生は子どもたちのところに駆け寄って、まずふたりから別々に話を聞いた。その後ふたりを面と向かわせて、叩いた子どもには相手に謝らせた。それからふたりを遊びに行かせたそうだ。見ていると、残りの休み時間、ふたりは仲良く遊んでいたらしい。つまり、うまく解決したわけだ。だが、私のオフィスに面談にきたご両親は、なんらかの措置が必要だと言うんだ。相手の子（彼らはずっとその子のことを〝いじめっ子〟と呼んでいた）を矯正のために違うクラスに移してほしい、とね。その〝悪い子〟は登園禁止にするか、退園させてはどうかとまで言ってきたんだよ。あの子たちはまだ幼稚園児だ。大人がうまく教えてやりながら、砂場でどうやったらうまく友だちと遊べるかを学んでいただけなのにね。その親になんと言ったかって？」。オウルはこの両親に向かって巧みにこう言ったそうだ。「どこが問題なんでしょう？」。この親にはうってつけの返答だ。だが、こうした問題はどこの学校でも起きている。

公園でも安全重視

公園というのは、事故、誘拐、意地悪な子など、まさに嵐が吹き荒れるところのようだ。だから、最近はどの公園に行っても、我が子にこうした被害を受けさせまいと見張っている親たちを大勢見かける。

アメリカでは、親が遊んでいる子どもに声をかけたりほめてやったりしがちだと、パメラ・ドラッカーマンが『フランスの子どもは夜泣きをしない　パリ発「子育て」の秘密』（集英社、２０１４年）のなかで書いている。この本は、フランスの子育てとアメリカの子育てを比較した本だ。フランスでは、自律的で自立した遊びが尊重されるので、大人は端のほうに座って、母親同士で話をしているという[29]。アメリカでは、絶え間なく子どもに声をかけて元気づけてやったりほめてやったりするので、親も子も疲れてしまい、遊びも楽しくなくなってしまうと彼女は書いている。

作家のスーザン・ルーカスは、幼い子どもをふたり連れてフィラデルフィアからスイスに引っ越したとき、公園の様子の違いに驚いたそうだ。５歳の子を初めてスイスの公園に連れていったとき、置いてある遊具に驚いたという。木から木へ移動するためにロープが張られていたり、ツリーハウスをつくるための木の板や釘、ハンマーなどが置いてあったりしたそうだ。ルーカスは娘につきっきりになり、危ない遊具で遊ぶ娘を見ていて「ストレスがたまった」らしい。だが、周りを見てみると、公園にいる親は彼女ひとりだった。「ベンチに座って本を読んでいる親さえいなかったの」とルーカスが話してくれた。「本当に、公園にいる大人は私だけだったのよ[30]」

アメリカの親や保護者は、積極的に子どもの遊びにかかわる。ブランコを押してやり、うんていの下で見守ってやり、私と夫のように滑り台の横に立ち、落ちたらすぐに受け止めてやれるように、そして、かすり傷ひとつ負わせないように待機している。心理学者のウェンディ・モーゲルは『すり傷から学ぶこと（*The Blessing of a Skinned Knee*）[31]』のなかで、トライ&エラーを繰り返すことで人生に必要なことを学んでいく大切さを説いている。だが、21世紀のアメリカの親たちは、〝いい子育て〟や〝子育ての成功〟とは、すぐに治るような小さなケガさえさせないようにすることだと考えているかのようだ。

アメリカでは、親だけでなく公園のつくりそのものも安全になったせいで、創造的な遊びをする余地がまったくなくなってしまい、子どもにとって退屈なものになってしまった。アスファルトや砂利の地面は、子どもが転んだときの衝撃を和らげるように、ゴムや合成の床材に取って代わられた。木でできた遊具はカラフルなプラスチックのものに代わった。頭がひっかかりそうな物や指をはさみそうな物は、すべて取り換えられた。2014年にハンナ・ロジンがアトランティック誌に掲載した記事「守られすぎた子どもたち」でもこの点が挙げられており、アメリカの公園と比較できるように、ほかの国の公園が紹介されている。イギリス北ウェールズにある公園は、子どもの遊び場というより、まるで都会のごみ捨て場のようだが、子どもたちはそこでとても楽しく遊んでいるそうだ。[32]ロジンの記事はソーシャルメディアを通じて瞬く間に拡散され、記事を読んだ人たちは、公園が（ひいては遊び方や子ども時代そのものが）変わってしまった事実を目の当たりにすることになった。「新しい公園は安全だ。だから誰も遊びたがらない」と、最近の別の記事の見出しでも嘆かれている。[33]いまの時代、遊びと言えば、広い家の中でデジタル機器で遊ぶことになってしまった。[34]また、高名なペディアトリックス誌に2012年に掲載された記事によると、子どもの肥満率が、子どもがケガをする確率よりも高くなりつつあるとのことで、同記事によれば、この変化は子どもが公園で遊ぶことの意義よりも、安全性への懸念が上回ったことが一因だという。[35]

留学中の子どもを監視する親

ティム・バートンは、ペンシルバニア州郊外のグレンサイドにあるアルカディア大学グローバル研究校で、学生支援部門のディレクターをしている。アルカディア大学は毎年3000人の学生を海外に送り出している。アルカディア大学に通う学生もいるが、ほとんどは全国300の単科大学（カレッジ）や総合大学（ユニバーシティ）から集まった学生たちだ。2014年の春学期が終わるころに、私は彼と話をした[36]。

アルカディア大学のプログラムで海外へ行く学生の大半は、有意義な経験をしてくる。だが、親の多くは、子どもが世界に飛び出して冒険することに期待と不安を抱く。そのとき、彼らの心配や不安の聞き役になるのがティムだ。よくある相談はどんなことか、彼に聞いてみた。

彼は、ロンドンに留学した女子学生の話をしてくれた。彼女が向こうに着く予定日の朝5時、ロンドン時間の10時に、彼はその女子学生の父親から、娘からまだ連絡がこないという電話を受けた。「娘が無事かどうか確かめてくれ！」と父親は叫んだそうだ。「いますぐに頼む！」。そこで、ティムはパソコンを立ち上げ、女子学生の乗った飛行機について調べた。「お父さん、彼女はまだ入国審査まで進んでいないものと思われます。我々のスタッフがついていますが、なにしろ100人も学生がいるもので。どれがあなたの娘さんかまだ把握できていないと思います」。その父親は怒りだし、「けしからん！」とティムに向かって怒鳴った。「まったく、でたらめな組織だ！」と言って電話を切った。

ティムはまだベッドから出てもいなかったが、ロンドンにいるスタッフに電話をかけて、その父親が娘を心配していることを伝え、その女子学生と連絡がとれたら電話をくれるように頼んでおいた。ティムが着替えて朝食を食べようとしているところに、先ほどの父親からまた電話があった。今度は気の弱そうな、安心したような声でこう言った。「娘は無事に着いていたよ、無事だった」と、こちらにも聞こえるほど大きな安堵のため息をついた。「娘がフェイスブックを更新していてね。それを見たんだ」

娘の友だちについての感想をティムと朗らかに話したあと、その父親は電話を切った。だが、ティムは心の中でこんなことを考えていた。「1時間前、私に暴言を吐いたのを覚えていないんですか？　私に不適切で失礼極まりないことを言ったのを覚えていないんですか？」。その父親は一切謝らなかったが、ティムにはわかっている。「彼は意地悪な人でもないし、ろくでなしでもない。ただ、不安なだけなんだ。私の仕事は、いま子どもがどういう状況なのか、親が知るための手助けをすることだ」

考えてみれば、いつでも子どもと連絡がとれるようになったからこそ、少しでも子どもから連絡がないと心配になってしまうのだ。10年や15年前は、こんなふうに子どもの動向をチェックすることはできなかった。携帯電話が登場するまで、子どもがビーチに出かければ、家に電話をかけることはできなかった。携帯電話がない時代、子どもは大学から1週間に一度、家に電話をかけていた（学生寮のロビーにある公衆電話で。しかも長距離電話が安い時間帯にだけ）。携帯電話を持っていない時代、留学中の子どもは親に手紙を書き、時折電話をする程度だった。いつでも連絡がとれるからといって、いつでも連絡をしなければいけないのだろうか？　はたして、それはいいことなのだろうか？

大学でフットボールの試合の遠征に行ったり、春休みにビーチに遊びに行ったり、辺鄙な場所で行われるインディーズバンドの演奏を聴きに行ったりしたとき、果てしない自由を謳歌したことを覚えているだろうか？　小さな車に大人数で乗り込んで誰が運転するかをじゃんけんで決め、音楽は流し放題、持ち寄った食べ物や飲み物を食べ漁ったものだ。大学2年生が終わったあとの夏休みに、ハンサムな男の子が主催するハンメルフェストという裏庭パーティに出席するためだけに、私は1週間かけてワシントンDCからウィスコンシンまで車で行き、それからテネシー州経由で戻ってきたこともあった（これこそ〝恋に浮かれている〟というものだろう）。

こうした冒険はいまでもあるだろうが、ほとんどの学生は、携帯電話で親を呼び出して送迎してもらう。携帯電話に親からの未読メールや着信電話が何件も入っていたり、親が心配しないように連絡を入れたほうがいいと思ったりしているなら、はたしてそれは冒険と呼べるだろうか？　その点、フェイスブックとはありがたいものだ。家に連絡を入れるようにという親からの山のような催促を子どもが無視したとしても、親は少なくともフェイスブックが更新されたのを見て、子どもが無事であると知ることができる。

そう、親である私たちは、子どもが傷つくのではないかと想像しただけで怖くなってしまうし、子どもの安全に気をつけるのは親の務めだ。だが、子どもはもっと自由な人生を歩むべきなのに、子どもを守りすぎるとそれを妨げてしまうことが往々にしてあると私たちは気づかなければならない。そう気づけば、大人に育てあげるための子育てができるに違いない。

2 子どもに機会を与える

チェックリストで管理される子どもたち

パートナーのダンと私が子どものためにしてきたことをすべて思い返してみると、子どもに最高の機会を与えてあげたいと思ったのは、ある保育園に入れようとしたときが始まりだ。

私たちがビング保育園のことを知ったのは、スタンフォード大学の学部生だった1980年代のことだ。この保育園はスタンフォード大学の敷地の一角に建つ有名な保育園で、心理学部の実験室ともなっており（有名な「マシュマロ・テスト」もここで行われた）、毎年入園する2歳から5歳までの幸運な子ども450人にとって、ここが初めての教育の場となる。結婚してすでに数年が経っていた20代後半のころ、ダンと私はそろそろ子どもをもとうと考えていた。そこで、ある日、スタンフォードでの仕事を終えたあと、私はビング保育園に立ち寄って入園申込書をもらってきた。実際に子どもを身ごもるのは、高校のときに保健の先生におどされていたよりもずっと大変なことだとわかり、何カ月もつづく妊娠期間にうんざりしたり、無事に子どもが生まれてくるのかと不安になったりして、夢に描いていたようなものではなかった。それでも1999年の6月、最近ではよくあるように、ほんの少し医療の力を借りて、息子のソーヤーは生まれてきた（用心深く子育てをするために、医療の力は欠かせないだろう）。息子を病院から家に連れ帰ってから2日が経ったころ、私はビング保育園の入園申込書を取り出してきて必要事項を記入し、提出に行かなくちゃとダンに言った。いますぐに。ソーヤーを乳幼児用のシートに寝かせて、きちんとシートベルトをつけるのに10分、そのシートを車に正しくつけるのに10分はかかったに違いない。途中でソーヤーをあやすことにならないよう、私たちは急いで保育園に向かった。帝王切開をしたあとなので、私はやや慎重に行動した。でも、我が子にはなんとしてもビング保育園に通ってもらいたかったし、たった数週間、入園申込書を出すのが遅れたせいで、私たちが（つまり彼が）好機を逃してしまったらどうしようと不安になっていた。節操がないように見えたかもしれない。せっかくの機会を逃してしまうのではないかと、気が気ではなかったのだ。そうして私たちは保育園に向かった。オムツの入った鞄を忘れたまま……。

2年後、ソーヤーはビング保育園の2歳児教室に入ることができた。ここでは2歳の子どもが、3歳から5歳までの子どもが通う普通の保育園より1年早く、貴重な経験をすることができる。息子は週に3日、午前中の数時間を、楽しくて、すばらしくて、のんびりとした環境で、遊びを中心とした保育を受けた。正直なところ、ビング保育園のコミュニティの一員になれたことだけで、私とダンも、楽しく、すばらしく、理想的なことだと感じていた。私たちは、ほかの親たちと並んでマジックミラー越しに、我が子がブロックを積み重ねたり、パズルや着せ替え遊び、お絵かきをしたりする様子を眺めた。この保育園は本当にすばらしく、子どもの教育をスタートするのにこれほどいいところはない。

ソーヤーが3歳を迎える前に、私はスタンフォード大学の新入生担当学生部長として働きはじめ、ソーヤーは、保育園で3つある大きなクラスのうちのひとつに上がることになった。ソーヤーが4歳になるころには、妹のアベリーが2歳児クラスに通いはじめた。アベリーも兄と同じようにビング保育園に通ったあと、パロアルト統一学区に進学した。この学区には、カリフォルニア州でも全国的にも、最もレベルの高い公立学校がそろっていると言われている。私たち夫婦は、子どもに最高の教育基盤を与えてやることができたと思っていた。

だが、いまでは、少し違う考えをもっている。たしかに、ビング保育園はすばらしい保育園だし、ふたりの我が子にはよく合っていた。だが、ほかの保育園に行っても同じようにすばらしい保育を受けられただろうし、息子が生まれてまだ1週間も経たないうちに、帝王切開後の傷跡が開いてしまうリスクを冒したり、生まれたばかりで、まだ静かに寝かせておかなければならない赤ん坊を連れて、申込書を提出しに行ったりする必要はなかったのではないかと思っている。

私たち夫婦は、滑稽なほど野心的な新米パパと新米ママだっただろうが、我が子にいい将来を与えてやりたいと先走ってしまう親は、私たちだけではない。最近の親は、子どもが生まれる前から、大卒という肩書は子どもが経済界で成功するために必要不可欠だと（きちんとした理由があって）信じている。だから親は、子どもが幼いころからできるかぎりさまざまな経験をさせ、中学や高校でいい成績をとって〝いい大学〟（これについては後の章で触れる）に入れるようにしようとする。何度も言うが、これは愛情と不安があるせいだ。そうやって、やるべきことを列記したチェックリスト（学校での活動から学校外での活動までを含んだもの）が早いうちからつくられていく。

子どもが小学校に進学するころには、チェックリストによって管理される学童期が本格的に始まる。親は子どものスケジュールも学校の先生の名前も、すべて把握している。先生にメールを送り、どんな宿題が出されたかをチェックする。子どもが宿題をやる様子を見守り、間違いがないか見てやる。昔は、親が子どもの成績を見るのは学期末だけだった。だがいまでは、毎日とは言わないまでも、毎週ポータルサイトにアップされるテストの成績を親がチェックする。アトランタに住むある母親の話では、息子がテストで落第点をとったことを、息子が帰宅する前に（息子本人が知る前に）母親が知っていたそうだ。

子どもが授業を選択する年齢になると、親がどの科目を履修すべきか口を出す。いい成績をとれなかった科目を補強するために家庭教師をつけ、学業成績がもっとよくなるようにする。いまどんな課外活動をしておけば、将来アイビーリーグの大学に入れる可能性が高くなるのか、親が判断し、予定をたてる。どのスポーツに力を入れるかを親が決め、トップチームに入るための練習をさせたりコーチをつけたりする。親が、学校で最もいい経験ができそうなのはどのサマーキャンプかを調べる。取り組んだほうがいい奉仕活動は何かを親が調べる。そして、そうした活動のために子どもを送迎する。退屈している暇などない。スケジュールはいつも埋まっているのだから。それを管理しているのは自分なのだと私たちは気づかなければならない。子どものスケジュールを管理することが、親の仕事になってしまっているということに。

スポーツもひとつの武器と考える親たち

チームスポーツほど、親がしっかりしていないと子どもが出場機会を逃してしまうのではないか、いいスタートが切れないのではないか、いいコーチにつけないのではないか、トップチームに入れないのではないか、大学で奨学金をもらえないのではないかと、親が心配になるものもないだろう。多くの地域で、子どもが幼稚園のうちに1年、学年を遅らせる親もいるほどだ。全米体育協会の規則では、大学生のうちに競技に出場できるのは4年間までとされているが、大学1年のときに出場機会がなかった者にかぎり、大学5年目でも出場していいことになっている（そのときは、力も強く体も大きいだろう）。

幼稚園のときに1年遅らせるというのは、心身ともに十分発育している子どもを、スポーツで有利になるようにするために、もう1年余分に幼稚園に引き留めておくということだ。つまり、春もしくは夏に5歳になる子どもをもう1年引き留めて、6歳になっても幼稚園に通わせるということである。子どもの進学を遅らせたい親や、それを認める行政側は、適齢期の子どもを小学校へ送りだすことの意味を深く考えていないのかもしれない。同級生よりも体が成長している子どもが、スポーツで抜きんでるのは当然だ。『天才！　成功する人々の法則』（講談社、２００９年）のなかで、著者のマルコム・グラッドウェルが、プロのアイスホッケープレーヤーを例に挙げてこの点を指摘しているが、プロの世界では1月から3月までに生まれた選手が、どの年代でも極端に多い。というのも、アイスホッケーの子どもチームに入ったころ、まず彼らはほかの子どもよりも体が大きかったし、体が大きいことはすなわち、4歳児や5歳児にとっては競技がうまくできるということであり、同級生よりうまくできることで、そ

の後も益々いいことが続いてきたということなのだ。(1)

かつて、子どもはさまざまなスポーツをしたものだが、いまでは、幼いうちから特定のスポーツに〝特化〟させることを望む親が多い。早くから特化することの利点は、大学のスカウトの目に留まるほどの実力をつけさせることができるかもしれないということだ。そうすれば、大学へ入学するときに有利になったり、奨学金をもらえたりする。マイナス面は、子どもの体のある部分は極端に発達するものの、ほかの部分は十分に発達せず、ケガをしやすいという点だ。

これを受けて、２０００年に行われた米国小児科学会は、ティーンエイジャーに達しない子どもを特定のスポーツに特化させないよう勧告する声明を発表した。もっと最近の例を見てみよう。ロヨラ大学医療センターは、身体検査やケガの治療のために訪れた、さまざまなスポーツをしている１２００人以上の子どもの臨床試験を行っている。２０１１年には、ケガをしたスポーツ選手は「ケガをしなかった選手よりも、その競技に特化している子の割合が非常に高かった」ことを発見した。(2)年がら年じゅう、ひとつのスポーツに長時間取り組んでいることで、かつてはプロ選手にしか見られなかったようなケガを子どもが負う率が年々高くなっているのだ。(3)

13歳になる娘のアベリーは、10年前からダンスをしているが、熱心なダンサーによく見られるような脚や足のケガをよくしてきたし、体操選手と同じようなケガや背中の痛みも経験してきた。ピッチング（スポーツのなかでも最も動きが激しいとされている）のしすぎで手術が必要になる子どもの数も急増しており、その発生率は30年前の16倍に達するとも言われている。(4)また、アメフト、ホッケー、サッカー、野球、バスケ、体操、あるいはチアリーディングなどで脳震とうを起こして、救急専門外来に来る子どもの数もこの10年で倍になった[5]。腰痛、ねんざ、ひざの痛み、肩の故障などは、人生においてはたいしたマイナス面ではないのかもしれないが、脳震とうは、将来にわたって脳に障害が残るかもしれないし、死に至ることだってありうる[6]。

親は、子どもにスポーツをさせ、できれば特定のスポーツに特化させようとしているが、応援するときの熱の入れようも相当なものである。一世代前までは、親が応援に行くのは大きな試合のときだけだった——もし、行くとすれば。ところがいまは、試合の大小にかかわらず、すべての試合に応援に行くし、練習のときでさえサイドラインに立って応援する。元副大統領のアル・ゴアは、息子の試合の応援を欠かしたことはないと言って、アメリカのいい親の典型とされた[7]。私たちのような一般人の場合、子どもの試合に間に合うように早めに職場を出たり、出張から帰ってこられるように調整したりすることは、子どものことをいちばんに考えていると示す意味もある。それこそ、１９８０年代に生まれたスローガン「質の高い時間」というものだ。

親は何があっても試合に駆けつけるだけでなく、目立つところに陣取って大声で応援する。おそらく、子どもに、父さんたちがついているぞと知らせたいのだろう。あるいは、ほかの親がそうしているので、自分たちが熱心な親ではないと思われたくないのか、子どものプレーの結果をなんとかしてコントロールしようとしているのか。親は必死に応援し、コーチや審判を問い詰めようと割って入ることもある。こと子どものスポーツのことになると、模範的な振る舞いができなくなり、あとで謝らなければならないような失態をしてしまうこともある[8]。マサチューセッツ州の郊外にある小さな高校の校長であるティム・ウォールデン（仮名）は、ベテランの校長で、ときおり娘のソフトボールチームのコーチも務めている。彼は、どちらの役をしているときでも、子どもが学校やグラウンドで何をするべきかを最終的に決めるのは親である自分だと言わんばかりの保護者に対応しなければならない。ティムは大きなため息をつきながら「最近の親は指導者を信頼しないし、指導法に対する理解もない」と語っていた。本書で挙げている問題の性質に鑑みて、彼は匿名にしてほしいとのことだった。

学校の管理職やコーチへの尊敬が薄れている現状は、一世代前の親の態度とは対照的である。ビリー・フィッツジェラルドは、ニューオーリンズのイシドア・ニューマン・スクールで1975年から2014年まで野球とバスケのコーチを務めていた。彼の指導のおかげでチームは大会で優勝し、コーチは選手たちに尊敬される存在となった。NFLの名クウォーターバック、ペイトン・マニングも、このチームの一員だった。学校の体育館が改装され、フィッツジェラルド監督にちなんだ名前がつけられた2003年、かつての選手たちが集まった。そのときは、彼らの親からも「フィッツジェラルド監督はすばらしい指導をしてくれた」と〝寄付金〟が寄せられた(9)。

だが、体育館が改装され監督の名前がつけられたその同じ年に、野球チームに在籍していた現役選手の親たちは、監督に対して尊敬の念を抱いてはいなかった。チームは州大会で優勝したものの、夏に行われた大会では目標を達成することができなかった。夏の最後の試合のあと、フィッツジェラルド監督は各選手の弱点を挙げながら厳しいスピーチをした。子どもたちが家に帰ってこの話を親にすると、選手の父親の多くが、フィッツジェラルド監督への不満を校長にぶつけたのだ。間もなくして、フィッツジェラルド監督を辞めさせようという運動が起こった。皮肉なことに、私たち親は、挑戦すること、厳しさを味わうこと、そして成長することを子どもに望む一方で、子どもの心が傷つかないでいることを願ってしまう。

「昔のやり方は現代では通用しない」とフィッツジェラルド監督のかつての教え子、マイケル・ルイスが書いている。彼はニューヨーク・タイムズ紙の記者だ。[10] 監督は校長に呼び出されて、態度を改めるよう忠告されたそうだ。監督は忠告を聞き入れ、厳しいスピーチをした夏から10年間、監督を続けた。２０１４年、彼は自分の名前がつけられた体育館のある学校を退職した。

親のチェックリストに従って生きる子どもたち

幼いころから課外活動に参加させたり、宿題をさせたり、スポーツをさせたりと、親は絶えず子どもに経験させるべきことのリストをチェックし、自分が（我が子が）あと１つ何かに取り組めば、きっと大きな成功、たとえば名門大学に入れるなどの大きな成功を得られるに違いないとリストを更新しつづける。高校の進路指導カウンセラー（私立学校や政府などの援助を受けない独立系の学校では大学カウンセラーと呼ばれる）は、大学受験となると親が深くかかわってくることを誰よりもよく知っている。カウンセラーの仕事は、生徒の学力はどの程度なのか、生徒がどういったことに関心をもっているのかを知り、彼らの潜在能力も考慮しながら、〝安全校〟も〝チャレンジ校〟も含む志望校リストの作成を手助けすることだ。親の意見や期待も多分に含まれるため、カウンセラーは生徒にアドバイスすべきところとサポートすべきところを慎重に見極めなければならないし、親の不安や意見にも耳をかたむけなければならない。どの大学をリストアップするかをめぐって親子の意見が対立して緊張が高まったときは、カウンセラーはふたりの間の盾になるのではなく、緩衝材のような働きをすることもある。進路指導の仕事は、こうしたことが得意な人にとっては魅力的な仕事だろう。

エイミー・ヤングは、こうした外交的な手腕に長けた人のひとりだ。彼女は、ニューヨーク市の中心にある新しい私立高校、アベニューズで進路指導カウンセラーのトップを務めているが、この学校はニューイングランドの名門校やニューヨークの進学校から管理職や教師を集めてきた学校である。アベニューズはできたばかりの学校なので、2014年に私がエイミーに会ったとき、まだ3年生はいない状態だった。だが、エイミーがこの仕事をはじめたのはもう少し前のことで、アベニューズの前は、ニューヨーク市の名門私立校、リバーデール・カントリー・スクールでカウンセラーを務めていた。だから、いずれ、アベニューズの生徒の進学先が学校の評価に大きな影響を与える日がくることを知っている。もちろん、彼女は学校の評価も気にかけているが、彼女がもっと気にかけているのは、自分が選んだ志望校とその受験結果を親が気に入らなかったときに落ち込んでしまう生徒を、どう守ってやるかということだ(11)。

安全校やチャレンジ校を取り混ぜた志望校リストを見ながら、生徒と親を交えた面談をしているときに、生徒のほうは「受験するのはこの学校でいいと思う。楽しい学生生活が送れるところに行きたい」と言っているのに、親がそのリストに同意しない場合は特に大変だろう。エイミーの仕事は生徒側に寄り添うことだ。「大学に願書を出す過程が、生徒にとって成長の機会になるように心掛けています。自分で選択をして、それに満足することができる人になるように。周りの人をがっかりさせてしまうのではないかという不安にも対処できるように手助けしています」と彼女は言う。私は、スタンフォードで大学側から受験を見てきたわけだが、大学選びにおいても子どもの選択をコントロールしようとする親がいまだにいる。子どもが望むものを親が踏みにじってしまうと、その子どもは親の言うとおりにしたあげく、元気をなくしてしまうかもしれないし、反抗的になるかもしれない。

エイミーが勤めているアベニューズから西へ4800キロ行ったところにいるのは、トム・ジャコボウスキー。彼はパロアルトにあるふたつの公立高校のうちのひとつ、ヘンリー・エム・ガン・ハイスクールで進路指導を担当している教頭だ。ここは、我が家の息子ソーヤーが通学中の高校で、アベリーもこれから通うことになっている。ガン・ハイスクールはおよそ1900人の生徒が通う高校である。進路指導を担う教員は、ひとりで270人の生徒の面倒をみなければならない。ひとりで400人をみるところもあるカリフォルニア州に比べれば、はるかにいい数字だが、全国の公立名門校の150人という数字を上回っているし、アベニューズなどの私立高校に比べればはるかに高い数字だ。トムとその同僚は、アベニューズのエイミーのような教員に比べて5倍から10倍もの数をこなさなければならないわけだが、それに加えて、シリコンバレーに住む裕福な家庭や、スタンフォードの教員の息子や娘の進路指導を担当しなければならないプレッシャーにもさらされている。私がトムに初めて会ってこの本について話したのは2013年の11月のこと、ソーヤーがガン・ハイスクールに通いはじめて間もなくのことだった[12]。

大学の入学願書に書く内容（文字どおり、そこに書き込む内容）は、自分がパロアルトの近郊で育った10代のころとは様変わりしているとトムが話してくれた。たとえば、パロアルトに住む10代の子にとって、かつてはアルバイトが大きな位置を占めていた。ところが、いまではそうではないらしい。「いまの生徒たちはアルバイトなんてしません。アルバイトをするにしても、自分で見つけてくることもしない。親が子どものためにインターンシップなどを見つけてくるのです。しかも、彼らはそれを大学に入るためだけにするんですよ」とトムは話してくれた。優れた進路指導者ならたいていはそうだが、トムも生徒たちに、自分はどういう人間なのか、自分が大切にしていることはなんなのかを願書に書くように勧めている。ある活動をしようと思った主な理由が、受験に有利になるように親が見つけてきてくれたから、親がそうしろと言ったからというのでは、その活動について生徒が何か意義のあることを書くのは難しいだろう。「入学者を選抜する側は、受験のためだけにやるような活動を望んではいないでしょう。それでも、そうした生徒たちが合格していきます。だから……」と言って、トムは肩をすくませながら私を見て、笑顔を浮かべた。

2014年の5月、私はもうひとりの優れた進路指導カウンセラー、キャサリン・ジェイコブセンと話をする機会があった。彼女はシアトルにあるレイクサイド・スクールという、5歳から12歳までの子どもが通う非常にレベルの高い私立学校の大学カウンセラーだが、この学校はビル・ゲイツの母校でもあり、多くのマイクロソフト社の幹部たちが自分の子どもを通わせている学校として有名だ[13]。ストレスのたまる仕事をしているものの、キャサリンは明るくて、自信に満ちており、相手に安心感を抱かせるような女性だ。ふたりの子どもの母親でもあるので、親の気持ちもよくわかる人だ。

彼女は1992年からレイクサイド・スクールに勤めている。「生徒たちはとても有能で、自分が望むものもわかっているし、それをどうやって手にいれたらいいかもわかっていると私は信じています。ただしそれは、子どもと適度にいい関係を保って、子どもに共感してくれる親御さんがいる場合だけ。

そうした親御さんは、決して自分たちの計画を子どもに押し付けたりしないのです」と彼女は話してくれた。そして最近、ある生徒の両親と話したときのことを聞かせてくれた。その両親は、夏休みの活動や授業のなかで、どれが息子に合っているか迷っていたそうだ。キャサリンは、彼らが大学の入学審査担当者に好印象を与えるような中身やレッテルを得られる機会を探していると感じたという。「その両親は息子さんのことを、マイクロソフトへの就職希望者を評価するのと同じような目で見ていました」と彼女は言った。キャサリンは、そのときの面談と、そのあと何度かあった面談のなかで、その親子に、大学入学審査の過程とは総じてどういうものなのかを教えた。つまり、入学者を選抜する側は、提出されたすべての情報を見て、その生徒がどういう人なのかを評価するのだと。誰かに与えられた中身がいくら優れていようとも、誰かがつけたレッテルがいかにすばらしくとも、そういう受験生には欠けているものがあると伝えたそうだ。

自分の子どもを名門大学に入れるにはどうしたらいいのかと友人からよく聞かれる。その友人が結婚しているか、決まったパートナーがいる場合なら、「パートナーと仲良くすることよ」と冗談めかして言うことにしている。こうした冗談を言うと、会話に潜んだ緊張感が幾分、和らぐからだが、実際のところ、これは事実に基づいている。スタンフォードに入学してくる生徒の資料を見ていると、どの年度も、70~80パーセントは両親が揃っている家庭出身の子だ。パートナーと仲良く、と私がアドバイスするのは、親が自らモデルとなって愛情のある人間関係を子どもに示すことこそ、子どもが育ち、自己を確立し、将来成功するうえで大きな役割を担うことを伝えたいからでもある。

もちろん、彼らが聞きたいのは、こんな答えではない。子どもにやらせようかと思っているプロジェクトや旅行、経験、インターンシップについて聞きたいのだ。教養も高く、優秀で、人脈も十分にある人たちが大勢いる私のコミュニティでは、親たちは驚くようなものを利用する権利を持っている。あるいは自分でつくりだす親もいる。だが、いちばん大切なことは、子どもが本当に興味をもっていること（いまふうに言えば〝本物〟の興味）を生かせるような活動であること、子どもが抱いている好奇心を深めるような活動であること、あるいは子どもの興味に関連した何か新しいものであることだと私は伝えている。

入学者の選抜を担当する人は、成果という形で積み上げられてきたものに興味を示すように見えるかもしれないが、彼らが本当に知りたいのは「あなたがどういう人間であるか」だと、先ほどのような質問をしてくるすべての人に私は伝えたい。あなたにとって大切なものとは？　興味をもっているのはどんなこと？　あなたの原動力は？　どんなことを考えるのが好き？　成績やテストの点数を見て、大学の勉強についていける学力があなたに備わっているとわかったら、次に入学審査担当者が知りたいのは、あなたがどんな性質や性格を教室や大学に加えてくれるのかだ。だから、私は友人に、大学に入るために子どもにあれをやれ、これをやれと言うのはちょっと危険だと話している。そんなことをしていては、子どもが、自分がした経験について説得力のある文章を書こうとしても難しいだろうし、それがどんなにすばらしい経験であったとしても、それは子どもがどんな人間かを示すものではなく、親がどんな人間であるかを示すものに見えてしまう、つまり、親の財力や影響を示すものにすぎないからだ。これは、とても言いづらいことだ。お金や影響力や権力を使って自分や子どものために何かを成し遂げることに慣れている人たちに向かっては、特に言いづらい。だが、私はみんなにそう伝えたい。トム・ジャコボウスキーが指摘したように、チェックリストに従って最高の活動をしてきた子どもがトップ校に合格することはたしかに多いけれども、あれこれと指示をしないのが、子どもにとっていちばんいい、と私は信じている。

入学審査担当者が本当に望んでいるものはなんだろう？　シドニア（シド）・ダルビーは、マサチューセッツ州ノーサンプトンにある、リベラルアーツを学べる私立の名門女子大学、スミス大学で入学者の選抜を担当している。スミス大学は、近隣の4つの名門大学、アマースト大学、ハンプシャー・カレッジ、マウント・ホリヨーク大学、マサチューセッツ大学アマースト校とともに、小さな谷に位置している。シドは30年間、入学者選抜の仕事に携わっており、２０１４年の4月、受験シーズンで忙しいさなか、私と話す時間をつくってくれた。(14) 私は、彼女が受験生の何を見るのか、そして、それについてどう考えるのかを聞きたかった。

「文化の移り変わりを見てきました」とシドは話してくれた。「いまでは家族で過ごす時間が、リラックスして、ゆったりしたものとはかぎらないようですね。家庭によっては、自由時間にも何をするかが決められて、スケジュールに組み込まれていたり、管理されたりしているようです」。スミス大学で追加して出題される「あなたがいままでにした、あるいはもらった最高の贈り物はなんですか？」というエッセイ形式の問題の答えを読んで、彼女はそう感じたそうだ。典型的な答えは「祖父母と過ごした時間です」というものだそうだ。「受験生は、『祖父が釣りに連れていってくれた』とか『祖母が、昔ながらのパンの焼き方を教えてくれた』とか『祖母が、3代前から家族に伝わるロケットペンダントを見せてくれた』といったような答えを書くんです。自分のことを無条件で愛してくれる人と過ごす家族の時間は、たしかに貴重な贈り物ですよね。注目すべきなのは、こうしたことを書くのは、成績がとてもいい子だということです。しかも、とてもいいことが書いてあるんです」。そういう受験生は、祖父母との時間が必要だったのかしらね、とシドは声に出して言った。トム・ジャコボウスキーやキャサリン・ジェイコブセンや私がここまで指摘してきたとおり、受験のためにやってきたインターンシップやさまざまな経験は、シドにはたいして重要に感じられなかったようだ。

では、うまくやった者勝ちのいまの受験システムをどう捉えたらいいのだろうか。親が指図してうまくやった子どもがいい学校に入っていくことは、誰もが知っている。重要なのは、特定の学校に入ること自体が人生の目的ではないと知ることだろう。親の助けがあっていい学校に入れたからといって、学生生活がうまくいくとはかぎらないし、人生においてもそうだし、自分が自分であることをいいと思えるようになるともかぎらない。

子どもの夢を（誤って）形づくってしまうのは親

2014年4月、イェール大学の元英語教師、ウィリアム・デレズウィッツが、スタンフォード大学で講演を行い、名門大学にいる学生たちは「優秀なる羊」にすぎないと語った。数か月後に、それを書名にした本が出版されることになっていた[15]。講演のあとの質疑応答で、チ・リン・チャンというスタンフォード大学の学部生が発言したのだが、彼女は反語的な言い方でこう聞いた。「それなら、私たちの夢はどうやって形づくられているのでしょう?[16]」。彼女の見事なほどシンプルなこの質問は、その晩になっても、あくる日になっても私の頭に残っていた——実際、頭から離れなかった。私は彼女とは知り合いではなかったが、彼女を探し出してぜひとも考えを聞きたいと思った。フェイスブックというありがたいツールのおかげで、私は彼女と知り合うことができ、その後電話で話をした。[17]

チ・リンはシンガポール出身で、ストレスの多い母国の学校システムのなかでトップに上りつめた学生だ。「5歳や6歳のときに親や先生から『大きくなったら何になりたい？』と聞かれたときの答えは、自分の周りにいる人や本に出てくる人の影響が大きいですよね。ニューヨーク出身の友人に聞いたんですが、彼のクラスメートのひとりは、小学校で同じ質問をされたとき、『投資銀行の職員になりたい』と答えたそうなんです。親がこうした仕事をしていなければ、こんな答えをするわけがないでしょう？」。彼女の反語的な疑問を聞くことを私は単純に楽しんでいたのだが、ふと、自分がこう考えていることに気づいた。「娘のアベリーが成長したら、彼女のように思慮深く、うまく話のできる人になってほしいものだわ」

「私たちは自分なりの夢をもっているし、将来の夢ももっています」とチ・リンは話してくれた。「ですが、自分がいる環境によって、どんな夢なら実際にかなうのか、私たちはわかっているんです。自分たちが抱く夢は無限であるなどと思ってはいません。自分たちが生きている社会のなかでしか夢は抱けませんし、その社会で尊重され、いいとされる概念のなかでしか夢はもてないのです」

チ・リンとの電話を終えたあと、私は以前聞いた話を突然思い出した。6年生の娘のために、将来どの大学に通うか、何を専攻するかを選んでやった、オハイオ州のある両親の話だ。「この先、彼女はどうなると思う？」。この話を電話で私にしてくれた女性が、からかうように聞いてきた。「6年後、その娘はきっと、親が選んだ大学に行って、親が選んだ学部に入るに違いないわ。その両親は子どもが失敗しないようにしているのよ。大人から見た成功を勝ち取れるようにね」

その両親は、娘が描く夢を自分たちが形づくっているのだ。

これに似た子育てに関する話をスタンフォードの学部生であるケイラが話してくれた[18]。彼女の話は、チリのサンティアゴにあるスタンフォードのキャンパスに留学していたときの経験談だった。

サンティアゴに留学していた学期が半分ほど過ぎたころの話なんですが、クラスメートのジーナのお母さん、トリッシュが、50歳の誕生日の記念に遊びにくることになったんです。トリッシュは友人のイザベルと一緒に来て、ふたりはサンティアゴの定番の観光地をめぐっていました。ジーナのお母さんたちは、ジーナと友人の私たち4人を、5つ星ホテルにある高級レストランでのディナーに招待してくれて、そこで私はイザベルに会ったんです。ふたりは私たちに会うのを楽しみにしてくれていて、とても温かく歓迎してくれました。ふたりは、私たちがとても大人で洗練されているように見えると何度も言ってくれて、私たちにもワインリストを見せてくれるのを忘れませんでしたし、私たちを大人として扱ってくれていると感じました。

イザベルは、サンフランシスコに住む、中年の女性です。4歳、8歳、11歳の3人のお子さんがいます。トリーバーチのフラットシューズや、おしゃれな結婚指輪をしているところからすると、年度の途中にサンティアゴまでちょっと旅行に来られることは言うまでもなく、彼女はとても裕福な家庭の人なのだとわかりました。彼女の夫は、ベンチャー企業に勤めているのだと、あとで知りました。

イザベルとトリッシュは、私たちの留学プログラムは、いままでのところどんな感じか、たくさんの質問をしてきました。純粋にサンティアゴの文化や私たちが経験していることに興味があったようです。ですが、パンがテーブルに運ばれてきたあと、イザベルは単刀直入にこう聞いてきたのです。「それで、あなたはどうやってスタンフォードに入れたの?」。彼女の目は私をじっと見つめていました。それまで、チリのデザートであるトレスレチェケーキも食べたいわね、という話をしていたので、少し油断していたのです。彼女の声のトーンは、あからさまに変わっていました。そのときになって初めて、この会食の目的は一緒に食事を楽しむことではなく、私たちに聞きたいことを聞くことなのだとわかったのです。ほかの人からも同じことを聞かれたことがありますが、いまでも私はどう答えたらいいのかわかりません。だから「本当に運がよかったんだと思います」と答えたのです。するとイザベルは静かに微笑みましたが、そこで質問は終わりませんでした。「そんなはずはないでしょう。どうやったの?　GPA（学校の成績の平均値）がよかったのかしら?　それとも課外活動に精を出したの?　どうやったの?」。本当になんと答えていいかわからなかったので、私はこう言いました。

「スタンフォードに入りたいという気持ちが強かったからだと思います。学校の勉強も頑張ったし、エッセイにも全力で取り組みました。スタンフォードのような大学に行きたかったので。それがよかったんだと思います」

その後もずっと、イザベルは私や友人に、どうやってスタンフォードに入ったのか、「特別な要因」は何かを尋問をしつづけたんです。一度、イザベルがトイレに立ったときに、トリッシュが会話を別の方向に変えてくれました。でも、席に戻ってくるとイザベルはまたすぐに、スタンフォードの受験の話に会話を戻してしまいました。彼女は、スタンフォードの学生の頭の中を分解するまたとないチャンスだと言わんばかりの様子で、それを聞き出すことが自分の子どもたちの成功にかかわってくるとでも思っているようでした。

その晩、最も印象的だったのは、彼女が自分の息子たちのことをあまり出来がよくないと終始言っていたことです。「うちの子どもはそんなに出来がよくないの。特別な要素はもっていないのよ」と言っていました。私もそうでしたが、友人も、イザベルが子どものことをこんなふうに話すのを聞いて、次第に気分が悪くなってきたようです。私たちはみんな、子どものときに同じような苦労をしてきましたが、絶えずあなたは出来が悪い、あなたがやることはいまひとつだ、楽しいことをやっても大学受験には役立たないと言われるのは、もっとつらいだろうと思います。その晩は、イザベルのお子さんたちのことがかわいそうに思えて仕方ありませんでした。

そのうちイザベルは、親がどんなことをしてあげたらスタンフォードに入れる可能性が高くなるのか、私たちの親はどんなことをしていたのかと聞いてきました。私たちはそれぞれ、親が自分を支えてくれたこと、でも高校生のときはあまり干渉してこなかったこと、高校生のときはプレッシャーをかけてくるよりも、もっと肩の力を抜いてリラックスするように声かけをしてくれことを話しました。イザベルは、宇宙人か何かを見るような目で私たちを見ていました。あるいは、私たちが嘘をついているとでも思っていたのかもしれません。

彼女の子どもは何をするのが好きなのかと私が尋ねると、彼女はこう答えました。「ひとりはテコンドーが好きなのだけれど、いちばんにはなれそうもないし、大学受験には役立たないわね」。そして彼女は、中学生の子どもの家庭教師や塾の費用を払いきれないと不平を言いはじめたのです。

親の役割を彼女に伝えようとする私たちと、そんなことは信じられないと言ってイライラした様子の彼女の間で何度もやりとりが繰り返されたのですが、なんの進展も見られませんでした。私も友人も、イザベルの子どもたちをなんとか救ってやらなければ、そしてイザベルの気をもっと楽にしてあげなければという責任すら感じました。でも、私たちは無力でした。彼女はまだ、私たちがスタンフォードに入れたのは人並みはずれた能力をもっていたからだ、自分の子どもはそんな能力をもっていないと思いこんでいるようで、子どもに足りないところは自分がすべて補ってやらなければならないと感じているようでした。

別の大学に行った高校の友人たちが、いま通っている大学が自分にとてもよく合っていると言っていたことを話しましたが、イザベルは聞こうとしませんでした。彼女の頭の中には、名門大学というものが明確にあって、「合う、合わない」はどうでもいいことのようでした。スタンフォード以下の大学に通わせる気はないようです。しかもそれは、8歳の息子のためではないようでした。


ケイラからこの話を聞いたとき、私はチ・リンのことを思い出した。彼女は自分の親のことや、どうやって育てられたかについては一言も話さなかったが、彼女が親について何も触れないことこそ、世の中の親たちへの重大な警告なのだと私は感じた。夢は無限だ、限界などないと親は言う。だが実際、子どもが夢見ることを許されるのは、親が決めた範囲、条件、制限のなかだけなのだ。成功への道として親がつくったチェックリストに従って子ども時代を過ごすしかないのだ。

もちろん、私自身も、子どもがどういった活動や機会を選ぶのかを管理しようとする親の例に漏れなかったことは認めざるをえない。2005年の秋、スタンフォードの新入生担当学生部長の職に就いて3年目のころ、娘のアベリーは4歳だった。新入生オリエンテーションの初日、私たちは新入生の親たちを対象にした食事会を開き、そこで私は、子どもの選択を信じ、彼らなりの道を歩ませてやることの大切さについて話をした。次の日は水曜日で、私がアベリーをビング保育園に迎えにいく日だった。私と娘が帰り支度をしていると、ひとりの先生が、水彩絵具で絵が描かれたキャンバスがいくつも並んだ机のほうに私を誘った。その先生は、アベリーがキャンバスいっぱいに絵を描いたことを話してくれ、それは4歳児にしてはやや珍しいことだとほめてくれた。私は微笑みながらうなずき、先生の話に興味をもっているように見せようとした。だが心の中では、「わかった、わかった。でも絵がうまいだけじゃスタンフォードには入れないのよ」と思っていたことを覚えている。学生部長としては、親たちに子どもの人生に口をはさみすぎないようにと言えるのに、ひとりの親としては自分のアドバイスにすら従うのが難しいのが実状だった。

自分の夢をもてない子どもたち

フィル・ガードナーは28年間、ミシガン大学にある、大卒生の雇用に関する調査を行う機関のディレクターを務めている。フィルによると、近年、大卒生の雇用のあり方と傾向がかなり変わってきているという。「大学で何を専攻するかを親に決めてもらう子どもを最近よく見かけます。親が専攻を決めてしまうと、学生は自分の専攻分野の学問に熱中できず、そのせいで、大学を卒業したあともうまくいきません。就職活動中も、雇い主になるかもしれない相手に向かって言えるのは『両親がこの仕事がいいと言ったんです』ということだけ。こういう学生は不幸です。そうした現象が、すでに始まっています[19]」

親も大きな夢をもったほうがいいのはもちろんだし、子どもにも大きな夢をもつように促し、できるかぎり励ましてサポートしてやるべきだ。人生の次のステップに向けて十分な準備をするために、達成すべきことのチェックリストをつくること自体は、なんの問題もない。成功するためには、目的を定め、それを達成するために努力しなければならない。

けれども、親が子どもに、彼らの人生にはひとつの決められたチェックリストしかないと教えるとするならば、それは子どものための道ではなく、親自身の道をつくっていることになるだろう。子どものためでない道は、行くあてのない道だ。親というのは子どもの将来を夢見るものだが、子どもの夢を親が形づくってしまってはいけない。

3 いつでも子どものそばにいる親

私は1998年から学校の管理職として働き、これまで多くの親に、悪いニュースを知らせるための電話をかけてきた。「お宅のお子さんが授業をさぼりましてね、1号線沿いのバーガーキングにいるところを見つけたんです。そこで、こういう処分をしようと思っているんですが」。1998年当時なら、私がそう言って電話をすると、たいてい学校側を支持してくれる答えが返ってきた。「それは大変。どうしたらいいか、ご相談させてください」と。だがいまは、私が家に電話とかけると、私の権限や判断についてひとしきり質問をされる。「なぜ、そんなことをするんですか？ あなたは間違っています」(1)

——ティム・ウォールデン

親としての基本的な責任、つまり子どもの安全に気を配り、健全な子どもに育て、必要な機会を与えることを、現代の「安全」や「機会」の基準に沿ったかたちで果たそうと思ったら、親はかなり子どもに介入しなければならない。しかも、つねに。幸い、中流階級や上流中産階級の家庭なら、子どもに干渉するだけの時間もお金もある。

親は、競争が激化する世界で子どもを成功させることを究極の目的として掲げ、子ども時代の育て方を「間違ってはいけない」と考える。だから、子どもに付き添い、できるだけ多くの成果が得られるように子どもをコントロールすることで、親の務めを果たそうとする。これは子どもの人生であって自分の人生ではないとよくわかっていても、自分の手助けがないと子どもは成功できないのではないかと不安を抱えている。いまや「いつでもそばにいること」は親の重要な務めであり、考え方であり、親の心得となった。

かつての親は、「いってらっしゃい」と言って子どもを家から送り出したら、あとは子どもがその日に出会うであろう大人たちの力を信用していた。学校の先生はよく勉強を教えてくれるだろう、校長先生は学校をうまく運営してくれるだろう、審判は公平なジャッジをしてくれるだろう、と。だが、いまの親は、子どもの生活を管理する組織や権威者を信頼していない。だから親は、自分で自分の役割を生み出した。あるときは子どもの個人秘書、あるときはハリウッドスターを担当する最高のマネージャーのような役まわり（監視員、介添人、仲介人）をするようになった。親は、子どもがほかの大人と関わりをもつところに首を突っ込んでいき、厄介な第三者となることもある。そして、つねに子どものそばにいる。実際にそばにいることもあるし、携帯電話でつながることでそばにいることもある。そうやって、子どもの上をヘリコプターのように旋回し、子どもの目や耳となって起こりそうな問題に備えたり、レポートを手伝ってやったり資料を用意したり、何か質問されたときには代わりに答えたりする。親は組織や権威者を信用していないのだ。親は子どもが自分で問題に対処できるとも信じていない。要するに、誰も信用していないのだ。

子どもに代わって何でもやってしまう親

いまの時代、子どもは親の見ているところで遊ぶので、小さなジェーンがジョニーにおもちゃをとられてしまったときは、ジェーンの親が子どもの代わりに文句を言う。ジョニーがジェーンの親に軽蔑をこめた眼差しで見られたときは、ジョニーの親が飛んできて、相手に謝ったり、我が子を弁護したりする。親は、小学校の休み時間にも、みんなが仲良く遊んでいるか、仲間はずれにされている子はいないか、目を光らせる。子どもに干渉しすぎるあまり、おもちゃをとられたり、からかわれたり、ブランコの順番が回ってこなかったりして悲しんでいるのが、まるで自分自身であるかのように感じてしまう。

いまの祖父母たちは、そんな私たちの行動を、過保護だとか、時には馬鹿げていると言う。ある日、それと同じことを公共ラジオ局の放送でダン・デイビスという女性が言っていたのを聞いて、私は彼女に連絡をとった。デイビスは、ガガ・シスターフッドという祖母のための社会ネットワークをサンフランシスコのベイエリアで設立した人物だ。彼女は私にこう話してくれた。「母親たちは、子どもに問題を解決することを学ばせようとしないで、自分が子どもの問題を解決してやろうと介入しすぎるようね。子ども同士の間で起きたことが、母親同士の間のドラマになってしまうのよ。祖母は割って入って何か言いたいところだけれど、あまり口をはさみすぎると、子どもから、孫にあまり近づかないでくれと言われてしまうかもしれないわ」(2)。彼女の言うとおりだ。まさに、私の家で、こうした世代間のクーデターが起きるところを見てきた（孫に近づかないでとは露ほども思わなかったが。子どもの世話については母に頼りきっていたから！）。

そう、いまの祖母世代は、まるっきり違う時代に育ってきた人たちだ。用心深い親でもなかった。実際、妊娠中もタバコを吸ったりお酒を飲んだりしていたし、仕事のときや「自分を取り戻すために」外出するときは、子どもを家で留守番させていたし、離婚率や再婚率は記録的なものだったし、60年代や70年代に生まれた子どもの多くは、自分のことは自分でなんとかするのが当たり前で、いまの時代なら育児放棄と呼ばれるような状況だった。実際、私たちが過保護になってしまうのは、自分の親の放任主義的な子育てに対する反発心もあるのだろうし、子育てに関する親の意見に懐疑的になっているからかもしれない。それでも、ダン・デイビスの言うことには共感する。特に、ほかの親と言い合いになり、親同士の間でドラマが生まれ、それが子どもの生活にもかかわってくることや、親が何事もうまくいくようにしてやるせいで、子どもが自分で問題を解決する方法を学べないといった指摘には、とても共感する。最近の子育ての方法は逆効果であると書かれた画期的な本『間違いだらけの子育て——子育ての常識を変える10の最新ルール』（インターシフト、２０１１年）のなかで、著者のポー・ブロンソンとアシュリー・メリーマンも、親が子どもの手助けをしてしまうせいで、子どもが自分のことを自分でする習慣を身につけられないという「予期せぬ結果」が生まれている、と指摘している。(3)

子どものコンシェルジュになる親

親は、子どもの進む道にある障害物を取り除くだけでなく、子どもの目や耳となって、先回りして注意を与える。いや、目や耳だけでなく、子どもの脳にもなる。我が子が、アメリカに590万人いる注意欠如・多動性障害児のひとりであろうとなかろうと、子どもに成り代わってあらゆることに注意を向ける。交差点では車がこないか注意し、オリエンテーションでは教師を注視し、スポーツのシーズンが始まるころにはコーチの動向に目を光らせる。子どもがボーっとしていたり、テレビゲームやスマホ、運がよければ本に熱中していたりするときも、親は目を配ることを忘れない。年度初めの保護者会には、小さな机に大きな体を押し込んで、子どもが5年生としてしっかりやっていくために親がやるべきことは何か考えながら先生の話を聞く。

まるで、これから大学に進学するのが自分であるかのように。

サマーキャンプの楽しい思い出がある人は多いだろう。場所や時代が違えど、食事がどれほどまずかろうと、その経験はすばらしいものだったに違いない。キャンプのいいところは、子どもが自分で自分のことをしなければならない点だ。実際にひとりきりというわけではないが、親がそばにいる、いわゆる安全地帯の外の世界であり、10代のカウンセラーが注意深く見守っていることもあれば、見守っていないこともある。こうしたキャンプにも、過干渉な親の影響はあるのだろうかと疑問に思い、私は実際に見にいくことにした。

ヤング・ライフ・クリスチャンという福祉団体は、毎年夏になると何万人というアメリカの10代の子どもに自分たちの敷地内でキャンプをさせる。ヤング・ライフは福音主義の団体だが、キャンプに参加する85パーセントの子どもはキリスト教信者ではない。このキャンプは、子どもたちに学びと成長の機会を提供するもので、子ども自身が夢中になりさえすれば、とても楽しいキャンプだ。ほかの経験をするときと同様に、携帯電話で家族とつながっている状態では、十分にこのキャンプを楽しむことは難しい。そこでヤング・ライフでは、1週間にわたるキャンプに携帯電話を持ち込むことを明確に禁じている。キャンプに参加する子どもたちを乗せたバスがキャンプ地に近づくと、カウンセラーが携帯電話を預ける時間だと知らせる。預けた携帯電話は、1週間後、帰りのバスで返されることになっている。

ヤング・ライフでキャンプを担当している副代表のスティーブ・トンプソンによれば、規則の文言にも規則の精神にも違反する親がいるという。「事前に私たちの方針をはっきりと伝えているにもかかわらず、子どもに携帯電話を2台持たせて、預けるように言われたときには1台だけを預け、そのあとこっそりと抜け出して、隠しておいた2台目の携帯で家に連絡をさせる親がいるんです」[4]。学校であろうと、政府であろうと、宗教団体であろうと、親が組織や権威者を信頼できないという、いま我が国にはびこっている現象のせいだとトンプソンは言う。宗教的な倫理や価値観に基づいたキャンプに子どもを送り出しているときでさえ、親と子どもがいつでも連絡をとりあうという大きな目的のためなら、嘘をついても許されるし、規則も破っていいのだと親が考えていることは明らかだ。

寄宿舎（表面上は親のいない環境）でも、状況は同じだ。親が寄宿舎のスタッフに電話をかけ、病気の我が子にスープを作ってやってくれと頼んだり、ろくなものを食べていないのではないかと心配するあまり、期末試験のときにはピザをとってやってくれと頼んだりするそうだし、学校が夏休みに入る前には、飛行機で学校まで行って子どもの荷物をまとめてやったりもするそうだ。最近では、経済的に余裕のある家庭は、何かあるといけないから、学校の近くに家を買ったり借りたりするらしい。マサチューセッツ州のフィリップス・エクセターやミネソタ州にあるブレイク・スクールで校長を務めたタイラー・ティングリーは、現在ニューヨークのアベニューズ高校で進路指導のチーフをしているが、こんなことを言っている。「エクセターでよく見られるようになった現象は、親が子どもを寄宿舎に入れるけれども、半年後には、ご両親が近くにアパートを借りていることがわかったというものでした。親御さんたちはその理由を『いい両親でいるため』と言うので、私はこう答えることにしていました。『独立して生活する経験ができるのが寄宿舎のすばらしい点です。洗濯の仕方を覚えることで自立していくのですよ』(5)」。洗濯といえば、大学のキャンパスまで来て子どものために洗濯をしてやる親を私は知っている。これは噂でもなければ、スタンフォードだけの話でもない。どこの大学でも起こっていることだ。

陸軍士官学校（通称「ウェストポイント」）は、200年以上も有望な若者の教育に携わっている。アップステート・ニューヨーク（ニューヨークの北・中・西部）を流れるハドソン川の西岸にあり、ニューヨーク市からは車で9分ほどの距離である。ウェストポイントの使命は「士官候補生団を教育し、訓練し、鼓舞することであり、卒業生はみな、任務、名誉、国家という価値観を重んじたリーダーに任命され、アメリカ陸軍の軍人として、プロの技術をもって国家に仕えるための準備をしてきた者である」とされている。彼らは、国家に仕える準備のできた若者であり、建国以来、危険なところに送り込まれる運命にある若者だ。そんな彼らが、大学生の生活に親が手を貸したり、最近の若者が変わってきたりしている現状をどのように見ているのか、疑問に思った。

レオン・ロバート大佐は、アフガニスタンでの駐留を終えたのち、ウェストポイントで化学・生命科学部の教授兼学部長になった。彼はまず、儀礼に則り、いまから自分が述べるのは個人的な、特に裏付けもない見解であり、防衛省やアメリカ陸軍としての見解ではないことを明確にした。[6]「ウェストポイントの卒業生は、学校を出た時点では、陸軍少尉という立場です。ほとんどの卒業生は、正しい行いをするすばらしい人物です。ですが、彼らを管理しすぎようとする親の数が徐々に増えています。たとえば、初の任務に車で送っていく親がいるのです」。私はやや驚き、そうした場面を想像しようとする。「極めて不適切な行為です」と大佐は続ける。「フォートブラッグ基地の正面ゲートまで母親に付き添ってもらったり、アパートを探してもらったりする必要はありません。彼らは21歳、22歳、23歳です。自分で大家と交渉しなければならない。大人として学ぶべきことです。私たちの学校の卒業生は、成熟したリーダーであり、アメリカの子どもたちを率いる準備ができている者たちだし、陸軍から課せられた任務を成功させることのできる技術を身につけた者たちです。ですが、彼らを自分のもとから離そうとしない、あるいは離すことができずに、すでに大人となった我が子の上を旋回しつづける親が、少なからずいるのです」

ウェストポイントでも、同じ問題を抱えているようだ。次に挙げるのは、大学生や大学入学前になっても、子どものそばを離れない親の実例だ。[7]

1　デイビッドとスーはニューイングランドの出身だ。彼らの娘エマは高校3年生で、東海岸にあるレベルの高い公立大学に受かっていたが、高校の学期末試験で落第点をとってしまった（重い病気などの〝正当〟な理由はなかった）。子どもの大学合格が取り消されることになりはしないかと心配したデイビッドとスーは、大学の入学審査担当者に、娘の状況を説明する手紙を送った。

2　ラジブとパラルはワシントンDC地域の出身。息子のアージュンは、数年前にスタンフォードに入学した学生だ。入学の際のオリエンテーションの2日目、この親子3人が私のもとを訪れた。「アージュンは化学工学分野の研究に興味があるので、どういった選択科目をとればいいか、相談にのっていただきたいんです」とパラルが話しはじめた。「アージュン」と私は彼に向かって言った。「それはすばらしいことだわ。これまで、どんな研究をしてきた経験があるのか教えてくれるかしら。そうすれば、あなたがスタンフォードで意義のある生活を送るための最適な方法を一緒に考えてあげられるわ」。アージュンが父親に視線をおくると、父親が、これまでアージュンが行ってきた、そこそこ印象的な研究の話をはじめた。

3　ジャクリーヌはロサンゼルスの出身だ。娘のジェイミーは、大きな州立大学の2年生である。娘が学校の宿題の提出期限に遅れないように、ジャクリーヌがいつも注意しているおかげで、これまでジェイミーが期限を守れなかったことはない。ジャクリーヌは毎朝、電話をかけて娘を起こしてやり、宿題の期限やテストの日にちを思い出させてやっている。

4　ブルースはシカゴ出身の男性。息子のニコラスは、ビッグ・テンと呼ばれる10大学のうちのひとつである私立大学の3年生だ。ブルースはシカゴにある企業で財務担当をしているが、彼の携帯電話には、日に何度もニコラスからメールが届く。夏のインターンシップのためにＪＦＫ空港に降り立ったニコラスは、借りる予定の部屋の近くにあるマンハッタンの駅まで地下鉄に乗って行った。タクシーや車がひしめき、人々がせわしなく歩いている大きな交差点に出たニコラスは、自分がどこにいるかわからないし、アパートがどの方向にあるかもわからなかったので、シカゴにいる父親に助けを求めるメールを打った。息子からのメールをブルースは喜び、息子を助けるために、同僚に断って会議を辞去した。

5　ジャンとデュレは、カリフォルニア北部の出身だ。息子のオーガストは、ノースウェストにある名門校の3年生。オーガストは小さいときから文章を書くのが苦手で、昔からずっと、文章を書く宿題があると、ジャンとデュレが彼の書いた文章をチェックしたり編集したりして、手助けしてやっていた。大学生になっても、息子を手助けしてやることは簡単だ。オーガストがレポートの下書きをメールで両親に送り、両親がワードのファイルに直接、訂正を加えている。

6　チャックはシアトルの出身。娘のアンは、コロンビア大学の教育学大学院に入学した。チャックは娘と一緒にオリエンテーションに参加し、教授の行ったプレゼンテーションに挙げられたデータの正確性について、挙手をして質問した。

ここで紹介した親たちは、ただ子どもを手助けしたいだけ、自分たちが干渉しなければ困ったことが起きるのではないかと不安になっているだけだということは、よくわかる。その子どもである若者たちも、親が手助けをしてくれたり、かかわってくれたりすることをありがたいと思い、安心していることだろう。助かった、と思っているかもしれない。だが、彼らはいつになったら、こうしたことを自分でやるのだろう？　働きはじめたら、そうなるのだろうか？

ＴＦＡ（ティーチ・フォー・アメリカ）という教育ＮＰＯは、未就学児童から高校3年生までの教育における不公平を是正するために１９８９年に設立され、大学の新卒生を低所得者層のコミュニティにある公立学校の教師として、2年のスパンで送りこむ活動をしている。２０１３年、ＴＦＡはアメリカの大学を卒業して就職した学生の数が2番目に多い団体となった（エンタープライズ・レンタカーがトップ、携帯電話事業者のベライゾンが第3位だった）。５９００人の新入社員は、全米各地の８００を超える大学から集まってきた若者だ。ＴＦＡで法務担当の役員をしているトレーシー＝エリザベス・クレイは、息子や娘が職場にスムーズになじめるように、子どもに深く干渉して手助けをする親を見かけるようになった。

親たちは本部に電話をかけてきて、こう言うそうだ。「はじめまして。これからうちの子がそちらでお世話になることになりました。親として、とても嬉しく光栄です。いま、町に来て子どものためのアパートを探しています。お勧め物件のリストはありますか？」。彼女の同僚は「ありません」と答えたそうだ。ＴＦＡの職員なら、これまで当然、自分でやってきたようなことだからだ。(8)

子どものことで文句を言ってくる親

うまく先を見通せなかったことが原因で、自分の力だけではどうにもならないほど悪いことが起きてしまったとき、私たちは組織のトップに相談にいくことがある。以前会ったマサチューセッツ州の郊外にある小さな学区の学区長をしているティム・ウォールデンの話では、中学に通う我が子が生徒会役員に選ばれなかったと文句を言ってくる親がいるという。「そういう相談は受けつけられません」というのは、彼らにとって返答にはならない。生徒会役員になるには、一定の成績をとっていることや、教師からの推薦があることなどが条件になっていて、そのことが彼らの目には、学校が排他的と映るようだ。その子どもは、とても優秀な生徒というわけではなかったし、いくつかの校則違反もしていた。両親は自分たちの不満をまずは生徒会のアドバイザーに訴え、校長に訴え、それから学区の長であるウォールデンに訴えてきたのだった。「人の話には耳をかたむけなければいけないし、民主的でなければならない。だが……」と、ウォールデンは電話越しにため息をついた。理不尽なことを言う親がいるのは確かだ。

ウェストポイント（陸軍士官学校）の参謀長であるガス・スタフォード大佐は、ウェストポイントでも子どもに干渉する親が増えており、組織に対する信頼が揺らいでいることを示唆していると話してくれた[10]（彼もまた、防衛省や陸軍としての見解ではなく、個人的な話として語ってくれた）。参謀長とは、スタッフ、予算、方針、有効総人員を管理する仕事だそうだ。彼自身もウェストポイントの卒業生で、空軍の元看護師と結婚した。だから、軍隊の文化というものが体に染みこんでいる。私に対してとても礼儀正しく、それでいて、チャーミングで社交的な一面もあった。

「私たちがいるのは、一風変わったところだ」と彼は言う。「独特のルールがある。たとえばコラプス・プラン（挫折させないための計画）。あなたが最下級生（新入生）だとする。同室の者が週末に外泊をする場合、あなたは部屋にひとりでいることは許されない。自分の荷物をまとめて、その週末はほかの部屋の人と一緒に寝なければならない」。彼が言うには、これにはさまざまな理由があるそうだ。性的暴行を受けないようにするためや、残ったひとりが精神的に落ち込まないようにするためでもあるらしい。大学の学生部長をしていた私には、これはいい規則のように思える。だが、ウェストポイントに通う子どもの親は、この規則を私のように楽観的には捉えられないようだ。

「ジョニーがほかの部屋に移らなければならないと聞くと、親が戦術指揮官に電話をかけてくる」とスタフォード大佐は話してくれた。「彼らは理由を聞こうとする。それは規則なのだと説明しても『ジョニーが自殺でもすると思うの？』『性的暴行が起こった記録は？』と聞いてくる」。軍人に「まいったな」と言わせたいなら、こうするといい。ウェストポイントに入れたのが間違いだったと言えば、このセリフを聞き飽きた陸軍のリーダーはうんざりしてそう言うだろう。

士官学校の生徒は学年が上がると、ＭＩＡＤと呼ばれる、個人個人で一歩進んだスキルを身につけるための活動をしなければならない。生徒は自分が身につけたいスキルを選ぶ。だが、スキルごとに異なった適性が必要となるため、その活動をするレベルに達していない生徒は失格とされる。「ジョニーは空挺部隊に行きたがっている」とスタフォード大佐は例を紹介する。「だが、彼の成績と軍人としての到達度は、そのレベルに達していない。ジョニーは困惑した。そこで、ジョニーは両親に電話をかける。

すると父親が戦術指揮官に電話をかけて、こう聞いてくる。『うちの息子を不利にするのはなぜですか?』」。ウォールデンが教えてくれた「生徒会役員になれなかった生徒の親」と同じだ。だが、これはアメリカ陸軍での話なのだ。

スタフォード大佐は、士官学校の方針やプログラムを再考するのは生産的なことではない（つまり、戦術指揮官が電話をかけてきた父親に屈することはない）と明言し、その理由を話してくれた。「たとえば、戦術指揮官がジョニーの父親の意見を聞き入れたとしよう。するとジョニーはそのことを友人のボブに言う。『うちの親父が電話をしたら、コロッと変わったんだよ』。そうなると、おそらく滑りやすい坂のような状態になってしまう。あるいは開いた水門とでも言おうか、どんな暗喩でも好きなように使えばいいが、ウェストポイントは、そうしたことは許さない」

ウェストポイントでは、親は大事なパートナーだとスタフォード大佐は言う。学校に対する親の信頼と厚意が、ウェストポイントの評判や、コミュニティや国における学校の評価に影響を与える。また、親は若者の成長に役立つサポートをすることができる。だが、なかには、どこで線引きをすればいいのかわからない親がいて、プログラムの詳細や狙いをすべて知りたがる。「それはそれで構わない」。スタフォード大佐は私に向かって言った。「だが、不必要なことだ。プログラムのことを理解する必要があるのは、そのプログラムを受けている若い生徒たちだ」。そういう親は、ウェストポイントの経営陣のことも、我が子のことも、世界も、完全に信用してはいないのだろうし、望んだ結果を我が子が確実に手に入れるように、いつでも子どもの「そばにいたい」のだろう。少なくとも、いまは、親が境界を越えて入ってこようとしても、ウェストポイントがそれを許さないだろう。

政府が運営するボランティア計画である平和部隊でも、同じようなことが起きている。平和部隊は50年以上にわたり、アメリカの若者を2年間ずつ海外に派遣して現地のボランティアをさせるとともに、人間として成長させる活動をしている。子どもを案じる親からの連絡は、かつては例外的なものだったが、いまでは日常茶飯事になった。

ケイト・ラフテリーは、2000年代に東カリブ海及びペルー担当のカントリーディレクターをしていたが、何十年にもわたり数々のポストを歴任してきた人物だ。平和部隊のボランティアスタッフのなかには、きちんとした働きをしない者もおり、ケイトはカントリーディレクターとして、その若者を本国に連れ戻す決断をしなければならないこともあったという。「ご両親から何度も電話がかかってきたこともありました。『あなたは、うちの子の人生をメチャクチャにしている。2年間やりたいと言っているのに、国に連れ戻すなんて』とね。私はこう答えることにしていました。『お子さんが帰宅されたときに話を聞いてみれば、そんなにたいしたことではないとわかると思いますよ。金曜日に向こうに連絡して日曜日には帰国させます。これまで何カ月も彼らと話をして、彼らが少しでも進歩できるようにサポートしようとしてきたんです。この問題は、あなたがお子さんと話すべきことです。私とではなく。私はあなたのお子さんをひとりの大人としてこれまで接してきました。あなたもぜひそうなさることをお勧めします』」[11]

子どものためなのか、自分のためなのか

これまでつねに子どものそばにいた親たちは、子どもが成長して外の世界へと飛び出していったあとも、そばにいることをやめられなくなる。なぜなら、現実の世界は、親が子どもだったころよりもはるかに厳しくなっているからだ。これまでずっとそばにいてやったのに、子どもが成長し、さあこれから子ども自身の行動が試されるというときになって見離すのは残酷ではないか、と思ってしまうのだろう。実際、本当にやめられない親がいる。そばにいることが身にしみついてしまっているのだ。もはや子育ての方法云々ではなく、私たちはいったい誰のために生きているのかという話になってくる。一方、子どもたちも、年々成長していくにもかかわらず、親にすっかり頼りきり、ますます「そばにいてほしい」と考えているようだ。

だが正直に言うと、親も子どものそばにいたいときがある。なぜなら、子どもに必要とされることが、親の人生に目的と意味を与えてくれるからだ。実際に助けを求められているのか、必要とされていると親が思っているだけなのか、親がそういう状況をつくりだしているのかは、どうでもいい。ジョナサンというある父親は、バージニア州マクレーンの、高学歴な人ばかりいてストレスの多いコミュニティに住んでいるが、そこでは、子どもがどんな子で、何を求めていて、どのくらい成績がいいかによって、親自身の立場も決まってくるのだという。「子どもはなんでも親に頼りきっているが、親のほうも、そうした親子関係に自分の価値や存在意義を見いだしているので、自ら進んでその役割を担っている」[12]。親は子どもと緊密な関係を結びたいと願うものだが、自分から必要とされる状況をつくりだし、その求

めに応じることはやめなければならない。

親はもはや、どこで線引きをすればいいのかわからなくなってしまっている。サンノゼの教師で、いじめっ子のレッテルをすぐに貼りたがる親について話をしてくれたオウル・ジョージェンソンによると、子どもが授業時間中にさまざまな経験をするところを見たくて学校に来る親がいるという。彼らはどうやら子どもと離れがたいらしいが、子どものためには、それでもまだいいほうだ。というのも、オウルが勤めている中学では、ヨセミテ国立公園やサンタカタリナ島、ワシントンＤＣに修学旅行に行くのだが、最近は、子どもの修学旅行に合わせて、同じ日程と行先の旅行を計画する親が増えているらしい。彼らは、子どもが泊まっているホテルの近くに宿をとり、ずっとついてまわるわけではないにせよ、「何かあったときのため」に子どもの近くにいる。こうした状況は、オウルにとって厄介というよりも、子どもが成長していくうえで不健全なことだ。「その年齢の子どもは自立したいと思っているはずだし、そうあって然るべきなのに、子どもに向かって、あなたはまだ自立する準備ができていないというメッセージを与えているようなものだ」[13]。首をかしげて「正気なのか？」と問いたくなるような行動だ。私が学生部長をしているときにも、同じようなことがあった。学生を大学になじませるための大切な儀式や伝統行事に、親が来るのだ。

たとえば、スタンフォード大学の恒例行事であるバンド・ラン。オリエンテーションの初日の夜遅く、悪名高きスタンフォード・バンドが、ハーメルンの笛吹のようにキャンパスじゅうを駆けまわり、学生寮から新入生を連れ出すのだ。走り終わって中庭に着くと、新入生は上級生たちと円陣を組み、スタンフォードの応援歌である『All Right Now（もう大丈夫）』を歌いながら、見よう見まねでジャンプする。

ケガ人が出るといけないので、私はゴルフカートに乗って端のほうに待機しているのだが、最近は、目立たないように電柱や木の幹に寄りかかって子どものことを見ていたり、一緒に走って楽しんだりする親がいる。

ウェストポイントには士官候補生を「長い灰色の線」(ウェストポイントの卒業生たちは自分たちのことをこう呼ぶ)にさせるための独自の儀式や行事がある。スタフォード大佐の話によると、彼が30年前に「長い灰色の線」に加わったときから、多くのことが変わったそうだ。そのうちのひとつがウェストポイントまでの19キロの道のりを歩く道路行軍で、毎年夏に行われる士官候補生の基礎トレーニングに打ち勝ったことを示す締めくくりとなる。[14]「この道路行軍はとても厳しい」と大佐は言う。「なにしろ、30〜40キロの荷物を背負い、ヘルメットをかぶって、武器やそのほかの装備を身につけて歩くんだ。ウェストポイントまで戻ってきたとき、士官候補生たちは誇りに満ちた顔をしている。『自分は歩き通した』と。以前と違うのは、『ジョニー/スージーと一緒に歩こうと思います。全行程を一緒に歩くつもりです。同じ体験をすれば、子どもとひとつになれると思うんです』と言ってくる親がいることだ」

大佐の声はため息に変わっていった。彼にも子どもがいる。世の中がどう変わったのか、彼だって知っている。親である人たちを尊敬してもいる。「子どもへの愛情や、責任を持って育てよう、手助けをしてやろうという気持ちは、私にも理解できる」と彼は言う。「だが、そういう親は、知らず知らずのうちに、子どもがひとりで成し遂げられたはずの経験や、何かを達成する機会を奪ってしまっているのだ」。彼が言っていることは、正しいと思う。私も同じことを肌で感じ、自宅で目にし、キャンパスでも見ている。

何かあることなど滅多にないというのに、万が一に備えて修学旅行についていったり、スタンフォードのバンド・ランを見にいったり、ウェストポイントまでの長い行軍についていったりするのは、子どものためなのだろうか？　親は子ども時代をもう一度生き直そうとしているのだろうか？　それとも、子どもを溺愛するあまり、見守ったり、何かを教えたり、手助けしてやったり、かわいがってやったりする子どもがそばにいないと、自分の人生がとても薄っぺらで、活気がなく、なんの楽しみもないものに感じられてしまうのだろうか？　子どもの活動や経験を観察することが、親の人生に最も大きな意義を与えてくれるのだろうか？

2013年、作家のマイケル・ガーソンがワシントン・ポスト紙の寄稿欄に、息子が大学進学のために家を出る前の晩に自分が抱いた、複雑な心境を綴っている。息子について、彼はこう書いている。「何かを始めるときにはつきものだが、新しい環境に順応するということを彼はこれから経験することになる。息子自身の人生がこれから始まる。私は、息子を徐々に手元から離していかなければならない。言葉を換えて言うなら、息子にはすばらしい未来があり、そのなかでの私の役割は自然となくなっていくということだ。息子がそばにいないこれからの人生は、味気ないものになるだろう[15]」

この記事を読むと、ガーソンの苦悩を感じずにはいられないだろう。だが、ガーソンは単に心情を吐露しているだけなのだろうか、それとも、どんなに自分が子どもを愛しているか自慢したいだけなのだろうか？　子どもに寄り添い、子どもを自分の世界の中心におくことが、子どもへの愛情の深さを表すのだろうか？　もしそうだとしても、私たちが表しているのは、本当に子どもへの愛情なのだろうか？　それとも単に自分の欲望なのだろうか？　親は、自分のむきだしの欲望を子どもに向けてはいけないのではないだろうか?

修学旅行、スタンフォードのバンド・ラン、ウェストポイントまでの行軍は、生徒や学生のためのものだ。親が子どものためについていく必要はない。自分も一緒にやろうと親がついてきたら、はたして子どもは本物の経験ができるだろうか? あとで子どもから話を聞くのを楽しみにして、子どもについていきたいという自分の欲望を親は抑えることができないだろうか?（子どもは親に話したがらないときもあるかもしれないが） つねに子どものそばにいなくても、子どもといい関係を築けていけると自信をもてないものだろうか?

4 激化する受験戦争

子どもが中学に入学すると、ふいに、子どもがBの成績をとってきたらどうしよう、スポーツのトップチームに入れなかったらどうしよう、チェックリストに書いてあることをしそこなったらどうしよう、自分たちが考えているような大学に入れなかったらどうしようと不安になるものだ。実際、そのとおりになるかもしれない（親が考えている大学とは、自分がどこの大学の出身かとか、どの大学が〝最高〟の教育をしてくれると信じているかとか、どの大学の卒業生が〝最高〟の就職機会を得られると考えているかとか、友だちとコーヒーやカクテルを飲んでいるときに自慢できるのはどこか、などといったことによる）。そして、自分たちが望むような受験結果を子どもが得られるように、少なくとも隣の親がやっていそうなことは我が子にもしてやらなければならない、もしできれば隣の親より少しだけ進んだことをしてやらなければならないと考える。だから、「ここまでやってはいけない」と本能ではわかっていても（たとえば、すぐに子どもの宿題を代わりにやってしまっていいのかという倫理上の問題に直面したときや、子どものスケジュールを管理し、子どもの送迎をし、すべてを把握しておくことに疲れてしまったとき)、自分が干渉してやらなければうまくいかないかもしれないという不安のほうが勝ってしまうのだ。

大学受験のための軍拡競争が激化していくのは、こんな考え方をするからだ。「このレポートを息子自身に書かせても、きっとうまく書けないだろう。それどころか、もっとひどいものを書くかもしれない、だけど、今回ひどい評価を受ければ、きっと息子もそこから学ぶところがあるだろうから、次はきっと自分でうまく書いてくれるだろう。でも、クラスにいる大勢の生徒と競わなければならないし、きっと多くの親が子どものレポートを大幅に編集したり、代わりに書いてやったりするはずだ。うちの息子がひどい評価を受けてそこから何か学べたとしても、そうしている間に、彼らの子どもはもっといい成績をとって、成績優秀者のためのプログラムに入れることになる。そうすると、彼らはもっといい教育を受ける。そうなると、うちの子を入れたいと思っている大学に、ほかの子が入ることになってしまう」

自分の子どもが歩くことを覚えたばかりのころの映像を、毎日の生活のなかで、グーグルグラスのように自分の目の前にいつも見えるようにしておけるなら、子どもというのは、新しいことに挑戦し、失敗することを許され、自分で立ち上がり、もう一度挑戦することで学んだり成長したりするのだという、まさに私たちが思い出さなくてはならないことを思い出すことができるだろう。だが、大学受験という聖杯が、私たちの考えを完全に曇らせてしまう。つまり、トップ大学へ入学することが何より大切だと思ってしまうあまり、挫折を経験するかどうかで人間は強くも弱くもなるという考えを受け入れることができなくなっているのだ。

バージニア州北部にある、とても厳格だが人気のある公立校、トーマス・ジェファーソン高校に娘を通わせているジェーンという女性が、こんな話をしてくれた。「娘はもっと自立できるはずだと私は思っていたんでしょうね。自分で自分の朝食を用意させたり、お弁当をつくらせたり、自分の洗濯物は自分で洗わせたりすることが、彼女のためだと思っていたの。でも、彼女はいま、とても忙しいのよ。娘の睡眠時間をなんとか確保してやりたいと思ったら、手伝ってやれることはなんでもしてあげなくては。彼女に必要なのは母親ではなく、生活の面倒をみてくれるアシスタントね[1]」。ジェーンの娘はTJの愛称で呼ばれる高校へ、片道90分のスクールバスに乗って通っている。その通学以外の時間に、彼女は宿題をやり、学校で授業を受け、食事と睡眠をとらなければならない。そうなると、学校の成績証明書に影響してくる活動以外のことをしている時間はない。

親が子どもに行かせたいと思っている大学の入学者数はとても限られているのに、そこへ入りたい人は大勢いる。だから、軍拡競争になってしまう。なぜ、限られた大学にしか目がいかないのか、それのどこがいけないのか、親はどうすればいいのかを、このあとの章で見ていくことにする。

その前にまず、チェックリストに挙げたものを子どもにすべてやらせ、完璧でとびぬけた成果を出させようと親がどれほど躍起になっているのか、見てみることにしよう。

子どもの代わりに宿題をやる親

大学入学審査の結果を見ると、たいていのトップ校は、オールAやそれに準ずる成績の生徒を合格させていることがわかる。だから、親はなんとかして、子どもにAをとらせようとする。

作戦として、子どもに易しい授業をとらせようとする親もいる。マンハッタンの裕福な家庭が住んでいる地域のローラという母親がこう話してくれた。「滅多にAをくれない先生だとわかると、親は子どもに、その授業をとらせないようにするの。Aをとれるような易しい授業をとらせるのよ」。これでは、育児本で読んだこととはまるきり反対ではないか。それに、名門大学に入るには逆効果でもあるようだ。というのも、成績証明書にAが並んでいることを重視するのか、最も難しい授業をとった実績を重視するのか、入学審査担当者の何人かに聞いたところ、驚くことに「両方ですね！」という答えが返ってきたからだ。

どんなレベルの授業を子どもがとったにしろ、子どもが宿題をやっているとき、親は手伝えはしないが、それでも手伝えることをなんとか探しだそうとする。たとえば、こういう手の貸し方ならいいかもしれない。宿題がどれくらいあるのか聞いて、すべてきちんとやったかチェックしてやる。あるいは、宿題をしている最中は隣に座ってやり、難しい問題で困っていたらヒントを出してやるのもいいだろう。だが、親が書き直したり訂正したり、あるいは、宿題そのものをすべてやってしまったりと、強引に介入する親もいる。読者のみなさんも、子どもの宿題を代わりにやってあげることがあるかもしれないが、そうしているのはあなただけではない。

親は、子どもがやった宿題の出来を気にするが、多くの学校では宿題の量のほうが大きな問題となっている。２０１４年に、スタンフォードの講師で作家、非営利団体チャレンジ・サクセスの共同設立者でもあるデニス・ポープが、カリフォルニアの上流中産階級のコミュニティにあるトップ10の高校に通う4317人の生徒の宿題を調査した結果を公表した。このコミュニティの平均的な家庭の年収は9万ドルを超え、93パーセントの子どもは2年制大学か4年制大学に進学している。調査対象となった生徒たちは、一日に平均3・1時間、宿題に取り組んでいるという（たった3・1時間なのかとお思いになっただろうか？　これは平均なので、もっと長い時間取り組んでいる子もいる）。

マサチューセッツ州にあるフィリップス・アカデミー・アンドーバー高校（アンドーバーの名で知られる）に通うある生徒によると、3年生のころは、毎晩5時間かけて宿題をしていたそうだ。また、パロアルト高校の1年生の話では、入学初日に、生物学の先生が、自分の授業をとって毎晩の宿題を頑張ってやれば、大学レベルの科学の基礎を習得できると自慢げに話していたという。私の息子のソーヤーの場合、高校1年生のときは、毎晩3時間かけて宿題に取り組んでいて、時には5時間かかることもあった。子どもがやりたいことや、やらなければならないこと（たとえば、課外活動、食事、休憩時間、10代の子どもに必要だと小児科医が言う9時間睡眠など）をする時間を確保するのも大変なのに、とても自分ひとりではではやりきれない量の宿題が出たら、親はどうすればいいだろう？

2012年、スタンフォードの教授で3人の子どもをもつ男性が、彼の家庭でも同じように宿題の問題を抱えていたことを話してくれた。私と彼がスタンフォードの入学審査および奨学金給付の方針に関する委員会に出席していたときのことだ。その日の議題は、高校生が抱えるストレスと緊張についてだった。教授は私のほうに体を傾けると、こう話してくれた。ある晩、3人の子どもが3人とも、就寝時間をとっくに過ぎた時間まで宿題をやっていたが（3人ともパロアルトの公立学校に通っている）、それでもまだ山ほど宿題が残っていたそうだ。彼がどうしたかというと、まず小学生の子にはもう寝るように言い、中学生の子に小学校の宿題をやらせ、高校生の子に中学校の宿題をさせ、大学教授の彼が高校の宿題をやったのだそうだ。たしかに、これでは問題だ。だが、学校のシステムがおかしくなっているというのに、その場で考えた精一杯の解決策を非難することなどできるだろうか？

学校の教師も、親が子どもの代わりに宿題をやっていることに気づいていて、そうならないような措置を講じている。本書の執筆のために、全国でも有数のトップ校があるバージニア州フェアファックス郡に住む親たちにグループインタビューをしたとき、教員補助の仕事をしているホーリーという母親が話してくれた。「先生は、教室で生徒に作文を書かせるんです。もし作文の宿題を家に持ち帰らせたら、生徒自身が書いた作文が提出されることはないとわかっているからです(2)」。これは倫理の問題にとどまらないとホーリーは言う。宿題は、生徒がどのくらい課題範囲を理解しているかを教師が見極めるためのものだ。親が宿題をやってしまっては、子どもがどこまでわかっているか、教師は知ることができない。

ニューヨークにあるロックランド・カントリー・デイ・スクールで英語を教えている友人、エレン・ノーデルマンによると、40年あまりの教員生活のなかで、親が学校の勉強に干渉してくる例が、ここ15～20年間で急増したという。「いまの親は、宿題をすべて見ているし、子どもの代わりに宿題をする親も大勢いる。子どもの手助けをするという名目でやっているつもりかもしれないけれど、当の子どもは無力感を覚えてしまう。たとえ親がやらなかったとしても、家庭教師に子どもの宿題をやらせるなら、同じこと。これでは、子どもに依存心と無力感を植えつけることになってしまう。自分ひとりでは何もできないと子どもは思うようになる(3)」。わかっている、まったくそのとおり。だが実際、宿題はたいてい難しく、時間がかかるし（生徒にはほかの大切な活動をする時間も必要だ）、何より宿題は評価の対象であることが多い。宿題をきちんとやったかどうかがGPA（訳注：学校の成績の平均値。大学進学の際に最も重要となる）にも影響してくる。そして、スタンフォードは成績がいい子しかとらない。それに、ほかの親も子どもの手助けをしているのだから、自分もやらなくては、と思ってしまうわけだ（こうして軍拡競争が始まる）。

子どもの自由研究の作品をつくる親

自由研究は、みんなの前に飾られることになる宿題だ。子どもにいい評価をとらせてやるにはどこまで手を貸してやったらいいのか、親の手腕が問われる。

カリフォルニア州の小学4年生の児童は、社会科の授業で、スペイン人による宣教活動について学ぶことになっている。18世紀後半から19世紀前半にかけて、スペイン人がメキシコから北進して現在のカリフォルニア州を植民地としたが、その道すがらミッションと呼ばれる大きなアドベ構造の伝道所を建設していったことを学ぶ。この単元のハイライトは、ミッション・プロジェクトという課題だ。子どもたちが、赤い屋根の伝道所（ミッション）の立体的なレプリカをつくることになっている。

ほかの自由研究と同じように、このミッション・プロジェクトは、その単元についての子どもの知識を測るとともに、その子の創造力と課題を正確にやりぬく力を見るものだ。子どもは、この大きな建物をつくるのに何を使ってもいい。レゴで伝道所の枠をつくった子が何人かいた。パスタでつくった子もいる。ケーキを焼いて、白いアイシングをしたものを赤いタイルの屋根の部分に使い、ロウソクで十字架をつくった子どもいた。最近のほかの自由研究でもそうだが、このミッション・プロジェクトは、子どもがつくったもの（この場合、４年生の作品）のように親がどうやってうまく見せかけるかを実証する機会になってしまっている。

私がソーヤーとアベリーのミッション・プロジェクトを見にいったとき、少なくとも半分の作品は、親がつくったとしか思えないほど構造や技術の正確性が際立っていた。私は眉をつりあげ、夫に向かって小鼻を膨らませてみせ（夫はデザイナーで、絶対に子どもの作品に手を貸さないところは立派だ）、その〝子どもの作品〟を指さした。毎年思うことなのだが、こうした親はいったい誰をごまかそうとしているのだろう。先生には、親がプロジェクトにかかわるのは不適切だと、はっきり示してもらいたいものだし、親が度を越した場合は、警告を与えるとともに、子どもの成績に反映させてほしいものだ。だが、実際は、よほどベテランの先生でないかぎり、グルーガンを巧みに扱う金持ちの親に対峙することは難しい。

ヒラリー・クスタンは、イリノイ州シカゴの北部にあるエバンストンに住んでいる。ノースウェスタン大学のある町だ。彼女は弁護士で、ロヨラ大学とノースウェスタン大学で法学部の助教授をしている。彼女自身はエクセター高校、ミシガン大学、スタンフォード・ロースクールの出身だ。ふたりの息子をもつ母親でもある。ヒラリーは頭のいい人で、思いやりのある、気さくな人だ。ある日、私は電話で、彼女が経験した小学校の自由研究の話を聞いた。彼女の子どもはまだ小さいが、彼女は親の過干渉についてはすでによく見知っている。（4）

102

彼女の息子のエリが4歳のとき、海の生き物について子どもが発表を行うという、小さい子向けの地域のプロジェクトに参加したそうだ。「大切なのは、作品を実際につくってみることと、自分を大切に思ってくれている大勢の人の前で発表すること」だとヒラリーは話してくれた。エリが担当したのはサメだ。「エリが自分でできて、達成感を味わえるような作品にしたかったの。私の助けがなくてもできるようなものにね」。まだ4歳なので、エリの運動技能は十分に発達しておらず、うまく絵が描けない。だが、ハサミで切るのは上手だ。そこで、ヒラリーは自分がサメの頭と尾ひれを描いてやり、それをエリがハサミで切って色を塗り、ホッチキスでとめ、中に新聞紙の詰め物をすることにした。

数日後、発表の日がやってきた。15人ほどの子ども（全員4歳児と5歳児）のなかには、三つ折りにした厚紙でつくったポスターや、きれいにコーティングした写真や、タイプライターで美しく打たれた研究や分析結果など、なかなか印象的な作品を持ってきた子がたくさんいた。エリはといえば、詰め物をしたサメを誇らしげに持って立っていた。その夜に行われた発表会では、クスクス笑う人もいた。おそらく、エリの不格好なサメのことを笑っていた人もいただろうが、明らかに親がやったとわかるような子どもの作品を笑っていた人もいたことだろう。それでも、幼いエリはまったく動じなかった。いまでも、そのサメはエリの部屋の一番いい場所に飾られている。

幼稚園のとき、エリは学校で行われるサイエンスフェアに参加したがった。サメのプロジェクトのときと同じように、ヒラリーは、エリが自分でできる範囲で課題に取り組んでほしいと考えていた。エリは「摩擦」についてよく知っていたし、とても興味をもっていたので、ふたりはそれを題材にすることに決めた。エリは小さなおもちゃの車を坂の上に置き、坂の下にさまざまなもので道をつくった――バスタオル、アルミ箔、それから木材。ポイントは、どの道を通るとどこまで車が進むのかをテストすることだとエリはきちんと理解していた。息子はいったい、どうやって実験データをとるのかしら？　とヒラリーは思ったそうだ。エリは平均値を出すということはまだ知らない。そう、エリはまだ幼稚園児だ。そこでヒラリーは、車が進んだそれぞれの距離を違う色で塗った棒グラフにすればいいのではないかとエリに提案した。そこで、エリは棒グラフをつくった。

エリと両親がサイエンスフェアに行くと、エリの隣に座った小学生は、化学物質によって噴火の仕方が違うことを示すために、精巧につくられた火山を手にしていた。化学物質の名前が化学記号で書かれている。その子の父親は、子どもが突っ立っている横で、精力的にその火山をつくったことだろう。みんながその作品を見にきたが、その子は作品について一言もしゃべれなかった。

その次の年、ヒラリーはサイエンスフェアを主催する側に加わった。彼女はこのフェアを、子ども自身が研究課題やそのアイデアや結論について話し合い、子ども自身が科学者になって取り組めるような、もっと健全な機会にしたいと考えていたのだ。三つ折りの厚紙でできたポスターの横で、子どもがボーっと立っているような、これまでのサイエンスフェアとは違うものになるように。そこで彼女と仲間は、外部の科学者を招いて作品を審査してもらうことにした。

そのサイエンスフェアは夜に行われ、子どもの両親だけでなく外部の人にも公開された。次の日の朝に審査員がやってきて作品をひとつひとつ見てまわり、小さな科学者たちと、その子の年齢にあった会話をたっぷりしてくれた。審査員の質問に答えられる子どもと、答えられない子どもがおり、自分の研究課題のことをよくわかっているかどうかによって、それが分かれた。学校側は、この審査時間に親は来てはならないと明確に定めた。フェアのお知らせの手紙でも、すでに親や子どもには周知ずみだが、その作品が明らかに子ども自身の手によるものかどうかを審査基準のひとつとした。

ボタンひとつで、学校での子どもの様子を知る

子どもの成績について先生に文句を言う親は、インターネット・ミームや漫画の題材としてよく出てくる。技術が進歩したことで、親は子どもの様子をチェックしたり、学校を批判したりすることができるようになった。

ほとんどの学区では、生徒情報を管理するなんらかのソフトウェアを使用していて、そこには親用のポータルサイトがあり、親がログインすると子どもの出席記録やテストの点数などを見られるようになっている。私自身は、子どもの記録をオンライン上でチェックしたことはない。ネットで子どもを干渉することは増やすのではなく減らしたいと常々思っているし、ネットは息子や娘が必要に応じて私に連絡をするときに使うものであってほしいと思っている。昔は私も両親に、いま何をしているかを連絡したものだ（しなければしないで、問題になっただろう）。もっとも正直に言えば、これ以上の情報があっても私の手には負えない。そもそもログインする時間がないという物理的な問題でもあるし、子どものデータを知ったところで、それをどうするべきなのかわからないという感情的な問題でもある。あなたは変わっているとよく言われるが、実際、多くの親はときどきどころではなく、定期的にログインして見ているらしい。

前の章で、息子がテストを受けてから数時間後には、オンライン上で息子が落第点を取ったことを知っていたというアトランタに住む母親の話をした。当の息子は学校からまだ戻っておらず、結果を知らなかった。彼女がメールで息子を叱ると、息子からはこんな返事がきたそうだ。「ママ、僕はよくできたと思ったんだ。どうしてそんな結果になったのかわからない。とにかく、いまは授業に集中するよ」。私にこの話を聞かせてくれるまでの数カ月の間、彼女が心配していたことは、息子がテストに失敗したことではなく、ポータルサイトのせいで息子との関係が悪くなったことだったそうだ。

ジェーン・ラズロップ・スタンフォード・ミドルスクール（JLS）は、パロアルトにある3つの公立中学のうちのひとつで、そこでは多くの親たちが頻繁に子どもの点数をチェックしている。シャロン・オフレックはJLSの校長をしているが、親が子どもの点数をすぐに知る権利と、教師が授業に集中する必要性とのバランスをとるように苦心しているという。たとえば、JLSの保護者が、親用のポータルサイトで、自分の子どもが宿題を提出しておらず0点をとったことを知れば、その保護者は教師宛てに「うちの子が宿題を提出していないことを知らせてくれるべきです。これからは毎回、知らせてください」とメールするかもしれない[5]。その親にとってはありがたいことかもしれないが、教師が宿題を忘れた子の親に毎日メールを打たなくてはならなくなったら、教師は生徒に使うよりも多くの時間をその親のために使わなくてはならなくなるだろう。「一見、たいしたことのない要望のようでも、これが大変なことになってしまうのです。1週間に200~300人の生徒をみなくてはならない教師の場合は、特にそうです。学ぶ責任は生徒自身にあるとわかってもらうには、どうしたらいいのでしょうか」

マサチューセッツ州のティム・ウォールデン学区長のいる学区で起きた、子どもの監護権をめぐる醜い争いを見れば、学校が受け取る親からのメールがいかに多いかがわかる。学区長であるウォールデンは、ある父親から、息子に関するメールのことで召喚状を受け取った。その父親は、別れた元妻のメール内容を彼女に不利な証拠として使おうと考えていた。だが裁判では、違った事実が浮かび上がってきた。息子が1～2年生のとき、父親は教師や管理者に200通を超えるメールを送っていた。皮肉なことに、母親が送ったメールは、たったの10通だったという。[6] 技術の進歩により多くのものが変わったが、学校の就業時間は昔と変わらず6～7時間しかない。教師や管理者は、親とのやりとりによって増加した膨大な仕事の、どこからどのように手をつければいいのだろうか？

苦境に立たされる学校

親が授業中の些細なことや成績のつけ方について口を出してくると、「教育活動に支障をきたす」とウォールデン学区長は言う。彼は、これまでいくつかの学区で勤務してきたが、ほとんどのところで、教師は日々の宿題、テスト、テスト結果を入力するために電子採点表を使っている。親が子どもの電子採点表にアクセスできるポータルを使っている学区もある。学校側が電子採点表へのアクセスを親に認めるのは、子どものことはつねにすべて知っていたいという親の気持ちを煽ることになる。学期の途中で採点表を変更しようものなら、親はひどく不安になる。すると、彼らはこんなメールを送ってきたり電話をかけてきたりする。「なぜ、こういう評価にしたんですか？」「なぜ評価を変えたんですか？」

「評価が変更されていないのはなぜですか?」「なぜまだ評価がつけられていないんですか?」。毎日毎日、来る日も来る日も、こう批判されたのでは、教師は疲れきってしまうだろう。

「綱渡りをしているようなものです」とウォールデンは言う。「教師には透明性がなければならない。教師の評価は公正で、正当で、信頼のおけるものでなければいけないし、教師ひとりの判断に任せないように、ある程度は配慮しなければならない。だが、その一方、子どもを教育するうえで、教師には自由が与えられなければいけないし、柔軟な対応をすることも認められなければいけない。すべてを同じように見るのではなく、それぞれの子どものニーズ、長所などに応じて対応を変えてもらいたいなら」

オンライン上の採点表に関して厳しい制限をもうけ、それを保護者に伝えておくことで、うまくこのバランスをとることができた学校もあるとウォールデンは言う。たとえば「採点表が更新される頻度はこれこれです。お知らせが行くのはこういう場合です」と知らせておくのだ。厳しい制限をもうけなければ、学校は、特定の親への対応にあまりにも多くの時間と労力を割かなければならなくなり、その結果、そのほかの子どもや親に目を配ることができなくなってしまう。また、このように管理することで、教師の生活も健全になる。ウォールデン学区長は、弱々しい声でこう言った。「先生方にとっては、採点表を親に見られることが苦痛でもあるのです」

教師と親との間にしっかりとした明確な垣根を築かない学校は、深刻な事態になることもある(そうなると、当然、生徒たちの学習にも支障をきたす)。10年ほど前、ニューヨーク市にある小さな私立学校の校長が、学問的な誠実さを維持するよりも、親をなだめたほうがいいと考えた。そこでどうしたか? 彼は、何を言われようとも、教師たちに、子どもにはAかBの成績をつけさせたのだ。親たちは喜んだ。すると、学校の雰囲気も以前より和んだものになった。だが、そうした成績のつけ方がされたことに周りが気づく前に、その校長は別件で解雇されてしまった。その後、新しい経営陣が、GPAとSAT（大学進学適性試験）のスコアがあまりにもかけ離れていることに気づき、先ほど述べたような、前校長の成績のつけ方に関する〝方針〟は撤回され、元に戻ったという。前校長は、心得違いをしていたわけだが、大勢の裕福な親たちに厳しく監視されていたことを考えると、退職することになったときは心底ほっとしたに違いない。

子どもを守ろうとする親の本能

名門大学合格へ向けた軍拡競争が激化してくると、秘密の作戦を練る親がいる。特に、学力の高い子どもがしのぎを削り合う地域では、自分が（自分の子どもが）どんなことをしているか、ほかの親には嘘をついておくのがいちばんいいと思っている。学校の活動以外にどんなことをしているかという話になると特にそうだ。「ジョニーにフィジカルコーチはつけていないんですよ」と口では言っていても、実際は週2回、コーチについて練習をしているので、トップチームにも入れるかもしれない。「ジェニーは、放課後、たいしたことはしていないんですよ」と言いながら、天才的な講師が運営している、知る人ぞ知るロボット工学のクラブに通い、学校でもとても有名なロボット工学クラブに入れるような指導をしてもらっているかもしれない。最高の教育をしてくれるところは少ないので、いいものは秘密にしておきたいと親は思うのだ。そうすれば、ジョニーもジェニーも、大学を受験するときには確実に有利になる。

子どもが何か悪さをしたとき、親は懸命に子どもを守ろうとしてしまう。たとえば、人の財産を盗んだり傷つけたりしてしまったとき、誰かに傷を負わせてしまったとき、自分や他人を危険な目にあわせたときなど。もちろん、家の中では、子どもにたっぷりとお灸をすえるかもしれないが、自分の子どもが窮地に立たされそうになると、母親や父親としての防衛本能が顔を出す。もちろん、いったん落ち着いて、どうするべきかを考えることもある。事実関係を確認し、当事者と話をし、子どもと向き合って、ものの価値や、子どもが起こしたこと、その重大性を話してきかせ、話し合いの結果を実行する。だが、その出来事が子どもの「犯罪歴」になってしまうのではないかと不安になると、それだけはなんとしても避けたいと思って、こんなことで大学に進学できなくなっては困るとばかりに、子どもがおとなしく、あるいは澄ました顔で立っている横から、親が慌てて出てくる。

子どもが起こす問題で多いのは、アルコールとドラッグがらみだ。多くの学区では、未成年による飲酒やドラッグの使用について、つねに厳しく指導している。というのも、飲酒をしているところやドラッグを使用しているところを警察に見つかれば、たとえ学校内で起こったことでなくとも、学校としては、スポーツや課外活動に参加することを禁止するなどの処分をしなければならなくなるからだ。

学区長になる前、ウォールデンはマサチューセッツ州のほかの学区にある学校の校長を務めていた。その学区は、問題がいつどこで起ころうとも処分の対象とするかどうかをめぐって、激しい議論が起こったところだ。「スポーツや生徒会活動に熱心に取り組んだり、成績が優秀だったりする生徒は、入院が必要になるほどお酒を飲むなど、度を越したことをしてしまうことがある。そのシーズンは競技への参加を禁止するとか、キャプテンを辞めさせるといった処分を私たちがすると、その決定を翻そうとして、弁護士を連れて学校にやってくる親がいる」[7]。その結果、ウォールデンのいた学校の理事会は、いつどこで起こった問題でも処分の対象とするという方針は踏み込みすぎだとして、撤回することになった。だが、その理由のひとつは、コミュニティのなかでパーティによく顔を出すような子どもの親は、子どもが酔っぱらったりドラッグを使用したりしたところを見つかって処分をうけても、それに対抗しようとして法的防御をとる、つまり訴えを起こすと、よく知っているからだ。

子ども（特に若い男の子）が人間として成長していく過程で愚かな選択をするのは、よくあることだ。悪いことや馬鹿なことをしたいという衝動がある一方、前頭葉前部の大脳皮質はいまだ発達の途上だ。つまり、そこにどんな危険が潜んでいるかを見極めることができず、いわゆる〝正しい判断〟をすることができない。親は、不安を感じながら子どもがリスクを犯さないように目を光らせているが、当の子どもは、それがどんな悪い結果をもたらそうとも、「そのときは、それがいい考えだと思ったんだ」などと言う。子どもには、相応の結果を受け入れさせることが必要だ。そんなことをしてはいけないと子どもに学ばせるには、それしかない。

仮に、親が弁護士を雇って子どもの不品行を弁護させるようなことがあれば、目先の〝勝利〟を得ることができ、問題を起こしても行きたい大学へ入学するチャンスがなくなることはないと安心できるかもしれない。だが、教えるべきことを教えるべきときに教えないまま子どもが育ってしまうと、都合の悪いことからは逃げればいいという、道徳的あるいは倫理的な欠点を抱えた人間になってしまう。

子どもの代わりに試練に立ち向かう親

成績優秀者（ＡＰ）クラス出身の生徒は、大学の授業と同レベルの学習をしてから入学してくるという前提を否定する大学教員は多い。高校で履修したからといって、そうした教員が大学での単位や良の成績を与えることはないし、大学で上位のクラスにその学生を入れることもない。たとえばスタンフォード大学の英語学科、歴史学科、心理学科、生物学科では、少なくとも２００６年度以降、ＡＰクラスの単位を大学で認めたことはないし（公的記録が残っているのはここまでだった）、これからもその方針が続くだろうと思う。経済学部でもミクロ経済学、マクロ経済学の単位としてＡＰクラスの単位を受け入れたのは２００６年度が最後だ。

だが、大学での勉強に振り替えられるかどうかに関係なく、生徒たちはこうしたクラスを履修する。というのも、大学の入学審査担当者は高校で受けられる最難度の授業をとった生徒を求めているため、こうした授業の受けがいいからだ。また、授業の内容がとても難しいため、ＧＰＡを算出するときに加点される（たいていの場合、１段階上、つまりこのクラスでとったＢはＡと同じとみなされる）。よって、高校では、ＡＰクラスやＩＢ（国際バカロレア）クラス、習熟度別クラスの上位クラスなどに行くことが、学習面においては何よりも重視される。そして、ここほど、成績をめぐる競争が激しいところはない。

だから、上位クラス、ＡＰクラス、ＩＢクラスでは、家でやってくる宿題の出来と教室での勉強の出来の違いがはなはだしいという学校関係者の話を聞いても、さして驚かない。親が子どもの代わりに宿題をやっているということの、顕著な、そしてよくある証拠だからだ。成績がその後に大きく影響するため、こうしたクラスでは、宿題の出来と、教室での勉強の出来の違いが最もはなはだしいことになる。要するに、子どもに代わって宿題をやる親が多いということだ。我が子が、高校の勉強のなかで最も大きな試練に立ち向かうとき、子どもが落第したり失敗したりするリスクをとりたくない親がいる。どうやってリスクを避けるか？　親が子どもの代わりになって、その試練に立ち向かうのだ。

学校は、生徒が第三者の作品や論文を自分の論文であるかのように装うこと（「剽窃《ひょうせつ》」という）をなくそうと、たとえばターンイットインというツールなどを使って、レポートをウェブ上で提出させるようにしている。このツールは、提出された資料やレポートが、すでに出版されている他人の作品や論文を写したものでないかどうかを調べることができる。だが、剽窃を見分けることのできるソフトウェアでも、親がやったかどうかを見分けることはできない。また、子どもにとっては親も「第三者」であるという概念は、過干渉な親にとっては理解することが難しいだろう。

ベス・ギャグノンは、このように自分と子どもを分けて考えることができない親たちをよく見ると話す(8)。彼女は結婚して家族をもっており、ボストンから少し行ったところにあるニューハンプシャー州でチャイルドセラピーをしている。このセラピーには、自分がつくったチェックリストに並ぶ項目を、子どもがひとつひとつ消化していくことを手助けしようと懸命になっている親たちが大勢訪れる。セラピーに訪れた親たちは、子どもが私立高校を受験するときは、自分がエッセイを書いてやったと告白するそうだ。そこで、ベスはユーモアを交えながら、子どもの代わりにやってやろうという衝動はどこかの時点で終わるだろうか、終わらせなければならないのだろうか、と親に考えさせる。忘れてはいけない。

親たちがベスのもとを訪れたのは、セラピーを受けるためだ。自分の問題を解決するために来たのだ。たいてい、セラピーは次のように始まる。

ベス「あなたがお子さんに代わって何もかもやっていたら、大学に入ってからお子さんは、どうしていったらいいのでしょう？　そもそも、どうやって大学に合格できるのかしら？」

親「大学でも私が代わりに書くから大丈夫です！」

ベス「それはいつまで続くのかしら？　寮長はきっと、あなたを追い出すと思うわ。だってあなた、大学生っていう年齢じゃないもの」

おそらく、いくらかの笑いも起こるだろう。そして、ベスの思いどおりにセラピーが進めば、親は少し自己反省し、もしかすると現実を見つめて、それをなんとかしようと思うかもしれない。だが、ベスがどんなに効果的なセラピーをしても、患者は、親なら子どものためにどんなことでもやらなければならない、という容赦ないプレッシャーが待ち受ける現実世界に戻っていかなくてはならない。

大学の入学審査を担当する職員は、自分の大学へ心からの興味を示してくれる生徒を合格させたいと思うものだ。心ここにあらずといった感じの生徒や、尻込みをしているような生徒、あるいは単に興味のなさそうな生徒は、相当、親が干渉している（親が本人になりすまして、これまでやってきた）ということだろう。２０１３年、シカゴ公共ラジオの全国放送の番組「アメリカ社会の実態（This American Life）」でホスト役を担当しているアイラ・グラスが、ジョージア工科大学で学部生の入学担当部長をしているリック・クラークにインタビューをした。リックの話では、彼と彼の同僚はたびたび子どもになりすました親からのメールや電話を受けるらしい。大学見学に訪れた男子学生からのお礼のメールが、母親のメールアドレスから送られてきたこともある。あるいは、「awesome（最高）」とか「cool（かっこいい）」など、最近の高校生なら使わないような言葉で書かれたメールもあるという。10代の娘のふりをした母親から電話がくることもあるそうで、15分ほど話しているうちに、うっかり「もし娘が、いいえ、私が、願書にもっと活動の記録を書きたい場合は、どうしたらいいでしょう？」と口をすべらせてしまうらしい[9]。

子どもの成績を上げようと必死になる親

倫理観が麻痺しているのでもなければ、誰かにお金を払って子どもの代わりに宿題をやってもらうなど、とうていできることではない。だが、誰かを雇って、子どもが高校を卒業するまでに、できるだけ多くの成果をあげ、それに磨きをかけることを手助けしてもらうことはできる。実際、どんな科目でも（すべての科目の場合もある）家庭教師に教わることができる。C、D、Fといった成績をなんとかしたいという場合だけでなく、BをAにしたい場合もあれば、AマイナスをAプラスにしたい場合もあるだろう。家庭教師を雇う余裕のある裕福な家庭では、数年前からSAT（大学入学適性試験）の準備をすることもあり、たとえば、受講費用の高い試験対策のコースに通ったり、点数を上げるために何度もテストを受けたりする。高校生の子どものAPクラス、SAT、SAT科目テストの準備のために、家庭教師に10万ドル以上を払う人もいると聞いたことがある。

公立高校の進学指導の教師はいつもひとりで150人から400人の生徒を見なければならない。これに比べれば、私立高校の教師が見る人数は微々たるものだ。子どもを公立高校に通わせているなら、子どもの入学願書を担当者の目に留まるものにするために「入学願書を見てくれる個人コンサルタント」を雇いたいという衝動に駆られることだろう。個人コンサルタントなら、ひとりひとり見てくれるし、エッセイの書き方も指導してくれる。週末集中トレーニングもやってくれる。私立高校に通う生徒の親でも、個人コンサルタントを雇う人がいる。個人コンサルタントのなかには、倫理的には非常に怪しいが、トップ大学にいくつか〝コネ〟があると保証する者もいる。2013年には、大学に願書を出した生徒の26パーセントが、こうしたコンサルタントを利用したという調査があり、これは10年前に比べて3倍の数字である。(10)

2014年の夏、シリコンバレーに住む女性が、スタンフォード大学の掲示板に、14歳の息子の家庭教師を募集する求人広告を掲載した。その女性によると、息子は「IQが高く、多才。特に要望はなし。難しい話題も大人と同レベルで話せる能力あり」とのことだ。その家庭教師の仕事内容は、平日の午後に「息子に運動をさせ、ファイルの整理をさせ、行動計画をたてさせること、普通の10代の子がするような会話を息子とすること、息子が責任感をもち、自分の行動の結果の責任をとり、さまざまな問題解決の方法を考えることを学べるようにサポートすること」だった。その母親は、大学でのGPAが3・5以上の学生を探しており、25〜35ドルの時給を提案していた（大学院に通う学生や、家庭教師やコーチ経験のある学生にとっても、これは高給だ）。

なぜ、この母親が、息子のためにこうしたメンターを付ける必要があると考えたのか、私にはもちろんわからない。だが、大学進学のための準備や、これからの人生に備えるためだと考えていいだろう。不思議に思うのは、普通に子どもとして過ごすことが、大学進学やその先の人生に備えることにならないのはなぜなのか、ということだ。なぜ、子どもに特別なトレーナーが必要なのだろう？　こうして熱心に備えた先にある未来とは、どれほどすばらしいものなのか？　この息子（どちらかと言えばよくできる子のようだ）に、自分なりに考えさせたらどうなのだろう？　そう思ってはいても、この求人情報を見た私は、心のすみでは軽くパニックになり、「この親は自分の子にこんなことまでしているわ。私も同じようにしなくて大丈夫かしら？」と考えてしまう。

こうした不安が、受験競争に臨む親の心の中にある。ニューヨークに住むある人が、親が感じるパニックをこう説明している。「いま私たちは、何かが足りないと思いながら生きている。アメリカンドリームを信じていられるような時代ではないのだ。あなたの子どもがある職に就いたり、ある大学に進学したりしたとしても、そこは私の子どもが行くところではないと思ってしまう。だから、子どもがアイビーリーグの大学に行けるように、なんでもしようという気になる」

たしかにスタンフォードやＭＩＴ、その他のアイビーリーグの大学は、非常に狭き門だ。だが、あとの章でも述べるとおり、狭き門であるということは、こうした大学に入らなかった生徒の将来には限界があるということではない。２０１４年、オバマ大統領が、長女のマリアと大学の見学に行った際に、このことを思い出させてくれた。「私たち夫婦は、彼女にこう言っています。『この10校のどこかに行かなければならない、もし行けなければこの先の人生がひどいものになってしまうと思わないこと。大学は、ほかにもたくさんあるのだから』[11]。たしかに、アメリカの大統領なら、娘の将来の安全を見通すことも簡単かもしれない。だが、彼の言葉は、受験をめぐる軍拡競争に巻き込まれてしまっている私たちにとっても、実に的確なアドバイスだ。

就職活動でも親が子どもと一緒に戦う

21世紀に行われている過保護な子育ての例はたくさんあるが、それと同じように、勉強において武器となるものを子どもに身につけさせようとする親の活動は、高校を卒業したからといって終わらない。子どもを大学に合格させるために懸命に戦ってきた親は、そのまま大学でも子どものために戦う親になる。スタンフォードや、そのほか国内のさまざまなランクの大学で、実際に登校して大学生の勉強をする親がいる。子どもを成功に導いてくれそうな授業を選び、子どもの専攻を決め、子どものレポートを編集し、成績について教員に質問の電話をかけ、子どもの行動が非難されたときは、弁護士を連れてやってくる。そうやってほかの大学生と肩を並べて勉強しているうちに、親は次第に大学生活になじんでいく。「いったい、大学に通っているのは誰なのかしら?」と何度思ったかしれない。

大学に入学したら、次なる戦場は大学院進学や就職活動だ。親に助けてもらうことに慣れきってしまった子どもは、就職先を探すとき、いままで以上に親を頼る、いや、頼らざるをえないだろう。

2008年度に大不況が始まったが、2014年になってやっと経済が回復の兆しを見せはじめた。正社員の採用が大不況のあおりを受けて減ったという点では、最も大きな影響を受けたのはミレニアル世代だ[12]。20歳から24歳の大卒生の失業率の増加が最も大きかった[13]。就職が数年遅れてしまうことの不利は、短期的なものにとどまらない。経済が低迷しているときに大学を卒業した学生の生涯獲得賃金は、10パーセントも減少してしまう[14]。加えて、この年代の卒業生は、ほかの年代の卒業生よりも多くの学生ローンを抱えて卒業することになる。有給の仕事ではなく、無給のインターンシップをしてくれる学生を募集する企業ばかりの時代に、彼らは有給の仕事を探している。しかも、過去最多の数の大卒生と、職をめぐって争わなくてはならない。1975年から1995年の20年の間に、学士号をもつ25歳から29歳までのアメリカ人の数は3パーセント増加しただけだったが（21・9パーセントから24・7パーセントになった）、1995年から2012年までの間には、10パーセント近くも増加した（24・7パーセントから33・5パーセントになった）[15]。さらに、ライフサイクルのなかのある一時点で、2世代前（X世代、ベビーブーマー世代）よりも富と収入が低くなったのは、近代においてはミレニアル世代が初めてである[16]。つまり、事態はバラ色ではないということだ。こうした言葉を見て、私たち親はこう思う。「そんな世の中に、子どもを送りだせるわけがないでしょう?」。だから親は、子どもの手をしっかりと握って、ともかく目先の成功を手に入れようとする。長い目で見たときにどんな困ったことになるかは考えないようにして。いったい、子どもが自分で自分のことをできるようになる日はくるのだろうか?

ミシガン大学のCERI（大卒生の雇用について調査する機関）は、新卒生の就職動向に焦点をあてた国内労働市場の調査、および大学から就職へのスムーズな移行についての調査を行っている。ディレクターのフィル・ガードナーによると、インターネット不況や9・11同時多発テロにより不況が加速した2000年代初頭までは、親が子どもの就職に深く首を突っこんでくることはなかったという[17]。

ところが、２０００年代の半ばになると、大学生の就職活動や職場に親が深くかかわるようになったという衝撃的な報告が、メディアで聞かれるようになった、とガードナーは言う。調査員である彼は、ただの話ではなく、具体的なデータを挙げてくれた。２００６年から２００７年にかけて行われた雇用に関するＣＥＲＩの調査には、従業員の募集と採用、就職活動にあたって、どのくらい親の介入があったかという質問が含まれていた[18]。総計７２５名の雇用主から回答があった（この調査は大不況が始まる前、親子間のメールや電話のやりとりが増える前の、経済成長の時代に行われた調査である点を考慮すること。このふたつは、若者に対する親の過干渉が急激に増えた要因と言われている）。

大学４年生を採用するときに、親が干渉しているとわかったことが「ときどきある」あるいは「しばしばある」と回答したのは、７２５人の雇用主のうち23パーセント。小さな企業では、親の干渉がほとんど見られなかったのに対し、大企業（従業員が３７００人以上の企業を言う）の３分の１では親の干渉がみられた（これはおそらく、大企業は大学のキャンパスでリクルート活動や就職フェアを行うためだと思われる。どちらも、多分に親の干渉がある）。

ＣＥＲＩの調査で、ガードナーは、大学生の募集および採用において、どのような親の介入がどの程度あるのかを探った。調査の結果、会社の情報を入手する（40パーセント）、学生の代わりに履歴書を送る（31パーセント）、親が望む仕事内容や給与の水準を子どもに勧める（26パーセント）、就職フェアに参加する（17パーセント）、不採用となった場合に企業に文句を言う（15パーセント）、面接の約束をとりつける（12パーセント）、給与額や福利厚生について企業と交渉する（９パーセント）、昇進や給与の増額を主張する（６パーセント）、面接に同席する（４パーセント）となっている。

どちらかと言えば、母親が企業の情報を集めたり、面接や企業訪問を手配したりといった初期段階の作業をし、父親は交渉の段階や子どもが研修を受けているときにかかわってくることが多いようだ。CERIの調査報告書にはこんなことが書いてあった。「ある雇用主が、子どもの履歴書を送る親に向けてこんなアドバイスをしている。『保護者の方が履歴書を送付する場合は、その企業に送ったということを、ぜひお子さんに伝えてください。数ある履歴書のなかから、ある学生を面接に呼んだものの、我が社のことについて何も知らない、我が社で働く気もまったくないということが、かつてありました』[19]」。

「子どもの力になるような手助けをする親もいる」とガードナーは言う。「そういう親は、就職の機会を探し、子どもを励まし、心理的なサポートをしたり、一時的に金銭的な援助をしてやったりする。しかも、それを自分のためにやっているのではない。10年、20年前には、初任給や雇用条件について交渉するときに親が出てくるようなことはなかった。だが、いまは違う」。雇用主たちはフィルにこう報告してきたそうだ。「従業員を募集したり採用したりするときに干渉してくる親は、その後も決して干渉をやめない」。彼らは〝第三幕（職場）〟でも干渉し続け、子どもに割り当てられた仕事を代わりにやる。「何人かの親にインタビューすると、彼らはこう言った。『おそらく私たちが育て方を間違えたのね。30歳になってもまだ、就職先を見つけてくれ、って言うのよ』」

ここで私たちが得る教訓は、いつか、親がこの軍拡競争から身を引きたいと思っても（自分の家にいるアダルトチルドレンが、こうしたことを自分でやれなければいけないと遅ればせながらに気づいたとしても）、そこから逃れることは難しいということだ。どんなときにも親がかかわってくることに慣れてしまった子どもは、親がいなければ、物事を処理する力をまったくもっていないのだ。

5 なんのために子育てするのか？

子どもが自由気ままに過ごすことができた1970年代、1980年代のことを少し思い出してみよう。ケーキを3切れも食べてしまったり、吸いかけのタバコを吸ってみたり、ろれつの回らない大人にカクテルを運んでいったりした、子どものころのことを。誰にも注意されることのなかった夜のことを。もちろん、愛情はかけてもらっていたけれど、監視されることなどなかった。誰にも見とがめられることのなかった暑い夏の夜、私たちは自由だった。まとわりつくように長く感じられる退屈な時間、孤独で、監視する人もなく、何をしても自由な時間にこそ、花開くものがある。こうした余白の時間を過ごすことで、私たちは自己というものを確立していった。(1)

——ケイティ・ロイフェ『気まぐれな生活のすすめ（*In Praise of Messy Lives*）』

少し前まで、アメリカの子どもはすばらしい自由を謳歌していた。ただ生きてきたわけではない。成長し、成功し、この国を世界がまだ目にしたことがないような、経済大国へと導いてくれた。学校が何より大切で、子どもはよく勉強した。本当によく。だが、学校がすべてではなかった。子どもは自分の世界を自由に歩きまわり、おもしろそうなところを探検した。スポーツはスポーツをすることが目的だった。ただ遊ぶために遊んだ。そうして、さまざまな経験をすることが、子どもの認知機能や心理面の発達、それから社会性の発達につながっていったが、そのほとんどは、大人の目の届かないところでの経験だった。この本を読んでいるあなたが、冒頭に引用したケイティ・ロイフェと同じX世代なら、そんな子ども時代に覚えがあるだろう。だが、もしあなたがミレニアル世代なら、昔話か物語を聞いているような気分になるかもしれない。

ロイフェと同じように、私もときおり自分が覚えているような子ども時代を恋しく思うし、私の子どもが、私が経験したような自由ではなく、親の不安と期待という枠のなかで育っていくことが、残念に感じられてならない。自分の子どもには、昔の子どものような経験をしてもらいたい。自由であることが、彼らにとっても（私たちにとっても、つまりみんなにとって）いいことだと思うからだ。あいにく、日々何をすべきかを考えるときには、この願いとは矛盾してしまうことが多いのだけれど。そんな子ども時代は、はたしてこの国のどこかに残っているだろうか。そこでは、人生は退屈な毎日の繰り返しではなく自由に走りまわるようなもので、目的地に向かうものというよりも旅をするようなものだろう。そんな子ども時代を私たちは取り戻すことができるだろうか、回復することができるだろうか？　レトロファッションやアンティーク家具のように。肩の力を抜いて本当の自分自身を解き放ってみたとき、自分にとって本当に大切なものは何だろう？　よく思うのだが、子どもが子どもである時期は、子どもにとっても親にとっても大切な時期なのだ。

２００８年のある日のこと、私がスタンフォードのキャンパス内を歩いていると、迷った様子の母娘と行き会ったので、どこかお探しですかと尋ねてみた。「ええ」と母親のほうが答えた。「電気工学部の建物を探しているんです」「それなら、この道をまっすぐ行った向こうですよ」と、私はそちらの方向を指し示しながら答えた。未来の学生候補生と話をすることが好きな私は、娘のほうと話をしようとしたが、無駄だった。というのも、母親のほうが、娘の学習計画を私に話し続けていたからだ。母親の話が終わると、娘はお礼のつもりなのか、さよならの挨拶のつもりなのか、ぎこちなく私に小さく手をふり、私たちは別れた。その母親との話のなかでわかったのだが、その娘は大学の見学に訪れた10代の生徒ではなく、20代半ばの大学院生で、博士課程に進みたいと思っているとのことだった。そして、この話をしたのはすべて母親だった。

２０１４年、ヨン・グリーンスパンがニューヨーク・タイムズ紙に寄稿した記事のなかで、いまの子育てとかつての子育てを比較したうえで、いまの過保護な子育ては、アメリカ人が誇れるような価値観を反映したものと言えるだろうかとの疑問を呈した。「つねに恐れを抱き、すぐに訴訟をし、何事も管理しがちな現代のアメリカ文化は自慢できるものではないが、いまの子育てはそれを反映したものになってしまっている。これは、アメリカ人は率直で楽観的であるという自己イメージと矛盾するものだ」(2)。親は、自分の子どもがどれほど完璧か自慢する一方で、ひと世代前までは、どんな人でも生活能力をもっていたのに、そうした能力が自分の子どもにあるとは信じていない。親は、子どもを信じる代わりに、自分たちのスキル、計画、夢こそが、子どもの人生を形づくっていくために必要だと思いこんでいる。

「子どもが親からもらわねばならないものが、ふたつある。ひとつは根、もうひとつは翼だ」と、ドイツ人の作家、詩人、哲学者のヨハン・ヴォルフガング・フォン・ゲーテが言っている。子どもに翼を授けるとはどういうことか、いまこそ、よく考えなければならない。子どもが成長し、巣立ち、風に乗って旅立っていくとき、どんな人になっていてほしいか、どんなことができるようになっていてほしいかを、いまこそ、想像しなければならない。親と子どもは互いに愛情を抱きながらも、別々の人生を歩むことができるのではないか、そしてそのときに得られるものは何なのか、いまこそ、自問しなければならない。

母親が、成長した娘に付き添って大学院の見学に来るだけの時間と気持ちがあることは、すばらしいことかもしれない。娘が、母親がついてきてくれることを歓迎するのも、すばらしいことかもしれない。その母娘に会った当時、私の娘のアベリーは7歳だった。あのあと会議に向かいながら、アベリーが20代半ばになったとき、私はアベリーの人生においてどんな役割を担っているだろうかと考えていた。娘が心躍るような冒険をするときは、そばにいたいと思うだろう。彼女を助けてやりたい気持ちもあるが、それよりも、自分で世界を切りひらいていく愛しい娘をほめてやりたいという気持ちのほうが大きい。

それでも、私のなかのもうひとりの私はこう考える。アベリーには、大学院の見学にはひとりで行けるようになってもらいたい。もちろん、弾んだ声で、息つく間もなくそのことを電話で報告してくれたら嬉しいが、大学院までの道のりや、大学院の細かな様子、ちょっとした冒険、そこでの楽しみなどは、彼女自身で経験してほしい。先ほどの母娘が電気工学部の建物がある角を曲がっていく姿を見ながら、親が深くかかわる子ども時代を過ごし、そのまま大きくなってしまったら、私が思うような親子間の距離の取り方は、もはやできないのではないかと考えてしまった。

スタンフォードの学生や、私の住むコミュニティにいる何千人という若い人たちのこと、そして私が育てているふたりの子どものことをよく考えてみると、親というのは、自分の子どもにとって、すべてのものが快適で、いいものであることを願っているとわかる。親は子どもを世の中に送り出すために育てているわけだが、彼らが進んでいく世の中の現実は快適でいいものばかりではない。ポッカリと空いた暇な時間に何をしようかと考えたり、どんなことができるかと考えたりすることを、いまの子どもたちは学んでいない。自分の行いに対する責任や、どうしてそんなことをしたのかを説明する責任があるということを学んでいない。失敗して、そこから立ち直る強さを養う機会がない。自分でやったわけではないのに、達成感を味わった気になったり、反対に、親がいないと自分は何もできないと思ってしまう。ストレスを発散するところもない。自由もない。遊ぶこともできない。親は、子どもの人生からすべてのリスクを取り除くことと、名の通った大学に子どもを送りこむことに躍起になるあまり、子どもが自己を確立し、自分はどんな人間であるのかを知る機会を子どもから奪っているのだ。子どもにとっていいと親が考える未来のために、子ども時代を抵当に入れているようなものだと、あなたは言うかもしれない。だが、その借金は永遠に返済することができない。

Ⅱ

過保護な子育ての害

——大人になれない子どもたち

6 生活能力を失った子どもたち

教会で長らく若者の成長を手助けするユースワーカーとして活動してきた社会学者のジム・ハンコックが、１９９９年に出版した著書『大人を育てるということ――子どもに現実世界への準備をさせよう（*Raising Adults: Getting Kids Ready for the Real World*）』のなかで、こう指摘している。もし、私たちが、自分は子育てをしていると考えているなら、最終的に育て上げられるのは〝子ども〟でしかない。そうではなく、親の仕事は〝大人〟に育て上げることだというのだ[(1)]。たしかに、そのとおりだろう。だが、彼の言う「大人である」とは実際どういうことなのか、わかっている人はいるのだろうか、どうしたら子どもは大人になれるのだろうか。私はそんな疑問を抱くようになった。

法律では、さまざまなことができるようになるという観点から〝大人〟が定義されている。たとえば、親の同意なしに結婚できる（ほとんどの州では16歳）、軍に入隊できる（18歳）、飲酒ができる（21歳）。だが、人間的な成熟度という観点からすると、大人らしい振る舞いや考え方とは、いったいどういうものだろう？

社会学でいう〝大人〟の基本的な定義は、これまで何十年も、ある社会規範にきちんと適合する人とされてきた。すなわち、高校を卒業していること、実家から出ていること、経済的に独立していること、結婚していること、子どもをもうけていること、の5つだ。1960年には女性の77パーセント、男性の65パーセントが、30歳までにこの5つの指標を達成していたが、2000年になると、同じ歳でこの5つを達成しているのは、女性の半数、男性の3分の1にとどまっている(2)。

かつて定められたこの5つの指標は、いまでは明らかに時代遅れだ。いまや、結婚は女性にとって経済的な保障とはならないし、子どもを産むという選択をしない人もいる。結婚しなくても子どもを産まなくても立派な大人だし、結婚だけする人も、結婚はしないが子どもだけもつことを選択する人も立派な大人だ。加えて、この指標は異性愛規範を基にしたものだ。ゲイもレズビアンもパートナーと意義深い関係を結び子どもを育てているのに、多くの州ではいまだに法律上の結婚が認められていない。若者が望んでもいないものを指標にして〝大人〟かどうかを判断しても、まったく意味がない。もっといまの世の中に則した定義が必要だし、その定義は若者に直接問いかけることで見えてくるだろう。

2007年にジャーナル・オブ・ファミリー・サイコロジー誌(3)が、18歳から25歳までの若者を対象に、大人であるとはどういうことだと思うかという聞き取り調査をした。その結果を重要なものから順に挙げると次のようになる。(1)自分で自分の行動の責任をとる、(2)両親と、対等な大人としての関係を築く、(3)経済的に親から独立する、(4)親の信念や価値観あるいは他人の意見に左右されずに、自分なりの判断をする。そのうえで、調査員はこう聞いた。「あなたは、自分が大人だと思いますか?」。すると、「はい」と答えた若者はわずか16パーセントだった。回答者の親にも、自分の子どもは大人だと思うかと尋ねたところ、子どもと同じ返答をする父親と母親が圧倒的に多かった。学生部長をしていたころに18歳から22歳までの若者を2万人近く見てきた経験から、私もこの結果には納得するが、非常に問題なことだと思っている。

つい最近、スタンフォード大学で秋学期が始まったころに、こんなことがあった。ある新入生がキャンパスに来てから数日が経ったころ、実家から送られてきた荷物が数箱届き、寮の前の歩道に置かれていた。だが、その学生は荷物をいつまでもそこに置いたままにしていた。ひとつ運ぶのにもふたりがかりになりそうなほど大きくて重い箱ばかりだったので、どうやって自分の部屋まで運んだらいいかわからなかったようだ。後日、寮長がその学生から聞いた話では、誰かに荷物を運ぶのを手伝ってもらいたかったが、どうやって頼んだらいいかわからなかったのだという。結局、寮長が学生の母親から電話で頼まれて、なんとかしてあげることになったらしい。

これは、子育てに失敗したと言っていいだろう。18歳の誕生日の午前0時になった途端、魔法のように生活能力が身につくわけではない。子どものころから練習を積み重ねなければならない。親は、手とり足とり教えたり、携帯電話でやり方を教えてやったりするのではなく、一歩下がって、子どもに自分で考えてやらせてみることが必要だ。

ボストンから少し行ったところにあるニューハンプシャー州の心理療法医、ベス・ギャニオンもそう言っている。彼女の診療所は、子どものことが心配でつい手を貸しすぎてしまう親でいつも混み合っている。「『外があまりにも寒いから』という理由で、毎日学校まで子どもを車で送り迎えする母親が何人も診察に訪れるんです」と彼女は話してくれた。彼女の声から明らかにイライラした様子が伝わってきたので、太陽が降り注ぐカリフォルニア州でも同じことをしている母親がいると知ったらどう思うかしらと考えてヒヤリとした。「年齢に応じた課題をクリアしていくことで、子どもは発達していくものです」。彼女はそう話しはじめた。「学歴が高くて知的な親は多いけれど、子どもの発達においていま何が必要かという考え方はできないようですね[4]」

ベスは、子どもが生活能力を身につけることを妨げてしまう親を懸念して、中学に入学する子の親を対象にしたワークショップを開催している。そこで彼女はこう言うそうだ。「挙手をする必要はありませんが、12歳のお子さんのステーキをいまだに切ってあげている人がいたら、それはもうやめましょう」。そしてこう付け加える。「こんなメールを送ってくださった親御さんがいました。『ワークショップではお世話になりました。さっそく、息子に自分でステーキを切らせてみました』」

自分で学校に行ったり、荷物を運ぶときに誰かにドアを押さえていてもらうよう頼んだり、一緒に運んでもらったり、自分で自分のステーキを切ったりすることは、大人が自分でやらなければならないことのほんの一例だ。子どもたちは、物事がうまくいかなかったときにはどうすればいいかも学ばなくてはならない。

たとえば、大人なら自分で対処しなければならない2つの場面を考えてみよう。こうした場面に対処することが、すなわち生活能力だ。（1）実家から離れたところで病気になったとき、（2）車が故障してしまったとき。もちろん、成長した我が子がこんな経験をしないことを願うのが親心というものだろうが、どちらも親の力で防ぎきれるものではない。それなら、私たちはこういう事態に対処できる力をもてるように、子どもを育てているだろうか？

残念ながら、そうとは言えない。
スーザンは、ワシントンＤＣの中心地にある病院の救急外来に勤務する医師だが、大学に入学したばかりの女子大生が「最も苦手な患者」だという。スーザンは優しくて愛情にあふれた女性で、18歳以下の3人の子どもを育てており、そのうち一番下の子は養子だ。だから、彼女の口調にトゲがあることに、私は少しばかり驚いた。「ほとんどの学生はいたって健康だし、これまで実家で親に健康管理をしてもらっていたんでしょうね。ちょっと風邪をひいただけで救急外来に来るんだから、世も末よ。抗生剤を出さないと困った顔をして、どうしても出してほしいって言うのよ。ただの風邪なんだから、水分を摂って2～3日寝ていれば治るのに」[5]。それから彼女は、救急外来の冷たいリノリウムの床の上に泣きながら座り込んで、友だちか家族に携帯電話で大げさな泣き言を並べる女子大生の話をしてくれた。「対処能力ってものが、まるでないのよ」とスーザンは言う。

もし、ソーヤーやアベリーが19歳になっても救急外来でこんなことをしていたら、私はとても恥ずかしく思うだろう。たしかに、救急外来はちょっと怖くて不慣れな場所だし、殺気立った役所のような雰囲気であることも多い。だが、救急外来では、しっかりと自分の症状を伝えられなければ困る。数年後、子どもが大学を卒業して彼ら自身の子どもをもつことを想像してみよう。そのとき彼らは、社会のなかで冷静に、責任と自信を持って、礼儀正しく、物事に対処できるようになっていなければならない。

また、車で旅行に行ったことがある人なら、現実の世界では、車が故障して路肩に止まらなくてはならないときもあることを知っているだろう。アラスカ州、モンタナ州、ワイオミング州を対応エリアとして、車両保険、車での旅行計画、ロードサービスなどを手掛けているＡＡＡマウンテン・ウェスト社のCEOであるトッド・バーガーは、ミレニアル世代のドライバーからの要請に手を焼いているらしい。「いまの子たちは、備えというものをまるでしていない」。モンタナ州出身の彼は農場を所有しており、そこで10代の子どもを育てている。最近、要請をしてきた若者のほとんどが、まるで生活能力をもっていないと話してくれたときの彼の口調は厳しく、この状況を懸念している様子がうかがえた。

AAA社の仕事は応急的なロードサービスを提供することで、すべての問題を解決することではない。スペアタイヤを取り付けたり、あがったバッテリーを他車のバッテリーにつないでジャンプスタートさせたり、車を牽引したりはするが、車のトラブルを最後まで長期にわたって解決するサービスは行わない。だが若いドライバーが求めるのは、最後まで面倒をみてもらうことだ。「若い奴らは何もわかっていないし、どうせ親が費用を払うんだから早く直してくれ、とでも思っているんだろう。それに、我々を信用してもいない。我が社のスタッフがそこにいるのに、携帯電話を取り出して、フェイスブックの友だちに車をなんとかしてくれと助けを求めるんだ。どう扱っていいのかわからないね。まったくわからない(6)」

私はこれまで全米各地の親から話を聞いてきたが、彼らは驚くようなことを口にする。「高校3年生の子なんですが、地下鉄の乗り方を知らないんです」「町に連れていって『用が済んだらひとりで帰っていらっしゃい』と言うと、泣きだすんです」「料理を教えたことがないんです。毎晩宿題をしなくてはならなかったので」「あと1年半で大学に入学する歳なんですが、いちばん心配なのは、朝、娘がひとりで起きられるかどうかなんです」。最後のコメントを言った女性は、娘にこう言ったそうだ。「自分で朝食をつくってごらんなさい」。娘がどうしてと聞くとこう答えたそうだ。「あなたが朝食のつくり方を知っているかどうか、知りたいの」

そう、私が言いたいのは、まさにそこだ。子どもがやり方を知っているかどうか知りたいと親は言う。だが、やったこともないのに知っているわけがないのでは？

生活能力は誰かからもらえるものではない。生活のなかのさまざまな仕事を実際にやってみることで、ひとりひとりが身につけていかなければならないものだ。自分で、身につけていかなければならない。いつかやってくる、自活しなければならない日の準備を子どもに（そして私たちに）させないままその日がきたら、たちまち困ってしまうだろう。子どもを成功させるために必要だと思うことを毎日のスケジュールに詰め込んでいるなかで、生活能力を身につけさせるための時間と場所を見つけるのは大変なことだ。だが、やらなくてはならない。我が子（法律上の成人になってもまだまだ子どもである場合が多い）が大学生になって家を出ていったり、働きはじめたりしたとき、日のあたる歩道から自分の部屋へどうやって荷物を運んだらいいか途方にくれたあげく、親ならなんとかしてくれるはずだ、と唯一思いついた解決方法が親に電話することだった、などという子に育ってほしいだろうか？ いつまでそんなことをしていられるだろう？

子どもの生活能力チェックリスト

我が子が18歳になったとき、何をするにも携帯電話という〝へその緒〟にすぐに頼ることなく、社会で立派にやっていってほしいと願うなら、子どもに基本的な生活能力を身につけさせておくことが必要だ。学生部長として若者を観察してきた私自身の経験と、全国の親や教師からもらったアドバイスを基に考えると、子どもが大学に入学するまでに身につけさせておきたい実用的な能力は次のようなものだ。子どもの自立の妨げになっている親の言動も、あわせて記しておく。

1　18歳の子は、知らない人とも話せなければいけない。たとえば教員、学生部長、アドバイザー、大家、店員、人事部長、同僚、銀行員、医療関係者、バスの運転手、工事関係者など。

［現状］親は、知らない人と話してはいけないと子どもに教えるだけで、大勢の善良な人のなかにいる数人の悪人を見抜くための、ちょっとした能力を教えていない。だから、子どもは、社会に出たとき、見知らぬ人にちょっと手を貸してもらいたいときや何か教えてもらいたいとき、道を尋ねたいときに、どのように振る舞えばいいのか（礼儀正しく、相手の目を見ながら声をかけるなど）を知らない。

2　18歳の子は、自分の行くべきところに自分で行けなければならない。たとえば、キャンパスの周辺、夏にインターンシップをする町、職場のある町、留学先の町など。

［現状］子どもがひとりでバスに乗って行ったり、自転車で行ったり、歩いて行ったりできるところでも、親が車で送迎したり付き添ってやったりしている。だから、子どもは、そこまでの行き方もわからないし、交通が混乱したときに、ほかにどのような交通手段があるのかもわからず対応できないし、いつどうやって車にガソリンを入れたらいいかもわからないし、目的地までの経路を確認したり

実行したりすることもできない。

3　18歳の子は、自分で宿題や課題をやり、提出期限を守らなければならない。

［現状］親は宿題の提出期限がいつか、いつ宿題をやるべきか、絶えず子どもに声かけをしている。宿題を手伝うこともあれば、親がすべて代わりにやってあげることもある。だから、子どもは、つねに誰かに注意喚起してもらわないと、やるべきことに優先順位をつけ、課題をこなし、期限を守ることができない。

4　18歳の子は、家事の一部を担えなければならない。

［現状］チェックリストで管理されている子どもは、勉強や課外活動が忙しくて時間がないため、親が家事を手伝ってくれるよう頼むことがない。だから、子どもは、自分のことは自分でやったり、ほかの家族のために何かをしたり、家族全員のために自分ができることをやったりして、家のなかがうまく回るようにするにはどうしたらいいかを知らない。

5　18歳の子は、人間関係のトラブルを自分で解決できるようにならなければならない。

［現状］親が介入して、友だちとの間に生じた誤解を解いてやったり、子どもの感情をなだめてやったりする。だから、子どもは、親の介入がなければ、他人と衝突したときにどうやって対処したらいいのか、どうやって解決したらいいのかわからない。

6　18歳の子は、いいことにも悪いことにも対処できなければならない。たとえば、講習や課題、大学レベルの授業、競争、厳しい先生、上司など。

［現状］親は、子どもが難しい局面に立たされたときには助け船を出し、課題をやってやり、期限を延ばしてもらったり、関係者に話をつけてやったりする。だから、子どもは、人生には自分の思いどおりにいかないこともあるのが普通だと知らないし、思いどおりに進まなくても構わないのだということを知らない。

7　18歳の子は、自分でお金を稼ぎ、それを管理することができなければならない。

［現状］いまの子どもはアルバイトをしない。お金が欲しいときや必要なときは、親からもらう。だから、子どもは、責任をもって仕事をやり遂げることを知らないし、自分のことをよく思っているとはかぎらない上司に何かを説明することもできないし、何かをつくりだすためにかけられた労力に感謝をすることも知らないし、お金を管理することも知らない。

8　18歳の子は、リスクをとることも必要である。

［現状］親が子どもの進むレールを敷いてやり、いらぬ落とし穴にはまったり、挫折をしたりしないようにしてやっている。だから、子どもは、成功はトライ&エラーを繰り返すことでしか手に入れられないこと（つまり、やり抜く力）や、うまくいかない物事に対処することで強くなっていくこと

（つまり、立ち直る力）を知らない。

＊注意――以上の8項目を、親に電話をかけて助けを求めることなく、子どもが自分でできるようにならなければならない。もし親に電話をかけてどうしたらいいのか聞くようであれば、その子には生活能力が備わっていないということだ。

孤児を手本にする

私が大学の学生部長になったのは、環境や周りの人の意見に惑わされずに、自分がなりたいと思うような大人になろうと頑張っている人をサポートしたいと思ったからだ。当初、私の助けを最も必要としているのは、家族のなかで初めて大学に通う学生や、低所得の家庭の学生だと思っていたし、実際、彼らは、メンター制度や学生部長のサポートの恩恵を受けている。だが、誰よりもおどおどした表情を浮かべ、何か困ったことが起きたときは両親に解決してもらって事なきをえていたのは、中流階級や上流中産階級の家庭の学生だった。こうやって大学生の子どもの人生に介入する親は、子どもの成長を後押しするのではなく、妨げてしまっている。だから、2012年に英文学の教授であるテリー・キャッスルが大学関係者にニュースを提供するウェブサイト「ザ・クロニクル・オブ・ハイヤー・エデュケーション」に寄稿した刺激的な記事「子どもからの電話はとってはいけない――子どもが親離れしなくてはいけない理由」に、私は深く共感した。その記事のなかで彼女は、親が過保護であることに悩んでいる

学生は、孤児を手本とするといいと提案している。(7)

テリー・キャッスルは、スタンフォード大学の学部生に英文学を教えて30年以上になる。彼女がクロニクルに記事を寄稿したのは、学生が授業の前後につねに親と連絡を取り合うという、これまで目にしたことのない現象に困惑したからで、しかも頻繁に連絡を取り合うことを学生自身が望んでいることに驚いたからである。彼女は自分の講義で、英文学における定番のテーマである孤児が主役の物語、いわゆる〝孤児もの〟(『ジェーン・エア』『オリバー・ツイスト』『長くつ下のピッピ』『ハリー・ポッター』など)を取り上げた。物語のなかの孤児からも、人間が学べることがあると彼女は言う。物語に登場する孤児は、何事も自分で決め、息を吞むような冒険をし、苦労の連続から忍耐力を養い、最後には何かを成し遂げるという人生を、親の助けなしで歩む。キャッスルが指摘するように、むしろ親がいないからこそ、それができるのかもしれない。

小説に登場する架空の人物の人生だからこそ成り立つ理論というわけではない。公共ラジオ局が先ごろ、バラク・オバマ大統領、ビル・クリントン元大統領、ソニア・ソトマイヨール陪席判事、ニューヨーク市長ビル・デブラシオといった現代のリーダーは、幼いころに片親を亡くしているが、仕事で最高位まで上りつめたと指摘した。(8) 作家のマルコム・グラッドウェルが「優れた孤児」と呼ぶ彼らにとっては、片親を亡くしたことが、自分で人生を切り拓いていく動機と原動力になったのだ。(9)

キャッスルはこう書いている。「良くも悪くも、古い小説に描かれているのは残酷でひどい考え方だ。たとえば、子どもは親をあざむいたり、親に反抗したりするものだ……最も重んじられている伝統ですら壊すためにある、新しいものを創造する力は集団ではなく個人に、年寄りではなく若者に宿る、思想は自由だ、など。個人の権利という考え方は、象徴的にもそのほかの面でも、子どもがまずは親に反抗することから生まれた」[10]。今日のアメリカの子どもたちのことを考えてみると、この〝親への反抗〟らしきものが見られないとキャッスルは書いている。私の周りにいた学生も「個人の権利を主張」しているようには見えなかったし、それよりも、親からの次の指示を静かに素直に待っているように見えた。

2009年のピュー研究所の調査によると、いまの親たちは、自分が10代の後半から20代前半のころに親としたような真面目な話し合いを、同じ年頃の自分の子どもとはあまりしないという。16歳から24歳までの子どもをもつ親のうち、子どもと意見が激しく対立することが「よくある」という人は10人中わずか1人。30歳以上の大人で、若いときに家族とよく言い合いをしていたと答えた人は、その2倍(19パーセント)だった[11]。キャッスルはこうも書いている。「孤児の人生から学べること(少なくとも私が学んだこと)は、知的な面でも感情の面でも親から自由になるためには、自らの意志で受け継いだものを捨て去ること、既成概念を疑ってみること、親に反抗してやろう、親の嘘を見抜いてやろう、あるいは昔の子どものように親の期待を裏切ってやろうという気持ちをもつことが、いまの時代は特に、絶対的な前提条件だということだ」

私の自宅のある町や子どもの学校、そして我が家を見ても思うことだが、親が子どもと一緒に子ども時代を過ごし、子どもの代わりに子どもがやらなくてはならないことをやり、子どもの毎日が安全で、きちんとスケジュールが組まれ、計画どおりにいくように、親がつねに見張っている状況では、いったいどこでどうやって、子どもは自分の知的面での自由や感情の自由を発達させていけるというのだろうか。たしかに、どこの親子も仲良くやっているように見える。子どもも親を慕っている。いや、慕っているだけでなく頼りきっている。

2009年に全米の学部生を対象に行われた調査では、あなたのヒーローは誰ですかという質問に対して、両親と答えた学生が圧倒的に多く(54パーセント)、2位の神とイエス・キリスト(8パーセント)を大きく引き離している[12]。「両親と答えた主な理由は、両親が自分のために犠牲をはらってきたから、自分にさまざまな機会を与えて励ましてくれたから、両親が社会で成功してきたから」だという[13]。1993年に行われた同じ調査では、両親が自分のヒーローであると答えた学生はわずか29パーセントだったし、有名な政治家、芸能人、スポーツ選手、学校の教師や教授などもヒーローとして名前が挙がっていたが、今日のリストではほとんど見られない。

親とアダルトチルドレンが「もしもし、元気? 愛してるわ」という会話をしょっちゅう交わしているのは、微笑ましく貴重なことだ。そんな関係を望まない人がいるだろうか? それに、携帯電話があるからといって過保護になるとはかぎらない。実際、ほとんどの親がメールの打ち方を知らないときから、私はすでに過保護な親について書いたり話したりしてきた。だが、学校で何時間も、何日も、何週間も、何カ月も過ごすうちに、息をすることと同じくらい自然な衝動や反応として、親にいちばん先に連絡し、いちばん先に親に頼り、つねに親に助けを求める学生たちを見てきた。

どうも、いまの子ども時代は暗黒郷のように感じられて仕方ない。親に過剰に守られ、いつも指示を与えられ、励まされ、最後には(非)論理的な結論に導かれるという近未来の物語でも見ているようだ。事業に成功したある父親は、自分の人生は、リスクをとることが成功への鍵であることを示す格好の事例だと思うと話してくれたが、それでも息子のために道をつくってやり、でこぼこな道を平らにしてやることをやめられないという。1972年に出版された『ステップフォードの妻たち』（フェミニストの女性たちが従順で素直な妻に変わっていくSF物語。アイラ・レヴィン著、ハヤカワ文庫、2003年）を思い出してしまう。(14) 私たちはステップフォードの子どもたちを育てようとしているのだろうか？

キャッスルの記事は、こう締めくくられている。「私の考えはひねくれていて、問題含みで、親に対して不実なものかもしれない。たとえ親のことを愛していても、子どもは親に反抗したり反発したりするようでなくてはならないと私は思っている。肝心なときに親が間違っていることだってある。逆説的ではあるが、たとえ間違っていなくても、親が100パーセント正しいときでも、子どもは親に反発するべきだ。〝大人〟として人生を歩むには、つまり意義のある人生を送るには、象徴的な意味で、自分を孤児だと思って生きていくことが必要だと私は言いたい」

キャッスルは心理学者でも人類学者でもない。英文学の教授で、子育てのプロというわけでもない。もちろん、私は、孤児だと思って生きていく人生がいいという彼女の意見を文字どおりに受け取ってはいない。親が子どもの人生にかかわることが必要なのは確かだし、育児怠慢、育児放棄、虐待などは、私が懸念している過保護な子育てよりもはるかに深刻な問題だ。だが、彼女は、不幸な生い立ちにもかかわらず、むしろそんな生い立ちだからこそ子どもがしっかりと育っていくということを小説から導き出し、自立した大人になるために、どうやったら親に頼りきることをやめることができるのか、考えるヒントを示してくれた。

子どもが身につけなければいけない大切な能力のひとつは、結局のところ、親がいなくても生きていける力だ。

7 過保護が子どもに与える精神的な害

2013年、大学においてメンタルヘルス（精神面の健康）が大きな問題になっており、特にうつ病の治療を受けている学生が多いという気がかりな統計が発表された。およそ1100人の生徒が通う私立学校、ラテン・スクール・オブ・シカゴで理事長を務めていたチャーリー・ゴーフェンは、この統計を他校の同僚にメールで送ってこう尋ねた。「君のところの保護者は、子どもがイェール大学に行ってうつ病になるのと、アリゾナ大学で楽しい学生生活を送るのと、どちらがいいと考えるだろうか？」。その同僚は、すぐにこう返信してきた。「75パーセントの保護者は、イェール大学に行ってうつ病になるほうがいいと思うだろう。心の問題は20代のうちに解決できるだろうが、将来やはりイェール大学に行けばよかったと思ってもどうにもならないからね(1)」

私たち親の思いそのものは、まっとうだ——至極まっとうだ。子どものことをとても愛しているし、子どもにとっていちばんいいものを望んでいるだけなのだ。だが、子どもを安全に育て上げられるだろうかという不安や、大学受験に向けて軍拡競争に参加しなければという思いに負けてしまい、これに、おそらくは親のエゴも加わって、親が子どもにとって「いちばんいい」と思うことは、まったく見当違いなものになってしまっている。子どもには壁にぶち当たったり、心を傷めたりしないでほしいと思っているのに、メンタルヘルスのことはどうでもいいと思っているのだろうか？

ほかにもゴーフェンが話題にしそうな統計がある。２０１３年に大学のカウンセリング・センターの所長を対象に行われた調査では、深刻な心の問題を抱える学生の増加がキャンパスで問題になっていると答えた人は95パーセント、直近の１年で、深刻な心の問題を抱えた学生の数が増えたと答えた人は70パーセントで、24・5パーセントの学生が向精神薬（患者の気分や行動に影響を与える脳内の化学物質に作用する薬。最もよく使われているのは抗精神病薬、抗うつ薬、ＡＤＨＤ治療薬、抗不安薬、気分安定薬である）を飲んでいるとの報告もあった。[2]

２０１２年に行われた調査では、メンタルヘルス・センターを訪れる学生の数は、２０００年に比べて16パーセント増加したとの報告がなされた。また、２０００年以降、学生がキャンパス内でメンタルヘルス・サービスを受ける主な理由が、人間関係の悩みからうつや不安に変わったという。

２０１３年、大学保健協会が１５３の大学に通う10万人の学生を対象に、健康に関する調査を行った。[3] 過去12カ月のことについて尋ねたところ、以下のような結果になった。

- 84・3パーセントが、課題が多すぎると感じている
- 79・1パーセントが、疲労を感じている（運動による疲労は除く）
- 60・5パーセントが、悲しくて仕方がないときがある

・57・0パーセントが、とても孤独だと感じている
・51・3パーセントが、不安で仕方がない
・46・5パーセントが、絶望的な気持ちになることがある
・38・3パーセントが、どうしようもなく怒りを感じることがある
・31・8パーセントが、気持ちが落ち込んで何もできなくなることがある
・8・0パーセントが、自殺をしようと本気で考えたことがある
・6・5パーセントが、故意に手首を切ったり体を傷つけたりしたことがある

調査対象となった153の大学には、50すべての州の大学が含まれており、小さなリベラルアーツ・カレッジから学術研究を続けている大きな大学、宗教系の学校やそうでない学校、規模の小さな大学から、中規模、大規模な大学まで含まれている。メンタルヘルスの問題は、イェール大学（あるいはスタンフォードやハーバード）だけが抱えているのではない。先に挙げたような心の問題は、どの大学に通っている子どもにも起こる。大学生の間でメンタルヘルスの問題が増加しているのは、長い間いい成績をとるように親が子どものお尻を叩いてきたことを反映していると言えるかもしれないが、あらゆるレベルの何百という大学に通う子どもにこの問題が見られることを考えると、エリート大学に入るためというよりは、アメリカの子どもの暮らしそのものに問題があると考えられる。

過保護な子育てとメンタルヘルスの関係

「メンタルヘルスの問題が増えたのは、過保護な子育てが原因だとどうして言えるのだろう？」と、読者が疑問をもつのも当然だ。因果関係を示す研究結果はないというのが答えだが、最近行われたいくつかの研究で、相関関係があることがわかっている。

臨床児童心理学者で、カリフォルニア大学ロサンゼルス校の助教授のジェームズ・ウッドが２００６年に発表した研究結果によれば、子どもがひとりでやっていること、あるいはひとりでできたであろうことを親が代わりにやってしまうと、子どもが何かに「習熟」する経験を制限することになり、その結果、子どもは分離不安症になるのだという[4]。

テキサス大学オースティン校が２０１０年に行ったヘリコプターペアレントに関する調査[5]は、これまでこの分野のリサーチが十分に行われてこなかったこともあって、この問題を立証することが重要だという考えに基づいて行われた。テキサス大学の研究者であるパトリシア・ソマーズとジム・セトルが、全国の大学の学生課に勤める１９０人を対象に聞き取り調査を行ったところ、それぞれの大学にいるヘリコプターペアレントの割合はいずれも40～60パーセントという結果だった。ソマーズとセトルは、子どものためになる親の行動と、子どもの害になる親の行動との違いを見つけようとした。「子どものためになるという結果になったのは、親がヘリコプターのように上空を旋回して見張っている子どもの年齢が適切な場合、親と学生がきちんと対話をしている場合、学生が自分で行動する自信をもっている場合、学生が手を貸してほしいと思ったときにだけ、親が手を貸す場合」だ。彼らはこれを「ポジティブな親の介入」と呼んだ。これに対し、ネガティブな影響を与えるヘリコプターペアレントは「不適切に（時に密かに）子どもの人生や人間関係に介入している」という。

２０１０年、ニューハンプシャー州にあるキーンステート・カレッジの心理学の教授、ネイル・モンゴメリが、全国の３００にのぼる大学の新入生を対象に調査を行った結果、ヘリコプターペアレントに育てられた学生は、新しい考えや行動を受け入れられない傾向があり、傷つきやすくて、不安を感じやすく、また自己中心的であることがわかった。「責任感が養われていて、つねに親に監視されていることのない学生（いわゆる〝フリーレンジ〟な学生）に関しては、正反対の結果が出た」とモンゴメリが語っている(6)。

２０１１年に、テネシー大学チャタヌーガ校のテリ・ルモアーヌとトム・ブキャナンが３００人以上の学生を対象に行った調査では、上空を旋回しているヘリコプターペアレントに育てられた学生は、不安やうつ、あるいはその両方の治療を受けることが多いことがわかった(7)。彼らがこの調査をしようと思った理由は、授業中の学生の様子にあるそうだ。「とても出来のいいすばらしい課題を提出する優秀な学生が……何かを自由に決めていいとなると、こちらが具体的な指示を出さないかぎり、落ち着かない素振りを見せることがある」からだという。

ジャーナル・オブ・アドレセンス誌が２０１２年に４３８人の大学生を対象に行った調査では、「やりすぎた子育てが、成人形成期の発達を阻害していることが初めて明らかになった……自立した大人になるために必要な大切なスキルを実践したり発達させたりする機会を成人形成期の若者に十分与えないからである(8)」。また、ジャーナル・オブ・チャイルド・アンド・ファミリー・スタディーズ誌が

２０１３年に２９７人の大学生を対象に行った調査でも、ヘリコプターペアレントに育てられた学生は、うつ病になる確率が非常に高いうえに、自分の人生に対する満足感が低いことがわかり、この幸福感の低さは学生の「自主性と自己の権限を求める基本的な心理的要求」が侵害されていることが原因とされた[9]。さらに、コロラド大学ボルダー校の研究者が２０１４年に行った調査では、びっしりとスケジュールが埋まっているような子ども時代を送ると実行機能が弱くなる、という相関関係が初めて認められた[10]。実行機能とは、目的を達成するためにどんな行動をいつとるかを決定する能力のことで、ＡＤＤ（注意欠陥）、ＡＤＨＤ（注意欠陥・多動性障害）の子どもには、このスキルが欠けているとされる。「何もスケジュールが決まっていない自由な時間を過ごすことが多い子どもほど、自律的な実行機能がうまく働く。逆もまた然り。スケジュールがしっかりと決められた活動をする時間が多い子どもほど、この機能が弱いということになる」

ロサンゼルスにある麻薬中毒者のための治療とリカバリーを行っているバイト・テシュバ医院の研究員が最近行った調査では、裕福な家庭の10代の若者がうつ病や不安神経症になる確率は（同医院にはこうした人たちが訪れる）、投獄された若者がうつ病や不安神経症になる確率と同じであるということがわかった[11]。医院長のハリエット・ロゼットはこの結果についてこう説明している。「生まれてからずっと、何をやればいいのかを指図され、何を決めるにも誰かに決めてもらっていた子どもが、突然大学という世界に放り出されるのは、ずっと植民地だった国が独立した途端に崩壊してしまうのと同じだ。彼らは大学に行っても、自分がそこにいる意味もわからないし、そこで何をしたらいいのかもわからない。迷子のようなものだ。自分のいる世界が苦痛に感じられ、その痛みを和らげようとドラッグやお酒、ギャンブル、自傷行為などの有害な行為に走ったりする。空虚な心を抱えて自暴自棄になっていることの表れだ。ほかに何をすればいいのかわからなくて、こうした中毒になる子どもが多い[12]」

生活能力の欠如とメンタルヘルスの問題

生活のなかのあらゆることを親がやってくれていたため、大学に入学したり就職したりして親が何もやってくれなくなると、子どもは大きなショックを受ける。朝になったら起こす、送り迎えをする、課題やその締め切りを知らせる、請求書の支払いをする、誰かに何かを聞く、物事を決める、責任をとる、知らない人と話す、上の人と話す、といったことだ。そこで前へ進むことができなくなり、子どもは挫折を感じる。とても皮肉なことに、彼らはうまく挫折に対応することができない、なぜなら、これまで挫折など経験したことがないからだ。

外から見たかぎりではまったく健全でも、実際は過保護な親に育てられてきた若者が大学に行くと、そこで出会う新しい環境にうまく対処することができず、意見が食い違ったときや、よくわからないことがあったとき、心の傷を受けたとき、物事をどうやって決めたらいいかわからないときに、どう対応すればいいのかがわからない。たとえば〝清潔〟の感覚が自分とは異なるルームメイトや、レポートの書き直しを命じられるが、どこが〝ダメ〟なのか言ってくれない教授、最近冷たくなった友人、夏期講習か奉仕活動のどちらを選ぶべきか迷っているときなどだ。何か嫌なことがあってもうまくやっていったり、何を選ぶべきか考えたり、それを誰かと話しあったり、決断したりといった行動をとれないことは、それ自体が問題だ。

カレン・エイブル（仮名）は、中西部にある大規模な大学のカウンセリング・心理相談センターに勤める心理学者だ。この大学では90パーセントの学生が学内に住んでいるか、数キロ以内にある自宅から通っている。仕事の繊細さに鑑みて、彼女は匿名を希望した[13]。

これまでに行ってきたカウンセリングに基づいて、彼女はこう述べている。「過保護な親は学生の精神面の健康に深刻な影響を与えており、そうした影響を受けている学生は、親に相談すべきことと、自分で決めるべきこととのバランスをうまくとれない」

さらに、彼女は、学生のカウンセリングがどんなふうに進んでいくかを話してくれた。「誰かの助けが必要なとき、彼らは真っ先に親に連絡しようと考える。でも、心理学的な面から見れば、彼らは本当に誰かの助けが必要な状況にあるわけではないので、どうすればいいかわからないときの居心地の悪さを我慢できれば、どうするべきかを自分で考えるスキルを学ぶことになるし、そのうち、自分で考えられるようになる。私は学生と、物事を批判的に考える訓練や自分に自信をもつ訓練をして、彼らがまだ身につけていない、自立するためのスキルを身につけられるようにしている。けれど、彼らが親に電話やメールをしてしまったら、こうしたスキルを私が立てた計画どおりに習得することはできない、つまり、そうしたスキルは身につかないままになってしまう」

カレン・エイブルも私も、成長した子どもが親に連絡をしてはいけないと言っているわけではない。そのときの会話の中身が問題なのだ。何か問題が起こったときや、どうしたらいいかわからなくて子どもが電話をかけてきたとき、親は子どもに解決方法を教えるべきだろうか？　それとも、子どもの話をよく聞いて状況を把握したうえで、いくつかの質問をして、こう言うべきだろうか？「なるほど。それで、あなたはこの問題にどんな対応をしようと考えているの？」。エイブルは、ソーシャルメディアがあるせいで、学生は自分で考えようとしないですぐに親を頼ってしまうし、親のほうもすぐに返事を返してしまうのだと指摘している。「あっという間にやりとりができてしまうので、学生はどうしたらいいか自分で考える暇すらない」

こうした問題の根底にあって、解決しなければならない真の問題は、学生が自分と親とを分けて考えることができないということだ。この〝自己〟という感覚をもてる学生もいないことはない。だが、そのほかの学生にとっては、自己を確立できないことが、より深刻なメンタルヘルスの問題を引き起こす。「困ったことが起きたときに、自分で悪戦苦闘してみる余地を与えられないと、その子どもは問題を解決する方法をよく学ぶことができない。自分の能力を信じることもできなくなり、自尊心をもてなくなる。自分で苦労してやってみないことのもうひとつの弊害は、失敗を経験することがないせいで、失敗したり他人を失望させたりすることへの恐れが強くなってしまうことだ。自信のなさや失敗を恐れる気持ちが、うつ病や不安症を引き起こすことがある」とエイブルは話してくれた。

子どもが自分の目の届かないところに行ってしまったときに、過保護な子育てがどんな結果をもたらすかをこうやって聞いてしまうと、親は身動きがとれなくなるように感じてしまうかもしれない。「だったら、どうすればいいの？」と。子どもが家から出て、戸惑ったり、困ったり、怖がったり、傷ついたりしているときに親が何もしてあげられないなら、いったい誰がそばにいてあげるというのか？

大切なのはこういうことだ。最近になって数々のデータを見てからというもの、その大切さがさらによくわかるようになった。研究者によれば、自分でどうすべきかを考えることは、メンタルヘルスにとって非常に重要なことだという。困ったことが起きたとき、子どもは自分でなんとかしなければならない。子どもが何か問題を抱えているとき、あるいはもっと重大な局面にあるとき、この真実を受け入れるのは難しい。だが、長い目で見れば、自分で対処させることが何よりも子どものためになる。

子どもの精神発達を妨げる過保護な育児の3つのスタイル

心理学者で作家のマデリーン・レヴィンは、ゴールデン・ゲート・ブリッジの北側にあるカリフォルニア州マリン郡で医院を経営している。ここは美しく豊かなところとして知られ、ワインの産地としても有名だ。彼女はニューヨーク・タイムズ紙のベストセラーとなった『特権の代償（*The Price of Privilege*）』『親の「その一言」がわが子の将来を決める』（新潮社、2014年）で有名だが、これらの本は、中流階級、上流中産階級の家庭の若者が抱えるストレスと緊張について詳しく書かれたものだ。彼女は、全国各地のPTAや教育委員会、コミュニティセンターに招かれて、保護者向けに、落ち着いて一歩引いた育児をすることの大切さを話して回っている。(14) レヴィンの話によれば、子どもの人生に潜んでいる最も大きな害とは、道端で運悪く不審者に遭遇することではなく、親が子どものためにいろいろなことをやりすぎるせいで、子どものメンタルヘルスが悪くなってしまうことだという。

ここ何年かレヴィンは、そのことを何百というコミュニティにいる何万人もの親たちに話してきた。2014年1月のある寒い夜、私もそうした親のひとりだった。レヴィンは私の友人で、彼女がデニス・ホープとともに立ち上げたチャレンジ・サクセスという子どものストレスを研究するための委員会に、私が参加して以来の付き合いだ。だから、私は彼女が私のコミュニティに来てくれたことに感謝の意を示すために、そして「本物の成功をつかむための子育て」と題した彼女の講演に深く共感していることを示すために会場に赴いた。だが、ちょうど本書を執筆しようと考えているところだったので、過保護な子育てが及ぼす害について彼女が行った研究に対して、講演を聞きにきた親たちがどのような反応をするかにも興味があった。

彼女の講演[15]は、我が家の息子ソーヤーが在学中で、娘のアベリーも間もなく通うことになっている全米屈指の公立高校ヘンリー・エム・ガン・ハイスクールで行われた。だから、私は彼女の友人としてだけでなく、また講演内容に興味をもっているひとりの作家としてだけでなく、ひとりの親としても、その講演を聞きにいったのだ。夫も一緒に行ったが、ほかにも数百組の夫婦が来ていた。彼女の講演は、親の意識を分析していくところから始まった。

いい高校からいい大学に行って、いいインターンシップをやり、いい大学院に行き、望んだとおりの職業に就くことが成功であるというのが、現在、幅広く受け入れられている成功の定義です。このような人生を送ってこられた方は、手を挙げてください（およそ5パーセントの人が手を挙げた）。ありがとうございます。どこへ行っても、だいたい1～10パーセントの方が真っすぐにこうした道をたどってこられたようです。つまり、回り道をする人のほうが圧倒的に多いのです。

「でも、子どもたちは、親が回り道をしてきたことなど知りません」とレヴィンは話を続けた。「あなた方は、お子さんの目には天才のように映るでしょう。あなた方がどんな苦労をしてどんな失敗をしてきたかを、お子さんたちは知らない。親は自分の失敗談など子どもには絶対に話さないものですからね。ですが、子どもは、親が日々どんなことに挑戦してきたのかを知る必要があります。私たち親がどんな道をたどってきたのか、特に失敗したときのことを知っておいたほうがいいのです」。講演を聞いていた親たちは、自分の過去の失敗と、いま子どもの前でとっている自分たちの態度のギャップに気づいて失笑していた。レヴィンの話には説得力があった。彼女はそれから1時間ほど話したあと、質疑応答に多くの時間を割いた。

彼女のメッセージの主旨は、親が望む子どもの姿に子どもを合わせるのではなく、それぞれの子どもに合った機会を与えて、子どもが自分らしくあるためのサポートをするべきだということ、そして、トライ&エラーの大切さに気づかなければならないということだ。私は、彼女のメッセージにおおいに励まされたが、会場にいた多くの親もそうだったろう。

さらに、彼女は、私たちがやってしまいそうな3つのタイプの過保護とその予期せぬ弊害についての調査結果を話してくれた。

1　子どもがすでに自分で出来ることを代わりにやってしまう。
2　子どもがあと少しで自分でできそうなことを代わりにやってしまう。
3　親のエゴに基づいた子育てをする。(16)

レヴィンによれば、この3つのタイプの子育ては、子どもから創造性を養う機会や問題を解決する機会を奪い、対応スキルや立ち直る力を身につけるのを妨げ、何が自分にとっての幸せなのか、自分とはどういう人間であるのかを自分で見つける機会を奪ってしまうのだという。つまり子どもが、言ってみれば、人間らしくなる機会を奪ってしまうのだ。たしかに、子どもを守ろうとして子どもの人生に過剰にかかわると、その場では利益が得られるように見えるかもしれないが、そうした親の行動は、実際は、子どもに精神的なダメージを与えるメッセージを伝えているようなものだ。「あなたは、ひとりでは何もできないでしょう」と。その結果、子どもはうつ病や不安症になることが増え、自傷行為や自殺願望が生まれてしまう[17]。

レヴィンが話し終えるころには、部屋全体を覆っていた緊張感が「みんなで頑張りましょう」という空気に変わっていたし、各家庭レベルでの子育てを変えようという勇気をおおいに得た人たちもいると感じた。外の世界のルールを変えることはできなくても、各家庭での子育てを変えることで、子どもの人生のあり方に影響を与えることができるかもしれない。

その後、レヴィンは質問を募った。Cの成績の子のやる気をどうやって出せばいいか、みんなで円になって座って活動をするときに、幼稚園の子をじっと座らせておくにはどうすればいいか、などの質問が出たあと、ある親が、4年生の子どものやる気を高めるにはどうしたらいいかとアドバイスを求めた。その親はこう質問した。「うちの娘は文章を書くことが大好きで、学校の先生からも文才があると言われています。作文コンテストに応募したらどうかと何度も勧めているのですが、どうしても応募しようとしません。娘は、きっと賞なんかとれないし、ただ書いているのが楽しいと言います。ですが私は、娘ならきっとうまくいくと思うんです。どうやったら、娘がコンテストに応募する気になるでしょうか？」

私と夫は、眉を吊り上げながら顔を見合わせた。プログラムの用紙がカサカサと鳴る音が聞こえ、「彼女ったら、何もわかってないわね」と言わんばかりの顔で周りの人と視線を交わす人もいた。だが、レヴィンはにっこり微笑むと、その質問に対してこう答えた。「娘さんは書くことが好きなんですね。すばらしいことです！　娘さんの好きなようにさせてあげてください。好きなだけ書かせてあげたらいいと思いますよ」。何人かの保護者が拍手をした。私と夫もそのひとりだった。だが、拍手の大きさから、レヴィンの発言に同意して納得したのは少数で、納得していない親のほうが圧倒的に多いとわかった。彼らはこう考えていたのだろう。「娘に競争させてはいけないだなんて、どういうこと？　ここがパロアルトだってわかって言っているのかしら？」

親が考える〝失敗〟が子どものメンタルヘルスに悪影響を与える

学業や課外活動の目標はこれしかないと親が決め、子どもがつねにいい成績をとらないと罰を与えるというような専制型の子育てを擁護する人もいる。そうした親は、先ほど述べたようなメンタルヘルスの問題は取るに足らないものだと考えたり、そんな問題があるとは信じなかったりする。どの民族にも、社会経済上のどこの国であっても、こうした考え方をする親がいる。

スケジュールをびっしり詰め込んだ中国系アメリカ人式の子育てについて書いてベストセラーとなった自叙伝『タイガー・マザー』(朝日出版社、2011年)のなかで、著者のエイミー・チュアは、子どもというのは、親からの指示、親が定めた目標、親の価値観が、完全に自分自身のものとなったときに最高の力を発揮すると述べている[18]。チュア自身がふたりの娘のためにつくったリストが有名だが、そのリストにはこんなことが書かれているそうだ。「お泊まり会には参加しないこと、プレーデイトの約束をしないこと、学芸会には参加しないこと、学芸会に参加できないことに文句を言わないこと、テレビを見ないこと、コンピューターゲームをしないこと、どの課外活動に参加するか自分で決めないこと、A以外の成績をとらないこと、体育と演劇以外の科目では、絶対にいちばんになること、ピアノとバイオリン以外の楽器は弾かないこと、ピアノとバイオリンは毎日稽古すること」

チュア自身も実際にそうやって育ってきたと知らなければ、滑稽にすら感じるほどだ。子どもにバイオリンとピアノの稽古をさせるために叱ったり、他の手段を使ったりもしたと彼女は誇らしげに書いているし、子どもが泣いたり、反抗したり、やめたいと言ったりしたこともあったと書いている。彼女は読者に、こうしたやり方は長い目で見ればやる価値があると訴えている。というのも、彼女の娘たちはカーネギー・ホールで演奏会を開いたり、名門校に行ったりするなど〝成功〟しているからだ。

フランク・ウーは、アジア系アメリカ人の教育者であり運動家である。ここまで私が話を聞いてきた人たちの人種については触れてこなかったが、エイミー・チュアが自分の著書のなかで書いている支配的な子育てのスタイルを「中国系アメリカ人式」と強調していたこともあって、中国系アメリカ人の話を聞いてみようと思ったのだ。フランク・ウーは、エイミー・チュアと同じく中国系アメリカ人だ。

ウーは、サンフランシスコにあるカリフォルニア大学ヘイスティングス法科大学院の学長で、この大学院は、ミシガン大学法科大学院、当初黒人のための大学として設立された歴史のあるハワード大学、聴覚障害者のためのギャローデット大学、26人の男子学生のみが通っている2年制のディープ・スプリングス大学といった、さまざま大学と提携関係を結んでいる。フランクはいま40代の後半だが、支配的な「タイガー・ペアレント」に育てられた、いわゆる傷ついたタイガーをアメリカでも海外でもかなりたくさん目にしてきたという。彼自身もそのひとりだそうだ[19]。彼は自分のしてきた経験を余すところなく書いたり話したりしている。

フランクはこう話してくれた。「ハフィントンポストに『アジア系移民である両親が教えてくれたことは、すべて間違いだった』と題した記事を寄稿したあとは、読者にトマトを投げつけられるのではないかと思っていた。だが、アジア系アメリカ人たちが記事に共感してくれたので、『私は間違っていない』と確信した」。法科大学院の教授や学長にまで上りつめた彼は、こうも言っている。「母は、いまだに私に医学校に行ってほしいと思っている」。彼は冗談で言っているのではない。彼の両親は、法律や人文科学系の学問は、STEM（科学、技術、工学、数学）分野に行けるほど頭がよくない人がやるものだと思っているらしい。「タイガー・ペアレントのやり方は、時代や場所、あるいは世代が違えば、うまくいったのかもしれない」と、圧政から逃れてアメリカへ移民として渡り、なんとか最初の足がかりをつかもうと必死だった家族の苦労を思いやりながら、彼はこう言った。「だが、いまの時代、そのやり方は有害だ」

フランクは、タイガー・ペアレントが考える、典型的で凝り固まった「成功」の定義についても話してくれた。「もし、君が神経外科医のピアニストになれたら、大成功というものだ。きっと両親にお尻を叩かれてきたのだろうね。誰かに宿題をやらされ、誰かに練習させられなければ、そんな成功を手にするのは無理だ。だが、ひとりの成功者のサクセス・ストーリーの陰には必ず、その成功を手に入れようとしてボロボロになった子どもが99人いる」。フランクは知っている。そんな99人から話を聞いた彼だからこそ、彼らのストーリーはだいたい次のようなものだと知っている。「アジア系移民は大きな犠牲を払って、自分の持っているものをすべて子どもにつぎこんできた。いい学校を卒業した子どもは大人になり、職を得て、結婚し、いい家に住む。外から見れば、この子どもは完璧に成功者だ。だが、両親は納得しない。なぜなら、子どもは成功しているかもしれないが、完璧な成功とは言えないからだ」

卒業生総代が誰になるか発表されるとき、落胆するのは普通の成績の学生ではなく、成績が2位から10位までの学生だとフランクは話してくれた。私が総代になれたかもしれなかったのに、と。「プレッシャーに押しつぶされてしまうのは、成功できない人ではない。彼らはとても成功しているのに、いちばんではないという理由で、自分には価値がないと思ってしまう」

この話を聞いている時点で、すでに彼の秘書から割り当てられた時間をゆうに超えて電話で話しこんでしまっていた。だが、彼はそのまま電話を切らずに、次から次へと頭に浮かぶ話をしてくれ、哲学の話からユーモアのある話までいろいろと聞かせてくれた。そろそろ次に予定されている会議に遅れそうだということで、最後に彼はこう締めくくって電話を切った。「99パーセントの人はトップになれないのだから仕方ない。いちばんになることを目標にして、いちばんにならなければやる意味がないというなら、寝ていたほうがましだ。そんな目標を設定するほうがどうかしている。どれだけ頑張ってもまだ足りないと思う人生は不幸だ」。ミシガン州立大学の人間発達・家族学科の准教授であるデズリー・バオリアン・クイン（彼女自身も中国系アメリカ人だ）が行ってきた研究と調査では、いわゆる「タイガーペアレント」に育てられた子どもはストレスと精神的な問題を抱える確率が高いことなどがわかり、フランクが有害だと話していたことが事実であると証明されている[20]。

子どものメンタルヘルスに関するデータからわかることは、子どものために計画した進路や、学業成績をもっとよくすることには躍起になるのに、子どもに生活能力をほとんど教えようとしないのは子どものためにならないということだ。子どもはストレスから頭がおかしくなってしまうし、そのストレスに対処するだけの強さももっていない。だが、親は、子どもがそんなトラウマを抱えているはずはない、あるいは、いま子どもが苦労している（苦しんでいる）ことが、いつかきっと〝実を結ぶ〟に違いないとばかりにプレッシャーを与えつづける。

たいていの学区にある相談所の冊子を見れば、若者向けのカウンセリングの紹介や、10代の若者が抱えるストレスについて著名な専門家が行う講演会のお知らせなどが載っている。ワシントンDCの近くのバージニア州北部にあるフェアファックス郡公立学校区は、全米でも指折りの名門公立学校が数校あるところだが、最近、ここの相談所に置いてある冊子を目にする機会があった。この学区では、10代の子のストレス、健康、立ち直る力についての会議を開催しており、たとえば「プレッシャーと生活／学校とのバランスをどうとるか」「学校で求められることとのバランスをどうとるか」「大学受験を乗り切るために」といったテーマごとに分科会も開かれるようだし、うつ病を克服した実体験が語られることもあるようだった。文末には、「参加した生徒には、社会奉仕活動の単位が与えられる」と書かれていた。

学区全体にこうしたプログラムを提供しているのは、すばらしいことだ。多くの学校や地域で2010年にビッキー・エイブルスが制作した『ゴールのない競争』というドキュメンタリー映画の上映会が行われ、何万もの人々がこの映画を見る機会を得た。この映画は「成績至上主義の文化」のなかで人々が抱えるプレッシャーを描いたものだ[21]。どんなに悲惨な状況になっているかを語る人たちの映像が次々と現れるこの映画を、涙を浮かべながらじっと見ている観客が大勢いた。だが、いったいこの事態を私たちはどうすればいいのだろうか？

私たちは、この問題に正面から向き合わなくてはいけない。考えてみてほしい。大学の入学審査担当者にいい印象を与えるために、大学受験におけるストレスに関する分科会に出席して社会奉仕活動の単位をもらう高校生がいるなんて、私たちがいま直面しているのは『ステップフォードの妻たち』と同じ暗黒郷だと示しているようなものではないか。子どもが高校でのストレスを軽減しなくてはならないということは、それだけ彼らが大学受験を深刻なものと受けとめていることの証拠ではないのか？

学業のことになると支配的になってしまう親たちは、子どもたちにとって大きな害である。ウィリアム・デレズウィッツが、その画期的な著書『優秀なる羊たち――米国エリート教育の失敗に学ぶ』[21]（三省堂、2016年）のなかでそう言っている。「（彼らは）生まれてからずっと、失敗することへの恐れに苛まれて生きてきた。多くは、彼らの親が抱く失敗への恐れに影響されてのことだ」とデレズウィッツは書いている。「たとえ一時でも、すべきことが達成できなかった代償は、現実的な不都合だけでなく、自身の存在すらも脅かすものなのである」

デレズウィッツが「優秀なる羊たち」と呼ぶ学生のことを、私は「無力な存在」と呼びたい。これは、英文学教授のテリー・キャッスルが記事のなかで指摘していることと同じだ。「知的な面でも感情の面でも親から自由になるためには、自らの意志で受け継いだものを捨て去ること、既成概念を疑ってみること、親に反抗してやろう、親の嘘を見抜いてやろう、あるいは昔の子どものように親の期待を裏切ってやろうという気持ちをもつことが、いまの時代は特に絶対的な前提条件だということ」なのだ。学生部長として私は、知的自由も感情的自由ももっていない学生たち、つまり「無力な存在」をオフィスで見てきた。私のオフィスを訪れたのは「優秀なる羊たち」だった。

増加する学生のうつ病

過保護に育てられたミレニアル世代が大学に入学しはじめた1990年代の終わりごろ、学業上のアドバイスや学生生活のサポートをする仕事に就いていた私たちが真っ先に取り組まなくてはならなかったのは、学生のメンタルヘルスのケアだった。メンタルヘルスに問題を抱える学生が、教室、寮、キャンパスでの共同生活に支障をきたすことが増えていたのだ。２０００年の初頭になるころには、学生のメンタルヘルスの変化が、専門家の会議における主要な議題となった。全米中の4年制大学の入学審査担当者が集まり、解決策を模索し合ったり、専門家に意見を求めたりした。そこには規模の大きな大学から小さな大学まで、公立大学も私立大学も、名門大学も一般的な大学も、宗教法人が経営する大学もそうでない大学も含まれていたが、どの学校でも、学生のメンタルヘルスが問題になっていた。「うちの大学ではそんな問題はありません」と言う人は、誰もいなかった（コミュニティ・カレッジに関しては同じことが言えないため、この問題は4年制大学でのみ起こっている問題であることを付け加えておく。私の推測では、コミュニティ・カレッジに通う人たちは、労働者階級の学生、子どもがいる学生、大人になってから学校に通う人など、さまざまだ。彼らはみな、厳しい人生経験をとおしてさまざまなスキルや対処法を身につけているだろうから、もっと〝普通〟の学部生がいる学校よりも、メンタルヘルスの問題が少ないのだと思う）。

2006年から2008年まで、私はスタンフォード大学でメンタルヘルスを調査するグループに加わってこの問題を詳しく調べ、教員、スタッフ、学生に対して、メンタルヘルスの問題をより深く理解して対処するための方法を提案するという仕事をしていた。深刻さが増しているこの問題に対処するために、学生の相談に応じる時間をもっととれるよう、セラピストの数を増やす予算の提案などもした。

私のオフィスからCAPS（カウンセリング・心理相談センター）まで生徒に付き添って歩いて行き、セラピストが来るまで一緒に座って待っていることも、ときどきあった。そこまで深刻な状況でない学生の場合は、CAPSに連絡を入れておき、学生の背中を押してCAPSに行くように勧めた。たいてい、こうした学生は成績がよく、授業や課外活動に忙しく、夏休みにも意義のある活動をしていた。だが、話してみると、彼らはみな、うわべだけでものを言っているロボットのようだった。本音を言っていないように見えたのである。

学生部長をしていたころは、「科学（または医学や工学）を勉強しなくてはならない」、それから「ピアノの練習をしなければならない」、それから「アフリカのための支援活動をしなければならない」、それから、それから、それから……と思いこんでいる学生の話をよく聞いた。自分ではなんの興味もないことを履歴書に書いている学生と話したこともある。なぜ興味もないことをやっているのかと訊いても、彼らは意に介さず「何が自分にとっていちばんいいのかは、親が知っています」と答える。

経済学を専攻しないなら母親と離婚すると娘を脅した父親もいる。この女子学生は、普通なら4年で卒業するところを7年もかかって卒業した。しかもその間ずっと、父親に行動を管理され、毎週末にはキャンパスを離れて伯父の家に行って勉強することを命じられていた。父親に言われて、彼女は週に一度、経済学の教授に勉強を見てもらっていた。その結果を報告する電話を父親にするのを忘れたある日、彼女が夜遅く寮に戻ると、伯父が寮のロビーにいて、彼女に父親に電話をさせなければと明らかにイライラした様子で待っていた。その女子学生は、後日こう話してくれた。「自分で自分の人生をコントロールすることができなくて、私はひどいパニックを起こしていました」。だが、ともかく彼女は経済学を専攻した。それでも、両親は離婚したそうだ。

両親のもとから離れる機会をずっと待っていた学生もいる（両親が認める大学院に行くことで離れられることが多い）。なかには、両親への怒りを露わにする学生もいた。彼らの目にはあきらめが見てとれた。世界は可能性で満ちあふれているのに、自分はその可能性を手にすることができない、なぜなら自分は鎖でつながれていて、両親が敷いたレールの上を歩んでいかなければならないからだと気づきはじめた学生たちの動揺を、私は肌で感じてきた。彼らは、親の野心的な夢を叶えるにはどうしたらいいかを学んできてはいるが、自分自身の夢をもつことは許されてこなかった。彼らのほとんどは聡明で成績も優秀なのだが、そんな彼らが、私のオフィスのソファに座って、いまにも壊れてバラバラになってしまいそうな自分自身を必死でつなぎとめているかのような様子で、はたから見れば成功者である自分の人生はなんとみじめな人生であるのかと嘆いていたこともあった。

大学2年生のフェイスという学生がその典型だ。彼女はニューイングランド地方の上流中産階級の家庭で、3人姉妹の長女として育った。私のオフィスに来たとき、彼女ははじめ黙っていたが、話し出すと次第に険しい表情になっていった。彼女の親は、彼女を医学校に行かせようとしているらしく、学期ごとに彼女の時間割をチェックしたり、どの課外活動に参加するかを勝手に決めたり、夏休みにどのアルバイトだったらしてもいいか決めてしまうとのことだった。私は彼女の話を聞きながら、ときおり眉を吊り上げてはいたが、自分の意見を言うことは控え、彼女に質問しつづけた。なぜフェイスが私に会いに来たのか、まだわからなかったからだ。親が夏休みに行かせたがっている医療研修に、自分はまったく興味がないのだと親にどうしても言えない、と彼女は涙をこらえながら言った。私は彼女のほうに身をかがめ、うなずきながら優しく微笑み、彼女がどんな気持ちでいるのかを詳しく聞いていった。自分がいい成績をとっていれば、親は妹たちにはあまり多くのことを要求しないと思うと話してくれたとき、彼女の表情が少しだけ明るくなった。これまでの成績を聞いてみると、スタンフォードで4・0以上の成績をとってきたと、彼女は誇らしげな様子もなく語った。

彼女と話をしていて、私の胸はひどく痛んだ。私のオフィスに座っているフェイスは、思慮深く、美しく、優秀な学生なのに、その様子を見て話を聞いていると、顔に笑顔を貼りつけたまま、水面から顔を出そうと必死にもがいているかのように見えた。もちろん、たとえ本人が嫌いだと思っている分野だとしても、完璧であろうとする努力は、長い目で見れば考えようによっては「価値がある」ことかもしれないし、特に何もマスターしてこなかった子どもが、あとになってピアノを辞めてしまったことを後悔することだってあるかもしれない。このあとの章（17章）で、それぞれの子どもに合った目標の立て方について書こうと思うので、ここでは、子どもに適しているとは言えない厳しすぎる目標を子どもに課し、子どもがその目標を達成しようと頑張りすぎるとどんなことになるのか、お話ししよう。そんな経験をしている多くの学生がメンタルヘルスのカウンセリングを受けに来る。しばらくの間、休学する学生もいる。完全に壊れてしまう学生もいる。

成功を測る指標として適切なのは、トップの成績を収める子どもの数やSAT（大学進学適性試験）のスコアよりも、その町の10代の子どもの自殺率がどのくらいかを見ることだと、私は考えている。パロアルトにある踏切を渡るたびに、私はそう考える。この場所は、最近何人もの10代の子どもが自殺をした現場で、亡くなった子のほとんどが、私の子どもが通っているヘンリー・エム・ガン・ハイスクールの生徒だった。

現在、この踏切には警備員が配置され、列車が通りすぎるときには列車の運転手と警備員が互いに敬礼し合い、運転手は警笛を鳴らしている。車に乗って踏切が開くのを待ちながら、彼らが敬礼し合う様子を見て列車の悲しげな警笛を聞くたびに、私は涙ぐんでしまう。私たち親は、ここまで子どもを追いつめるようなことをやめなければならない。

8 〝薬漬け〟になる子どもたち

アメリカでは、およそ11パーセントの子どもがＡＤＨＤ（注意欠陥・多動性障害）と診断されており、そのうちの半数以上（子どもの総人口の6・1パーセント）が、注意力や集中力を高めるために、精神刺激薬であるアデロール、リタリン、ビバンセ、あるいはモダフィニルなどを処方されている(1)。ＡＤＨＤと診断されると、生徒は宿題やテストの時間を余分にもらえるなどの対応を受けることができる。

息子のソーヤーは、4年生のときにＡＤＨＤと診断された。彼は宿題にとても苦労していて、特に作文が苦手だった。毎晩ダイニングテーブルにただ座って、遠くを見たり、鉛筆で爪をいじったりしていた。とても利発な子だったので、学校の勉強も難なくこなせるだろうと私は思っていた。だから、彼が何もせずにただ座っているところを見るのはつらかった。彼の苦痛に拍車をかけたのは、父親、姉、そして私だった。というのも、私たちは息子が気を散らさないように、勉強に関係ないものをいっさい置かない部屋で勉強させていたからだ。

私には辛抱が足りなかった。なんとか問題を解決したかったのだ。息子にいい成績をとってもらいたいからではなく（彼はそんな状態でもいい成績をとっていた）、毎晩繰り返される長時間の宿題タイムから解放してあげたかったのと、若いときに自由に使える時間を息子に取り戻させてあげたかったのと、彼以外の家族にとってもホッとする時間がほしかったからという理由で、私は特効薬を求めていた。

私にカフェインが必要なように、息子にはアデロールが必要かもしれないと私は考えた。もちろん、カフェインをとることが健康的な生活でないのはわかっているが、カフェインをとることで仕事がはかどる。ソーヤーにもそういう何かが必要だ。投薬治療を試さないことで、息子にいらぬ苦労をさせてしまっているのかもしれない。けれど夫は、投薬治療は将来、健康に害を及ぼすのではないかと心配し、何か具体的な対策をしたり、セラピーを受けたり、息子の注意力を高められそうなほかの方法を探すべきだと言い張った。

投薬治療をすべきか否かというジレンマは、ＡＤＨＤの子どもをもっている家庭なら、どこにでもあるだろう。だが、子どもにＡＤＨＤの投薬治療をさせようと考えるのは、ＡＤＨＤの子どもをもつ親だけではない。２００６年にＮＢＣニュースのインタビューを受けたハーバード大学医学大学院の小児科のジェームズ・ペリン教授は、ＡＤＨＤの症状が実際にはないにもかかわらず、青年期の子どもにＡＤＨＤの投薬治療をさせたいと願い出る親が増えている、と語った。(2) 何も障害がないのに、ＡＤＨＤの薬を飲む子がいるのだ。

マンハッタンに住むジェシカというある母親は、こうした事態に憤慨している。(3) 裕福な家庭が住んでいる彼女のコミュニティでは、子どもになんの問題もないのに、ＡＤＨＤの診断を子どもに与えるために、１万ドルもかけて一連のテストを受けさせた母親がいるという。こうした子どもが「ＳＡＴ（大学進学適性試験）で2350点取っても、テスト時間を延ばしてもらったことは成績証明書には書かれないので、大学側はそのことを知らない」という事態が起こるのではないかと恐れている。ジェシカは言う。「そんなの、おかしいわ」

医者も心理学者も、ADHDを定義することに苦労してきた。ADHDの診断をするかどうかは、その子どもの行動が教師や親の目にどのように映るかという、質の問題に依拠するものであり、極めて主観的な指標によるものである。ADHDと診断されるケースは裕福なコミュニティほど多いが、それは、子どもが集中することに苦労している場合に、親が投薬治療をさせるだけの金銭的な余裕があること、あるいは、裕福な子ども時代を過ごすと、なぜかADHDになる可能性が高くなること、または、ジェシカが言ったように、ADHDと診断されることによって得られる利点を親が望むことが理由なのではないのだろうか？　もちろん、薬を飲んで、テスト時間を延長してもらえることが利点になるのは、ADHDでない子どもにとってだけだ。実際にADHDの障害がある子にとっては、投薬もテスト時間の延長も、その子に合わせるための措置にすぎない（ADHDの子のために、親も教育者も、その子に合った対応を模索しているにすぎない。目の悪い子に眼鏡をかけさせるのと同じことだ）。

ADHDの診断は、もらおうと思えばもらえるものなのだろうか？　裕福な家庭にADHDの診断を与えることで生計をたてている医師がいるのだろうか？　そうなのかもしれない。あるいは、マンハッタンの一部や、子育てにリスクはつきものだなどと考えるコミュニティだけで囁かれている都市伝説なのかもしれない。もしこんなことがまかり通っているとすれば、倫理上でも医学上でも由々しき問題だ。

その子に合った方法で子どもの手助けをすることと、少しでもいい大学に入るために子どもを違う誰かに仕立て上げることとを分ける境界線は、いったいどこにあるのだろう？　それ以上とは言わないまでも、同じくらい問題なのは、ジェシカや国内じゅうの親が、こうした〝ずる〟がまかり通っていると気づいていることだ。それを知ったことで不安が生まれ、テストでいい点数をとるためには薬が必要だという軍拡競争に発展してしまうことだ。あの子たちが精神刺激薬を飲んで、テストでも延長時間をもらえるなら、うちの子があの子たちよりもいい点数をとることなんてできない、と。

学業におけるドーピング問題

子どもがよく勉強できるように、あるいはテストで高い点が取れるように、こうした薬の処方を望む親がいったいどれほどいるのか、はっきりした統計はないが、調査によると、10代の生徒自身が〝いい成績がとれる薬〟や〝勉強の効率を高める薬〟や認知能力や記憶力を高める〝スマートドラッグ〟を求めているのは確かなようだ。青少年の薬物乱用防止を目的とするウェブサイト、ザ・パートナーシップ・フォー・ドラッグフリー・キッズ（drugfree.org）で２０１２年に行われた動向調査によれば、リタリンもしくはアデロールを一度でも誤用あるいは乱用したことがある10代の子どもは８人に１人（13パーセント）、処方薬が勉強に役立つと信じている10代の子どもは４人に１人（26パーセント）だった。[4]

学業のためのドーピングは、大学に入ったあとも続く。大学保健協会が１万人の大学生を対象に２０１３年に行った調査によると、８・５パーセントの学生が処方箋をもらわずにアデロールやそのほかの精神刺激薬を使用しているとの結果になり、[5]その前年に全米の5000人の大学生を対象に行われた調査では、14パーセントが使用しているという結果だった。[6]2013年の報道によると、大学生を対象に学業成績を上げるために精神刺激薬を使ったことがあるかどうかについて行われたいくつかの調査を公共ラジオ局が調べたところ、使ったことがあると答えた学生の割合は、調査によって8パーセントから35パーセントまでの幅があることがわかった。[7]全米の何百という大学の学校事務担当者は「これまでにないほど深刻なドラッグ問題が起きている」と述べている。[8]

2013年にハイ・タイムズ誌（カンナビス〈大麻〉についての情報や文化を発信する目的で発刊され、カンナビスを自由に使用することを主張している）に掲載された記事のなかで、ジェームズ・L・ケントがアデロールのことを「アメリカで人気のあるアンフェタミン」と呼び、シェリーとダンという学生の話を紹介しながら、大学でアデロールを使用する文化についてこう述べている。[9]

シェリーは大学3年生だ。彼女は午前中に授業を受け、午後はコーヒーショップでアルバイトをしている。彼女はADD（注意欠陥障害）で、薬を飲まなければ朝起きるのも難しく、日常のごく簡単なことを片づけるのも大変だ。彼女が飲んでいる薬はアデロールで、30ミリグラム入りのアデロールXRというカプセルがいちばん合っている。だが、シェリーは健康保険に入っていないため、数百ドルの通院費と月200～300ドルの薬代を支払うことができない。幸い、彼女は、学生にアデロールXRを1個5～15ドルで売ってくれるダンという男性と知り合いだった。アデロールはアメリカで人気のあるアンフェタミンで、期末試験の勉強をするために長時間の集中力が必要な大学生の間では特に人気が高いので、ダンの商売はうまくいっていた。

路上でアデロールを売るディーラー（あるいはトレーダー）は、薬局よりも安い値段で大学生にアデロールを売ることができる。シェリーのように健康保険に入っていない学生の場合、薬局で毎月アデロールを買うと、1個あたり6～8ドルほどかかってしまう。ダンは、まだ親の健康保険が使える学生や軍人で、毎月アデロールを処方してもらっている人から処方箋を買い取っている。軍に入っていたり健康保険に入っていたりすると薬代が安いので、アデロールXRを1個1ドル以下で買うことができ、それを3倍から5倍の値段で売るのだ。金持ちが相手なら30ミリグラムのXR1個につき15～20ドルで売ることもできるので、安く手に入れたXRが入った瓶は、彼にとっては貯蓄であり、投資のポートフォリオであり、財源でもある。何か食べる時間もお金もないときは、自分でもXRをひとつ服用する。すると、そのあと6時間はお腹がすかなくてすむ。

薬を飲まずにはいられない若者たち

成功するためには精神刺激薬を飲まなければならないと感じている学生の数が多いことは憂慮すべきだが、すべての学生がそれがいいと思っているわけではない。

アダム（仮名）は、東海岸にある名門公立大学を最近卒業した。私が本書を執筆していることを共通の友人から聞いた彼は、私に連絡をくれ、〝おもしろ半分〟で（処方箋なしにという意味）アデロールを服用する学生が大勢いる実態と、なぜ若者が薬を飲むのか、そしてこうした習慣がどんな結果をもたらすのかを、私とぜひ話し合いたいと言ってきた。繊細な話題であるために、彼は匿名を希望した[10]。

私からの最初の質問は、おもしろ半分でアデロールを飲む学生たちは、どうやって薬を調達しているのかというものだった。彼の答えはこうだ。「僕が知っている人たちにはみんな、薬を処方してもらっている友だちがいます。友だちグループのなかには、必ずひとりくらい処方箋を持っている人がいるんです」。診断されていないのに、ただ成績をよくするためだけに親に処方箋を書いてもらっている友人もいると彼は話してくれた。また、きちんと診断されている場合でも、少し多く処方してもらっていることが多く、余分にもらった分を友だちに分けているということだ。これは高価なドラッグで、裕福な家の子どもしか使っているのを見たことがないと彼ははっきり言った。

「いい成績をとらなければならないというプレッシャーはとてつもなく大きく、やらなければならないことも山ほどあるんです。だから、僕らの結束と団結力は強い。明日までに大事なレポートを提出しなければならないとき、とてもやりきれないほどの課題が出されたとき、あるいは期末試験のときなどは、友だち同士で助け合うんです。『今晩必要なら、アデロールを分けてやるよ』とか『一緒に勉強しよう。みんなで力を合わせようぜ』と言う人もいます」

アダムは重苦しい口調で、一言一言、慎重に話してくれた。本当はこんな話をしたくないが、友人（同世代の友人）のことがとても心配なので話したかったと彼は言う。アデロールを飲んだあと、友人がどんなふうに変わってしまうかも話してくれた。普通の学生だった友人が、目の前にある課題に一心不乱に取り組み、携帯電話も放り出したまま一日じゅう勉強し、個人的なことや友人に関することはいっさい忘れてしまうそうだ。

アダムが目にしたように、アデロールは短時間に驚異的なパフォーマンスを可能にするので表面上は見える。私はアダムに、何かマイナス面は見なかったかと尋ねた。「そこなんです」と彼は言った。「よく学びよく遊ぶための薬であるということが、フラストレーションのもとなんです。アデロールを飲むと、超人的な能力を発揮できる。まさに、超人的です。遊びにも出かけ、レポートも完成させ、活動的な社会生活と学業生活を営むというように、すべてのことができるようになるんです」。それなのにフラストレーションを感じるのだろうか？　自分という人間の限界を受け入れている学生なら、薬も飲まないし、成績が悪くても仕方ないと考えるだろう。「僕が知っているなかで、いちばん頭のいい友人は、倫理的な問題に悩んでいました」

私自身も、短時間で多くのことができるという誘惑と闘ったことがある。ソーヤーが中学に入ったころ、息子にはとてもできないと思うほど、宿題の量が増えた。6年生の子が毎晩3時間も宿題をやるのが当たり前などという世界が、いったいどこにあるというのだろう？　薬を飲ませるという選択肢を検討しないのは、親として失格なのではないかと私は思いはじめた。

その日、ソーヤーがいつにも増して集中力がなかったので、どこか体の具合でも悪いのかと私は尋ねた。「テレビが映像を受信できないときにザーッという画面が出るでしょ、あんな感じ」と息子は答えた。薬のことを話すのはいましかないと感じて私はこう尋ねた。「もし、集中力を途切れないようにする魔法の薬があったら飲んでみたい？」「飲みたい！」と息子は叫んだ。だが、そのあと少し考えこんだ。「ちょっと待って」。息子は私を見上げてこう言った。「その薬を飲んだら、僕の脳のなかの化学物質が変わってしまうよね。そうすると、別の人間になっちゃう。だったら……飲まない」。私の目には涙があふれた。科学好きな息子は薬を飲むことがどういうことかきちんと知っていたこと、そして、それを自分のために主張したことに感動したのだ。その涙は自分のための涙でもあった。息子に薬を試してみてほしいと私がどれほど望もうと（そうすれば家族もひと息つける）、息子は飲んでくれないだろうから。

アダムとその友人も、脳内の化学物質のことについては心配しているそうだ。きちんと処方してもらっている人もそうでない人も、まだ知られていないアデロールによる副作用が将来出るかどうか、疑問に思っているという。「その点についてはほとんど研究がされていないことが、とても怖いんです」と彼は言う。また、友人との間では、就職したあとはどうすればいいかということも話題になっているらしい。仕事をこなし、周囲の期待に応え、質のいいパフォーマンスをずっと続けるために、薬を使いつづけるのだろうか。「これはもはや、自分がどんな人生を歩むのかという問題です」

彼の言葉を聞いて私はホッとした。私は若者が自分のための選択をし、その結果を受け入れて生きていくことで自己実現をする姿を見るのが好きだ。自分の進む道を自ら決め、仕事に就き、自活し、請求書の支払いをし、来たるべき苦難に対処するのが、豊かな人生というものだ。どんなに慎ましい人生であっても、自分で選ぶ人生であるかぎり意味がある。名門大学という神聖な場所で、自分の人生においてアデロールが果たす役割について考え込んでいる学生の姿は、たしかに私に希望を与えてくれた。

「いまのシステムは理不尽だという話も友だちとよくするんです」と彼は言う。「アデロールだけが問題ではありません。とにかく、やらなければならないことが多すぎる。アデロールを飲むと、親、教授、友人からのプレッシャーを忘れることができるんです。与えられた環境に対する、精一杯の対抗策なんですよ」

大学生活のなかで、アダムもプレッシャーや嫉妬、誘惑に負けてしまったことがある。「真夜中の2時に、倒れそうになりながら図書館で勉強していると、あっちの机でもこっちの机でも、同じように遅くまで勉強している学生がいるんです」。だから、彼はアデロールを使いはじめた。これがとてもよく効いた。だが、彼はいまでもアデロールを飲んだことがよかったのかどうか、わからないと言う。ひとつには、教授の信頼を裏切ったように感じることが理由だそうだ。だから、教授と個人的なかかわりがほとんどない、大教室で受けるような授業のときに飲むのは抵抗がなかったと言う。彼はこう自分を納得させている。「僕個人としては、薬を飲んだことはよくなかったと思っています。けれども、東海岸にある名門校に通っている裕福な学生で薬を飲んでみたことがない人は、まずいないと思います」

完璧とは程遠いけれども実に人間らしい学生たちが、化学の力を借りた体をもつ人間になってしまったら、そうしなければ自分たちは世の中で成功できないと彼らが思ってしまうなら、薬が使われなくなる日はいったいくるのだろうか？

9 過保護な子育てが子どもの就職を妨げる

2000年代の半ばになって、私と同僚は、ヘリコプターペアレントによる子育ては一時的な流行ではなく、これからも続くものだと不本意ながら認めざるをえなくなったが、過保護に育てられた若者が就職したらどんなことが起きるだろうという疑問をもった。大学は大変なので細かいところまで自分が介入しなければならないと思う親、その親の介入をありがたいと思う学生にとって、職場ははるかに厳しい場所に見えることだろう。はたしてヘリコプターペアレントは職場まで若者についていくのだろうか？　これから事例を見ていくが、答えは「ついていく」だ。[1]

ミレニアル世代は職場では「ランの花」[2]（温室の外では生きられない）や「ティーカップ」[3]（欠けやすく壊れやすい）などと呼ばれているが、過保護に育てられたあとに世の中に放り出される若者の行く末を最もよく見通した隠喩だと私が考える言葉は「子牛」だ。これはマサチューセッツ州の教育者ジョー・マラズクザックが言った言葉で、その意味するところは、管理された環境で育てられ、あくまで隠喩だが、ゆくゆくは殺されてしまうという意味だ。「子どもの成長の妨げ方」という授業を受けたわけでもないのに、親は過保護な子育てをして、子どもに自分で働いて生きていく準備をまったくさせない。

2014年、カリフォルニア州立大学フレズノ校の経営学部の教員が、過保護に育てられた子どもは将来、職場でどんなふうに働くのか疑問に思い、450人の学部生を対象に調査を行い、どのくらい自己効力感をもっているか、どのくらいの頻度で親から干渉されているか、日常生活でどのくらい親の干渉があるかを自己評価してもらったうえで、職場でありがちな場面を示して、それにどのように対応するかを調べた。「調査によって、ヘリコプターペアレントに育てられた学生は、自分には仕事をやり遂げて目標を達成できる能力がないと思っている点が、最大の特徴であることがわかりました。これは将来、雇用主にとって深刻な問題となるだろうと研究者は指摘しています。大学時代に過保護に育てられた若者は、他者に依存しがちで、問題への対処能力はおろか、責任感や良心といった人間関係で必要になってくるスキルもなく、雇用主が求める資質をもっていないことがわかりました。特に興味深い発見は、就職活動の際に自分の適性とは異なる職種を求めたり、職場に適応できなかったりするのも、過保護な子育てと関係があるということです[4]」

親はどうすればいいのだろう?

21世紀の職場はグローバル化され、仕事のペースも速く、つねに変化しつづけている。成功するには、イニシアチブをとること、問題解決ができること、逆境から這い上がれることが、これまでにも増して必要だ。従業員たちは年齢を問わず必死で働いている。こうした現状のなか、就職活動中の若者や若い従業員たちの親が思うのは、こういうことだろう。子どもの成功を妨げるのではなく後押しするには、どうしたらいいのだろう?

提案してやったり、アドバイスをしてやったり、フィードバックをしてやったりするのは役に立つだろうが、私たちにできるのはそこまでだ。若い従業員がやらなければならない仕事を親が代わりにやってしまっては、逆効果だ。２０１４年にこんなことがあった。ある母親が、クレイグリストというコミュニティサイトに、息子に弁護の仕事を見つけてくれた人には謝礼金として数千ドルを支払うと投稿した。その息子はそんなに不運なのだろうか？　何か障害でもあるのだろうか？　重い病気を克服したばかりとか？　そうではない。彼は大学を卒業したあとロースクールにも通い、判事助手も務め、カリフォルニア州で弁護士をしている。彼のクライアントがこの母親の広告に気づかないといいのだが。この息子がどんな人かは知らないが、私の代理人として法廷で戦ってもらう弁護士なら、自分で自分の仕事を見つけられる人であってほしい。

人事担当者が見る現実

リチャードという若者が２００５年にアイビーリーグの大学を卒業し、その2年後には、ニューヨークの有名な投資銀行で出世コースを歩みはじめた。彼の年収は25万ドルで、長時間労働をしていた（２００８年の金融危機以前の話だ）。彼の母親のジャンは、たしかに給料はいいけれども息子は働きすぎだわ、と思った。そこでジャンは八方手を尽くして、容易には調べられないはずの息子の上司の自宅の電話番号を調べ、ある週末に苦情の電話をかけた。上司はとても礼儀正しく母親に接したが、心の中では憤慨していた。月曜日になってリチャードが出社し、高層ビルの上階まで行くエレベーターに乗ろうとしたところ、警備員に止められ、彼のデスクにあった私物を詰めた段ボール箱を手渡された。箱の上にはこんなメモがあったという。「事情はお母さんから聞くように」

リチャードの上司はろくでなしなのだろうか？　どうもそのようだ。違う対処の仕方もあったのでは？　おそらくあっただろう。リチャードは母親に介入してもらいたかっただろうか？　それは誰にもわからない。だが、そんなことはどうでもいい。とにかく権力をもっているのは上司なのだから。いま紹介した話は、子どもの仕事に親が口をはさむとどういうことになるか、その最たる例だが、子どもが幼いころと同じように、親がいつまでも権力を振りかざしたり子どもを管理しようとすると、こんなことも起こってしまうのだという警告である。程度の差はあるにしろ、大学は子どもに干渉したがる親に対してある程度の配慮をしてきたが、雇用主の多くは関わりたがらないことがわかった。彼らにとって大切なのは、その従業員は何ができるのかであって、親はまったく関係ない。一見うまくいっているように見える過保護な子育てを終えなければならないのは、就職するときなのだろうか？

スイスに引っ越したときに、公園にロープやハンマーや釘があることに目をむいたフィラデルフィア出身の母親、スーザン・ルーカスは、いまもスイスで子育てをしながら、ある企業の人事部長として働いている。私が彼女のことを知ったのは、彼女が以前に医薬品業界で人事部長をしていたころの話をよく記事に書いているからだ。(5)　彼女がネットで公開する記事はひと月に何十万もの人に読まれているし、従業員の雇用と管理を担当する多くの人事担当者からコメントも寄せられる。最近の若者の問題に直面している人事部長からのコメントもある。彼女の話では、最近よくあるのは、母親が電話をかけてきて、なぜ自分の子どもを雇ってくれないのか、なぜインターンシップをさせてくれないのかと聞いてくることだそうだ。受話器のこちら側で彼女はきっぱりとこう答えるという。「こうして私に電話をかけてくるのが、お子さん本人ではなく、あなただからです。我が社に必要なのは、意欲のある若者です」(6)

スイスで5年過ごした彼女は、「アメリカで培われた不安」をやっと捨て去ることができ、子育てについてスイス式の考え方ができるようになったと言い、幼稚園のときから子どもをひとりで歩かせたり、公共交通機関を使ってひとりで学校に通わせたり、4歳児のために「森で遊ぶ仲間」を募って、いい天気であろうと雨が降っていようと、毎週4時間かけて森へ遠足に行かせたりしている。そこで子どもたちは木をノコギリで切ったりやすりをかけたりして遊び、お昼には焚き火でホットドッグを焼いて食べたりするそうだ。

彼女は「私の子どもが将来あなたの子どもの上司になる理由」と題した記事のなかで、スイスで子ども時代を過ごしたアメリカ人の息子が、自分のことは自分で決め、リスクを管理し、挫折を乗り越えることを学べた背景、そして、こうしたスキルを身につけた彼が、将来職場の同僚となる弱腰のアメリカ人よりも優れた指導者になれると思う理由などを書いている(7)。アメリカにいる彼女の同僚も、これに同意することだろう。

ローラ・ミッチェルは、オハイオ州中部で人事の仕事をしており、老人ホーム、州立刑務所、メンタルヘルスのケアを行う診療所への救急サービスを担当する救急救命士を雇う仕事をしている(8)。最近、救急救命士の採用面接に親を連れてくる若者がいるそうだ。「控室の会話がこちらに聞こえているとは思ってもいないようなんです」と彼女は言う。付き添いの親たちは「あなたならできるわ！　大丈夫よ！」と子どもに声をかけているらしい。人事部としてはフラグを立てなければいけない状況かもしれない。

もっとひどいのは、親が書類を記入するなど「すべて親が取り仕切っている」場合で、そうした親は面接にまで同席したがる。「救急救命に携わろうという者が、親がいなくては面接も受けられないようでは、実際の救急現場に行ったときに、ひとりで決断をくだすことは難しいでしょう。重罪犯や精神が不安定な患者の診察をするときに、母親に電話などしている暇はないですからね」。就職希望者が募集人数を上回ったときは、親と一緒に面接に来た人は選考対象から除外することにしているというが、スタッフが足りないときは、そんな若者でも採用せざるをえないだろう。

ローラによれば、上司に「親の役割をしてもらう」ことを期待している若い従業員もいて、具体的な指示に至るまで、細かく説明してもらいたがるそうだ。「こういう従業員は、そのうち会社を辞めてしまうでしょうね」と彼女は話していた。

キャロル・コニッキーは、ニューメキシコ州アルバカーキにあるヘルスケアセンターで人事を担当している。(9) 数年前、キャロルが開催した新人のためのオリエンテーションに、ひとりの若い女性が参加していた。このオリエンテーションでは、ヘルスケアや社会保障制度について突っ込んだ議論も行われた。オリエンテーションが終わったあと、その若い女性は、感想を書く用紙をその場で提出しないで、家に持って帰って書いてきてもいいかとキャロルに尋ねてきた。

次の日の朝、キャロルのもとに一本の電話がかかってきて、昨日の若い女性の母親だと名乗った。「はじめは、何か大変なことが起こったのかと思ったんです」とキャロルは話してくれた。だが、その母親はキャロルに社会保障制度について詳しく説明してほしいと言ってきたそうだ。母親の説明によれば「娘はよくわからなかったらしいんですが、あなたが怖いと言うんです。どうしても、あなたのところへ行って質問することができないと言うので、私がいろいろとお伺いすれば娘の手伝いができるか思いまして」。キャロルはオリエンテーションのときのことを振り返ってみた。キャロルからしてみれば、とても和やかなやりとりだったと思う。彼女は私を怖がっていたの？

キャロルは少しイライラした。なぜなら、こんな電話を受けるのはおかしいと思ったからだ。だが彼女はそうは言わずに、母親に社会保障制度について説明をした。次の日、キャロルは娘のほうに電話をしてこう言った。「あなたのお母さまと話をしたわ。ほかに何か質問はある？」。キャロルはその女性に、職場では従業員と人事部が直接、話をするのが適切であること、母親が関与してきたことで、彼女の評判がはじめから悪くなってしまったことを、それとなく伝えようとした。「ですが、起こったことに対して、彼女は少しも恥ずかしくなさそうだったし、ばつの悪い思いをしている様子もなかったんです」。そして、キャロルはこう付け加えた。「自分が息子のためにあんな電話をかけるところなんて、想像もできません」

親が自分の意志で雇い主に連絡をしてきたとしても、過保護な親が子どものことに首を突っ込むのをやめられなくて連絡をしてきたのか、あるいは未熟な若者が母親を頼って、介入してほしいと頼んだのかどうかは、わからない。このふたつには大きな違いがある。前者なら雇い主にとっては単に厄介な親というだけですむが、後者の場合は、従業員の能力に懸念が生じてしまうことになる。

26万人もの従業員を抱える国際的な金融機関、ウェルズ・ファーゴで人事部長をしているホープ・ハーディソンは、ある日、彼女あてに届いた手紙を読んで、いったいどんな行員（ウェルズ・ファーゴでは「チーム・メンバー」と呼ばれている）とその親に自分は向き合わなくてはならないのだろうかと途方にくれた。[10] ２０１３年の冬に受け取ったその手紙は、娘の勤務ぶりを尋ねる親からの手紙だった。「そのチーム・メンバーは18歳をゆうに超える年齢だったので、私は面食らいました。彼女は親が手紙を書いたことを知っているのかしら。いずれにしても、いいことではないけれど」

ホープはそのチーム・メンバーを個人的に知っているわけではなかったが、彼女のことを気の毒に感じたそうだ。今回のようなケースでは、行員がその手紙のことを知っていようといまいと、本人が手紙を送ることを望んでいようといまいと、親の振る舞いがその行員にマイナスの影響を与えてしまう。母親のせいで投資銀行をクビになったかわいそうなリチャードと同じだ。その日、仕事を終えて職場を出たホープは、その手紙から教訓を得ることができたそうだ。「ちょうど、12歳の子の学校のＰＴＡ会議に行くところだったのだけれど、〝こんな親〟にはなるまいと思ったわ」。彼女は苦笑しながら、そう話してくれた。

だが、従業員のほうがいまだに親に頼りきっているケースもあり、この場合は雇用主にとって憂慮すべき事態だ。ティーチ・フォー・アメリカ（ＴＦＡ）の法務担当役員、トレーシー＝エリザベス・クレイは、場合によっては、最初から親をスタッフと会社の仲介役にするといい、とＴＦＡのメンバーに伝えている。[11] 新スタッフ候補として応募してくる彼らは、こんなことを言うらしい。「そちらがスタッフを募集しているという情報を聞いて親と話し合っていたんですが、親と直接電話で話してもらっていいですか？　私から親に話すよりも話が早いと思うんです。両親のアドバイスも聞きたいので」

もちろん、子どもは親のアドバイスを聞きたいものだろう。親も子どもにアドバイスを与えたい。けれども、雇い主が若いスタッフに望むことは、きちんとした大人であり、自分に自信を持っている人であることだ。スタッフが物事に対処できる力を持っていること、つまり自分ひとりで対処できる力を持っていることを望んでいる。

雇用条件などについて話し合う場に両親を連れてくる若者には要注意マークがつけられ、それがしばらく消えることはない。たとえば、TFAでは、先に紹介した、親と電話を代わりたがった新人と同じようなケースが起きた場合、「その新人がこれから仕事で難しい局面に立たされることがあったとき、きっとうまく乗り切れないだろうという懸念が生じる。仕事上で各拠点と連携する際は、その新人が親に依存しがちであるということを、その拠点のスタッフにあらかじめ注意しておくことにしている」そうだ。どういう注意なのかと思っている親のために念のために言っておくと、その注意とはいい意味ではない。

親の行いが子どもをダメにする

科学教育の仕事をしていた私の母親（中学校の教師にどうやって化学を教えるかを教えていた）によれば、教師という仕事はとても大変な仕事で、どこの州でも2年で辞めてしまう教師が大勢いるという。ティーチ・フォー・アメリカ（TFA）は、貧困とその影響によって財源が不足している、主に都市部の学区に教師を派遣するのが業務だ。TFAは全米でも屈指の名門大学から6000人近い卒業生を雇って派遣しているが、TFA出身者の言葉を借りるなら、彼らは、人生のなかでもこれほど大変な仕事はないのではないかと思われるような状況に置かれることになる。ミレニアル世代の若者が、役に立つか、信頼に値するか、厳しい仕事に耐えられるかどうかを知りたければ、ＴＦＡほどそれを測るのに適したところはない。

ＴＦＡの一員になるのは心理的にもとても大変なことだと、ＴＦＡのリーダーならよく知っている。たとえば、軍人、警察官、消防士、救急救命士など、ほかの重要なサービス業と同じように、ＴＦＡの仕事では予期せぬことや不測の事態がつねに起き、それに対処していかなければならない。そんな仕事だから、ＴＦＡは「やり抜く力」と「立ち直る力」をもった若者しか採用しない。このふたつの言葉は、その人が厳しい状況に耐えられる人であること、辛抱強い人であることを示すものとして、最近世間でも注目を集めている。ＴＦＡでは、採用した若者が「両親から多大な精神的サポートを受ける」ことを期待しているし、尊重もしている。ＴＦＡ自体も、ＴＦＡの活動に賛同してくれる親からのサポートを受けられるし、対象となる学校へ派遣する教師を確保できるという利点もある。

それでも、ＴＦＡのリーダーたちは、スタッフの仕事に親が干渉してくる度合が高くなっていることに驚いている。仕事の厳しさについて家族に愚痴を言ったり不満をぶつけたりするのは無理もないが、愚痴や不満を聞いた親が心配して、ここは自分が介入しなければならないと思ってしまうならば、それはその若者と親との間に依存関係があることを示している。「もう大人なのに、子どもに代わって親が介入してくるのを見ると、いつも驚いてしまう」。ＴＦＡでベイエリアの事務局長をしているエリック・スクロギンスはそう語った。[12]

スタッフの親からエリックのところへ、よくこんな電話がかかってくるそうだ。学校に行くときも帰るときも、毎日変な臭いのする人に会うと娘から聞いた親からの電話、日中に学校を抜け出して用事を済ませにいったら、学校の規則に反すると校長から叱られたと娘から聞いた親からの電話、生徒や同僚の先生との関係がどうしてもうまくいかないと娘から聞いた親からの電話。その親たちはエリックに向かってこう言うらしい。「あそこは娘には向かない場所です。娘が危ないわ」「娘の勤務先を変えてください」「娘は十分なサポートをしてもらっていないようです。助けてやってください」「娘と一緒に毎日誰かを教室に配置してください」

親からの電話に対応するエリックやトレーシー＝エリザベスとゆっくり話をすることで、落ち着く親もいる。だが、なかには心配のあまり絶対に要求を曲げない親もいる。たとえば「うちの会社ならありえない」規則を定めているその学校の「まったく無能」な校長のためにうちの子どもが働かされていると暴言を吐きはじめ、「すぐに解決すべき」「由々しき事態だ」と決めつける親もいるそうだ。

ＴＦＡのリーダーも、子どもが苦労しているところを見るのは親としてつらいことだとよくわかっているし、親の不安の多くは、低所得者層に対する既成概念からくる不安であることもわかっている。だから、彼らはまず、親が聞いた話はあくまで一方から見た話にすぎないこと、学校には独自のルールや文化があり、親の職業経験とはまったく違う面もあること、ＴＦＡから派遣されている教師は、勤めている学校が属している学区に雇われている立場にあるため、ＴＦＡは解決策を提示したくてもできないことを、親に理解してもらえるように誠意を尽くして話すそうだ。

つまるところ、すべての学区が完璧に機能していればＴＦＡなど必要ないのだとエリックは言う。さまざまな点でうまく機能しておらず、財源もなく、とても大変な環境（そしてリスクはあるが重要なこの仕事）こそ、彼らの子どもが参加している活動なのだ。「だが、我が子がこういう環境に〝さらされている〟ことに、親は毎日驚き、動揺するのだろう」

投資銀行に勤めていたリチャードと同じように、ＴＦＡに抗議の電話をかけてくる親をもつＴＦＡのスタッフたちは、自分の親がオフィスに電話をかけているなんて露ほども知らないかもしれない。エリックは言う。「親から電話があったことを私たちが話すと、自分が親に何か言ったせいで親がオフィスに電話をかけてきたのでは、自分が未熟であるという印象を私たちに与えることになると彼らも認識するようだ。彼らにとってはいい学習機会だ。私たちは、自分の言葉が親にどんな影響を与えるのかを彼らが理解できるようにサポートしている」

エリックからＴＦＡとそのスタッフの親たちの話を聞いて、私はデニス・ホープと一緒に主催したスタンフォードの新入生のためのオリエンテーションを思い出した。私たちは、学生が家に電話をかけてきそうな場面をざっと説明したあと、子どもの話をよく聞いて、子どもは親に「何かしてもらいたがっている」のか、それとも「ただ愚痴を聞いてほしい」だけなのかを見分ける方法を紹介した。子どもが親にただ話を聞いてもらいたいだけということはよくあるし、親が自分のことを気にかけて愛してくれていると知るだけで、安心して外の世界に戻っていって、やるべきことをやることができるものだ。私たち親は子どもを、健全で、自己実現できる自立心をもった人間に育てることができるはずだし、彼らの人生においていい聞き役になることもできるはずだ。

チェックリストで管理された子どもは職場で苦労する

職場で起こる問題の原因は、実際は、子どもの仕事に首を突っ込んだり、職場に電話をかけてきたり、苦情を言ったりする親ではなく、子ども自身にある場合もある。これまで何をするにも指図され、リスクをとることを許されてこなかったせいで、状況をうまく判断できない子どもがいる。

「彼らにAとBとCをやって最後にDをやってくださいと言うと、実にうまくやってくれるし、骨身を惜しまず熱心に取り組んでくれる」と、TFA法務担当役員のトレーシー＝エリザベスは言う[13]。「けれど、『私たちは最終的にDを達成したいの。いまからあなたに、AとCの半分を知らせるわ。そこから先は自分で自由にやってみて』と言うと、彼らはたちまち困ってしまう。きっとこう思っているはずよ。『やり方を教えてください、そうすれば、どんなに大変でも頑張ります。自分でやり方を考えてなんとかしろですって？　そんなことできません』って」。チェックリストで管理されて育ってきた彼らが働きはじめると、こういうことになる。

「自主性と自立心が欠けていることが問題だと思う」とトレーシー＝エリザベスは言う。「本当の意味で自主的な活動をした経験があまりないスタッフもいて、彼らは学校でうまく人間関係をつくっていくことができない。職員室にいる中年の教師は、彼らの倍の年齢だし、男性も女性もいれば、さまざまな人種の人もいる。彼らと同僚としての関係を築いてほしいの。〝子ども〟ではなく仲間として見てもらえるようにね」。彼女が言っているのは、TFAは22～23歳の若者に、人生経験や教育をとおして人間力、つまり一人前の大人になること、責任感をもつこと、イニシアチブをとれるようになること、きちんとした説明をできるようになることなどを身につけてほしいと考えているということだ。「基本的なことが身についていないと、必要なスキルを教育しようと思ってもできない。そうすると、私たちの仕事はさらに大変になってしまう」

トレーシー＝エリザベスは、子どもたちに必要なスキルが欠けている原因は大学と学生との間が「顧客サービスをする側と受ける側」になってしまっていることにあると言う。「大学は、教員やスタッフにあまりにも多くのことを要求しすぎると思うことがあるわ。学生が大学で受けているようなサービスは、実社会ではありえない。うちの新人はこう思っているでしょうね。『私にとって何がいちばんいいか、考えてくれる人はいないのかしら？』。彼らは、利害関係の衝突が起こったときに、自分の利益が尊重されないと知ってショックを受けたり意気消沈したりして、なんて不公平なんだと考える。そうすると、親から電話がかかってくる。自分の子が公平な扱いを受けていないと思いこんで電話をかけてくるのだけれど、実際は、大学で受けていたようなお客様扱いをしてもらえなかっただけということがよくあるのよ」

彼女の皮肉めいた言葉に、私も少しは共感するところがある。いや、少しどころではない。私はまさに、彼女が批判していたような、学生向けにさまざまなプログラムやサポートを提供する大学側の人間だったのだから。けれども、大学の仕事を辞めたいま、大学側が、高い授業料、高い部屋代、高い食事代に見合ったサービスをしなければならないという重圧を背負っていることも理解できるし、大学が行う指導が場合によっては懇切丁寧すぎることもわかっている。けれども、新人が自分が尊重されるべきだと思ってしまう原因が大学教育にあるという考え方には同意できないので、彼女にそう伝えた。学生はそういう考え方をもって大学に入学してくるし、それまでの18年間、過保護に育てられてきた影響を4年間で取り去ることは難しい。

どんな職場でもやっていける子どもに育てなければならない

企業のなかには、ミレニアル世代とその親の両方と親しくかかわるところもある。グーグルやリンクトインでは、「両親を職場に連れてきてもいい日」をつくった。[14] ペプシコのCEOは、採用活動の際に採用者の両親に電話をかけたり、「才能のあるお子さんを育ててくれたことに感謝する」といった手紙を書いたりすることが話題となり、ハーバード・ビジネス・レビュー誌に取り上げられた。[15]

こうした企業の多くは、自らの職場をこれまでとは違った振る舞いをするミレニアル世代に合わせており、時代の先端を行っていると言えるだろう。アドバイザリー業務などを手がけるアーンスト・アンド・ヤングでグローバル部門担当副会長をしている切れ者のナンシー・アルトベロも、そんなひとりだ。彼女の会社の従業員19万人のうち半数以上がミレニアル世代だが、彼女は彼らのことを愛してやまないという。けれども、いい関係を結ぶには、まず彼らのことをよく知らなければならない。[16]

「彼らが望む労働時間はどんなものか、どんな環境で働きたいのか、チームでどんな役割を果たしているか、きちんと話を聞いてもらっているかなどを調査して、どうしたらミレニアル世代が会社でうまくやっていけるか、10年間考えてきました」。低迷していた景気が上向いてきたころに従業員の再編成をした際に、そのうちミレニアル世代が従業員のかなりの割合を占めることになると気づいたそうだ。そこでナンシーと彼女の同僚は、ミレニアル世代にあった働き方を模索し、彼らの優れた才能を最大限に生かす方法を考えた。

「彼らは何をしたらいいか指示されるほうがいいようです。また、前後関係がよくわからないと、仕事にとりかかることができない。彼らは公平であることに重きをおくので、職場の透明性を保つことも大切です。誰が何に責任を負っているのかを知りたがります。また、彼らには、人とは違った働き方をしたいという大きな欲望があり、勤務時間にも柔軟性をもたせたいと考えていることがわかりました。勤務時間を減らすという意味ではありません。どうやって働くかを自分でコントロールしたいということです。そこで、私たちは、前後関係をよく説明し、最終的に私たちが何を目指しているかを明確にし、それを達成するためにはどうしたらいいかを彼らに考えてもらうようにしています。これまでの経験では、おもしろくてやりがいのある仕事を与えられて、その仕事がどんな利益につながるのかを理解すれば、彼らは、ほかの世代以上にとは言えないにしても、同じように熱心に仕事をしてくれますし、これまでとは違った方法で仕事を達成してくれます」

ナンシーは、いまの時代、従業員の親が彼らの人生において大きな役割を果たさざるをえないことをよくわかっている。それでも、うんざりしてしまうことがあるという。「去年、ある父親が電話をかけてきて、こう言ったんです。『娘が長時間労働をさせられているようなので、気をつけてもらいたい。私が電話をしたことを知ったら、娘は困るだろうがね』。そこで、私は彼女の勤務時間を調べてみたのですが、父親の言うとおりでした。彼女がお父さんに『本当に困っているの。自分ひとりではとても仕事が終わらないいんだけど、周りからはよく思われたい。どうしたらいい？』と相談したのだとしたらいいのだけれど。その父親が彼女とよく話をして、私たちと話し合いをするように勧めてくれたら、もっとよかったと思います。それこそ、親の重要な役割です」

親としては、我が子の上司が、例の投資銀行のろくでなしではなく、ナンシー・アルトベロのような人であってほしいと望むことだろう。だが、これればかりはどうにもできない。私たちにできることは、厳しい環境のなかでも生き残っていけるように、子どもを育てることだ。

10 過剰な子育ては親の負担にもなる

育児のヒントが書かれた掲示板も、育児に関する研究発表もなかった大昔から、これまで何千年もの間、人類は子育てをしてきたのに、いま私たちが子育てに戸惑っているのはなぜなのでしょう？　こんなにも多くの母親や父親が、子育てをある種の危機として感じているのはなぜでしょう？　〝危機〟という言葉は言いすぎのように思われるかもしれませんが、データを見ると、そうとばかりも言えません。(1)

――ジェニファー・シニア

過保護な子育ては子どもだけでなく、私たち自身にとっても有害だ。いまの親たちは、疲れきって、不安だらけで、気分が晴れないばかりか、つねに何かを恐れている。

心理学者はこれを、子育てをするうえで陥る「子育てのパラドックス」と呼んでいる。無上の喜びもあるが不安や抑うつもあるという状態だ。(2)親であることの喜びの度合いは測ることができないが、抑うつの程度は数字で表すことができる。うつ症状のある人のなかで、親である人の数はそうでない人の2

倍にのぼる(およそ750万人の親がうつ病を患っている)。ジャーナル・オブ・ペディアトリック・ヘルスケア誌に2006年に掲載された調査結果によると、出産、育児をしている女性の3分の1にうつの症状が見られるという[3]。

2013年、育児雑誌に掲載された記事「ザナックスを飲んでいい母親に」が物議をかもした(ザナックスは抗不安剤)。その記事には、日々のストレスや不安から薬を飲むようになったという女性たちの体験談が載せられている一方、精神医学や医薬品産業が、人間が普通に抱く悲しいという感情をうつ病という障害に仕立て上げてしまったのだとする批評家の意見も掲載されており、「親として日常的に経験する感情の浮き沈み」に対処するために薬は必要ないと書かれている[4]。私の知り合いのなかには、親の感情の浮き沈みなどたいした問題ではないという意見を不快に思う人も多いだろう。

子どもは、親が重圧を感じていることを知っている。研究者のエレン・ガリンスキーが1000人の子どもに、親のスケジュールを変えられるとしたらどんなふうに変えたいかという質問をした。「自分の話を聞いてくれる時間を増やしてほしいと答えた子はほとんどいませんでした。最も多かった答えは、母親や父親が疲れないですむように、ストレスの少ないスケジュールにしたいというものでした[5]」(私たちが感じているストレスに、子ども自身も影響を受けているのだ。メンタルヘルスに問題を抱えている母親、父親の子どもは、自分自身もメンタルヘルスの問題を抱えるリスクが高い[6])

子育てをひとりで抱え込む危険性

「子どもが問題なのではありません」と、ジェニファー・シニアが2014年のTEDトークと、著書『子育てのパラドックス――「親になること」は人生をどう変えるのか』[7]（英治出版、2015年）のなかで述べている。「いま、行われている子育てが問題なのです。何もかもやらなくては、子育てをさぼっているような気がしてしまうことが問題なのです」

2011年に出版された『大人の監視が求められている――プライベートでは自由を求められ、公の場では制約を課せられる親子（*Adult Supervision Required: Private Freedom and Public Constraints for Parents and Children*）』のなかで、著者であるウェルズリー大学の社会学の准教授マーケラ・B・ラザフォードは、雑誌の子育てに関するアドバイス欄の変遷を調べることで、この100年で子育てがどのように変わってきたのかを明らかにした。私たちは村全体で子どもを育てるという感覚を失ってしまったため、その地域の内輪のつながりを頼りに〝私たちの子ども〟を公共圏のなかで育てるのではなく、それぞれが〝自分の子ども〟を私圏のなかでひとりで育てるようになった。その結果、私たちは育児に不安を感じ、外の世界に羽ばたくのに十分な準備を子どもにさせてやるにはどうするのがいちばんいいのかと、ひとりで悩んでいると彼女は指摘している[8]。

2012年、ジャーナル・オブ・チャイルド・アンド・ファミリー・スタディーズ誌が、5歳未満の子どもをもつ母親181人を対象に調査を行い、メンタルヘルスに悪い影響を及ぼす行動や振る舞いを調べた。それによると、「完璧な子育てを目指そうとする」母親ほど、メンタルヘルスが悪くなることがわかった。特に「子育てを担うのは基本的に女性である」と考えている母親ほど人生に対する満足感が低く、子育てとは難しいもので専門的な知識とスキルが必要だと思っている母親は、専門的な技術など必要ないと思っている母親より、ストレスを感じやすくうつになる傾向が強いという[9][10]。社会学者のアネット・ラリューは、日々の子育ての様子をじっくりと観察し、中流階級から上流中産階級にあたる家庭の親は「意図的育成」に固執しており、子育てをひとつの〝プロジェクト〟であるかのようにとらえていると指摘している[11]。ジュディス・ワーナーは、2005年の著書『完全なる狂気──不安だらけの時代に生きる母親たち（*Perfect Madness: Motherhood in the Age of Anxiety*）』のなかで、子どもを養育し管理することにすべてを注がなければならないと私たちを追い立てているのは「母親神話」だと述べた[12]（ベティ・フリーダンの『新しい女性の創造』〈大和書房、2004年〉に出てくる「女性神話」をもじったもの）。心理学者のベス・ギャニオンは、ボストンの郊外にある彼女の診療所で、この「意図的育成」や「母親神話」を実際に目にしてきた。「教養の高い女性は、自分のスキルを子育てに注ぎます。自分は子育てのエキスパートだと自分で思いこむのです。子育てに力を尽くしている女性たちを知っていますが、彼女たちが大きなストレス、不安、抑うつを抱えているので、少し肩の力を抜いたら、と私が提案しても、彼女たちはそれを侮辱と受け取るようです。だから、彼女たちの感情を害さないように手助けをするというとても微妙な診察をしなければなりません[13]」

子育てが結婚生活にも影響を与える

ステイシー・ブディンは患者が抱える大きなストレスやプレッシャーを目の当たりにしてきた。彼女はパロアルトの精神科医で、彼女の診療所には不安を抱えた親たちが毎日訪れる。やってくる患者の結婚生活は、うまくいっていないことが多い。

初めての子どもが生まれると夫婦の関係が二の次になってしまうのはよくあることで、その後、子どもの生活に合わせることが多くなるにつれて、ますますないがしろにされるようになると、夫婦関係がうまくいかなくなることがある。こうした状況になってしまうと、夫婦にも子どもにも影響が出る。「子どものことばかり考えすぎて、夫婦間の絆がなくなってしまうと、健全な家庭生活は営めない」。ブディンは、末の子が大学に行くまで、なんとか結婚を〝持ちこたえている〟人を大勢知っている。

ドンの結婚生活はうまく続かなかった。何がいけなかったのか振り返った彼は、妻の過剰な子育てがいけなかったのだと激しく非難した[15]。

ドンはシリコンバレーにあるテクノロジー会社で役員をしている。30代の後半になるころには、技術部門の副社長クラスにまでなり、ヒューレット・パッカード、イーベイ、セールスフォースなど大きなテクノロジー会社を渡り歩き、娘の高校卒業祝いにベンツの車を買い与えるような暮らしをしていた。だがドンは、国内でもたった1パーセントの人しか送れないような裕福な生活を子どものころから送ってきたわけではない。「僕は労働者階級の家庭に生まれて、父親が解雇されるたび、教会や政府の施し物でなんとか食いつないでいた。何日も洗濯機や乾燥機が壊れたままで暮らしていて、ゴミ袋に洗濯物を詰め込んでコインランドリーまで歩いていったことを覚えているよ。車も壊れていたし、いつも何かが壊れていた。電気も止められていた」。ドンは11歳のころから働いてきた。ベリー摘み、庭仕事、そのほか変わった仕事もたくさんやった。そして、稼いだお金で地域のお祭りのときに乗り物に乗ったり、「友だちに笑われないように」学校に行く服を買ったりした。成績は中くらいだったが運動は得意だったので、大学でアメフトをやらないかと誘われたが、奨学金だけではインスタントラーメンやピーナッツバター・アンド・ジェリーのサンドイッチくらいしか食べられなかったので、食費を稼ぐためにドンはまた働いた。その後、テクノロジー会社でインターンシップをしたところ、とても優秀だったため、ぜひまた来てくれと頼まれた。彼のフットボールへの熱は冷めてしまったが、代わりにテクノロジーに興味をもち、やがて大きな成功へとつながる階段を上りはじめた。

そうした生活のなかで、ダンは、同じような境遇で育ってきたひとりの女性と出会い、結婚する。だが、ふたりの子どもの育て方の話になると、どうやって子どもの〝成功〟をサポートするかについての意見がまったく食い違うようになった。ドンの妻は、子どもをなるべく手助けしたいと考えており、彼女にとってそれは、家の手伝いなどさせずに子どもに自由な時間を過ごさせること、それから子どもが宿題を忘れずにやるように監視することを意味していた。一見、子どものためになりそうなこのふたつが、実はまったく逆効果だとドンは考えていた。「自分の人生を振り返ってみると、責任感があったからこそ自給自足をすることを学べたし、やりたくないこともやらなければならないときがあること、つべこべ言わずに、ともかくやらなくてはいけないときがあることを学べたのだと100パーセント自信をもって言えるし、そのおかげで謙虚であること、労働倫理、責任感、最後までやり抜く力を身につけることができた」

「別れた妻は、息子と娘をつねに監視していなければならないと思っていたようで、何をするかを子どもたちに指図し、あれも忘れるな、これも忘れるなとつねに言っていた。そして自分が言ったことを子どもたちがやらないと、妻はイライラして子どもにこう言っていた。『そろそろ宿題をやりなさい』。だが子どもたちはやらない。すると『そろそろ本当に宿題をやりなさい』。それでも子どもたちはやらない。こんなことを何度も言ったって、子どもたちは右から左に聞き流すだけだ。何も変わりやしない」

公立のエリート大学に通っていた娘は2年生になるときに落第し、ドンはもちろんがっかりはしたが、当然の結果だという気持ちもあったし、落第してしまった原因は、子どものときに責任をもって何かをやり遂げることや、自分がしたことの責任をきちんととることを学んでこなかったからだと思っている。

「僕は6歳から8歳になるころには家の手伝いもしていたが、最近の子どもは10代になってもやらない。僕はツリーハウスをつくったり、父が物をつくったり修理したりするのも手伝っていた。最近は、金づちの使い方さえ知らない子ばかりだ」

ドンたちが別れて5年になるが、高校生の息子の共同親権をもっている。息子がドンの家にいるときは、元妻が電話をかけてきて、学校の親用ポータルサイトで息子の課題の締め切りをチェックして忘れずにやらせるようにと注文をつけるし、息子がやったものとポータルサイトに書いてあるものが違う場合は、先生に電話をかけて確認するようにと言ってくる、とドンがため息まじりで話してくれた。

「僕より子どものことに熱心なのは立派だ。けれど、子どもには僕と過ごす時間も、ひとりで何かをする時間も与えてやりたい。毎日、ポータルサイトを見る必要なんかないんだ。実に馬鹿げている。息子は自分で責任をもって課題に取り組むべきだ。もしやらなかったとしても、その結果は自分で解決すべきことだ。最近は、何をするにも親が細かくチェックできるようになってしまった。これは間違ったやり方だと僕は思う。仕事で言えば、経営者が細かいところまで指示する経営と、社員に権限を与えてやらせてみるスタイルの経営のどちらがいいかという話だ。仕事のこつをよく教えたうえで、リスクをとることを恐れずに自分で決断してみろと社員に任せることが、権限を与えるということだ。社員に権限を与えているのに、自分の子どもには与えないというのはおかしいだろう?」

アメリカで行われている間違った子育て

ほかの国で行われている子育てと比べてみると、いまアメリカで行われている子育てが目指しているものは、かつて私たちが考えていた人間のあるべき姿からかけ離れたものになってしまっていることがわかる。

カリフォルニア州南部のサンタクラリタという町で、子どもにバイオリンを教えているハンガリー人の女性が、ある生徒の母親にこう尋ねたそうだ。「みなさんはなぜ、そんなにイライラしているんですか?」。すると、その母親はこう答えたという。「ここでは、それが普通なんです[16]」。この話を私にしてくれたのは、母国で教育を受け高度なスキルを要する専門的な仕事をしたあと、パロアルトに引っ越してきたイスラエルの女性だ。「ここでは教養のある母親たちが、習い事をする子どもを送迎して、履歴書の見栄えをよくすることだけに一生懸命になっていますが、ここに引っ越してきてからは、私も仕事をしていませんし、そんな母親の仲間入りをしてしまいました[17]」と彼女は言う。いまや、ミニバンを持っていることが究極のシンボルとなるような時代になった。将来子どもを名門大学に入れたいと考えているなら、そのために必要な習い事に子どもを車で送迎することは、通りで何かトラブルに巻き込まれたり不審者に会ったりしないように子どもを守っているということにほかならないからだ。

２０１２年に出版された『フランスの子どもは夜泣きをしない』のなかで、著者のパメラ・ドラッカーマンはフランス人の子育てを見習うべきだと書いている。フランスでは子どもの自主性を育てることに重きをおいていて、子どもが自分で何かをやり遂げることが何より大切だと考えており、そうした子育てをすることで、親自身も自分を大切にできるし、精神的にも健やかでいられるというのだ[18]。

２００９年に出版されたエッセイ集『悪い母親（*Bad Mother*）』で、著者のアイアレット・ウォルドマンは、世の中の母親たちがつねに自分自身やほかの母親のことを批評していることを批判したうえで、自分は子どもを放任して育てているし、子どもとの関係よりも夫との関係を大切にして、子育てに躍起になりすぎないように気をつけていると書いた[19]。だが、母親にも自分を大切にして生き生きとした毎日を送る権利があるというフランスの母親なら当然だと思うようなことをあえて書いたことで、彼女は世間から非難されてしまった。

２０１４年、私はウォルドマンに電話をかけ、例の話題作を出版してから5年が経つが、考え方に何か変化があるかどうか尋ねてみた。声を聞いただけで、彼女はいささかも動じていないし、ほかの人が自分のことをどう思おうとまったく気にも留めていないことがよくわかった。「理想どおりの将来を手に入れるために、親が自分で自分を追いつめてストレスをためてしまっている」のが、いまのアメリカの子育てだと彼女は言う。「でも、その子育てがうまくいっていないのが現状です。私たちは、簡単には手に入れられないような外観だけを求めて、その中にある、柔らかいものをおろそかにしてしまっている」。中にある柔らかいものとは、愛情や笑いといった、ごく小さな普通のことにも幸せを感じる心[20]のことだ。

なぜ過保護になってしまうのか、なぜ指示を与えすぎるのか、なぜ世話をやきすぎるのかと親たちに尋ねると、こういう答えが返ってくる。「子どもの幸せと成功のためです」。そんなふうに子どもを育てるのはどんな気持ちかと尋ねると「とてもストレスを感じます」と言う。ストレスを感じてまで、そうした子育てをやる価値があるのかと聞くと、また「子どもの幸せと成功のためです」という答えが返ってきて、堂々巡りをするばかり。まるで自分のしっぽを追いかける犬のようだ。そんなにストレスを感じながら子育てをしたところで、親自身の幸せは言うに及ばず、子どもの幸せにもつながるわけがないことに気づきもしない。

作家のジェニファー・シニアは、子どもを幸せで自信をもった人にすることを目的にしてしまうと「子どもが自尊心をもてるかどうかは親次第」ということになってしまう、と警告している。畑の耕し方や自転車の乗り方を教えることとは違って、どうやったら幸せで自信をもった人になれるのかを子どもに教えることはできないのだから、それは極めて曖昧な目的だと彼女は言う。「幸せや自信は何かをすることで得られるものであって、それ自体が目的にはなりえません。子どもの幸せが親にかかっているなどというのは、とても理不尽な話です[21]」。逆もまた真なり、と私は付け加えたい。

子育てに自分のエゴを持ちこむ親たち

親は、特に私たち母親の多くは、大学や大学院、あるいは職場で課題に取り組んできたときと同じように〝子育て〟に取り組んでいる。つまり、全精力をかたむけ、学生会や会社のミーティングを主催したときと同じようにＰＴＡを運営したり、サッカーチームの差し入れ当番を決めたりして、子どもがまるで、自分が経営する小さな企業の経営指標や成果物であるかのように、子どもの人生に身を乗り出している。子どもが周りにどんなふうに見えるか、どんなものを食べ、どんな洋服を着て、どんな活動をしているか、そしてどんなことを達成するかは、親自身を反映するものになってしまった。親が自分自身をどう見せたいかを表すものになってしまった。まるで子どもの人生が親の成し遂げたことであるかのように。子どもの失敗は自分の失敗であるかのように。

子どもがダンスをし、バットを振り、テストを受けることに、自分の存在意義と人生の目的を見いだす親は多い。次に挙げるのは、全国の母親から聞いた話の一部である。

ウィルヘミーナはダラスに住む母親だ。彼女の3歳になる娘は学校のスピーチコンテストに参加して優勝した。「今年は2年目だから、私たちは周りの期待に応えなければいけないと思っていました。だから、娘の出番がきたときには、私もとてもドキドキしていました。そのときこう思ったんです。『私ったら何をしているのかしら、あの子はまだ4歳だっていうのに！』。娘にうまくやらせるのは、自分の責任だと思いこんでいたんです[22]」

カリフォルニア州メンローパークに住むメリッサという母親は、友人が記事を投稿しているソーシャルメディアのことを「子どもと親の成功を自慢するために、見栄っ張りで厚かましい人たちが集まるプラットフォーム」と呼んでいる[23]。

シアトル在住のティナはこう言っている。「いまは、自分たちがどんなにすばらしいかを競い合う世の中だ。親は自分の子どものアピールをする。たぶん自分たちのアピールも[24]」

カリフォルニア州南部に住むマウリーナは、40代になってから初めての子どもを出産したので、周りにいる母親よりも10～20歳ほど年上だった。「ちょっと何かするたびにトロフィーをもらえた世代じゃないんです。勝つか負けるか、やるかやらないかの世界で、なんとかうまくやっていく方法を私は学んできたわけです。けれど、いまの母親や父親たちはずっとほめられて育ってきている。だからいまでも、いい母親ですね、いい父親ですね、と言われたいようなんです。つまり、自分のことばかり考えているんです。親が子どもに目をかけるのは子どものためであるはずなのに、そうではない。親は自分たちのために子どもに気を配っているのです[25]」

ダラス在住のニッキは5人の子の母親だ。「その道でトップになれる才覚をもった子どもを育てなければならない」と彼女は言う。「世界に影響を与えて変革をもたらすことのできる子をね。そういう子を育てることが私の責任。彼らは私が世界に残す遺産よ[26]」

親は自分の価値を子どもの成功によって測るばかりか、成功というハードルを高くしすぎてしまったせいで、つねに深く子どもに干渉しなければならなくなってしまった。

朝、子どもを起こし、学校まで送り迎えをし、締め切りを忘れないように知らせてやり、忘れていった宿題やお弁当を届けてやり、晴れていようが雨が降ろうが試合となればサイドラインのところで声をかけ、コーチや先生と激しい言い合いをし、子どもと一緒に、あるいは子どもに代わってプロジェクトの作品をつくったりエッセイを書いたりすることによって、自分の存在意義を（そのときだけ）感じることができるのかもしれないが、こうした責任を果たすのは時間もかかるし、エネルギーいるし、努力も必要なので、親はみな疲れきってしまう。

ダラスに住んでいて、もう成人した娘がいるミアという女性がこんなことを言っている。「娘を育てているときは、自分がいい母親に見えるかどうかを基準に物事を決めていたと気づいたんです。いい母親像と本当の自分とのせめぎ合いがありました[27]」

企業でエンジニアとして働いていたニッキは、ダラス在住の5人の子の母親だ。彼女はこう話している。「私は子育てを大げさに考えすぎているのかもしれません。子育ては私自身を表すもののように思えてしまって、子どもが自分に自信をもてなかったり自分の可能性を信じられなかったりすると、親である私の力が足りなかったと思ってしまう。母親としての自分にのめりこんでしまいがちなんです。ひとりの大人としての自分を忘れていたのだと思います。自分のためにはやらないことでも、子どものためならやってしまうのですから」[28]

ダラスでふたりの子どもを育てながら、企業内弁護士として働いているウィルヘミーナはこう言っている。「子育てと仕事を両立させるために、週に1～2回は徹夜をして、なんとかやっています。土日も朝5時には起きます。いつまでこんな状態を続けられるかわかりません」[29]

いま挙げたコメントはアメリカの母親たちの現状を表しているとジュディス・ワーナーは言う。[30]現代の母親像に合わせようとして、母親たちは自分自身のアイデンティティを捨ててしまっている。

シリコンバレーのクインという母親は、母親とはこうあるべきだという考えに追い詰められていると私に話してくれた。[31]その考えにとりつかれて〝すべてうまくやる〟母親になろうとしたそうだが、3人の子どもがいて、いちばん上の子といちばん下の子が6歳離れているという彼女にとって、すべてをうまくやるとは、膨大な量の仕事をこなさなければならないということだ。彼女は「スーパーママ」になろうとした。地域の公立学校ではPTAの役員となり、学校のバザーを運営し、ブックフェアを開催し、学校の遠足にもすべてついていき、子どもの送り迎えをし、子どもがどこにいるかをつねに把握してきた。

「子どもを干渉するようなことばかりしていました。何を望んでいたのか、自分でもよくわかりません。よその家のようにお金持ちではないことに文句を言い、夫に悪態をつき、よその母親全員と闘っているような気になっていましたし、精神もとても不安定でした。そんなときは、外に出かけて、新しい洋服を買い、笑顔になってから子どもたちを迎えに行っていたものです」。洋服を買うのは、自分へのほんのささやかなご褒美であり、コントロールを失いかけていた自分の人生において選択権を取り戻すちょっとした方法でもあった。

クインの場合、学校の保護者たちが思い描く母親像に合わせようと必死になっていたが、あるとき、ついに限界に達してしまった。「この地域の母親で、会社でCEOをしていない人は、学校の仕事をすべて引き受けて自分が有能であることを示さなければいけない気になってしまうんです。PTA内の力関係も実に嫌なものです。これこれの理由だからあの人にあれをやってもらいましょう、これこれの理由があるからあの人には遠慮してもらいましょう、あの人はああいう性格だからこれをやってもらいましょうと話が進んでいく。そうして、互いに笑顔で同調し合いながらお茶をする。こんな世界に私はほとほと疲れてしまいました。文字どおり気がおかしくなりそうでした。本屋で自己啓発本のコーナーに行くようになったら、いよいよ危ないということです」。そんなある日、クインは親しくしている友人からこう言われた。「最近のあなたは変よ。いつも誰かに対して怒っているし、何に対しても過剰に反応しすぎる。一緒にいても楽しくないわ」。友人からの愛のこもった一喝で、彼女は目が覚めた。「彼女は本当のことを言ってくれたんです」とクインは話してくれた。

「子どもの成功を願うのは、親として当然のことです」とパロアルトの精神科医ステイシー・ブディンは言う。「ですが、この地域にある、子どもは何かで（できればすべてで）ほかの子よりも抜きんでなければいけないという風潮は不健全なものです。子どもにとって大きなプレッシャーになってしまうし、子どもにいい結果を出させることが母親の人生の目的になってしまうこともあります。母親のなかには、子どものSAT（大学進学適性試験）のスコアや子どもの成績のことしか話題がない人もいます。大学から合格通知がくる時期には、よほど自慢できる大学に子どもが合格した親以外は、ほかの親と張り合うことも、自慢し合うことも、比べることも、苦痛でしかなくなってしまう。子どもにとっても親にとっても、いい経験とは言えません[32]」

　こうした合格競争が蔓延するのは、いまやすっかりおかしくなってしまった大学受験のシステムに原因がある。

11 大学受験がおかしくなっている

ニューヨーク市でいちばんいいレストランはどこだろう？　答えはひとつではない。何をもって〝いい〟とするかにもよるし、もちろん人によっても、好みによっても変わってくる。大学にも同じことが言えるが、USニューズ&ワールド・レポート誌が毎年発表している大学ランキングのせいで、そう思えなくなっている。

この雑誌では30年前から、志望校選びに困っている親子向けに、どの大学でどんな経験ができるのかを知りたければ、ポイントをいくつかに絞って比較すればいいのだと示して成功してきたが、その比較ポイントは大学で学生が受けられる教育の質とはほとんど関係のないものばかりだ。(1)親会社であるUSニューズ&ワールド・レポートLPのオーナーは億万長者のモーティマー・ザッカーマンで、彼の会社は、この（誤）情報を求める親たちから莫大な利益を得ている。ザ・クロニクル・オブ・ハイヤー・エデュケーション紙が、２００７年に発表されたUSニューズ誌の大学ランキングの妥当性をめぐる論争についてザッカーマンにインタビューをしようとしたところ、「彼は急にぞんざいな口調で身構えたよ

うになり」、わずか1分半でインタビューを切り上げたという。(2)

アメリカ国内には、正式に認可された4年制大学が約2800校ある。あなたが尊敬する人や、成功者だと思う人を10人挙げてリンクトインで検索してみれば、彼らの出身大学は7校から10校に分かれることだろう。どこの大学に行けばいい教育を受けられるだろうかと教師にアドバイスを求めたら、おそらく彼らは、学部生がいつでも（授業でも、研究活動でも、個人指導してもらっているときでも）気軽に大学の教員と話ができるような大学を勧めるだろう。優れた学部教育は、アメリカじゅうで受けられる。小さなリベラルアーツ・カレッジでも、コミュニティ・カレッジでも、公立大学でも私立大学でも、有名大学でも、いい教育を受けられるところはあるだろう。有名大学は、ブランド力はあるかもしれないが、有名だからといって最もいい教育が受けられるとはかぎらない。学界にいる人は、教育の質のよさを評価するのに大学ランキングは意味がないと言うが、何千とある大学のなかから志望校を絞りたい受験生にとっては、大学ランキングはとても説得力がある。

ここまで過保護な子育てとその害について書いてきたが、その問題の根底にあるのは大学受験だ。この章ではそれを考えてみることにしよう。

私がスタンフォード大学を受験した1984年の競争率も、かなり高いほうだった。およそ1万9000人が受験し、合格したのはおよそ2400人、合格者のうち1600人が入学した。つまり、合格率は12・6パーセントで、歩留まり率（実際に入学した学生の割合）は67パーセントだ。それが2014年になると、4万4000人が受験し、合格者はおよそ2200人。合格率はわずか5・02パーセント。スタンフォードの歴史上でも、国内でも、最も低い合格率だった。いまは、合格者のうち実際に入学する学生の数が増えているため、合格者数も減らしている。最近では1学年を１７００人と想定しているようで、そこから計算すると、２０１４年は歩留まり率を77パーセントと見ていたようだ。入学審査および学資援助部長のリチャード・ショウから聞いたところによると、２０１４年の実際の歩留まり率は79パーセントだったそうで、私の元同僚たちは増加した生徒数分のベッド補充に駆けずり回ったことだろう![3] 卒業生として、また元学生部長として、スタンフォードの名が過去50年で地域から全国へ、そして世界で知られるようになったことは、とても感慨深い。だが、入るのはとにかく難しい。ほかのスタンフォードの卒業生と同じように、統計を見るとこう思う。「いまならとても入れやしない」

入学審査担当者が興味を抱くような願書の内容と、親が子どもにさせたいと思っている活動や教育機会は違うということを書いた章で紹介したシド・ダルビーは、スミス大学で入学審査の責任者をしているが、彼女は、自宅のある地域の高校やコミュニティセンターで、どうやって大学受験を乗りきるかという親子向けの講演を行っている。子どもに合った大学を探すことについて話したあと、彼女は聴衆に向かってこう聞くそうだ。「降水確率が5パーセントから10パーセント程度のとき、あなたはレインコートを着ていきますか? 着ていかない? でも、志望校に入学できる確率が5パーセントから10パーセントだった場合、自分が残り90~95パーセントになるだろうとは、誰も思いませんよね[4]」

この言葉に読者のみなさんも驚いたかもしれないが、２０１４年の春にシドからこの話を電話で聞くまで、私も自分の子どもがどこかの名門校に入れるだろうと思っていた。根拠はこうだ。「私も夫もスタンフォード大学の出身だ。それなら、子どもがほかの（学力が下の?）大学に行くなど、どうして考えられるだろう?」。私は子どもが生まれる前、いやそのもっと前から、そう考えていた。だが、シドと話したあとは、何週間もこの5~10パーセントという数字について考えていた。成績もよくて標準テストの点数がいい子どもはたくさんいるし、大学側が若者に望むような資質を兼ね備えている子どももたくさんいるなかで、どうやったらうちの子は入学者の枠に入れるだろう。

こんなに低い合格率でも我が子なら合格できるに違いないと思っていたのはなぜなのだろう？　そして、我が子に打ち勝ってほしいと私が望んでいたのはなぜなのだろう？　イェール大学の元教授であり社会評論家のウィリアム・デレズウィッツによると、子どもに無理なことをさせるのは、親の傲慢さの表れであり、子どもにストレスを与えるばかりで、心得違いもはなはだしく、まったくもって誤りであるという。ほとんどの場合、それは子どもに合っていないことをさせているからだ。「わざと教育のための財源がないように見せかけ、子どもたちを恐怖と絶望に駆り立て、他の子どもたちとわずかな椅子を奪い合わせるようなことをずっと続けていくのだろうか?」。2014年、デレズウィッツは『優秀なる羊たち』のなかでそう書いた。(5)

大学ランキングの愚

今日の社会では、大卒の肩書は必要だ。1975年には、25歳から29歳までのアメリカ人の21・9パーセントが学士号をもっていた。現在は33・5パーセントの人がもっている。(6)大卒の肩書をもつ人が就職希望者の5分の1から3分の1になったということは、かつては給料のいいホワイトカラーの仕事に就くには高卒の学歴が必要だったが、いまでは学士号をもっていなければ就職活動に参加するのも難しいということを意味する。

たしかに、大学は大切だ。だが、21世紀の大学受験にかかわるストレスは増すばかりで、この原因のほとんどはどの大学に行くのが有利かという誤った認識が広まっていることにある。毎年9月に、ＵＳニューズ＆ワールド・レポート誌が１４００超の総合大学とリベラルアーツ・カレッジを詳細にランクづけすることを目的とした「大学ランキング」特集号を発行している。ランク付けの元となる情報の75パーセント超は、客観的と思われるデータで[7]（残念ながら大学やＵＳニューズが操作することもある）、たとえば在籍率、教員ひとりあたりの学生数、クラスの規模、ＳＡＴ（大学進学適性試験）／ＡＣＴ（大学入学能力テスト）のスコア、合格率、学生ひとりあたりの予算、卒業率、卒業生からの寄付といった項目が含まれている。残りの22・5パーセントは大学の上級職員からの〝評判〟によって決められることになっており、それぞれの大学の上級職員が他大学のカリキュラムを１（最低）から５（最高）までの数字でランク付けするのだが、大学の学長たちはこれを「美人コンテスト」と呼んで揶揄している。

「大学ランキング」特集号は毎年秋に発売されるが、雑誌の平均読者数は2カ月で50万人なのに対し、ネット上に掲載されるランキングの閲覧者は１０００万人に上る。ランキングの変化（上がることも下がることもある）は大学の経営にも直接影響を及ぼすものだし、閲覧者の大半を占める高校生の親と大学生は、このランキングが各大学の相対的な教育水準を正確に表しているものだと誤解してしまうこともあるので、各大学の学長や役員もこのランキングを調べておかざるをえない。

いまの大学受験は、国際的な軍拡競争の様相を呈している。成績、SATの点数、エッセイ、課外活動、推薦書、授業料を支払えるだけの年収（！）などは、さながら備蓄された兵器だ。ある兵器（GPA4・0）は、ほかの兵器（GPA3・5）よりも強力だ。最も多くの兵器、強力な兵器をもった者が勝つ。何に勝つかって？　エリート大学への入学を勝ち取るのだ。そして、兵器を備蓄している国のように、彼らは力を持つ。そこは世界のなかで力を持つ人が集まる場所だ。いや、そう誤解されているだけなのだ。

USニューズ誌のランキングリストに掲載された25の上位校がトップ校であると思う人が多いため、そうした大学には多くの入学志願者が集まる。すると、年々、合格が難しい大学になっていき、そうすると、ますますSAT／ACTで高得点をとるような生徒や、かつてはGPAの最高点と言われた4・0に近い成績をとった生徒やそれを上回る成績をとった生徒が集まるようになり、そうした生徒たちが集まることを誇る大学になっていく。ウィリアム・デレズウィッツはフロイトの言葉を借りて、こうして成績のわずかな違いを競い合うことを「微々たる違いによる自己愛……つまりは人が自分とまったく同じような人間を相手に優越感を覚えたいときに引き合いに出す無意味な差異」（『優秀なる羊たち』より）と述べている(8)。

成績が人間を評価するうえで無意味なものだとしても、成績は、生徒が大学の入学審査という難題に挑むときに自分の努力を反映させることのできる唯一のものだ。だから、入学志願者にとって成績はとても大切だ。生徒や親は、この「たいして意味のない微々たる違い」を最大限大きくするために、どの授業を履修するべきかを考える。なぜなら、成績次第でトップ校に入れるかどうかが変わってくることを知っているからだ。彼らはそうした大学が最高の教育をしてくれる、そこに通えば成功した人生を送れると間違って思いこまされてきた。こうして軍拡競争が過熱していくことで、生徒たちはますますAPクラス（訳注：大学レベルの授業をする成績優秀者クラス）に入りたがり、宿題やテストではできるだけ高い点数をとりたがる。たいていの学校にはGPAの高い生徒が何人もいるので、コンピューターで小数点以下第4位までGPAの数値を計算して出している。中国語を母国語とする生徒が中国語の上級クラスでいい成績をとって卒業生総代になり（これこそ強力兵器だ）、友人や保護者たちに批判されることもある。なんともつまらない争いだ。

完璧というプレッシャーに絶えずさらされる子どもたち

いまの受験システムがこうなっているので、宿題、実験、レポート、小テスト、期末テストなどあらゆることで完璧を目指さなければならないというプレッシャーに、生徒も親もさらされている。中学の生徒でさえ、こうした影響を受けている。数学については、6年生のころの成績に基づいて「能力別」あるいは「習熟度別」のクラスに分けている学区が多い。6年生の算数でいい点数を取れなかった子には、能力の問題だけでなく、興味がなかったり、先生が悪かったり、生活環境の影響だったり、授業中にボーっとしていたりと、さまざまな要因がある。彼らは、中学2年で方程式を教わらない（基準がもっと高い学区では図形も教わらない）ことになっているので、高校の数学の授業ではトップのクラスに入ることはできない。だが大学の入学審査担当者は、その受験生が高校で数学の成績最上位クラスに入っていたかどうか(そしてそのクラスでAを取ったかどうか)を聞くことが多い。そのため入学審査で思っていたよりも悪い結果が出たときは、親も子も、6年前にもっときちんと勉強していればよかったと自分たちを責めることになる。

まさにこれと同じことを私も経験した。中学3年のころ、息子のソーヤーは数学で真ん中のクラスにいた。図形は教わるが、ごく易しいものだけだったので、APクラスのBCコース(上級コース)を受けられたのは高校3年になってからだった。私は5分間、そのことを心配したが、息子は数学が好きではないこと、それでも基礎的な図形の単元はよく理解していたことを思い出して納得し、もしすべての科目で最高難度のクラスを受講していないという理由だけで大学が息子の入学を拒否したなら、そんな大学はクソくらえと思った(そんなふうに強気に考えられる日もあった。ほかの親と同じように心配でたまらなかった日もあったけれど)。

2013年、ラテン・スクール・オブ・シカゴの高校3年生だったブレイク・ヤングが、こうした学力の軍拡競争によって彼女やクラスメートたちが抱えていたストレスは、1950年代の精神病院にいた患者が抱えていたストレスと同じだという記事を学校新聞に掲載した。

私は4月に高校の最高学年だったブレイクに会ったのだが、このとき彼女とクラスメートたちは、合格した大学のうちどの大学に進学しようか考えている真っ最中だった。この高校では5月1日に自分が行く大学のトレーナーを着ることが習わしとなっているので、彼女はどの大学のものを着るか頭を悩ませていた。[9] ブレイクやクラスメートが気にしているのは、彼女たちが行く大学のブランドのようだった。

「いい教育はどこでも受けられるという調査結果を知っているので、それはどうでもいいんです。要は、周りの人が驚くような大学に行きたいということなんです。誰のどんなこともわかる時代ですから。ソーシャルメディアがあるので、秘密にしておくことなんてできないんです」

ブレイクはとても明るい口調で、丁寧な受け答えをしてくれた。彼女はいい私立高校に通うことができて幸運だったと感謝の気持ちを述べ、長くてつらい大学受験がようやく終わったことに安堵した様子だった。「いまは、勉強することが目的で勉強しています。受験のためでも、自分をよく見せるためでもありません」と彼女は話してくれた。

振り返ってみると、小学4年のころからすでに「大学受験に躍起になっていた」と彼女は思い出して語ってくれた。「宿題も普通以上に頑張ってやっていました。一日数時間も取り組んでいたんです」。高校3年になるころには、7時間かけて宿題をやっていた日もあったそうだ。この8年間、彼女はつねに「勉強しまくっていた」そうだが、彼女の友人やシカゴの教育的な環境がそうさせたのだと言っている。大学受験の結果を振り返ると、ブレイクは少し考えてから、数学の出来があまりよくなかったことを悔やんでいたが、それは1年生のときの算数に原因があるのだと語った。「あのころ、算数がまったくわからなかったんです。1年生のときにもっとうまく教えてもらっていたら、いまごろもっとレベルの高い数学のクラスにいると思うんです。いまだにそのことを残念に思っています」

ブレイクは全米でも有数の公立大学に行くことになっているが、彼女の声からは、この大学に決まるまでにいろいろなことがあったと感じられた。彼女へのインタビューを始めてから30分が経ち、当初はハキハキと話していたのが無愛想になり、疲れた様子を見せ、元気のない声になっていった。

ブレイクは、APクラスの歴史の授業で出された春休みの宿題の多さに辟易して、高校3年の春休みに「必死に取り組むか、気がおかしくなるか？　ラテン高校におけるストレスの度合い」と題した記事を書いた。彼女が行った、学校の生徒のメンタルヘルスと、精神病院の患者のメンタルヘルスの比較は、データに基づいたものではない。「私たちの置かれている状態が異常で、人間の限界に挑んでいるようなものであり、自分たちがどれだけ頑張っているのかを示す証拠が本当にあったらいいのにと思ったんです。それがわかれば、どんなにいいでしょうか。生徒たちが抱えている不安はとてつもなく大きく、異常です。生徒たちの会話では『パニック症状が出ちゃった』とか『窒息しそう』という言葉が飛び交います。ちょっと病的な言い方ですが、要は自慢しているんです」

ブレイクの書いた記事の最後には、こんな願いが明記されている。「いつか、子ども時代を取り戻す日がくることを願っている。麻痺してしまうほどのストレスにさらされるのではなく、いつの日か、自分たちが前進するために必要なポジティブなストレスのみを感じる日々が訪れますように」。子ども時代を取り戻すとはどういう意味かと私は彼女に聞いてみた。「自由を取り戻したいという意味です。私たちにはもう夏休みはないも同然です。アルバイトやインターンシップをしないといけないですから。夏休みをただ楽しむことはできません。宿題のない夏休みを楽しむことはできない……というよりも、ありえないんです」

「ただの子どもでいられる場所はありません。何をするにも何かに縛りつけられている。ただ楽しむだけに何かをすることなどできないし、つねに携帯電話や学校に縛られ、どうするのが普通かという考えにとらわれていて、一瞬たりとも気を散らすことができません。したいことを自由にする時間もありません。夏でもプールに行けません。『やることがあるので行けない』からです。もっとほかに大切なことをしなくてはならないのではないかと、いつでも罪悪感を抱いていて、物事を楽しむことができません」。彼女はまるで施設に閉じ込められているかのように感じていたそうだ。実際、それと同じような状態だっただろう。

時間をとってくれてありがとうと受話器越しにブレイクにお礼を言っているとき、玄関の鍵が開く音がして、我が家の高校生、ソーヤーが帰宅したとわかった。彼はこれから3～4時間かけて宿題に取り組まなければならない。息子を迎えるために1階に降りていきながら、私はひとりの母親として、そしてひとりの教育者として、この問題に向き合わなくてはならないと考えていた。誰もが価値のある経験だったとは言うが、この受験システムのただなかに身を置かなくてはならなかったブレイクに謝罪したい気持ちだった。後日、彼女へのインタビューを書き起こしたものをソーヤーにも読んでもらったところ、最後の子ども時代を回復したいというくだりを読んだソーヤーは、こう言った。「まったく同感だ。彼女はよくわかっているね」

SAT（大学進学適性試験）で何がわかるか？

生徒の価値を評価するために、SATが絶対的なものとして使われたり乱用されたりするせいで、大学受験は親がかりになるし、そのプレッシャーを子どもと一緒に耐えようとする親がいたるところに現れる（SATの点数が高いと、大学進学のための金銭的援助を受けられるという事情もある）。この軍拡競争に必要な軍需品、たとえばもっといい成績、もっと高いSATの点数、もっと高いAPテストの点数、試験官の目に留まるようなエッセイなどを生徒たちが手に入れることを助けるために、大学準備産業という一大産業が生まれた。ショッピングセンターの中に塾ができたり、1万4000ドルもする週末のエッセイ対策講座が開講されたり、家庭教師が家まできて勉強を見てくれたりする。この業界は年間何十億ドルも稼ぐようになった(10)。

バーバラ・クローナンはニューヨークにあるカレッジ・ボードでマーケティングを担当している。カレッジ・ボードとは、SATとPSAT（訳注：SATの模擬試験）、APテストを運営している団体だ（SATと類似のテストであるACTは、競合他社のAct社が運営している）。カレッジ・ボードの使命は、子ども（家族のなかで初めて大学に通う子どもや、満足に教育が受けられない子どもを含む）が大学教育の必要性を認識し、どのように受験し、どうやって授業料を払っていったらいいのかを学ぶ手伝いをすることだ。バーバラ自身も、家族のなかで初めて大学に通った子どもだったので、この組織で働くことができて、個人的にも満足しているそうだ(11)。

カレッジ・ボードは、PSATやSATを、どんな環境で育った生徒にも一流大学で教育を受ける機会を与えることのできる手段だと考えている。PSATは高校2年か3年で受ける。ほかの標準テストよりも、このPSATを受ける生徒が多い。カレッジ・ボードはPSATの点数のデータを大学に有償で提供するので、一定レベルの成績を残した生徒は、大学のレーダー網に引っかかることになる。特に、教育を十分に受けられない地域の生徒や、教育予算が十分でない学校の生徒など、PSATを受けなければそうした大学とは縁のない生徒たちにとっては意味がある。すると、大学のパンフレットが家に届いたりメールで送られてくるようになり、1～2年後の受験シーズンが終わるまで、次から次へと送られてくる。そのため、カレッジ・ボードは自分たちのテストの効果は十分にあると信じているし、大学受験における自らの役割を果たしていると信じているようだ。

だが、大学側はこういったテストをどのように活用しているのだろうか？　自校にはとうてい受かりそうもない生徒にまでパンフレットを送りつけて、とにかく受験者数を増やして〝人気校〟に見せかけるためにPSATの結果を買い取っているという批判も高まっている。そうすればUSニューズ誌に掲載されるランキングが上がるからだ。大学受験においてSATがどのように使われるのかと言えば、大学1年のときにどのくらい優秀な成績をとれるかを見定めるために使われる。だが、実際は、SATをある程度考慮するのは、適正を見るためではなくテスト勉強をする能力と家庭の裕福さを見るためだと、私が話をした入試担当者たちは口を揃えて言っていた。つまりこういうことだ。十分に準備をし、何度もテストを受けることでSATの点数は上がっていく。SATの受験準備を十分にして何度も受験するための金銭的負担ができるような生徒であればあるほど、高い点数をとれるのだ。これは、SATは認知能力というよりも、社会経済上のステイタスとおおいに関係があることを意味する。『悪い母親』のなかで、自分が子どもを放任していることを告白して周りを驚かせたアイアレット・ウォルドマンも、この件についてこう述べている。「大切に育ててきた子どもが標準テストを受けるときにどれくらいのお金をかけて準備させたかというと、おそらく周りから非難されるほどだと思う。親がどれほどノイローゼになっているか、親に支払い能力があるかどうかしかわからないようなテストを大学側が使いつづけるなんて、実に馬鹿げた話だ[12]」

大学側も、SATでわかるのは家庭が裕福であるかどうかだということは、わかっている。大学をランク付けする格付機関もそのことはわかっている。SATの点数が高いことは、その大学には、授業料を問題なく払うことができる金持ちの親がいることの証しになる。

カレッジ・ボードも、もちろん知っている。そこで、自らの使命を果たそうと、この状況に対処することにした。2014年、カレッジ・ボードはSATの内容の一部に抜本的な改訂を加え、裕福な家庭におもねる塾産業が大きな影響力をもってしまうような現行のテストを見直した。カレッジ・ボードの狙いは、生徒の知識を応用する力（暗記だけでなく）をよりよく評価できるようなテストにすることだ。なぜなら、この力は大学でも、その先の人生でも必要になってくるものだからだ。改訂によって、このテストが、準備の度合いと受験回数によって結果が変わってくるようなものではなく、生徒の知識そのものによって結果が左右されるテストになると期待している。だが一方で、カン・アカデミーと提携して、希望者が誰でも受けられるような無料のSATの準備講座を開くなどして、テスト準備を充実させることも大切だと考えている。カレッジ・ボードは、自らが運営するテストをより理想的なかたちに近づけるように試行錯誤している。SATが、裕福な家庭の子どもが名門大学へ入学するために使われるツールではなく、教育機会をより均等にするためのツールに本当になるかどうかは、まだわからない。2016年には、改訂されたテストが行われることになっている。

SATや大学ランキングへの批判の高まり

大学の役員のなかには、SATの目的と意味に異議を唱える者もいるし、毎年発表されるUSニューズ誌の大学ランキングは意味がないと言う者も多い。特に、他大学の評価をさせられる、さながら「美人コンテスト」の調査は不評だ。〝無名〟の大学でこそ、最もすばらしい授業が行われていると信じている人も多い。それならば、USニューズ誌に踊らされるのはもうやめればいいではないか？　だが、大学側も、ランク付けされるかぎり、入学審査においてSATを重視せざるをえないのが実状だ。SATを重視しないことにすればランキングが下がってしまうので、ほかの大学も一斉にそうしないかぎり、SATを重視しない方針に踏み切る勇気のある大学はない。ほかの大学と協調してこのシステムを変えようという動きはないし、これまでにもそうした動きはなかった。

ロイド・サッカーは、2004年にエデュケーション・コンサーバンシーというNPOを立ち上げ、大学受験におけるストレスを軽減し、もっと教育的な価値のあるものにすることを目指した[13]。彼は、同じような考えをもつ学長や入学審査担当者とタッグを組み、何かできることはないか検討した。ロイドはなんとかしたいと気が急いていたようだが、彼の熱意を非現実的なものとして見捨ててしまうわけにもいかないだろう。彼が立ち向かわなくてはならないものは、国民の考え方そのものであり、大学の学長たちの恐れであり、金持ちの資力だ。

自校のデータや他校についての意見を提出せず、USニューズ誌の調査にいっさい協力しないことにした結果、ランキングに影響が出た学校もいくつかある。なかでもオレゴン州のリード大学が有名だ。ニューヨーク州ブロンクスビルにあるサラ・ローレンス大学では、2005年にSATを採用しないことを決めたが、その理由は、SATの点数を見ても「その生徒が大学でどんな学生になるか予測することができない」ことと「入学者を選考する際、高額な家庭教師代を支払うことができる家庭に有利になる傾向がある」からだという。すると、USニューズ誌から連絡があり、受験者のSATの点数を提供してくれないのなら、ほかの同レベルの大学よりも受験者の点数が低いとみなすほかなく、そうなると同レベルの他大学よりもSATの平均点がおよそ200点も低い受験生しか集まらなくなるだろう、と言われたそうだ[14]。USニューズ誌は、自社に貢献してくれないサラ・ローレンス大学を罰するために、故意にそんな話をしたわけだ[15]。

ロイド・サッカーは、各校による努力を結集してランキングという締め付けに対抗する方法を模索した。リード大学やサラ・ローレンス大学と同じような行動をとることをためらう大学が多いとしても、みんなでやればうまくいくにちがいない。ロイドはその後すぐに『格付けされない大学――異常な大学受験を終わらせるために（*College Unranked: Ending the College Admissions Frenzy*）』[16]を出版したが、これは大学の学長たちの評論を集めたものだ。彼らは、さまざまな観点から志望校を選ぶためのツールをつくるために結集した。ビッグ・フューチャー（www.bigfuture.collegeboard.org）はカレッジ・ボードが運営するしっかりとした双方向のウェブサイトで、USニューズ誌よりも多くの情報を得ることができる。だが、こうした努力にもかかわらず、USニューズ誌が発表するランキングは、いまでも、大学を調べるときに最もよく用いられる情報源だ。

2007年、報道番組「PBSニュースアワー」のメインキャスター、グウェン・アイフィルが大学ランキングへの批判が高まっていることを受け、USニューズ誌の編集者ブライアン・ケリーにインタビューをした。アイフィルが、大学ランキングは「スポーツ週刊誌の水着特集号のように、しょせんマーケティングツールなのではないか？」と尋ねると、ケリーはこう答えた。「もちろん、私たちの目的から言えば、あれはビジネスです。私たちは報道機関であり、出版社でもありますが、利益をあげることも仕事のうちです。制作したジャーナリズムを売っているわけで、それを主張することになんのためらいもありません。ただ、いったんランキングが発表されると、あとは私たちにはどうすることもできないということはご存知でしょう」[17]。アイフィルがUSニューズ誌の大学ランキング号を水着特集号に喩えたのはうまかった。どちらも、その後1年の雑誌の経営状態が安泰であるかどうかは、その特集号の売れ行きにかかっているという点で共通するものがある[18]。

ボブ・スターンバーグも、ロイド・サッカーと同じように、受験システムを変えようとしてきた人だ。彼はコーネル大学で生命科学の教授をしており、成功する知性とは、SATの問題を解くために必要な分析的評価などの一般的な知性よりもずっと幅広いものであるという説を展開している[19]。何年にもわたって標準テストそのものや、その点数が大学受験に使われることについて調査してきた結果と、イェール大学の教員、タフツ大学の文理学部長、オクラホマ州立大学副学長を歴任してきた経験から、彼は私にこう話してくれた。「たいていの場合、トップ校を受ける受験生の3分の2は、基準となる成績をクリアしています。SATが710点なのか730点なのか、あるいはGPAが3・7なのか3・9なのかによって生徒を選別するなんて、実にくだらない。よりよい社会をつくりたいのなら、SATの点数や成績を見ているだけではいけません」

スターンバーグと彼の同僚は、何年もかけて、「虹」「万華鏡」「パノラマ」と呼ばれる評価の仕方を開発し（大学によってどれを使うかは異なる）、より幅広い知性が大切だという彼の主張に沿った評価ができるようになった。幅広い知性には、SATによって測れる分析スキルだけでなく、創造力、実用的な知識や一般常識、生活の知恵や倫理観なども含まれる。２０００年代の初頭、彼とその同僚が、カレッジ・ボードの協力も得て、およそ１０００人の生徒を「虹」と呼ばれる方法を使って評価したところ、大学1年生のときに優秀な成績を収めるだろうと思われる生徒の数は、ＳＡＴの点数だけを見る場合の2倍になった。人種による評価の差も減少した。そうして得られた結果には信憑性があり、この調査は同分野で最も優れた雑誌の最優秀記事として評価された。[20]だが、カレッジ・ボードは、スターンバーグ式のテストが全国的に有効利用されるのは無理だろうとの判断から、このプロジェクトへの支援を打ち切った。

ニューヨークの進学校、トリニティー・スクールで進路相談のディレクターをしているラリー・モモは、以前はコロンビア大学で入学審査担当部長をしていたこともあり、いまの大学受験システムにはうんざりしているという。[21]彼は以前、カレッジ・ボードの公開討論会に参加して、大学受験における標準テストの重要性を軽減するために何かするべきだと、新しく就任した社長に進言したこともあった。彼は大学側が入学者を選定する方法も変えるべきだと考えている。「願書やエッセイを読んで学業上は問題ないと判断したら、標準テストのスコアは考慮の対象から除外することにすれば、会議で資料と首っ引きになる必要もないのでは？　そのほかの観点を考慮して選定すればいいんです。もしそれで、合格者の平均スコアが落ちたとしても、それがなんだと言うんです？」

こうした改革をできるのは、ブランド力のある大きな大学だけだ。そうした大学なら少しぐらいＳＡＴのスコアが下がったところで、ブランド力は保つことができるだろう。この件については、一冊の本が書けそうなくらいだが、本書のメインテーマはそれではない。

大学受験システムが子ども時代を犠牲にする

本書で指摘したいことは、ＳＡＴを利用した受験システムがおかしくなっているという事実は、大学受験そのものがおかしくなっていることの、ほんの一面でしかないということだ。豊かな学びの経験が、テストの点数のために犠牲にされ、生き生きとした子ども時代や若者の発達が、堕落した理想や誤った理想のために犠牲にされてしまっている。ウィリアム・デレズウィッツはこう書いている。「つまりはこういうことなのだ。エリートたちは、この階級にいつまでも留まることのできる権利を、子どもの幸せと引き換えに得ている。子どもたちがより多くの輪っかを飛び越えなければならなくなるほど、そのための費用がかさみ、それを実現できる家庭はますます少なくなる。しかしその一方で、飛び越えれば飛び越えるほど、子どもたちは惨めになる。……よその子どもたちを陥れようとして、結局自分の子どもたちを痛めつけてしまう[22]」（『優秀なる羊たち』より）

いまの大学受験のシステムはおかしい。子どもたちは自分の子ども時代を抵当に入れているようなものだ。だが、そうしなくてもいい方法があるはずだ。このあとの第Ⅲ部、第Ⅳ部で見るように、ほかにもっといい選択肢や方法がある。私たちはともに協力し合って、いまのシステムをなんとか変えるための努力をしなくてはならない。私たちの子どものために、そして私たち自身のために。

Ⅲ

「大人」の育て方

――社会的役割を身につけさせる

12 最良の子育てとは

どんな苦難が待ち受けていようと、あなたがこの家を出て行く前に伝えたい。

自分を信じて、と。私もあなたを信じているから。

でも、時には、あなたを照らしていた月を見上げて、
信じられないとばかりに首をふりながら、笑ってこう言うでしょう。

「時が経つのは早いものね」


——ダー・ウィリアムズ「The One Who Knows」

ダー・ウィリアムズは、私のお気に入りのシンガーソングライターだ。彼女の書く詩には現実を映したストーリーがあり、彼女の歌声は胸に迫ってくるような真実味を帯びている。ギターもとてもうまい。彼女の『あなたならわかる（*The One Who Knows*）』という曲を聞きながら何百回と一緒に歌っているが、最後の歌詞（冒頭で引用した部分）を歌うときは、どうしても涙ぐんでしまう。親の子どもへの愛情は深く、熱く、美しい。我が子が家を出て行く日がいつかくるなんて考えられないし、どこで何をしてい

るかわからなくなる日がくるなんて想像もつかない。だが、子どもには子どもの人生がある。人生とは生きていくことだ。

しょせん、私たちは哺乳動物だ。洋服を着て携帯電話を持った哺乳動物。それでも、私たちは哺乳動物であることに変わりはない。野生の世界にいるほかの哺乳動物は、子どもが自分で生きていけるようになるまで子育てをする。動物によって育てる期間は、何週間、何カ月、何年とまちまちだが、子どもはいつか独立する。実際、親がいなくても生きていけるように子どもを育てて親の仕事をなくすことが、哺乳動物の親の仕事だ。そして、今度はその子どもが次の世代を育てる。それが生物界の掟だ。子どもを手元から離すことにかけては、ほかの哺乳動物のほうが人間よりもうまいようだ。

もちろん私たちは野生動物ではないし、幸いなことに、21世紀のアメリカの中流階級や上流中産階級の家庭では、親も子も生き延びることが最重要課題ではない。たしかに、外の世界は恐ろしい。テロがいつ起きるともかぎらないし、経済が危機的な状況になることもある、中流階級はどんどん少なくなっているし、いい職に就くには大卒の肩書が必要で、多くの学生が莫大な学生ローンの負担に苦しみ、つねに変化しつづける情報技術社会でいったいどんな職に就いたら成功できるのかわからない。そして、低迷する経済状況や、上がりつづける若者の失業率、高い生活費を理由に、親は子どもが独り立ちするまで金銭的な援助をしてやったり、自分のネットワークや知識を使って子どもの職探しを手伝ってやったり、うまくいかなければ家に戻ってきてもいいと、もう大きくなった子どもに言ったりする。

だが、ひとりの大人として我が子に自分の人生を歩ませるという哺乳動物の基本的な掟を私たちが守らなかったら、彼らはどうなってしまうだろう？　親が子どもを守りすぎ、指示を与えすぎ、いろいろなことをやりすぎるせいで、いまの子どもは大人の人間になるために必要な成長の機会を奪われてしまっている。かつての若者やアダルトチルドレンは自由を求めたものだが、そうしたものへの渇望さえ子どもにないのは、親が役に立ち、しっかり支えてくれるからにほかならない。いまの子どもは、たいてい親がそばにいてくれることを喜び、それはとてもすばらしいことのように思える。だが、次世代の若者のなかにある自立への欲求を私たちは育ててきただろうか？　クラーク大学で心理学の教授をしているジェフリー・ジャンセン・アーネットは「成人形成期」という新しい概念を生み出した人だが、彼が『子どもが30歳になるまでにしておきたいこと――20代の子どもをもつ親のためのガイドブック（*Getting to 30 : A Parent's Guide to the 20-somothing Years*）』[1]という新刊を出版した。正気だろうか？　親のためのガイドブック？　ダーウィンも墓の中で驚いて飛び起きるにちがいない。

大切なのは自己効力感を養うこと

10代の後半から20代の前半の子どもが親元を巣立っていくときには、親のことをまだ慕っていて会うことも嫌がらないが、自分の人生を歩むために必要なことを身につけている状態でいてほしい。たくさんのスキルと「私ならできる、私ならできるはず！」という気持ちをぜひもっていてもらいたいものだ。この「私ならできる」という気持ちは「自己効力感」とも呼ばれるが、これは著名な心理学者アルバート・バンデューラが提唱した言葉で、１９７０年代に人間の心理を扱う分野で中核となった概念である。自己効力感とは、自分には仕事をやり遂げる能力、目標を達成する能力、状況に対応する能力があると信じる気持ちのことである。[2] 自分が何かをするときに助けてくれる能力を親がもっていると信じることでもなければ、自分の代わりにやってくれる能力が親にあると信じることでもない。

自己効力感とは、『ちびっこきかんしゃ　だいじょうぶ』（ヴィレッジブックス、2007年）に出てくる青色のちびっこきかんしゃのように、やみくもに自分を信じることだけを指すのではない。自己効力感とは、自分にできることを（過大評価したり過小評価したりせずに）現実的に把握するということだ。初めは努力してもうまくいかなかったことが、もう一度挑戦してみれば、目に見えて進歩できることもあるし、すっかりマスターできてしまうこともある、ということを学ぶことでもある。自分自身を価値や値打ちのあるものだと信じることができる「自尊心」とも違う。自尊心は自己効力感に影響を与えるが、自己効力感は、何かを実際にやってみて、努力が成功につながることを知ることで養われる。[3]

自己効力感のほとんどは、子どものころに何度もトライ&エラーを繰り返すことで身についていく。「子ども時代」と私たちが呼ぶ時代は、人間として成長していくなかで自己効力感を身につけるための期間だ。親が子どもの人生にあれこれ干渉するようになった比較的最近まで、子ども時代とはそうした時代だった。

信じようが信じまいが、子どもはいつか18歳になる。あなたが子どものことをどれほど愛しく思っていようが、子どものためならどんなことも厭わないと思っていようが、18歳になるまで親である自分に依存させておきながら、18歳になった途端に依存をやめさせ、さようならとばかりに世の中に放り出すわけにはいかない。私たち親は、世の中で大人らしい振る舞いをするとはどういうことかを、子どものころから年齢に応じて教えていかなければならない——そういう親にならなければいけない。
だから、ここでもう一度問いかけたい。大人であるとはどういうことなのか、と。6章の冒頭で、この問いについて触れた。参考までに、私が敬愛してやまない人の意見を紹介しよう。ウィリアム・デイモンは、スタンフォードで教育学の教授をしており、スタンフォード青少年センターのセンター長も務めている人物だ。ウィリアムは人間の発達について研究している世界でも有名な学者で、自分でも子どもを育ててきた。彼の子どもはいま30～40代になっている。自ら行った調査に基づいて、彼は「青少年」の明確な定義を「思春期の始まりから、大人として社会的な役割をしっかりと担うようになるまでの期間」とした。(4) 2014年の秋、忙しいさなか、私はスタンフォードのキャンパス内にある彼のオフィスを訪れ、その定義の後半に出てくる言葉について質問した。大人として社会的な役割をしっかり担うとはどういうことなのか、子どもをそこまで成長させるには、親は何をしたらいいのだろうか？(5)
大人としての社会的な役割とは、自分以外の人のことを考えることである。さまざまなことが当てはまる。親になることもそうだし、職分（仕事）を果たすこともそうだし、軍に入隊することもそうだ。こうした社会的な役割の本質は、自分の個人的な関心や楽しみではなく、責任や義務を負うということだ。では、私たち親は、自分の子どもが（親に頼りきりの）長すぎる青年期を送らずに、大人としてしっかりと社会的な役割を果たせるように育てるにはどうしたらいいのだろうか？

子育ての4つのタイプ

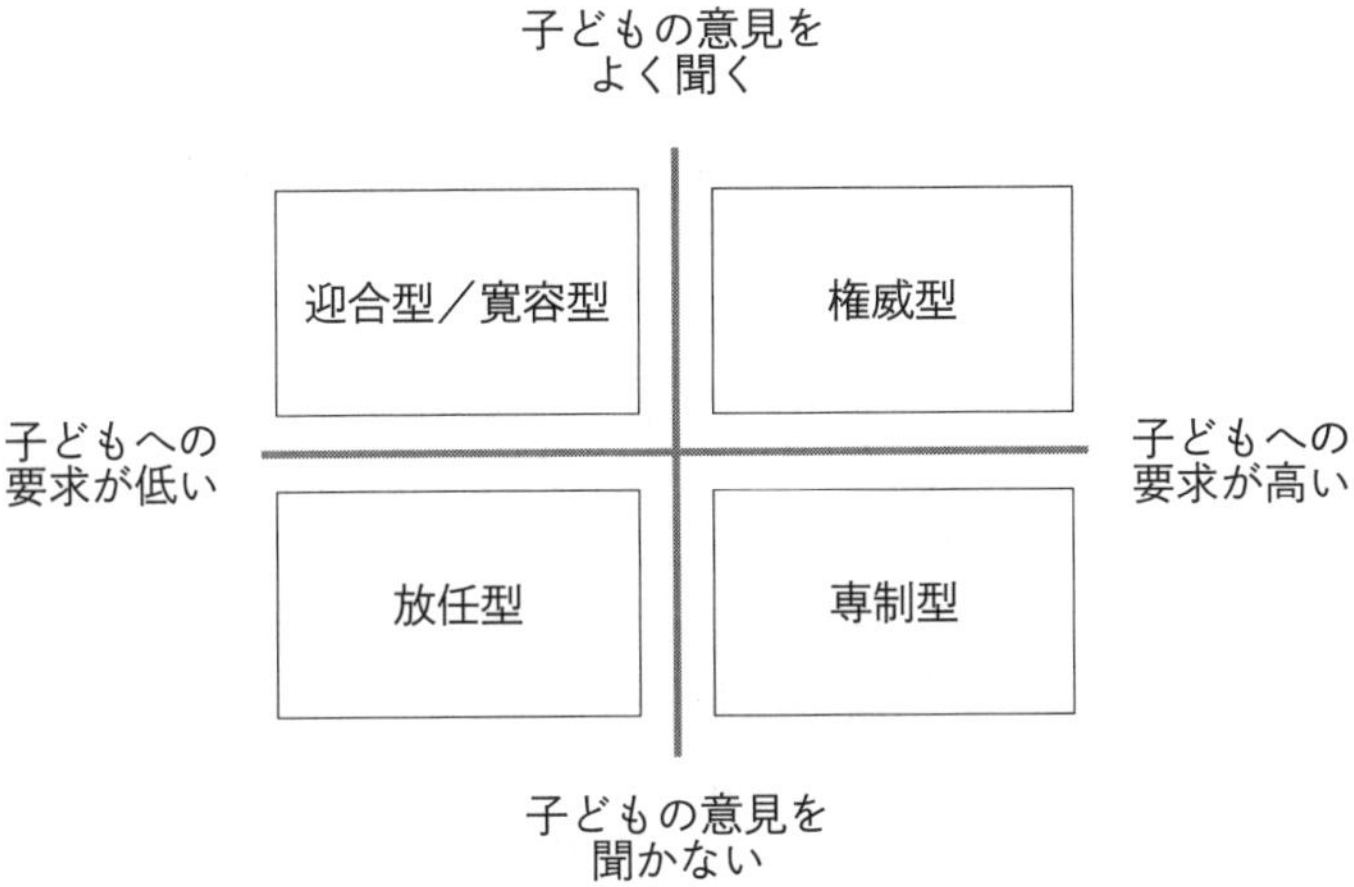

１９６０年代、カリフォルニア大学バークレー校の発達心理学者ダイアナ・バウムリンドが、いくつかの異なる子育てのテクニックと、その子どもへの影響についての研究を行った。彼女が１９６７年に書いた報告書には、「迎合型」「専制型」「権威型」という３つの異なる子育ての方法が挙げられており、これがその後15年間、基本的な分類とされてきた。１９８３年になって、エレノア・マコービーとジョン・マーティンがバウムリンドの分類を修正し、「迎合型」を「寛容型」と言い換え、さらに「放任型」を加えた。現在、世界で研究されている発達心理学では、ほぼ、この４つのタイプが用いられている。

この４つのタイプの子育ては、親から子どもへの要求の高さの度合いと、子どもの意見に耳をかたむけるかどうかによって分類されている。これは直交座標によって表すことができ、横軸は子どもへの要求を表し、左側が低い要求で右側が高い要求であることを示す。縦軸は、下が子どもの意見に耳を貸さないタイプで、上に行くほど子どもの意見をよく聞くタイプであることを示す。

4つのタイプは次のように説明される。(6)

■専制型……子どもへの要求が高いが、子どもの意見は聞かない。このタイプの親は厳格で、子どもは親に従い親を敬うものだと考えており、これに反すると子どもに罰を与える。自分の行動の理由を説明しない、「親がそうといったらそうなんだ」というタイプ。結果的に、秩序、規律、自制心に価値を見いだす。このタイプの親の子どもは、家でやらなければならないことがたくさんあり、それ以外の自由な時間はほとんどない。

こうしたタイプの子育ては農耕時代や産業時代には特に重要だった。今日では、所得の低い労働者階級の家庭、移民の家庭、アフリカ系アメリカ人、メキシコ系アメリカ人、ラテン系アメリカ人の家庭で多く見られる。一方、裕福な中国系アメリカ人である自称「タイガー・マム」のエイミー・チュアもこのカテゴリーに入るが、それは、彼女が誇張ではなく本当に、不安をベースにした子育て、娘の興味のあることをまったく聞き入れない子育てをしているならば、の話だ（彼女の著書『タイガー・マザー』の一部はパロディーだとされているので、彼女が本当に専制型の母親なのかどうかは誰にもわからない）。

■迎合型／寛容型……子どもへの要求は高くなく、子どもの意見をよく聞く。このタイプの親は、子どもが何を必要としているかをつねによく見ており、子どもからの要求を受け入れる傾向にある。ルールを決めたり、子どもに期待したりすることはあまりせず、規律を重んじることが必要だとは考えない。子どもにがみがみと小言を言うが、子どもはいっこうに行動に移さない。自分の意見を押し通すことはあまりなく、だめだと言ったり、言ったところでそれを押し通したりすることはしないし、自分の子どもはそんな悪いことをするわけがないと思いこむ。子どもの人生に寄り添いたがる人もいる。このタイプの親は、子どもには自分のことを好きでいてもらいたいと考え、親というより友だちのように子どもと接する。子どもの本当の姿を見ないで、うわべだけ子どもとかかわろうとする親もいる。迎合型の親は、ほかの親よりも裕福で教養も高い傾向にある。

■放任型……子どもには何も要求しないし、子どもの意見も聞かない。このタイプの親は、よく言えば「干渉しない」が、最悪の場合は育児放棄という犯罪になる。子どもの学校や家での生活にまったく干渉せず、心理的にも子どもと距離をとり、実際に家にいないことも多い。衣食住という生活必需品を子どもに提供することもおぼつかない。貧困家庭であることが多く、それが育児放棄の原因になることもあるし、うつや不安といったメンタルヘルスが原因であることもある。

■権威型……子どもへの要求が高いが、子どもの意見もよく聞く。このタイプの親は高い基準、高い期待、高い限界を設けるが、どんな結果であろうと、その結果を支持する。温かい心をもち、子どもの感情的なニーズによく応える。子どもには、何事につけてもなんのためにやるのかをよく説明し、学習においてはギブ&テイクを心掛ける。親は子どもに探求する自由や失敗する自由を与え、子どもに選択を任せる。

ヘリコプターペアレントの育児タイプは1つか2つに絞られる。専制型か迎合型だ。親が学校のことや課外活動、家での生活について細かく指示をして、子どもが進みたい道に関心を示すこともなく、失敗することへの恐れを子どもに植えつけるタイプならば、専制型だ。親が子どもを喜ばすこと、子どもをほめること、失敗や傷つくことから子どもを守ること、どこに行くにも子どもについて行くことばかりに気をとられて、子どもにスキルを身につけさせたり、しっかりとした労働倫理を身につけさせたり、個性を養わせたりしてやろうとしない場合は、迎合型だ。3つ目の「放任型」は、子どもの発達上のニーズにまったく無関心である点で、ヘリコプターペアレントとは対照的である。

4つめの「権威型」タイプの親は、「専制型」と「迎合型」を合わせたもののように聞こえるが、実際そのとおりだ。専制型の親と同じように、権威型の親はルールで子どもを管理する。だが、専制型と違って、権威型の親はなぜそのルールが必要なのかをきちんと説明し、子どもをひとりの自立した理性ある人間として扱い、温かい気持ちをもって子どもと接する。権威型の親は、子どもの人生にかかわり、彼らのニーズによく応えるという点で迎合型／寛容型の親とも共通点があるが、迎合型の親と異なるのは、子どもに自分のしたことの責任をとらせる点だ。権威型の親は、温かさと厳しさのバランスをうまくとり、自由を与えつつ指示を与える。このことから、報道記者のアマンダ・リプリーは、専制型と迎合型の間の「ちょうどいいところ[7]」にいるのが権威型の親だと評している。

世界の教育大国について書いてニューヨーク・タイムズ紙のベストセラーになった『世界教育戦争』のなかで、著者のアマンダ・リプリーは、世界の多くの国に比べてアメリカの学生の学力が低い理由を検証する際に、親の役割について調査した。彼女によると専制型の親は「勉強するときにドリルや練習をさせすぎる」、迎合型／寛容型の親は「子どもを甘やかして大事に育てる」という。彼女は、権威型の子育てが最もいいと結論づけている。厳しさと温かさのバランスがよく、子どもから信頼と尊敬が得られるからだ。彼女は自分の結論を裏付けるために、ノースウェスタン大学のジェラーニ・マンダラが行った調査結果も紹介している。ジェラーニがおよそ5000人のアメリカの10代の若者を対象に調査を行ったところ、権威型の親に育てられた子どもは学業成績がよく、うつなどの症状も少なく、攻撃的であるとか反抗的であるなどの反社会的な行動があまり見られないことがわかった[8]。

4つの子育てのタイプとその特徴を見れば、自分で自分がどのタイプか、そしてどんなタイプになりたいかすぐにわかるだろう。だが、ことはそう簡単ではない。自分が子どもの親友であることが何よりの喜びであるという人も大勢いる。子どもに勉強をさせ、子どもにとって最もいいと思えることをやらせないと、我が子が将来うまくやっていけないのではないかと不安でたまらない人も大勢いる。エイミー・チュア自身もこう言っている。「きちんとした親なら子どもにとっていちばんいいことをしてやりたいと思うものだ。ただ、そのやり方が、中国人はほかの人と違うだけ[9]」。たしかに、私たちはみな、自分が正しいと思うことをやろうとしているだけなのだ。

ここまでの話を踏まえて、この第Ⅲ部では、どうやったら権威型の子育てをすることができるのかを見ていくことにしよう。もちろん、一朝一夕にはいかないだろう。練習が必要だ。うまくいかなかったり、満足のいくような結果が得られたり、そうかと思えばまたうまくいかなくなったりするだろう。だが、少しゆったりと構えて、成功の定義を広くし、ありのままの子どもを愛することだけを考えていれば、うまくいくはずだ。

子どもの人生におけるすべてのことを親がコントロールしたり形づくってやったりすることができるという幻想は捨てなければならないし、物事を解決しようという努力を子ども自身にさせることも大切だ。自分のことは自分でさせるようにすれば、子どもはいろいろなことができるようになり、自分に自信をもつこともできるようになる。何がどうなっていて、重要なことは何か、誰かが教えてくれるのを待っていないで自分で考えてみることを教えなければならない。親は、子どもの個性や努力に応じた基準や期待を設定できるような大人にならなければならないし、その基準や期待を曲げないことも大切だ。親自身も完璧ではないのだから（もちろん子どもも完璧ではない）、つねに正しくあることはできないのだと受け入れることができれば、人生はよりいっそう楽しくなるに違いない。

私たちに与えられた仕事は、小さな子どもが成長していくのを手助けするというすばらしい仕事であり、謙虚でなくてはとてもできない仕事である。子どもが立派で成功したひとりの大人になるために必要なスキルや考え方を学んでいくときには、楽しいこともつらいこともあるだろうが、そのときに最も必要なのは親からの愛情とサポートだ。権威型の子育ての〝秘訣〟を知っていれば（迎合型と専制型の真ん中あたりにあり、放任型とはまったく違う）、子どもが真の意味で人生において成功できるように育てることができるし、そうすれば私たちは子どものことを誇らしく思えるだけでなく、私たち自身のことも誇らしく思えるようになるに違いない。

13 自由気ままに過ごさせる

私たちの子ども時代は、実に気ままで自由なものでした。ですが、いまの子どもたちに、そうした生活をさせることはできなくなってしまいました。これは、大きな社会的損失です。私たちが子どものころは自由に近所で遊びまわるのは当たり前のことでしたが、いまの子どもたちにもそんな経験とその楽しさをぜひ味わわせてあげたいものです。それが、私たちから子どもたちへの、いちばんの贈り物かもしれません。

——ヒラリー・ローダム・クリントン①

ぎっしりと予定を詰め込まれ、チェックリストで管理されている子どもたちには、自由気ままに遊ぶ時間や機会がない。彼らが友だちと遊べるのは、親子とも用事がない日に親が予定を組んだときだけで、そのときは親が遊びに付き添って何をして遊ぶかを提案したり、子どもたちがうまく遊べなかったり誰かが意地悪をしたりするようなことがないように、見守っていたりする。誰もが多忙な毎日を送っているいまの世の中では、親が遊ぶ日を決めるのは必要なことのように思えるが（カレンダーに書かれていなければ、遊ぶことはできないのだ）、たとえ親が遊ぶ日を約束して実行してやったとしても、子どもが遊んでいるときに口出しすることはやめなければならない。遊びは、子どもが成長するうえで最も重要な〝作業〟だからだ。

遊びも大切

アメリカの歴史学者ハワード・チュダコフは、遊びに関する研究の第一人者だ。２００７年に出版された彼の著書『遊びに見る子どもの変化――アメリカの歴史（*Children at Play: An American History*）』[2]では、過去４００年のアメリカの子どもの遊びを検証し、いまの世の中において、自由に遊ぶことがどれほど大切かが詳述されている。彼は、かつては自由だった遊びが、形式的で組織的で誰かに監督されながらやる活動に変わっていった様子について書き、こう結論づけている。「少なくとも前青年期（９～12歳ごろまで）には、子どもが遊びたいように遊ばせてあげることが必要だ。遊びとは、トム・ソーヤーが言うところの『強制されてやるものではないこと』である。親はいつ、どれくらい子どもに自立した行動をすることを許し、近所を探検したり、自分で遊び道具をつくったり、友だちと交流をしたり、ただ子どもでいることを楽しんだりさせてあげるかを考えるべきだろう[3]」

ボストン大学教授のピーター・グレイは、チュダコフの説をさらに深めて、自由に遊ぶことが子どものメンタルヘルスにとっていかに大切かを示してみせた[4]。グレイ教授によると、精神の健全な発達のためには、子どもが自分で自由に決め、自分で管理し、自分のためだけに活動をすることが必要で、「その活動の本来の主旨からかけ離れた目的を達成するためになされるべきではない」という。グレイ教授は皮肉をこめてこうも言っている。何が遊びかわからない場合はこう考えるといい。「大人が近くにいて何をしたらいいか口をはさんでいるなら、それは遊びではない[5]」

リチャード・ルーブは子どもとその家族が自然に触れる生活を取り戻すことを支援するためのNPO法人、チルドレン・アンド・ネイチャー・ネットワークの理事長を務めている。2005年に出版された『あなたの子どもには自然が足りない』（早川書房、2006年）はベストセラーになったが、このなかで彼は、外で遊ぶことには大きな利点があること、そして整えられた環境や屋内で過ごす時間が長くなるにつれ、子どもにとってよくない影響が積み重なっていってしまうことを説明している。少しでも時間を効率的に使えるように計画を立てようとすると、意図せずして「自由な発想をする時間を奪ってしまう」ことになると彼は言う。

国連も「児童の権利に関する条約」のなかで「子どもには休息をとったり遊んだりする権利がある[6]」として遊びの重要性を強調している。国連は食糧難や人権侵害などに苦しんでいるどこか遠い国の人々を支援するためにあると私たちは思いがちだ。たしかに、それも国連の大切な活動だ。だが、この我が国で、子どもが休息したり遊んだりする時間が奪われているという事実があること、それが私たちの目の前で起こっているだけでなく、私たちがこの手で、親の理屈だけで奪ってしまっていること、わざわざそのための努力をしていることに、気づかなくてはならない。

とにかく、遊びは大切だ。

どうやって子どもを遊ばせればいいのか

いつ、どこで子どもを自由に遊ばせたらいいかは、子どもの年齢、能力、興味のあり方、自宅や近所の環境、そしてどれほど時間があるか、によることは言うまでもない。この条件を考慮に入れながら、子どもを自由に遊ばせる時間を増やすために次のことを試してみよう。自由に遊ぶ時間は子どもの精神の健全な発達、人間としての発達、大人の社会への備えをするうえで重要だと専門家は言っている。

1 自由の大切さを知る……子どもが5歳であろうと15歳であろうと、あなた（親）はその重要性を認識しなければいけない。睡眠をとることが大切だと思うのと同じように。自由に遊ぶことの重要性を認識していないと、目の前にある、何かもっと重要そうに見えることをするために、遊びの時間が削られてしまう。遊びは子どもの発達のために必要なものだと知って、自由に遊ぶ時間を家族の予定に組み込めるように工夫しよう。もっと子どもに自由を与えることができないか、考え直してみよう。

2 子どもを理解する……子どものことを最もよく知っているのはあなただ。どの年齢でどれほどの自由を与えたらいいか？　安全に対する不安と、自由に遊ばせることで発達する自立心と能力の両方の要素を考慮しながら、あなたが適当だと考える範囲（時間、場所、遊びの内容）を設定しよう。

3 ほかの親と話し合っておく

・子どもは友だちと遊びたいものだ。どの家の親子もそれぞれスケジュールが詰まっているなら、まずは、一緒に遊べる友だちを子どもが見つけられるようにしてやらなければならない。子どもの友だちの親と相談して、何もない週末や放課後に、自由に遊ぶ時間をとれるように協力し合おう。自由に遊ぶ時間を話し合ってつくるというのは矛盾しているように聞こえるかもしれないが、私たち親と子どもの生活がもう少しゆったりしたものにならないかぎり、自由に遊ぶ時間を確保するためには、わざわざそのための時間をつくらなくてはならない。

・遊ぶ時間はいつも事前に決めておかなくてはならないわけではない。思い立ったときに友だちを誘ってみるのもいい。子どもに友だちの家に電話をかけさせて、遊べるかどうか聞いてみよう。週末のほうがうまく予定が合うかもしれない。反対に友だちから連絡をもらったときは、柔軟に対応しよう。

4　創造的な遊びができるような材料や工具を用意する……最近のおもちゃは、遊びから創造力を奪ってしまっている。たとえば、バケツいっぱいのレゴ・ブロックを使えば、子どもは何でもつくることができるし、創造力の発達にも役立つのに、レゴのセットには作り方の手順が書かれていて、子どもの創造力をかきたてることはない（子どもが横着をして作り方を見ない場合でないかぎり）。さまざまな材料を子どもに与えてみよう。木材、プラスチックのカップ、布、鍋やフライパン、人形、箱、スポーツ用具、レゴ・ブロック、リンカーン・ログ（訳注：本物の木製ピースが入っているおもちゃ）、ティンカートイ（訳注：スティックやパーツを使って好きなものを組み立てられるおもちゃ）、手芸用品など。これらを使って何をつくるかを子ども自身に決めさせることが大切だ。子どもは中に入っているおもちゃよりも外箱のほうが好きだというジョークにはもっともな理由がある。箱は船にもなれば、そりにもなる、家やベッドや秘密基地やひとり部屋にもなれば、ステージにも、山にもなる。作り手によって、なんでもおもちゃになるのだ。

5 何をしてどんなふうに遊ぶかは子どもに決めさせる……4で言ったように、いろいろなものをすぐに使えるようにしてあげれば、遊びの材料は十分に揃っている。だが、それをどう使うかは子どもに任せる。ここが大切なところだ。どうしてもという場合には、使えそうな材料のほうを指し示すだけにとどめ、それを使ってどんなふうに遊ぶか、どんな活動をするかを指示してはいけない。子ども自身に考えさせよう。あなたにはどんなに馬鹿げて見えることでも、無駄に思えることでも、どうでもいいことのように見えても、子どもの好きなようにやらせてみよう。子どもが退屈しているようでもそのままにしておけばいい。どうやって退屈を紛らわせるかを自分で考えることも、この先に必要となってくる問題解決能力を養うことになる。

6 子どもと距離をとる……子どもが家の中、庭、どこか外で遊ぶときに子どもを見守っていなければいけないと思っているなら、いつもより離れたところで見守るようにしよう。そして、子どもが大きくなり、あなたが次第に安心して見ていられるようになるにつれ、その距離をもっと長くしていこう。知らない人による誘拐に関する統計はメディアによって誇張されていて、実際は件数がとても少ないということを思い出そう。子どもと一緒に公園に行くときは、ベンチに座って本でも読んでいるといい。おもちゃの貸し借りや遊具の順番待ちなどで子ども同士が言い合いをしていると、つい首を突っ込みたくなるかもしれないが、口をはさんではいけない。子どもは自分でこうした問題を解決しなくてはならない。子どもが何かするときに声をかけたいかもしれないが、我慢しなくてはならない。子どものほうからあなたに駆け寄ってきて話をするのを待っていよう。子どもが話をしてくれたら、あなたが彼らのことに興味をもっていることを示すような質問、それから子どもが自分が体験して学んだことをより深く理解するのを助けるような質問をしてあげるといい（どのような質問の仕方がいいかは、子どもに考えることを教えることについて書いた15章で詳しくご紹介する）。

7　小さいケガをすることで、大きな危険を察知する能力を養うことができる……子どもはケガをすることもあるだろうが、それでいい。子どもがケガをしたときは優しく抱きしめてバンドエイドでも貼ってやり、大丈夫だよと言ってあげればいい。転んだり、かすり傷を負ったり、捻挫をしたりすることを恐れてはいけない。自由な遊びのなかで多少のケガをするのは当たり前のことだ。

8　戸外で自由に遊ばせる

・近所の人とも交流させよう。変わってしまったのは親だけではない。近所の人も変わってしまい、ご近所さんというより、たんなる近隣居住者になってしまった。バターや砂糖を少し分けてくださいと頼めるような関係が、いい近所づきあいだと言われたものだが、あなたはそれほど両隣の家の人のことを知っているだろうか？（食生活の変化も原因だろうか？　いまや誰もバターや砂糖を摂らない！）

まだよく近所の人のことを知らないなら、同じ通りに住む人の家に、子どもと一緒に挨拶に行くといい。近所の人と知り合いになって信頼関係が築けたら、子どもをもっと外で遊ばせようと思っていると知らせておこう。何かあったときに連絡をもらえるように、あなたの連絡先を伝えておくのも手だ。

- 外で遊ぶときは、どこまでなら遊びに行ってもいいかを決めておこう。近所の人や友だち、地域の役所の職員たちと、その地域が、子どもが安心して走り回ったり、探検したり、創造的な遊びをしたりできるような安全で魅力的な場所になるように協力し合おう。子どもが遊びに行っていい範囲は、たとえばある通りのここまでとか、この通りまでとか、裏庭や前庭とか、公園とか、空き地とか、校庭とか、数ブロック先までとか、住んでいる地域や、あなたが不安なく子どもを遊びに行かせられる場所であることや、子どもの年齢と自立の度合いに応じて変わってくるだろう。地域によっては、ある時間帯は車の進入を禁止して、子どもが遊べるようにしているところもある。
- 見守り役の親を決めておこう。子どもが自由に歩き回っていい範囲と時間を決めたら、その時間に誰が子どもたちを見守るかを決めておこう。監視するのではなく、どうやって遊ぶかを指示するのでもなく、順番待ちのトラブルや意地悪な子がいないかと干渉するのでもなく、適度に監督し、おやつを出したり自宅のトイレを使わせてあげたりするためで、特に小さな子どもには、何か困ったときには大人が近くにいることを知らせておくためでもある。
- 子どもに携帯電話を持たせよう。子どもが携帯電話を持っていれば、子どもがあなたの目の届かないところや呼んでも聞こえないようなところに行ったときも、ずいぶん安心できるはずだ。携帯電話のボタンを押せば画面に出てくるかもしれないが、そうしなくても自分の家の住所と電話番号を言えるようにさせておくことも必要だ。

- 電子機器を使っていい時間を制限しよう。たしかに、子どもと連絡を取り合い、夕飯の時間になれば帰ってくるように伝えたり、次の予定の時間だと伝えたりすることができる携帯電話は便利なツールだ。だが、天気のいい日に、芝生の上で大勢の子どもがみんな下を向いて携帯電話を見ている姿は、なんだかもの寂しい。あなたが親なのだ。ルールを決めておこう。子どもの友だちの親とも協力して、ルールを子どもたちに守らせよう。

9　さまざまな刺激を与えよう

- 子どもが探検したり、何かを創造したり工作したりできるように、よく考えてつくられた場所に出かけてみよう。たとえば、カリフォルニア州バークレーにあるアドベンチャー・プレイグラウンド、ニューヨーク州イサカにあるチルドレンズ・ガーデンなどがある。ハンナ・ロジンが２０１４年に寄稿した「守られすぎた子どもたち」(7)という記事では、イギリスにある「ザ・ランド」という場所が紹介されており、あなたの住む地域で同じような遊び場をつくるにはどうしたらいいか、子どもたちをもっと自由気ままに遊ばせるにはどうしたらいいかが書かれている。
- 自由に遊ばせることを主眼にしたサマーキャンプに子どもを参加させよう。ゲーバー・タリーの工作の学校は、カリフォルニア州ハーフムーンベイ（サンフランシスコから30分ほど南に行ったところにある大西洋沿岸の市）で行われる泊まりがけのサマーキャンプだ。
- 生徒が主体となって勉強や遊びを行う学校に行くことも考えてみよう。たとえば、モンテッソーリ教育を取り入れている学校は全国にある。

10 地域に変化をもたらす……子どもを自由に遊ばせることを地域に提案して回ろう。読書会、ＰＴＡ、コミュニティセンターなどで話してみるといい。議員や議会に提案してみるのもいいだろう。子どもが自由に遊べて自立心を養えるような、子どもにとって安全で優しい環境を実現するのに、地域はどんな役割を担うことができるだろうか？　スケジュールに沿って行動する子どもたちの毎日を少しゆるめてあげることはできないだろうか？　あなたにも何かできることはないだろうか？

11 遊びの手本を示す……大人だって遊ぶ（いや、遊ばなければならない）。あなたが友人と庭や裏庭で、あるいはポーチや歩道で、椅子に座って好きな飲み物を片手におしゃべりに興じたり笑ったりして楽しんでいる様子を子どもに見せるのは、リラックスして友人と楽しい時間を過ごすことも人生の楽しみのひとつだと子どもに示してあげることになる。大人の遊びとは、さまざまな趣味であったり、「自分のために」あるいは「ただ楽しむために」やったりするものだ。ガレージで何かをつくったり、ギターの練習をしたり、編み物をしたり、１０００ピースのジグゾーパズルに挑戦したり、そのほかのどんなことでも、自分が人生の楽しみのためにやっている姿を子どもに見せてあげるといい（もし「楽しみって何？」と思うようなら要注意。何かしたほうがいい）。

近所を子どもの遊び場に変えよう

マイク・ランザは、自宅のあるカリフォルニア州メンローパークに遊びを取り戻す活動をしている。彼はシリコンバレーで成功した起業家で、妻とともに、3人の息子を家で、庭で、通りで、近所で、自由に遊ばせようと考えた。彼の友人のグレゴリー・ギャビンがリバーポリスという会社を運営しているので（家具をつくったり、「つねに水が流れている」不思議な立体芸術を学校、美術館そのほかの公共の場所に提供したりしている会社だ）、マイクはギャビンの川を模した作品を買って前庭に置いた。そこは通りに面した庭で、大きな木製のテーブルの周りに座り心地のよさそうな椅子が何客も並べられている。外の通りまで続く私道の周りにはチョークが何本も落ちている。裏庭には、三角屋根のおもちゃの家が置いてあり、その横には、おもちゃの家の屋根からジャンプするのにちょうどいいところに、埋め込み式のトランポリンがある。マイクは『遊び場をつくろう（*Playborhood*）』という本で、この庭をつくった過程や、彼の基本的な哲学について書いている。(8)

ある日、私は彼の家の前庭で椅子に座って、彼のとった方法について詳しく聞き、息子と毎日どんなことをしているのか教えてもらっていた。(9) 私たちが話をしていると、4歳の息子が三輪車に乗って私道から通りへと出て行ってしまい、通りの向こうにいたゴミ収集車が急ブレーキをかけた音が聞こえたので私は驚いた。マイクは「心配しなくて大丈夫だ」と言った。「うちの子はちゃんと左右を確認してから出て行くから」。何ですって？　さらにマイクの小学2年の息子は、学校が終わると2・4キロもの道のりをひとりで自転車に乗って帰ってきたあと、なんと町まで行き、理髪店でマイクと待ち合わせをするそうだ。マイクのほうが理髪店に着くのが遅いときは、息子は椅子に座って理髪店のおじさんとおしゃべりをしているらしい。髪を切り終わると、今度は自転車屋まで行ってブレーキの調整をしてもらう。この子はまだ8歳だ。私はそんなマイクが大好きだと言っても読者は驚かないだろうし、マイクが近所の人から変わった人だと見られていると知っても、きっと驚かないだろう。

ここは子どもがいろいろなことにチャレンジできる、すばらしい場所だとマイクは言う。「子どもは、周りの人の力を借りて、この世界において自分がどんな人間であるのか、いまの自分にできるのはどこまでかを学んでいく。周りの人に育ててもらうことも必要だ。近所というのは、壁に囲まれた自宅から一歩外にある世界でありながら、自宅からそう遠く離れていない場所なので、自分がどこにいるのかを子どもが見失うこともないし、出会うのは知らない人ばかりということもない特別な場所だ。そこでは、子どもはいろいろなことを試してみたり、やってみたり、いろいろな自分になったりできる」

マイクと彼の妻は、近所の子どもを招いて自分の子どもと遊ばせることもよくあるそうだ。彼が持っている一枚の写真には、真っ黒な顔で汚れた服を着た、まるで海賊の一団のような子どもたちが、通りを練り歩いているところが写っている。「いまの僕を形づくった子どものころの経験と言えば、近所の友だちと一日じゅう夢中になって探検をしたり、勉強をしたり、遊んだりしたことだ。これをやったら次はあれをやろうという具合に、何をしても自由だった」。マイクは、自分の3人の子どもと近所の子どもたちにも、自分が子どものころにしたような体験をさせてやりたいと考えて、近所を巻き込んで遊び場をつくったそうだ。「子どもは何かを実際にやってみることで学んでいく。繭のなかで脳が発達していくのを待っていればいいわけではない」

マイクの息子たちはすばらしい環境で暮らせてラッキーだと思いながら、私は彼の自宅を後にした。ハンナ・ロジンがイギリスの公園で見た子どもたちのような遊びをさせたくても、十分な場所がないのが現実なので、マイクのように自宅の周りを遊び場にしてしまうこともひとつの方法だ。

自由な学びを学校教育にも取り入れるべき

遊びとは、心を解放し、心が自由になる瞬間を味わい尽くすことだ。子どもが学校に通うようになっても、遊びは大切だという気持ちを忘れてはいけない。そうした考え方を学習に取り入れている学校もある。

たとえばモンテッソーリ教育では、12歳児のクラスで、生徒が主導するアクティブ・ラーニングの方法を100年以上も続けている。生徒が自分で学習の計画をたて、次に何をやるのかを決める。評価は標準的なテストの点数ではなく、訓練を積んだ教師が行う。モンテッソーリ教育は生徒を「形づくる」教育ではなく「伸ばす」教育なのだ。

モンテッソーリ教育を受けた人たちは、創造力が豊かで自由な発想ができると言われている。卒業生は幅広い分野で活躍しており、有名なところではジェフ・ベゾス（アマゾン創業者）、T・ベリー・ブレイズルトン（小児科医、児童心理学者、ハーバード大学教授）、ジュリア・チャイルド（有名シェフ、作家）、ジョージ・クルーニー（アカデミー賞を受賞した俳優兼プロデューサー）、ショーン・〝ディディ〟・コムズ（グラミー賞を受賞したミュージシャン）、アンネ・フランク（作家）、キャサリン・グラハム（ピュリツァー賞を受賞した作家、ワシントン・ポスト紙の元オーナー兼編集者）、ヘレン・ケラー（政治活動家、作家、講演者。ギャラップ調査で、最も尊敬に値する20世紀の人のひとりに選ばれた）、ビヨンセ・ノウルズ（グラミー賞を受賞したミュージシャン）、ガブリエル・ガルシア＝マルケス（ノーベル文学賞を受賞した作家）、セルゲイ・ブリンとラリー・ペイジ（グーグル共同創業者）、ジミー・ウェールズ（ウィキペディア創始者）、ウィル・ライト（テレビゲームのパイオニア。シムズ、シムシティ、スポア、スーパー・マリオ・ブラザーズの開発者）など、数え上げればきりがない。

テレビゲームのパイオニアであるウィル・ライトが、モンテッソーリ教育についてウォール・ストリート・ジャーナル紙にこう語っている。「モンテッソーリ教育は、私に何かを発見する喜びを教えてくれた。たとえば、ブロックで遊んでいるときでも、ピタゴラスの定理などのとても複雑な論理に興味を抱くことがあるということを教えてくれた。教師が生徒に何かを教えるのではなく、自分が学びたいことを学ぶのだ[10]」

モンテッソーリ教育の生徒主導の学習方法が、人生で成功するきっかけになるという証拠があるにもかかわらず、モンテッソーリ教育はいまだにアメリカの教育の主流とはなっていない。だが、いつも真っ先にいいものを取り入れる上流中産階級の白人コミュニティでこの教育方法を取り入れる人が増えているだけでなく、私立学校や公立学校でも増えてきているし、カリフォルニア州オークランドには、低所得の家庭の子など多様な生徒が通うアーバン・モンテッソーリ・チャーター・スクールなど、近年設立され成功している学校もある[11]。

２０１４年のＣＮＮの報道によれば、モンテッソーリ教育は中国でも増えている。というのも、中国の子どもはきちんと席について何かを暗記することは得意だが、創意工夫をして何かを発見するスキルは未熟であることを同国の教育部が懸念しているからだ[12]。このCNNの報道は、2013年にワシントン・ポスト紙が掲載した、中国の教育部が学校の授業時間の削減、宿題の削減を各学校に要請し、学校の評価をテストの点数のみで行わないように変更したという記事の背景を、より詳細に取材したものだ。オレゴン大学のヨン・ザオ教授は国際的に有名な学者、作家、講演者で、グローバリゼーションとテクノロジーの発展が教育に及ぼす影響について研究をしている。彼はこんなことを言っている。「中国人は、テストの成績や学業を重視するあまり、創造力や革新をもたらす力が育たず、学生の心身の健康にも悪い影響を与えている[13]」

13億の人口を抱える中国が自由な発想を重んじる教育に力を入れるなら、アメリカもそうしたほうがいいだろう。

子どもに〝フロー〟を経験させる

近所を巻き込んで遊び場をつくったマイク・ランザは、自分の子どもには「フロー（無我の境地）」を経験してほしいと著書の中で書いている。フローとは、自分が興味を持っている得意なことにおいて、いまの自分の能力よりも少し上のものに挑戦するとき、あるいはそういう状況になったときに私たちがもつ感覚のこと、そのときの私たちの状態ことだ。この概念はポジティブ心理学者のミハイ・チクセントミハイが発見して名づけたものである[14]。私は、スタンフォード大学のデザインスクール（dスクールの名で知られる）の教授からチクセントミハイのことを教わった。その教授にデザイン思考を使って授業をする方法を教わっていたときに、チクセントミハイのことが出てきたのだ。

自分が挑戦しているときに、自分のもっているスキルより少し上のもので、なんとか食らいつこうと必死になっていることが、私たちは「フロー」の状態になり、時間も忘れ、空腹や体の疲れのことも気にならなくなり、いつまででもその挑戦を続けていられそうな気になる。このとき私たちは自分の心に突き動かされている。たとえどんなことであっても、それをすること自体が報酬となる。スポーツで言えば「ゾーン」と同じ状態だ。音楽で言えば「グルーブ」である。

昔ながらの自然で自由な遊びは、このフロー状態を経験できる環境を与えてくれる。だが、スケジュールがきっちりと決められ、勉強も課外活動もスポーツも、何かを成し遂げるため、具体的には大学に合格するという目的、あるいは親に認められたいという個人的な隠れた目的のためにやらなければならないチェックリストの１項目でしかないのなら、フローを経験できる機会はまずないだろう。

２０１１年と２０１２年に、スタンフォード大学の学部生にフローについて教える機会があったが、もう何年もフローを経験していないと言った学生の多さに驚いた。かなり幼いころまで記憶を巻き戻さないと、そんな経験を思い出すことができないという学生が大勢いた。だが、なかには、大学でもその感覚を味わったことがある学生もいて、生物学の実験や、英語のレポート、工学の問題などの学業にのめりこんでいるときや、自転車で長距離を走るなどの課外活動に懸命に取り組んでいるときに、フローの境地に達したと説明してくれた。自分がフロー状態であることに気づくのは、自分がいまやっていることが好きだと気づくことだ。自分がフローの状態にあったときの経験を振り返ってみれば、自分がやっていることは自分にとって大切なものであることを自分自身から学ぶことができるし、それに気づけば、仕事も趣味も意義深いものになる。

あとで振り返ったときに、自分がフローの状態にあったと思えるようになることが、いまの私の目標だ。（定義によれば、実際にフローの状態にあるときは、そのことに気づかないそうで、それに気づくとフロー状態ではなくなるらしい）。これからの人生で、フロー状態になる瞬間をできるだけ多く経験したい。さらに、自分の子どもにもフローを経験してほしい。それには、何も予定を決めないで遊ぶ時間をつくるのがいちばんいい。

ジョージ・ルーカス教育基金のウェブサイトには、どうしたら子どもたちがフロー状態を経験できるか、親はどうやったら子どもに経験させてやれる可能性を高めることができるかについて、チクセントミハイにインタビューした記事が掲載されている。彼によれば、フロー状態を経験する子どもには、子どもに対して高い期待をもち、そのためにさまざまな機会を与えてくれる親がいるという。「たとえば、家でもよくフロー状態になる子どもには、自分のプライバシーを守れて、ひとりきりになれる部屋がある。そう聞くと『金持ちの家しかできないな』とはじめは思うかもしれない。だが、違う。金持ちの家の子どもは、貧しい家の子どもよりプライバシーがない。つまり、家が大きければいいということではない。『さあ、ここでは何をしようが自由だ』と思える場所があるかどうかだ。それは地下室、しかも地下室のほんの一角かもしれないが、場所はどこでもいいのだ。子ども部屋にテレビを置くのは最悪だ。なぜなら子どもは楽なほうに流れてしまうので、退屈したらテレビをつければいいということになってしまうからだ(15)」

人生における遊びの大切さ

遊びは子どもたちにとって大切なものだし、学生として、自分でものを考えられる人として成長するために役立つ。職場で求められる能力を養うにも有効だ。臨床発達心理学者であるバーモント州在住のナンシー・コットンが、チャイルド・サイカイアトリー・アンド・ヒューマン・ディベロップメント誌に掲載された記事で、大人になって働くときに必要な能力を養うために遊びがどのように役立つかを、わかりやすく4つに分けて書いている。

1 遊びを通じて、子どもは能力を養うために必要な新しいスキルを学び、発達させ、完成させることができる。

2 日常生活のなかで何か落ち込むような出来事があったとき、子どもは遊ぶことで、自然とその不安を消し去ろうとする。この経験から、状況に対処する能力を身につけることができる。

3 遊ぶことで自我の確立が促され、無意識と現実を意識するものとを結び付けられるようになり、それがまた自我の強化につながる。

4 遊びは、心地よい体験を繰り返して確かめることで、子どもが将来を切り拓いていくエネルギーになる。(16)

ティーチ・フォー・アメリカ（TFA）のトレーシー＝エリザベス・クレイが、TFAのスタッフのなかには、Aの次にB、その次にC、それからDをやるように言うとうまくできても、自分で考えてDまでやってと言うと何もできない人がいる、という話をしてくれたことを思い出してほしい（9章「過保護な子育てが子どもの就職を妨げる」を参照のこと）。これがまさに、自由な遊びから学べるスキルなのだ。

全米遊びの協会は、人生における遊びの大切さを提唱しているが、その設立者であるスチュアート・ブラウン博士もトレーシー＝エリザベスと同じ考えを持っている。2008年のTEDトークで、ブラウン博士は、ジェット推進研究所、NASA（アメリカ航空宇宙局）、ボーイングなどといった会社は、その人がこれまでに自分で何かをつくったことがある人でないかぎり、たとえ優秀な技術学校を出た生徒であっても、研究開発部門の人材として雇わないと説明した。何かをいじくりまわし、ものをつくり、修繕し、これらをすべて行う好奇心をもち、そこから学ぶことこそ、宇宙産業やそのほかの産業で問題を解決していくために必要不可欠な本質だからだ[17]。

2014年、ハンナ・ロジンが、イギリスの公園では子どもが自由に遊べるし、さまざまな道具が置いてあって、子どもはそれで遊んだり何かをつくったりすることができるという記事を書いたが、この記事はアメリカじゅうを揺るがした。PBSニュースアワーのキャスター、ジュディ・ウッドラフがロジンにその公園についてインタビューし、その公園を見たことでハンナが親としてどんなことを学んだかを尋ねた。ロジンはウッドラフにこう答えた。「私たちはどうしても何か起こる前に介入しようという気持ちになりますよね。それがいままでは、いい親とされているようです。私は、いい親の定義を少し変えてみようと考えました（これもイギリスの公園を見た影響です）。子どもの安全に気を配りつつ、子どもが自立して考えたり、リスクをとったり、個性を育てていったりできるような機会を与えること、それがいい親のひとつの条件です。それは、子育てに失敗しているとか、子どもを無視していることではありません。子どもの将来のために正しいことをしているのです[18]」

14

生活能力を教える

登山家は山頂に自分の旗を立てることを誇りとする。そこにたどりつくには多大な労力が必要とされるからだ。ヘリコプターで登頂したなら、その感慨は得られない。親が成功を準備してやることで、かえって子どもは自分で成功できなくなってしまう。[1]

——デイビッド・マカロー・ジュニア

中流階級、およびその上に位置する上流中産階級の子どもは、それほど恵まれない立場の友人たちに比べて、日々の雑事を両親（あるいは世話係などの雇い人）にやってもらうことが多い。朝起きること、持ち物を整理すること、食事を用意することなどの雑事から子どもを解放することで、親は愛情を示し、生活を快適にしてやるわけだ。もろもろの雑事をきちんと終わらせるためでもあるだろう。大きな目的意識を感じたいという親自身の欲求から発しているときもある。また、山ほどの宿題や課外活動のせいで、子どもが昔ながらの生活諸事をこなす時間がなくなっているというのも、親が肩代わりする原因のひとつだ。経済的に恵まれない親の愛情が薄いわけではない。夜露をしのぎ、糊口をしのぐための仕事に忙しく、時間の融通がきかないだけだ。子どもに手をかけられるというのは、お金と時間の余裕があってこそできることなのである。

子どものために何もかもやってやる親は、よかれと思ってそうしている。しかし、人生で成功するには、学校の勉強やピアノのレッスンやスポーツだけでなく、遅刻しないための行動、自分のリュックやかばんの管理、料理などのスキルが重要になってくる。たとえ履歴書は完璧でも、生活能力の欠如した若者は、世話係や秘書や親がつきっきりでないと人生をうまく送っていけない。あなたは、子どものそばにいつもべったりと付き添っているつもりだろうか？　子どもが家を離れたときや、自分が残念ながらこの世を去ったときでも、子どもが自分の力で生きていけるという確信を得たくないだろうか？

生活能力の重要性

誰かの掌中で人生を送り、何もかも面倒をみてもらっている人は、何かを「達成する」という概念を育てる機会がない。この概念は、カナダの心理学者アルバート・バンデューラの「自己効力感」理論の中心であり、課題達成、目標到達、状況管理の能力が自分にはあるという信念である。

物事を人まかせのままで、その成果にかかわることがなければ、ある種の「学習性無力感」に陥ってしまう。これは心理学教授のクリストファー・ピーターソンとマーティン・セリグマンが提唱したもので、操作不能な状況に対して無力感をおぼえた人が行動を停止する様子を表している。当初は、悪い状況に対して操作不能な場合に「学習性無力感」が起きるとされていた。その後セリグマンは、よい状況が操作不能な場合にも「学習性無力感」は起きると述べている。たとえば、子どもが何をやっても親がほめたたえ、ご褒美を与えるといった場合だ。[2] セリグマンによれば、人間には「偶発性」を経験することが必要である。つまり、自分の行動が意味をもち、重要な結果に自分がかかわっているということを習得しなければならないのだ。行動とその結果の「偶発性」を経験できない子どもは、「受動的になり、抑うつ状態となって、身体的健康を害する」ことになる。

バイト・テシュバは、ロサンゼルス地域で数十年にわたって依存症治療を行ってきた施設だ。[3] これまでの患者層は30代と40代だったが、近年は若者が急激に増えてきた。その多くが「学習性無力感」を抱き、「自己効力感」を失っているようにスタッフには思われた。この変化に応じて、バイト・テシュバのスタッフは、ロサンゼルス地域と全国の学校や公共施設で予防プログラムを実施した。プログラムの対象は、子どもの親だ。その目的は、子どものためになんでもやってあげることは優しい行為に思えるかもしれないが、結果的にアルコールや薬物依存症に子どもを導いてしまう可能性があると伝えることだった。

レイチェル（仮名）もそんな子どものひとりだった。２０１４年の春、23歳のレイチェルは、バイト・テシュバの大きな支援を受けて、依存症から抜けだしてからすでに3年たっていた。私は、アルコールと薬物依存症に至った詳しい経緯を尋ねた。[4]

レイチェルはロサンゼルスの保守的で裕福なユダヤ人家庭に生まれ、３人の弟妹たちとともに、両親から優秀な成績をとるよう大きな期待をかけられて育った。期待に応えるのは難しくなかった。やる気があり、勤勉なレイチェルは、学校でもずっとオールＡの成績を取りつづけたのだ。けれども、早い時期から次第に「無意味さ」を感じはじめ、その思いに支配されていった。そして毎日をやり過ごすために、食物や薬物、アルコールの摂取に走った。「たくさんのことをやってもらっていたの。ベッドを整えたり、洗濯をしたりといった簡単なことまで、やったことがなかった。自分では何ひとつやらなかったの」。レイチェルは、自分の食べるものをコントロールすることで、安らぎを感じた。摂食障害が始まったのは10歳のときだったが、両親はその問題に、長い間気づかなかった。

高校に入るまで、両親はレイチェルのために家庭の内外で面倒をみてきた。たとえば、友だちとケンカをしたときや、学校で問題が起きたときには、両親が解決してくれた。「いつも〝修復〟してくれたわ。自分では何もしなかった。人生を送るふりをしていたけれど、本当に参加してはいなかったの。恐ろしいことだった」。レイチェルは14歳でコカインやほかの薬物、アルコールの摂取を始めた。「お酒を飲んだり、クスリをやったりするしかなかった。そうすれば、人生が完全に無価値だという感覚から逃れられたから」。高校3年生になったとき、レイチェルの母親は娘の生活のあらゆる面を取りしきり、特に大学受験の手続きに関しては、「まるで秘書のように」やってくれた。

そして大学の入学許可通知が届き、レイチェルはいくつかの選択肢の中から、南部の名門私立大学を選んだ。医学部の厳しい課程をこなし、オールAをとったが、その一方で、長年の過保護が悲惨な結果をもたらしつつあった。「大学に入学したとき、生活能力みたいなものはまったく身についてなかった。学校の勉強はかなりうまくやりこなせたけど、それだけだった。周りに知り合いは誰もいなかったうえに、自活していかなきゃならなかったのに、やり方がわからなかったのよ」。日々の暮らしを乗り切る戸惑いを抑えるために毎日酒を飲み、さらにアデロールという薬にも依存するようになった。大学2年生の12月に、19歳のレイチェルは自殺を図った。両親は娘をバイト・テシュバに入れ、依存症の治療を受けさせた。

レイチェルの話は極端だが、そこには今日、裕福な家庭の子どもが直面している由々しき事態の原因が示されている。2013年にサイコロジー・トゥデイ誌に掲載された「裕福な子どもの問題」という論文で、著者のスニヤ・S・ルーサーは、ふた親の揃った富裕層の家庭で高い教育を受けた子どもが薬物やアルコールに依存する率が、社会経済的には対極の層に属する子どもよりもはるかに高いという調査結果を発表している（ルーサーの予測とはまったく反対の結果だった）。「広い地域において、公立・私立校の別を問わず、上流中産階級の子どもが深刻な問題を抱く率は驚くほど高かった[5]」のだ。

子どもに生活能力を教える方法

生活能力を獲得する方法については、情報はほとんどない。それはおそらく、普通に成長する健康な子どもなら、子ども時代を通して自然に身につけていくものだからだろう。そういった生活能力をもたず、積極的に教えなければならない子どもたちが多数存在することが、ようやく明らかになってきたばかりなのだ。

一方、特別な支援が必要な子どもの研究者やセラピスト、指導者、両親たちは、生活能力を習得させることは当然だと考えている。彼らの目的は、子どもたちがそういったスキルを身につけ、いつの日か、世間で自立してやっていけるようになることだ。皮肉にも、おそらく、特別な支援が必要な子どものほうが、多くの支援のもと、「一般的な成長をたどる」子どもの多くが受けないような生活能力の訓練を受けて、失敗と再挑戦を重ねて根性を育てることが多いのだ。

私の友人のステイシー・アシュランドは、特別支援の必要な子どもの親のコミュニティに参加している。[6] ステイシーの子どもふたりのうち、息子のほうは、聴覚と視覚の双方に障害がある。息子の成長と発達をサポートする最適な方法を探して、ステイシー夫妻は応用行動分析（ＡＢＡ）の手法を学んだ。行動の変化をもたらすこの手法は、行動心理学者Ｂ・Ｆ・スキナーの研究にもとづいて、１９６０年代にワシントン大学の教員グループが導き出したもので、１９８０年代には自閉症の人たちに適用された。ＡＢＡとは、望ましい行動に対して報奨を与えることで、行動を変えていく手法だ。ステイシー夫妻は、対人関係発達指導法（ＲＤＩ）についても学んだ。ＲＤＩは、世界的に有名な研究者スティーブン・ガットステイン博士によって生みだされた、発達障害をもつ子どもを支援する方法である。ＲＤＩでは、世話する者と子どもとの関係を、段階を踏んで進めることを重視する。特に、失敗は習得と同等であるとみなし、結果よりも過程を大事にする。ＡＢＡやＲＤＩなどの影響を受けたステイシーは、子どもたちにスキルを身につけさせるための戦略をリストにした。

1　まず、親が子どもにやってみせる
2　次に、親が子どもと一緒にやる
3　次に、子どもがやるところを親が見守る
4　最後に、子どもが完全に自分ひとりでやる

この考え方と戦略は、子育ての本質的な目的を要約しているだけでなく、子どもを自立に至らせる実践的な手法でもある。心理学者のマデリーン・レヴィンが提唱した、「子どもがすでにできること、あるいはもう少しでできそうなことを、親が代わりにやってはいけません」という警告にも対応している。過保護な親は、この箇条書きの段階をなかなか進めず、最後の4番目には決してたどり着けないかもしれない。しかし、やらなければならない。現実の世界では、4番目まで子どもたちが達成することが要求されるのだから。

ステイシーの息子は、医師も教師も最初は予測しなかったほどのスキルを獲得しつつある。彼は非常に聡明で、ＡＢＡやＲＤＩの実用的な手法を駆使してきた両親の多大な努力が功を奏したと思われる。また、ステイシーもよく心得ていることだが、このスキル教授法は、子どもの能力の如何にかかわらず、あらゆる子どもに適用できる。ステイシーの下の子は定型発達（特別支援が不要）だが、ステイシー夫妻はどちらの子どもにも、同じ賢明な方法で対処した。

子どもが習得すべき生活能力の例

バイト・テシュバで依存症の治療を受けたレイチェルは、両親が何もかもやってくれたせいで無力感を抱いたと語った。では、具体的に、両親はどんなことをレイチェル自身にさせずに、代わりにやってしまったのだろうか。先ほど紹介した生活能力の教授法では、生活能力とはいったいなんなのかという情報が足りなかった。

2012年、ファミリー・エデュケーション・ネットワークの共同編集者リンゼー・ハットンが、そういった生活能力を年齢別にまとめた記事を出した。1996年設立のファミリー・エデュケーション・ネットワークは、教育出版を扱う複合企業ピアソンが運営するサイトで、子育て情報サイトの先駆けと言われている。ハットンの記事に含まれる項目を次に示す。権威型の親であるには、規則と期待することを定めなければいけない。子どもが自分でやるべきことを示すこのリストは、その手はじめとして非常に役立つだろう(7)。

2～3歳：小さな仕事を担当し、基本的な身支度をする……生活能力の基礎を学びはじめる時期。

［3歳までに習得させたい項目］

- 自分のおもちゃの片づけを手伝う
- ひとりで服を着る（親の手助けを借りながら）
- 脱いだ服を洗濯かごに入れる
- 食後に自分の皿を運ぶ
- 食卓の準備を手伝う
- 歯をみがき、顔を洗う（手助けを借りながら）

4～5歳：名前と住所、電話番号を学ぶ……この年齢では、身の安全を図る能力が重要になる。

［必須項目］

・自分のフルネームと住所、電話番号を覚える
・緊急通話のかけ方を覚える

［その他の必要項目］

・手の届く範囲のほこりをはらう、食後にテーブルをきれいにするなど、簡単な掃除をする
・ペットにえさをやる
・貨幣を見わけ、金銭使用のごく基本的な概念を理解する
・歯をみがき、髪をとかし、顔を洗う（手助けなしで）
・自分の服をしまう、汚れた服を洗面所に持っていくなど、洗濯の簡単な手伝いをする
・自分の着る服を選ぶ

6〜7歳：基本的な料理の技術の習得……この年齢では、調理の手伝いができるようになる。

・かきまぜる、刃の鋭くない包丁で切る
・サンドイッチなどの簡単な品をつくる
・食料品の片づけを手伝う
・皿洗い
・基本的な洗剤を安全に使う
・浴室を使った後に片づける

・自分のベッドを整える（手助けなしで）
・ひとりで風呂に入る

8～9歳：身の回りの管理……自分の身の回りのものを大事にし、きちんと扱えるようになる。
・自分の服をたたむ
・簡単な縫い物を覚える
・自転車やローラースケートなどの外回りのおもちゃの手入れ
・注意されなくても、自分の衛生状態に気をつける
・ほうきとちりとりをきちんと使う
・レシピを見て、簡単な食事を用意する
・買い物リストをつくる手伝いをする
・おつりを数え、両替をする
・電話を受けて伝言メッセージを書きとめる
・花壇の水やりや草取りなどの簡単な庭仕事を手伝う
・ゴミ出しをする

10～13歳：自立性を獲得しはじめる……10歳ごろには多くのスキルを単独で行えるようになる。
・ひとりで留守番する

・ひとりで商店に行って買い物をする
・自分のベッドのシーツを交換する
・洗濯機と乾燥機を使う
・複数の食材を使った献立を考え、調理する
・オーブンを使って食材を焼く
・ラベルを読む
・自分の服にアイロンをかける
・基本的な手工具の使い方を学ぶ
・芝刈りをする
・弟妹や近所の年下の子どもの面倒をみる

14〜18歳：より高度なスキルの習得……14歳までに、ここまでのすべてのスキルを十分に身につけていること。さらに、次の項目を習得する。

・掃除機の紙パックの交換、ストーブの手入れ、配水管の清掃など、より高度な掃除と整備
・車にガソリンを入れる、タイヤに空気を補充する、タイヤを交換する
・薬品のラベルを読み、用法を理解する
・アルバイトの面接を受け、雇ってもらう
・食材の準備と調理をする

若者：自立した生活の準備……大学進学などで家を出たときに自立する方法を習得する。自立した生活を送るために必要なスキルは次のとおり。

- 定期的に身体や歯の検診を受ける
- 基本的な金銭管理を覚え、銀行口座を管理し、収支バランスを保ち、請求書の支払いをし、クレジットカードを使う
- アパートの賃貸契約や車のリースなどの簡単な契約書を理解する
- オイル交換などの基本的な車の整備の予定を立てる

これを見て、顔をしかめただろうか。私はそうだった。リストを眺め、ソーヤーとアベリーを育てた日々を思い返すと、私たち両親ははるかに多くのことを子どもの代わりにやっていた。子ども自身でやる喜びを与えてやらなかったのだ。自分でやってしまったほうが楽なことも多かったし、子どものために何かをしてあげるのが好きだった。そのやり方が誤っていたことに気づいたとき、子どもたちは10代に入っていて、生活能力の足りないところは分析的思考で埋め合わせていた。「どうして、いまになって？　それが重要だったんなら、どうしてずっとそうしてこなかったの？」と子どもたちは尋ねてきた（寛容型の両親に慣れていたからだ）。単純に「お母さんがそう決めたから」と、専制型の親の決まり文句を言いたくなったが、もっと筋の通った返事をなんとかひねりだした。「そのやり方を習得しなきゃならないからよ。お母さんたちは、これまでずっと教えておくべきだったの」。私は責任をもって、ス

テイシーのリストに従って、子どもたちを指導した。リストの1あるいは2（子どもにやってみせる、子どもと一緒にやる）で止まっている項目があることはわかっていた。3と4まで進まなければならないのだ。

リスト3に進む——子どもがやるところを親が見守る

ステイシーが生活能力を教えるために使った方法の1と2（親が子どもにやってみせる、親が子どもと一緒にやる）は簡単に実践できるとしても、難しいのはリスト3（子どもがやるところを親が見守る）だ。我が子を信頼するだけでなく、課題を成し遂げる環境も信頼しなければならない。親の力の及ばない環境である場合は、特に困難だ。

2010年9月、息子のソーヤーは6年生になった。新学期が始まる前日に、登録手続きをすることになっていた。生徒200人だけが登校したのであれば、登録手続きは簡単にできただろう。ところが、何百人もの親が、弟妹も一緒に車に乗せてやってきた。実際の生徒の数倍もの人数が並んだ列は、いっこうに進まなかった。6年生の生徒たちは友人とうろうろして、私のような親が登録してくれるのを待っていた。そう、私自身も列に並んだ親のひとりだった。子どもがひとりでやれたであろうことを、代わりにやってあげるために。

明らかに、リスト2（親が子どもと一緒にやる）の段階で止まっていた例だ。だが、ソーヤーならもっと先に進めるはずと思った私は、長い行列に並びながらソーヤーを呼びよせ、登録書類を読ませて、行列の先のテーブルにいるスタッフにどう対応するかを教えた。やっと順番が来たとき、リスト3に進む準備は整っていた。息子が書類を渡して、スタッフの質問に答えている間、私はそばで担当者の質問や指示を聞いているのではなく、後ろに下がっていることにした。書類を渡してからもいくつかの手続きが必要で、身分証明書やアルバムの写真の列に並ばなければならなかった。私は息子に、自分で次の手続きをするように言った。そして、すべてうまくいった。帰宅後、私は悔やんだ。どうしてずっと息子のそばにいたんだろう。そもそも、どうしてついていってしまったんだろう。もし後ろに下がって息子に登録をさせてやらなかったら、7年生になるときも一緒についていくのか？　8年生でも？　高校になっても？　大学にも？　6年生の登録手続きが、親の手が必要なほど難しいことだとしたら、難度は年々増していくだろう。では、一生自分がその役目を果たしていくつもりか？

バイト・テシュバの経営管理チームのひとり、アダム・ミンデルは、「国境なき母親団」と名づけた親向けプログラムを率いている。国境なき母親団は、子どもの人生を管理することに没頭しすぎることの多い、依存症患者の親を支援する団体だ。「自分の子どもが苦しんだり、恐れたりすることに耐えられず、あらゆる手を使って管理しようとするのです。そして子ども自身に答えを探させようとはしません。絶えず子どもの活動を管理しようとする親にとっては、たとえ23、24、25歳であろうと、まだ腕に抱いている〝子ども〟なのです。私はそんな親に、『抱いた子どもを下ろす』ことを教えようとしています(8)」

ふたり目の子どもの場合は、親も自制心を取りもどし、子どもを下ろすことが楽になって、リストの3、4へと進みやすくなる。私もアベリーに対してはそうだった。アベリーが6年生の登録をする前夜、私はその方法について話し、娘は自分ならできると思った。当日、アベリーはひとりで行き、うまくやってのけた。

ソーヤーへの対応にきちんとけりをつけるチャンスは、7年生になる前の夏休みにやってきた。ソーヤーは、カナダ西部で開かれる12日間のサマープログラムに行くことになっていた。アメリカの子どもを他国に送り、文化の認識と理解を育てる交流プログラムだ。パンフレットが届いたとき、これはソーヤーが生活能力を身につけるチャンスだと思った。カナダについてもいろいろ学べるだろう。6カ月の間うきうきと計画を立て、その後、15時間にわたってオリエンテーションを受けて、ソーヤーも家族も準備万端だった。夫はソーヤーにスーツケースの詰め方を教え、自分の持ち物やお金の管理を教えた。私のほうは、息子を少々太らせようとした。神経質な息子は、現地であまり食べられないかもしれないと心配したのだ（結果的には、そんな心配は無用だった）。サンフランシスコ国際空港での集合時間は午前4時30分きっかりだった。私たちはほかの親と一緒に、12歳の子どもからかなり離れたところで固まり、まだ幼い我が子がこれから2週間近くも外国に行ってしまっても、少しも心配じゃないというふりをしていた。

バンクーバー行きのフライトのチケットカウンターが開いたとき、親の行動は2種類に分かれた。Aグループの親は、チェックインの手続きを全部やってやり、子どもはそのそばに立っていた。ちゃんと耳をかたむけているかどうかはわからない。Bグループの親は、後ろに下がって、子どもに自分でチェックインさせた。私たちはBグループだった。チェックインに手こずるようなら、親がまだ近くにいる自国の空港で経験させておいたほうがいいと思ったのだ。そうすれば、バンクーバーで飛行機を乗り換えるころには、自分のスキルに自信がついているだろう。つまり、リスト4をやる必要に迫られる前に、リスト3をやっておくということだ。

Aグループの親の多くは、子どもたちの近くに群がり、セキュリティチェックの列で運輸保安局の役人にさえぎられるまでついていった。けれども、私の息子はひとりで行った。世界に乗り出していく息子が視界から消えるやいなや、セキュリティチェックや飛行機で何かあるんじゃないかと、とても心配だった。同時に、歩み去っていく息子の姿を見ながら、誇らしさと感嘆で胸がいっぱいになった。12日後、ソーヤーはさらに自信をつけて帰ってきた。持ち物も、98パーセントはちゃんと持ち帰ってきた。母親にとっても息子にとっても、「任務は完了」したのだ。

リスト4に進む——子どもが完全に自分ひとりでやる

近所に住むローリーとエリック夫妻には、10歳から16歳の4人の子どもがいる。長男のザカリーはソーヤーの友だちだ。ローリー夫婦は、私たちよりもずっと上手に、子どもたちに生活能力を教えていた。数年前、ザカリーが我が家に泊まりにきたとき、私が子どもたちに昼食をつくっていると、ザカリーはこう言った。「学校のある日には、僕たちきょうだいはみんな、自分で自分の朝食を用意するし、ランチボックスも詰めるんだよ」

私はコーヒーカップを取り落としそうになったた。まさか、いちばん下の子（当時はまだ5歳）まで、自分で用意するわけじゃないよね？　ところが、ザカリーの母親であるローリーが後日教えてくれたとおり、彼女の子どもたちは4歳になったら自分の朝食を用意することになっていた。その間に、ローリーとエリックは運動してシャワーを浴び、出かける支度を整えられる。私には想像もできなかった。あの小さな末っ子に、何ができるというのか。次にザカリーが来たとき、もう一度、実際の様子がわかるように話してほしいと頼んだ。私の子どもたちは、私と目を合わせないようにしながら、「変なこと思いつかないでよ」とつぶやいていた。ザカリーは淡々と語ってくれた。「食器棚の下のほうに、シリアルと皿とカップが入ってるんだ。ミルクは冷蔵庫の下の段。ママたちは、僕が小さなころにやり方を教えてくれた。弟や妹は、僕を見てやり方を覚えたよ」。ザカリーの口調は誇らしげだった。そして、自分でやるべきこと（自分でできること）を次々に語ってくれた。誇りをもって、自信たっぷりに。それなのに、私の子どもたちは、自分のためになんでもつくってもらい、解決してもらい、やってもらうことに満足しているのだ。

2013年から2014年にかけて、カリフォルニア州メンローパークにあるオーク・ノル・スクールという公立小学校が、その年度の学校目標である「自信をつける」取り組みの一環として、コンサルタントとしてレノア・スクナージを呼んだ。スクナージの著書である『自由に羽ばたける子ども（フリーレンジ・キッズ）を育てよう』[9]を読んだ学校の心理カウンセラー、ジェニー・ライアンが、その理念を「のびのびプロジェクト」として学校活動に組みこむことを提言したのだ。

プロジェクトが終わったとき、私は電話でジェニーと話した。そしてオーク・ノル小学校の副校長のふたり、クリステン・グラシアとデイビッド・アッカーマンとも話した[10]。アッカーマンはこう言った。

「気骨や自立について、ありとあらゆる用語を耳にしてきました。どれもみな、子どもたちに備えてほしい資質です。しかし、ただ口で言いきかせるだけで、育んでいくための計画は全然ありませんでした。どうすれば子どもたちに実践させ、それを見守って指導できるだろうかと考えて、『のびのびプロジェクト』をやろうということになったのです」

教師たちは、親も巻き込んだ。親が子どものころにこなしてきた仕事や、味わっていた自由を思い出してもらい、それをいま、自分の子どもには与えていない理由を考えてもらったのだ。それから子どもたちにも、自分自身でやりたいことを選ぶように言った（両親の許可のもとで）。このプロジェクトは自由参加だったが、150人近い生徒が参加した。ひとりで自転車に乗ったり散歩したりすることや、両親を駐車場で待たせたまま店に入って買い物をすること、家で自分や家族の食事をつくることなど、プロジェクトの内容は多岐にわたった。子どもたちは親と一緒にやったことのある課題や、親に見てもらいながらやったことを選んだ。それは、リストの4番目に進むチャンスとなった。

5人の生徒がパネラーに選ばれ、自分たちのプロジェクトの詳細を紹介し、生徒や先生、親からなる聴衆の質問に答えることになった。5年生の男子生徒は、近所の図書館までひとりで歩いていった報告をして、「そのおかげで、自分の時間がもてました」と言った。聴衆のひとりが尋ねた。「みなさん、緊張しましたか?」。2年生の女子生徒から、断固とした答えが返ってきた。「いいえ! 緊張はしませんでした。自分で選んだことですから!」

グラシア副校長は言った。「親というものは、つい心配しがちです。何かをやる機会を与えられた子どもは、その後少し成長し、自信をつけます。それは確かです」。カウンセラーのライアンも付け加えた。「やり終えた子どもは、文字どおり光り輝いて見えます。まるで、数センチも身長が伸びたように見えるんです！」

親と生徒は、その自由なプロジェクトを賞賛した。彼らが新たな見方を手に入れたことが最もすばらしい、とグラシアは感じた。「いまや、親は『なぜ自分が不安を抱いているか』を考えるようになり、『だめ、あなたはそれをやっちゃいけません、まだ子どもだから』と反射的に反応することがなくなりました。自分が代わりにやったら、子どもに自信をつけさせられるかどうかを考えるきっかけを与えることができたのです」

完璧を望まない

子どもに身の回りのことを自分でさせる際に大きな障害となるのは、危険に対する心配以外にもいくつかある。自分なら完璧にやり遂げられるのに、子どもにはそんな完璧さが望めないということも、そのひとつだ。たとえば、私は自分の子どもたちの食器洗い機の使い方を見て、たじろぐことがある。けれども、もし私がこっそり全部やり直したとしたら、翌日食器洗い機を開けた子どもたちはがっかりしてしまう。次の機会に、一緒に食器洗い機に向かって、きちんと皿を並べるともっときれいに洗い上がると教え、やり方を見せてやるほうがいい。ある程度まで自由にやらせ、試行錯誤を重ねて上達させることが、子どもたちが（そして大人も）自分でやる方法を身につける唯一の方法だ。完璧主義は、子どもの成長を妨たげるのだ。

バイト・テシュバのサポートを受けて、レイチェルは新しい生活を始めた。アルコールとドラッグを1年間断ったあと、ロサンゼルスの大学に通い、たった3年間で心理学と神経科学の学位を取った。けれども、もう成績はオールAではない[11]。

「ドラッグを毎日摂取しながら、なんとかオールAを取っていたの。成績は、私にとって大事なことだったから。学校に戻ったとき、初めてBを取ったの。よりによって、倫理学でね。そのとき、私はこう思った。ちょっと待って、酒もドラッグもやっていないのに、Bを取ったわ。Bなんて失敗のしるしだとずっと思っていたのに。そして気づいたの。大丈夫、Bを取ってもちゃんと生きていける、完璧である必要はないって。自己嫌悪のなかには、完璧主義がひそんでいたのね」

レイチェルはいま、カリフォルニア大学ロサンゼルス校（UCLA）で、看護学の修士号を取得しようとしている。博士課程に進むかもしれない。進化心理学を学び、その方面にも興味を抱いている。

「何万年もの昔の子どもは、自活する方法と家族を養う方法を学んでいたわ。現代の子どもはなんでもやってもらえる。生物学的に言って、人類は自活し、生命保存を欲するようにプログラムされているのよ。なのに、現代の生活は、遺伝子のプログラムと完全に矛盾している。人類の不幸の大半は、進化の経路を外れたところから発生しているという意見には大賛成よ。子どものころからやり方を学びはじめれば、自立して生きるという目標が得られるわ」

15 自分で考えることを教える

（ある学生は）自分が学ぶ内容について考えたいのに、時間がありません、と言った。どの科目にもAを取ろうとするのをやめようと考えたことがありますか、と尋ねると、学生はまるで私が不埒な提案をしたかのような目つきで見返してきた！(1)

――ウィリアム・デレズウィッツ

ふと気づくと、親は自分の子どもたちの将来の姿を思い描いている。何をして生計を立て、どんなふうに充実した人生を送っているのだろうか。仕事に成功し、立派な市民として社会で認められ、いつの日か夫婦やパートナー、父母の役割を果たす姿を想像すると、誇りで胸がいっぱいになる。その夢のような未来では、子どもたちは考え方を学んでいる必要があるだろう。つまり、自分で物事をよく考え、理解しなければならない。自分の手できちんと調べ、自分の意見をしっかりと持って筋道を立て、問題の解決方法や、議論の賛否を決めるのだ。機械的に答えを出したり、ほかの誰かの指示通りに動いたりするロボットになるのではなく、自分の頭で考えるようになってほしい。けれども、現在の学校の大半は、まる暗記やオウム返しを推奨しているし、家庭では過保護と過剰な指示、世話のしすぎが幅をきかせている。子どもが自分で考えるべきことを、代わりに考えすぎてしまうのだ。ルネ・デカルトは言った。「我思う、ゆえに我在り」。自分の頭で考えさせてやらなければ、子どもは「在る」ことができなくなるのではないだろうか。

また、思考は、実存のために必要なだけでなく（それだけでも十分だろうが）、経済的にも必要なものだ。

思考の重要性

ダニエル・ピンクは２００９年のベストセラー『モチベーション３・０——持続する「やる気！」をいかに引き出すか』（講談社、２０１０年）で、21世紀に働く従業員にとって、理解能力が非常に重要であると述べた。アルゴリズムに基づく作業（一連の指示を与えられ、目的に向かってひとつの道筋を進むもの）は外部に委託されるか、コンピュータに任されてしまった。今日のアメリカでは、雇用拡大の70パーセントは自発的な判断を必要とする仕事となっている。アルゴリズムが存在しない問題について熟慮し、可能性を試して、新たな解決方法を正確に導き出さなければならない。(2) 21世紀の労働者は、自分の頭で考えなければいけないのだ。

30年以上にわたって学生にクリティカル・シンキングを教えてきた非営利の教育団体、クリティカル・シンキング財団は、「急速な変化を遂げ、複雑さと相互依存が増大している世界で経済的・社会的

に生きのびるためには、クリティカル・シンキングが欠かせない」と警告している。(3)

2000年、ドイツの研究者アンドレア・シュライヒャーは、「生徒の学習到達度調査」(PISA)を開発した。21世紀の大学、職場、そして人生で成功するために必要な、各国の10代の若者の思考能力を測定する手助けとなるものだ。(4) PISAは、子どもに方程式を解かせたり、詰め込み学習で得られるような短期的知識を求めたりせず、多項選択式の解答欄(それは無限の可能性を4〜5個の選択肢に狭めてしまうし、正答を推測できることも多い)はもうけない。その代わり、自分のもてる知識を総動員して、現実世界の状況やシナリオに対応することを求める。そこでは、クリティカル・シンキングと効果的なコミュニケーションが必要になる(たとえば、あるグラフが主張する内容が本当にそのとおりなのか、インフルエンザ予防接種を呼びかける公共ポスターが効果的かどうかなど)。つまり、PISAの目的は、子どもに自分自身で考えるよう教えているのはどの国かを明らかにすることだと、調査ジャーナリストのアマンダ・リプリーは2013年のベストセラー『世界教育戦争』で述べている。

PISAのテストは2000年に初めて行われ、アメリカを含む数十カ国の10代の若者が受けた。以来、3年ごとに実施されている。リプリーの言葉どおり、PISAで高得点をとるのは、学校の資金や人種や階級とは関係ない。高得点を収めるのは、教育者や親が厳しく学習させ(かなりの高基準をもうけ、それに向けて努力させる)、熟達度(学習した内容を適用することで示される高い理解レベル)を上げている国なのだ。

例年、アメリカの若者のPISAのスコアは平均レベルにすぎず、教育、経済的生産性、リーダーシップ、革新性など多くの点において世界の指導的存在を自負する国としては忸怩たる結果となっている。

PISAのスコアは、アメリカの子どもが厳しく扱われず、熟達度を得られない状況にあり、自分で考えることを学んでいないことを示している。この結果を見れば、アメリカの子どもが、現実の世界で成功するために必要な、複雑な意思決定や効果的なコミュニケーションのスキルを持ちえないであろうことが予測できる。

２００６年、行動・社会科学の研究機関であるアメリカ研究学会が、その不吉な予測を裏付ける報告を発表した。「4年制大学の過半数、および2年制大学の75パーセント以上の学生が、ニュースなどの分析や、文書の理解、小切手やレストランのチップの支払いに必要な計算などの、複雑な課題をこなす能力に欠けている(5)」ということだ。

クリティカル・シンキングというのは、単にニュースを理解したり小切手帳（これ自体はすでに時代遅れではあるが）の清算をしたりするだけではなく、もっと幅広く、奥深いものだ。ウィリアム・デレズウィッツは、『優秀なる羊たち』で、多くの若者の〝羊のような〟状況について述べている。彼の目には、若者たちは両親や教育者や社会が高く掲げるフープの中を、次々にジャンプしながらくぐりぬけ、よい成績を収め、賞賛を得ていくように見えた。彼らの前には、エリート大学やエリート職業の狭き門が開かれていくが、デレズウィッツによれば、彼らの心は閉じているのだ。彼らは曖昧な知的領域で悩むことも、記憶した事柄の是非について論争することも教わってこなかった。望まれたとおりのことをやり、それが本当に自分のやりたいことかどうかも、その理由も自問しない。そうなってしまったのは、思考や学習よりも達成度や完成度の価値を優先する社会的・文化的環境のもと、「テストのために教える」学校教育と、専制型の（あるいは迎合型／寛容型の）両親のいる家庭の両方が原因だ。

学校で損なわれる思考

2001年の著書『学校教育』[6]で、スタンフォード大学の教育学者であり非営利組織チャレンジ・サクセスの創設者であるデニス・ポープは、アメリカのK‐12（訳注：幼稚園から高校までの一貫教育）学校に見られる、いわゆる「テストのための教育」について書いている。そういった教育を受けた子どもたちはロボットのように振る舞い、脳に入ってくる知識情報を、宿題や学校のテスト、共通テストなどで放出する。2002年に制定された連邦政府政策「落ちこぼれゼロ運動」は、ポープが2001年に書いた「テストのための教育」をさらに推進しただけで、思考を育てるために必要な厳しさや熟達を進めることはできなかった。全国的な賞賛を受けた2010年の映画『ゴールのない競争』で、制作者のヴィッキ・アベルズは、ポープが調査した子どもたちの実態を映し出した。

ポープの調査では、子どもたちがしている〝勉強〟は、〝学ぶ〟ことにはなっていない。子どもたちは多大なストレス（よいストレスではなく、心理的負担を与えるストレス）を受け、よい点数や成績を取るために、あるいは単に宿題を全部やり遂げるためなら、どんなことでもやってのけようという気持ちになる。そして、カンニングが蔓延する。生徒を題材に深く引き込むような宿題には価値があるが、生徒を忙殺させるだけの課題なら意味がない[7]。けれども、「教師や教育関係者、親たちは、厳しさと負荷とを大きくはきちがえている」[8]とポープは最近になって述べている。著述家で社会評論家のアルフィ・コーンは、宿題に関する大規模な調査結果に批判的な目を向け、そこに益があるとはまったく証明されないと結論づける。[9]それでも、周知のとおり、宿題はなくならない。

クリティカル・シンキング財団は、「テストのための教育」というタイプの教育を、「母鳥の方法」だと述べている。子どものために何もかも噛みくだいてから、くちばしに入れてのみこませる方法だ。そんなタイプの教育を受けた子どもは、同じことを繰り返すことはできても、真に学ぶことはできず、その情報を別のシナリオに適用する能力に欠ける。その意味では、本当に知識を身につけたとは言えない。財団の報告によれば、子どもたちは、やり方や考え方を正確に教えてもらわないかぎり、何も理解できないと考えるようになる。自分たちの代わりに解決してもらわねばならず、親や教師、教科書の繰り返し以上のことをやらされたくないのだ。[10]

家庭で損なわれる思考

家庭では、宿題や試験やさまざまな活動、課題、選択に関して、子どもに自分自身で解決させない「母鳥の方法」がよく用いられる。本書の第I部を要約すると、その方法は次のとおり。

1　過保護……親は子どものバンパーやガードレールとなっている。リスクを算定し、道路を安全に横断するタイミングや、ハロウィンのお菓子を食べていいかどうかを教え、木に登ったり道具を使ったりしないように言う。危険を嫌い、商店でも、戸外でも、登下校時も、つねに目の届く範囲に子どもがいるようにして、知らない人と話さないように教える。事あるごとに子どもをほめて、教師に低い評価をされても子どもの肩をもち、どんな努力に対しても完璧だと言う。

2　過剰な指示……何をして遊ぶか、何を勉強するか、どんな活動をどの程度するか、どの大学に見るべき価値があるか、何を専攻するか、どんな職業に就くかなど、親はあらゆることを指示する。子どもの問題を解決してやり、夢を形づくる。

3　世話のしすぎ……親が子どもに代わって、教師やコーチと交渉する。子どもの人生計画のコンシェルジュのように振る舞う。権威ある人の決定を、あれこれ批判する。算数の宿題を直してやり、作文に手を入れ、書類を過剰に手直ししたり、自分で書いてしまったりする。

基本的に、過保護な親は、自分の子どもの頭の中に入ってそこに住んでいるようなものだ。映画『マルコヴィッチの穴』（訳注：俳優マルコヴィッチの頭の中に入れる穴があるという設定）を、独自の解釈でやっているわけである。子どもの生活につねに存在し、携帯電話を使って、親の考えを子どもに植えつける。それこそが愛だと思い、子どもが確実に成功して人生の目標を手に入れるためにしてやっている気でいるから、やっているのだ。しかし、親がそんなふうに振る舞うと、子どもは子ども時代のうちに自分で考える方法を学べなくなり、さまざまなことを単に〝やる〟だけとなってしまう。子どもに考える方法を教えなければ、つまり子ども自身に考えさせなければ、大学でも職場でも、そして人生においても、成功の準備は整えられない。

親にできること

自分で理解する方法を学校で教える案については、控えめに言っても、やや混乱が生じるように思われる。2009年に立ち上げられた各州共通基礎スタンダード構想（CCSSI）は、PISAの警告（アメリカの子どもがクリティカル・シンキングのスキルに欠け、大学や職場、人生で成功する準備ができていない）への対応という側面があった。しかし、カリフォルニアのソノマ州立大学に本部をおくクリティカル・シンキング財団は、30年以上にわたって、子どもへのクリティカル・シンキングの指導方法を教育者に教えてきたが、その大半が、クリティカル・シンキングの指導方法はもちろん、内容そのものを知らなかったという。学校でのクリティカル・シンキング指導の推進は、複雑な問題をはらんでいるが、それは本書のテーマではない。

ただし、自分で考え、理解する方法を家庭で親が教えることはできるし、そうするべきだ。情報や経験を機械的に処理させるのではなく、子どもが学び、経験し、決断する内容について話し合って導くのである。

基本的にクリティカル・シンキングという用語は「シンキング（考えること）」を意味する。単純に「理解すること」「知識を新しい状況に適用すること」ととらえることもできる。クリティカル・シンキングの概念は、ソクラテスの時代にまでさかのぼる。ソクラテスは、自分の弟子たち（最も有名なのはプラトン）に対し、堂々巡りをする質問スタイルを確立した。それによって、弟子たちは自分の考えの論理的根拠を見いだし、自分の推論の是非をより深く理解した。そうすることで、自分の理解した内容を違う状況に適用できたのだ。

1990年代、ハーバード大学の法学部生だった私は「ソクラテス式問答法」的な教授方法を受けた。法学部の教授の大半は、他の学部の教授と同様に、この方法を用いた。それは人を真の理解へと導く実証済みの方法であり、丸暗記させたり、解法や〝正しい〟答え、信ずべきものを教えたりする方法とは一線を画すものだ。

問題や概念、アイデアを自分で理解する子どもは、それが存在するという事実だけではなく、その理由や状況について語ることができるし、学んだことを新たな状況に適用できる。ソクラテス式問答法は目上の者に疑問を投げかけることを教えるため、子どもには不適切だという意見もある。しかし、クリティカル・シンキング財団やシュタイナー教育、モンテッソーリ教育の指導者にとっては、ソクラテス式問答法のシンプル版（質問を続けることで情報の理解を助け、決断に導く方法）は、教師や親の与える情報や答えなしに、子どもに自分で理解させるための信頼できる方法だ。教育者のジェニファー・フォックスも同意するだろう。彼女は著書『子供の強みを見つけよう――家庭と学校で才能を発見し、伸ばし、使う方法』（日本経済新聞出版社、2009年）で、「どうして？」を5回尋ねることで、核心の理解に子どもたちを導けると述べている。(11) 私はこの方法を、連続的質問法と名づけた。

自分で考える方法を子どもに教えるヒント

子どもに自分の頭で考えてほしいなら、子どもと積極的に会話するとともに、答えを教えたいという自然な欲求に逆らわなければならない。その状況に関する知識をこちらが話し、問題を解決してしまえば、会話は終わり、子どもは考えることをやめてしまう。子どもが乳幼児の場合は、状況について親がひとりでしゃべり続けるのが適切だ。子どもはそうやって言葉を覚える。しかし、幼児になれば、多少の会話が可能になり、自由回答式のいい質問に答えられるようになる。

クリティカル・シンキングを練習し、その成果を確かめるには、会話が最も適している。以下に、自分で考える方法を子どもに教えるための、親子の会話のサンプルをあげてみよう。この会話は、連続的質問法を用いている。つまり、子どもが何を話したとしても、親はつねに「何を」「どうやって」「なぜ」という点に関心を示すのだ。子どもが成長し、知性が増すにつれて、話のテーマは変わり、複雑になるだろうが、この方法は子どもが何歳であっても使える。ごく幼い子どもに対する質問は、より誘導的なものになるだろうが（親は自分の質問の答えを知っていて、その方向に子どもを導く）、子どもが年齢を重ねるにつれて、問題についての親の知識は減っていく。それでも、連続的に質問を続けることで、子どもは（そして親も）状況の理解を深めていくだろう。この連続的質問法は、あらゆる年齢の子どもに、自分で考えることを教えてくれる（無理はしないこと。親はみな忙しく、ソクラテスのように座って思索にふける時間や精神的な余裕があるとはかぎらないのだから。こういった会話を、四六時中続ける必要はない。機会があったとき、時間をとれるときに、連続的質問を取り入れてみよう）。

1　学齢前の子どもとの会話

最初にあげる会話例は、子どもの知識をほめてやりながらも、考えることを教えないものだ。

子　ちょうちょだ！
親　そう、ちょうちょだね。よく知っているね！　色は何色かな？
子　オレンジと黒。
親　そうだよ！　とってもお利口だね。

同じ状況で、連続的質問法を使った会話の始め方は次のとおり。

子　ちょうちょだ！
親　わあ、ちょうちょは何をしているのかな？
子　お花にとまってる。ほら、次の花にとまった！
親　どうしてちょうちょはお花が好きなんだと思う？
子　きれいだからかな？
親　そうかもね。ほかの理由を思いつける？

……（以下略）

小さな子どもとの会話は、かなり長い時間がかかることがある。連続的な質問をすると、子どもは自分の知識を思い出したり、すでに知っていることに関連した事柄を思いついたりしやすくなる。こうして子どもは学んでいくのだ。それは、親の配慮の賜物だと言えるだろう。

2 小学生の子どもとの会話

小学生になると、親子の会話は、問題への対応に関するものが多くなる。自転車のタイヤがパンクしたとか、宿題を学校に忘れてきたといった問題への対応について、子どもは親に頼ってくるかもしれない。まず、よくない例をあげてみよう。

親　学校はどうだった？
子　よかったよ。だけど、リュックを忘れてきちゃった。
親　ええっ！　学校まで車で送ってあげるから、取ってきなさい。

この親は、子どもに自分で考えることを教えず、一足飛びに問題を解決している。子どもは状況の分析や解決法の考案を覚えないだけでなく、今後もリュックを忘れてしまう可能性が高いだろう。忘れたことでなんの被害もこうむっていないからだ。（似たようなシナリオとしては、遅刻しない時間に起きられない子どもを起こしつづけたり、いつもの交通機関に乗り遅れたら別の手段を提供したりする親のケースがある）。では、もっとよい会話例は次のとおり。

親　学校はどうだった？
子　よかったよ。だけど、リュックを忘れてきちゃった！
親　ええっ！
子　どうしたらいい？
親　どうかなあ。何をしたらいいと思う？
子　わかんない！　車で学校まで送ってくれない？
親　ごめんね、それはできない。夕方まで、やらなきゃいけないことがあるから。あなたは何ができると思う？
子　友だちに電話して、宿題がなんだったか聞ける。
親　そうだね。
子　でも、必要なものがリュックに入ってたら、困る。
親　うん、そうだね。
子　じゃあ、リュックを忘れたって先生にメールして、どうしたらいいか聞いてみようかな。
親　どちらも、いい考えだと思うよ。

……（以下略。解決法を子どもに試させよう）

子どもは、その問題について親が責任を感じていないこと、自分で解決法を見つけなければならないことを学ぶ。こういった〝愛のムチ〟の方法は、寛容型／迎合型の親にとっては特に難しいかもしれない。だが、忘れないように。最も愛のある行動は、子どもの代わりにやってあげることではなく、自分でやる方法を教えることなのだ。小学校の宿題は、中学や高校の宿題に比べれば、あまり重要でないことがほとんどだ（遅刻に関しても同様）。そのまま上の学校に進んだ場合、子どもは同じ問題に直面し、さらに厳しい結果に陥らないよう親は手助けしたくなってしまう。それよりもいま、リュックを忘れないようにする（あるいは、自分で起きられるようになる）という教訓を学ばせたほうがいい。

子どもが自分の好きな科目に気づくのはいいことだ。だがそれだけではなく、この会話が示すとおり、自分が学んだ内容を、子ども自身が明確に把握できるようになることが、真の目標である。

3　中学生の子どもとの会話

中学生はまだ子どもだが、あっという間にティーンエイジャーとなっていく。この端境期の子どもは、「間」という意味の「ビトゥイーン」から、「トゥイーン」と呼ばれる。トゥイーンたちは、親に関心をもってほしいのだが、親が過剰にかかわってくると感じると、すばやく心の扉を閉ざしてしまう。まず、よくない会話例をあげてみよう。

親　今日、学校はどうだった？
子　よかったよ。
親　スペイン語のテストはどうだったの？
子　Aをとったよ！
親　すごいね！

この親は、子どもが学んでいる内容や、興味を感じた対象ではなく、成績にこだわっている。もっとよい会話は、次のようなものだ。

親　今日、学校はどうだった？
子　よかったよ。
親　何がいちばん楽しかった？
子　スペイン語。
親　すごいね！　どうして？
子　好きな授業なんだ。
親　どうして？
子　テストではいつもいい成績を取れるし、宿題は大変じゃないし、落ちこぼれにもならないからね。

しょっちゅう手をあげているし、先生に当てられて、ほかの子がわかってないときは特に、『イエーイ！　やったぜ、行くぞ！』って気分になる。

親　どうして得意だってわかるの？

子　だって、先生が説明してるとき、何を言おうとしているのか推測できるからね。どういうことなのか正確にわかってるし、次に何がくるのかもわかるんだ。友だちにも教えてあげられるよ。

……（以下略。「どうして？」「どうやって？」と問いかけつづけよう）

4　高校生の子どもとの会話

高校生になると、子どもの内面には感情が満ちあふれ、ホルモンに動かされている。彼ら自身にも、親にとっても、謎の存在となることがある。たとえば今日はどうだったかと尋ねても、短く「よかった」という答えが返ってくるだけだろう。親としては、もっと情報がほしいものだ。親はまた、子どもが学び、経験している理由や方法が得られるよう手助けして、子ども自身や他人の、そして世界の理解を深めさせ、よりよい選択や決断をさせたいと願っている。ティーンエイジャー特有の1単語による返事には、繰り返し「どうして？」「どうやって？」と問いつづけることで（ただし慎重に、創意をもって）、経験や学んだことを明らかにさせることができる。ちょうど、学齢前の子どもとちょうちょの例と同じように。

こういったクリティカル・シンキングの会話をするとき、親は積極的な聞き手として振る舞うこと。

それによって、親が本当に関心をもっているのは宿題をしたか、成績はどうだったか、チームが勝ったか負けたかといった問題よりも、子ども自身だということも示せる。そういった会話は、充実した時間となるだろう。では、よくない会話例をあげてみよう。

親　今日、学校はどうだった？
子　よかったよ。
親　宿題は何？
子　数学がどっさり、化学が少し、それから作文の下書きをしなきゃ（深いため息）。
親　でも、『シラノ・ド・ベルジュラック』を読むのは楽しんでたんじゃなかったっけ。
子　そうだよ、だけど、読むのが好きだからといって、それについての作文を書くのが好きとはかぎらないでしょ。
親　何を言ってるの、できるはずよ。ただ、『シラノ』の好きなところを考えて、それから……。
子　お母さん、そんな単純なことじゃないんだよ。
親　わかっているわ。だけどあなたは頭がいいんだから。できるって自信をもってほしいだけよ。
子　僕はただ、終わらせたいだけだよ。

この親は、子ども自身の思い（作文がいやだ）を、「『シラノ』が好き」に置き換えた。そして、自分自身で努力すればできるという気分にさせるのではなく、子どもの言葉じりをとらえて、自信をつけさせようとした。次に、よりよい会話例をあげる。

親　今日、学校はどうだった？

子　よかったよ。

親　何がいちばん楽しかったの？

子　うーん、『シラノ・ド・ベルジュラック』を読んでるんだけど。

親　そう。どこがおもしろかった？

子　音読したとき、僕がシラノを担当したんだ。

親　どうだった？

子　すごかったよ。

親　どうして？

子　だって、僕はシラノが好きだから。

親　どうしてシラノが好きなの？

子　わかんない。たぶん、シラノがやることは全部、クリスチャンとロクサーヌの仲をとりもつためだからかな。たとえ、そうするべきじゃないことでもね。

親　どうういう意味？　どうしてシラノはそんなことをするの？

……（以下略）

シラノが好きだという漠然とした感覚をもっていただけの子どもは、もっと複雑な理由を考えるようになった。それは学校での議論や、書かなければならない作文に役立つだろう。

ただ勉強させるだけではだめ

デニス・ポープが著書『学校教育』で述べたとおり、現代の子どもたちは、学ぶことよりも、ひたすら作業をこなすよう強いられている。課題をこなし、教師が求めるあらゆる要素を5段落の作文で表現し、化学用語や数学の公式を暗記するのだ。次の課題は、人生で成功するための学校に進学することだと思っている。やがてこの考え方は、キャリアや職業上の追求にも敷衍されていくだろう。

イェール大学の入学試験事務局長であるジェフ・ブレンゼルに電話をかけて、大学で学生が受ける〝学校教育〟と自由な思考の関係性をどう見るか尋ねてみた[12]。「継続的な傾向として、大学でやっていることはキャリアを築くステップの一種だと考え、安全策をとる学生はいると思う。そのせいで、学生は完璧主義となり、実験的、革新的なことをやりたがらず、失敗を恐れる。長い目で見れば、思わしくない結果がもたらされる。20年後には、ミッドライフ・クライシス（中年の危機）を迎え、拘束服を着せられているような気分になっているだろう。教育とは与えられるものではなく、獲得するものだという認識の欠落が、害を及ぼしてきたんだ」

その考え方は、私もスタンフォード大学で見聞きしてきた。学生たちは、答えのない不確かなことに取り組もうとせず、指示されたことを首尾よくやり遂げるのに適した、慣れ親しんだ方法を続けようとするのだ。スタンフォードで新入生に英語を教える教員の話では、いまでは答案を返すときに「もっと詳しく」「どうやって知ったか?」「この動機は?」「その後、何が?」などのコメントを書き足しておくことが当たり前になったという。「先生が何を求めているのかわかりません。何を述べたらいいのか教えてください」という学生の懇願に応じてのことだ。

また、工学分野でも、スタンフォード大学の土木環境工学部建築デザインプログラムを率いるジョン・バートンは、同じような傾向を感じている。[13] バートンは製図の入門コース(建築家には工学的技能だけでなく製図法も必要)を教えているが、学生たちは目を丸くして、自分たちにはなんのスキルもないと心配しながら彼のもとにやってくるという。「人生で一度も製図を学んだことがないって言うんだ。いまではしょっちゅうだよ」

学生たちはこんなふうに言う。「いい大学に入りたいと思って、できるだけ多くのAPクラス(成績優秀者クラス)をとりました。確かに、高校では芸術が必修科目でしたが、APレベルではなかったし、ジャズバンドの活動や学生演劇など、大学の願書に有利な方法で履修条件を満たしました。両親にも、簡単な科目で時間を無駄にしないよう言われましたし。その時間で、もうひとつAPクラスを取れますから」

バートンは学生たちに、高校での学習状況を語ってみせた。「APクラスの化学を取ると、教師はこう言っただろう。『Aを取るには、95点が必要だ』。そしてすべての課題とテストに点数をつけた。さらに、早く来て実験の準備を手伝ったり、居残りしてビーカーを洗ったりしたら、120点をつけてくれたかもしれない。そうすれば、本来はCの成績なのに、Aを取ることができた。そのうえ、テストは全部マークシート方式で説明や文章は不要、実験レポートはあらかじめ教師が用意してくれた下書きにもとづいて書けばいいようになっている」。学生たちは、まるで長年の同級生を見るような目でバートンを見つめ、一様にうなずいた。

そしてバートンは、自分の講義はそれとは異なると学生に説明した。「学生たちにはこう言うんだ。『正確さではなく、過程と思考が重要だ。きみたちに望むのは、規則を破り、いちばん高い枝まで登って背後の者より抜きんでることだ。デザインするうえで、答えのない問題や危険は避けられない。デザインは問題解決のための方法であり、〝課題〟ではない』。それまで受けてきた教育で〝課題〟しか与えられなかった学生にとって、それは難しいことだ。スタンフォードの学生だから、パニックになることはないが、ストレスレベルは上がる。だが、それこそ彼らが求めているものであり、やがて受け入れるものなのだ。何かをしていいかどうかと始終尋ねるのをやめさせるには、いささか時間がかかる。私の返答は『許可ではなく許しを求めるように』、あるいは『きみにできるのか?』。5週間で、あるグループの学生たちは、それらの返答のひとつに答えるだろう。そのとき、彼らを教育というものの人間らしい側面に触れさせたことがわかるだろう」

バートンは、自分の学生たちに「学校教育を受けさせる」わけではない。考えることを教えているのだ。しかし、一部の学生には、彼は非常に苦戦している。

考えつづけることを教える

子どもの生活のなかでも、学校の勉強とその進捗は最も重要な要素と言えるだろう。現在、子どもを指導する方法や手段で重要視されているのは、情報の記憶と反復、そして宿題や試験や標準テストでいい成績を収めることだ。いい結果を出せば、「とても頭がいいね！」と言われる。しかし、調査によれば、親のそういった反応は、実際には学業の成功を促すのではなく、むしろ損なうことが報告されている。

スタンフォード大学の心理学教授キャロル・ドウェックは、継続的に成長し、学び、努力しつづける方法として「しなやかマインドセット」の概念を提唱した先駆者として国際的に認められている。[14]ドウェックは「頭がいいね」と言われた子どもが、その後の課題では成績が落ちることに気づいた。頭がよくないと判明することを恐れて、容易な課題を選択するからだ。ドウェックは、それを「硬直マインドセット」と名づけた。それに対し、賢さではなく努力を（過剰ではなく）ほめられた子どもは、しなやかマインドセットを発達させた。自分の努力が成功を招いたことを覚え、努力しつづければ、やがてもっと進歩して、多くのことを達成できると学んだのだ。そういった子どもはより困難なことにも取り組むようになり、自分自身への満足感も向上する。「努力を重視することで、自分でコントロールできるものを子どもに与えられる」とドウェックは述べている。[15]「自分の成功を制御するうちに、子どもは自分自身を見つめるようになる。生まれつきの能力を重視してしまうと、子どもは自分でコントロールできるものをなくす。失敗に対応するよい方法を与えることもできなくなる[16]」

ドウェックのウェブサイト（mindsetonline.com）では、しなやかマインドセットを発達させる段階的な方法が教授されている。ドウェックはこう語る。「困難や挫折、批判をどう解釈するかは自分次第だ。硬直マインドセットで、自分の能力が欠けていると解釈することも可能だし、しなやかマインドセットで、自分の戦略や努力を強化し、自分自身を高めて能力を向上させなければならないというサインだと解釈することもできる。それは、自分次第なのだ」。しなやかマインドセットは、物事を解明しようとする姿勢であり、それによってクリティカル・シンキングも進歩する。

自分以外のことも考えるよう教える

近ごろの子どもたちには、学校の授業と課外活動について考える時間しかないように思われる。しかし、世界で何が起こっているかを話し、自分の意見を確立するよう働きかければ、クリティカル・シンキングを発達させることもできるだろう。

教育者や心理学者には、「家族のスケジュールがどんなに立てこんでいようと、一緒に食事をとる時間をつくりなさい」というお決まりのお題目がある。調査によれば、家族で食事をとることで、子どもは自分が親にとって重要であるという感覚を抱き、その結果、精神衛生上よい効果がもたらされて自尊心が育ち、学業成績も上昇するそうだ。子どものその日の出来事について話すだけでなく、時事問題について話すことで、クリティカル・シンキングのレベルは上昇する。子どもは自分をとりまく世界への関心を抱き、まだ知らないことに対して謙虚な態度をとるようになる。

小学校に入ると、子どもは自分の信じるものに関して意見を表明できるようになる。親は自分の興味や信念、価値観、そして子どもの年齢に応じて、家族にとってどんな話題が適当かを決めなければならない。子どもの思考スキルを育てるために、時事問題についての会話を取り入れる方法を示してみよう。

1　いろいろな見方ができる話題を取りあげる……読んだ本、観た映画、家族で観たテレビ番組、学校の方針、地方紙の記事、ＰＴＡや教育委員会がかかわっている問題などが考えられるだろう。少なくとも数種類の異なる見解が可能であれば、会話はうまくいくはずだ。子どもの年齢に応じた話題を出し、小学生でも理解できるように注意を払うこと。

2　子どもの考えを尋ねる……その話題についてどう考えるかを尋ね、その理由を聞く。子どもの意見のもととなっている価値観、前提は何か？　その見解が合っていなければ、何が起きると思っているだろうか？　結果はどうなるか？　その見解が合っているとしたら、どうして事態は好転するのか？

3　あえて反論する……子どもがどちらの立場を取っても、それに対して反論してみよう。子どもが自分の意見を言うために使った表現と同じだけの言葉を用いて、反対意見を述べるということだ。その見解のほうが優れている理由と、根拠となる価値観や前提、それによってもたらされる結果を告げる。その励ますような、楽しげな態度で接すること。多くを求めすぎたり、批判的になりすぎたりしてはいけない。

4　反論に対して反応するよう促す……最初にその問題を提起したときに子どもが言わなかった理屈を見つけるよう促そう。この知的な遊びに加わる準備とやる気があるかどうかを確かめ、やりすぎて不快にさせないように気をつけること（私の知り合いの女性は、食事の席の会話で自分の見解を守ろうとして、法律家である父親に、涙が出るほど追及された。そこまでやってはいけない！）

5　立場を交替する（上級者向け）……役割を交換して、最初からやり直してみる。子どもは、もともとの見解と異なる見方の根底となる論拠や価値観を述べることができるだろうか。あるいは、新たな問題で子どもが最初の考えを述べたところで止めて、別の観点から論じるよう促してみよう。

家庭の食事の席で、世界の出来事について会話をするのは、毎晩の会話を盛り上げるだけではない。アマンダ・リプリーは『世界教育戦争』で、書物や映画、時事問題についての会話に引きこむ親をもつ子どもは、「生徒の学習到達度調査（ＰＩＳＡ）」の読解力の点数が高かったとしている。

自分で話をさせる

３章「いつでも子どものそばにいる親」で、スタンフォード大学のある1年生について述べた。両親とともにやってきて、スタンフォード在学中の研究について話した学生だ。面談中はできるだけ頻繁に直接質問をして、アイコンタクトをとろうとしたが、ずっと親だけが話していた。20分の会話が終わったとき、彼が何か考えているのか、そもそもその研究に興味があるのかもまったくわからなかった。両親がその問題にとても関心があることだけは明らかだった。

娘のアベリーが教えてくれた話がある。6年生のとき、生徒の中から選ばれて小学5年生を訪問することになったときのことだ。5年生を前にしたとき、先生は6年生に話をさせる代わりに、自分でずっとしゃべってしまった。そして、そばにいるアベリーたちのほうを向いて、何かつけ加えることがあるかどうかを確かめた。つけ加えることはなかった——ただ、先生が図書館の場所を間違っていたこと以外は。アベリーは友人たちと一緒に、にこにこしてそこに立っていた。威厳ありげに見せようとしたが、自分が馬鹿みたいに思えただけだった。その先生は、6年生に自分で話させたら、どれほど恐ろしいことが起きると思ったのだろう?

子どもの邪魔をせず、自由に話をさせてやらなければならない。その方法は、次のとおり。

1　価値を定める……子どもは自分で考えて、出会った人と会話ができるようになる必要がある。いつかは自分ひとりで、わくわくするニュースを伝えたり、自分の興味や希望を語ったり、必要な問題を提起したりしなければならない。子ども時代は、その練習をする期間なのだ。

2　自分で目標を決めさせる……子どもにできるだけ自分で話をさせ、その回数を増やそう。そうすることで、子どもは（そして親も）能力に対する自信をつける。子どもには自分で考える能力があると信じていると、つねに子どもに伝えよう。

3　練習する……自分の子どもが大人（たとえばチームのコーチや、キャンプのリーダーなど）と話をすることを知ったら、子どもの知らない情報を手助けするために親は同行するけれど、話をするのは子ども自身だし、ちゃんとできることはわかっている、と事前に念押ししておこう。教師や店員、ダンスの先生、コーチなどはみな、子どもが質問やアイデア、疑念を携えてやってくることを歓迎してくれるはずだ。話をする相手の顔に浮かぶ喜びの表情を、子どもに見せてあげよう。ただし、子どものことをいちばんわかっているのは親だ。もしも子どもが内向的ではにかみ屋なら、親がその難しい仕事をしてくれることを喜ぶかもしれない。また、何か特別な理由があって、親に話してもらう必要が生じることもあるだろう。しかし、たとえ子どもに代わって親が話をする場合でも、親は子ども自身ではないのだから、文字どおり子どもを代弁することはできないことに気をつけよう。「ジャスミンが言うには、この子の気持ちは……」「ジョーダンが言うには、関心を抱いているのは……」のように言えばいいだろう。

4　自分を抑える……話すように子どもを促したり、耳打ちしたりせず、口を出したいという欲求を抑えること。子どもが自分で話す機会を与えるのだ。店員やインストラクターやコーチを前にしたときは、文字どおり身を引いて、目をそらそう。そうすれば、話をするのは子どもだということが相手に伝わる。

5　必要があれば、自分の意見をつけ加える……子どもが大人になるまでは、ある物事について、親のほうがよく知っているという可能性が高いだろうし、親自身の意見というものもあるだろう。親の意見は大事だが、それはあくまで子どもの言いたいことにつけ加えるものであり、取って代わるものではない。優秀な管理者が職場でとる態度と同じように、地位の低い者（子ども）に先に話させてから、必要と思われることだけをつけ加えて、内容を補う。そうすることで、子どもは自信をつける。

子どもの考えと生活

スタンフォード大学では、毎週金曜の午後に、学生の相談を受ける時間をもうけていた。30分から3時間かけて、学校や個人的な問題について助言を求める学生の話を聞くのだ。専攻や大学院、サマープログラムの選択の相談や、ゆとりがほしかったり、ほかのことを追求したかったりする場合にどの授業や活動をやめればいいか、といった相談だ。どの質問に対しても、私は質問を返した。「どうしてそっちよりもこっちをやりたいと思うの？」「長期的な計画はどんな影響を受ける？　その理由は？」「もしそれをやらなかったら何を失う？　その理由は？」「なんでも好きなことをやっていいとしたら、何をする？　その理由は？」。いろいろな形で何度も尋ねることで、学生の質問を覆っている表層をはぎとり、本章で検討した、連続的質問を使った批判的対話を行っていた。

もちろん、学生が示したさまざまな事柄に関して、私自身の意見はあったが、答えを出すのではなく適切な質問をして、学生が自分を見つめられるようにすることが、私の仕事だ。学生の考えの根底にある価値観を探り、自分自身の力や進歩の余地への感覚、恐れや夢を引き出そうとした。そして学生自身に関する知識をふまえたうえで、可能な選択肢を探る手助けをするのだ。権威ある者（私のこと）の助言に頼らせるのではなく、最終的な選択のための理論付けをする方法を教え、「ほかのみんながそうだから」とか「私がそうするよう期待されているから」、これこれのことを「やらなければならない」といった、若者がよく口にする理論付けはさせない。誰かが心を開き、自分で考え、物事を解明していく様子を目の前で見るのは、身が引き締まると同時に、心躍る経験でもある。

アマンダ・リプリーは『世界教育戦争』で、アメリカのティーンエイジャーのクリティカル・シンキングの能力は悲惨なレベルであると書くと同時に、アメリカのさまざまな地域で行われている優れた教育についても報告している。そういった地域では、生徒のＰＩＳＡスコアがとても高い。だがリプリーは、楽観的な結論を下している。「アメリカのティーンエイジャーたちが、高度なクリティカル・シンキングのテストで、世界でもトップクラスの成績を収められるのは間違いない[17]」。教師のよりよい指導と、親のよりよい育て方によって、そのチャンスを与えることができるのだ。

16 厳しい仕事に備えさせる

誰かが僕のすばらしい才能に気づくのを待つよりも、ましなことをしなきゃいけないってわかったんだ。(1)

——スティーブン・パークハースト

「彼らは権利意識が強い。自分はすばらしいと思っている。その才能を見せろと背中を叩いてほしいのだ。何をしたらいいか、いつも指示されたがっている。彼らは労働倫理をもたない」

職場のミレニアル世代は、そんなふうに社会で評価されている。

２０１３年、映画監督を目指す29歳のスティーブン・パークハーストは、年長世代がミレニアル世代に対して抱く見方をパロディーにした映像作品『ミレニアル——最低で残念な僕たち（*Millennials: We Suck and We're Sorry*）』を制作した。この映像は拡散され、視聴数は３００万を超えてなお増えつづけている。(2) パークハーストはその脚本で、ミレニアルの態度への承認と、彼らを育てた親への批判を巧妙に組み合わせている。２０１４年2月、私は彼に電話をかけ、この作品を制作した動機を尋ねた。

ニューヨーク在住のパークハーストは、各国にオフィスを展開し、映画とテレビの業界で編集作業を手広く扱うデラックス社で、デジタル技術者・映写技師として働いている。ニューハンプシャー州のキーン・ステート・カレッジで映像制作を専攻し、２００７年に卒業すると、大恐慌以来の最悪な経済状況にぶちあたった。そして２０１４年まで、デラックス社でフルタイムで働きながら、こつこつと自分の映像作品を制作してきた。彼の作品は４人のミレニアルたちの語りで進行され、こんなふうに始まる。(1)
「自分たちが最低だってことはわかってる。自己中心的で、思い上がっていて、ナルシストで、怠け者で、子どもっぽい。それはものすごく残念だよ。僕たちは最悪！　もっと親の世代みたいだったらよかったのにって思っている」。男女の語り手たちは、都会に住む20歳くらいのおしゃれな白人だ。彼らは日の当たるソファや玄関の階段、ニューヨークのブラウンストーンのアパートの前の歩道で、自分の世代の権利意識や失敗、無関心などを謝罪するふりをする。

そして彼らは言葉を続ける。「何があったか知らないの。自分が特別な存在だって信じるように育てられた。何もしなくてよかった。サッカーに参加しただけで、このトロフィーをもらえた（トロフィーを見せる）。とても特別だった。うまくいかないことがあるなんて思いもしなかった。周りがベストを尽くしてくれた」

ほめられすぎて育ったことへの皮肉からもっと大きな問題へと、話題はすばやく移り変わる。たとえば、ベビーブーム政策の経済的・社会的影響やその後の二度の戦争、不動産バブル、大不況、フルタイム雇用の不足、製造業の崩壊、組合の空洞化、大学の授業料の急速な高騰化、学生ローンの負担、地球環境の劣悪化など。

皮肉が最高潮に達するのは、女性のひとりが考えこむようにこう語ったときだ。「何も考えずにひどい世代になったとしたら、おかしいわよね？」。そして、こう締めくくられる。「ミレニアル全員に代わって、ひどい世代であることを謝罪したいと思います。これからは、ベビーブーム世代のようになるつもりです。だってあなたたちは、ちゃんとやり遂げたんでしょ！」

パークハーストはこの映像を、近年発表されてきた多数の記事への反論として制作した。たとえば、2013年のタイム誌に掲載されたジョエル・スティンの「ミレニアルズ：私、私、私世代」や、2013年のボストン・グローブ紙に掲載されたジェニファー・グレアムの「怠け者トロフィーの世代」などだ。その批判の多くは、ミレニアル世代に直接向けられていた。まるで、彼ら自身がその状況を生んだかのように。けれども、彼らを責めるのは明らかに公正ではない。私は何千人ものミレニアル世代の若者たちとふれあい、そのうち数百人とは深いつきあいがある。彼らは希望に満ちた心優しい若者であり、これまでの世代と同様に、成功を願っている。職場での彼らの振る舞いに対する否定的な評価は、生まれもった欠陥のせいではなく、育てられ方のせいだ。私はスティーブン・パークハーストの反撃を見て、うれしく思った。

労働倫理の欠如

それにしても、責任を問うべき相手はともかく、ミレニアル世代が職場で前任者ほどの辛抱強さややる気を見せないという主張は、ただの冷笑的な皮肉ではない。2013年、ベントレー大学が、労働に対する心構えの調査を行った。高等教育とビジネスのリーダー、企業の採用担当者、高校と大学の学生とその親、大学の新卒者を含む3100人以上の回答者のうち、非ミレニアル世代の74パーセントが、ミレニアル世代には旧世代がもっていたような労働倫理が欠けていると回答したし、70パーセントは、ミレニアル世代には経験を積む気がないと答えた。それに対し、ミレニアル世代の回答者のほぼ9割（89パーセント）が、自分には強い労働倫理があると答えている。[3] 少なくとも、この認識の食い違いは大きく、労働倫理の定義について世代間格差があることがうかがわれる。

私たち親は、この労働倫理の職場での食い違いを修正する手助けができる。すでに12章、13章、15章で述べた方法に従えば、子どもをいつか職場で重宝される人材にするための、大きな手助けができるだろう。

本章では、それらの章を前提として、懸命に働くこと、熱心に取りくみ、最後までやり遂げることを、子どもに教える方法を見ていこう。やがて子どもは活動的な市民として仕事に就く準備を整えるようになる。子どもには「これをやらなきゃいけない、いい仕事をやると決心した」と言えるようになってほしいし、そうなれるはずなのだ。

労働倫理の構築――仕事の役割

14章で扱った生活能力（基本的な身だしなみ、持ち物に気を配ること、食事の支度、家を清潔に保つこと）は、誰もが自分でやらなければならない、第一の義務だと言えるだろう。本章では、それらの項目を最低ラインとして、より多くの仕事を子どもに頼み、家族やチームなどのための作業に取り組み、やり遂げることを扱う。専制型の親はすでにそういったことを子どもに要求しているが、その方法は独断的なものだ。寛容型／迎合型の親は、そもそもあまり要求をしない。

つまり、生活能力に加えて「忍耐とやる気」のマインドセットを教えることは、子どもの労働倫理を育てる、信頼できる子育ての証拠だと言える。

ミネソタ大学の家庭教育学の名誉教授であるマリリン・〝マーティ〟・ロスマン博士によれば、課せられた仕事をこなす子どもは、人生で成功する可能性が高いという。ロスマン博士の定義では、〝成功〟とは、ドラッグを使わず、良質な人間関係を築き、教育を修め、キャリアをスタートさせることを意味する。育児スタイルの権威であるダイアナ・バウムリンド博士（12章で取りあげた子育て研究家）が行った長期的調査のデータをもとに、最も〝成功〟している人は3～4歳で家の手伝いを始めているのに対し、10代になってから手伝いを始める人は比較的成功の度合いが低いと結論づけた。この研究結果は公式な研究として発表されることはなかったが、その後多くの学者や著述家が、ロスマン博士の結論を引用して、幼いころに手伝いを始めることの価値を論じている。(4)

ハーバード大学の学生を対象とし、学部時代から成人期全体まで追った、ジョージ・バイヤンの有名な長期的研究でも、子ども時代の家事手伝いは人生で成功するうえで欠かせないものだと結論づけられている。１９８１年のニューヨーク・タイムズ紙のインタビュー記事で、バイヤンは「個々の人生において、手伝いは中心的な役割を果たしている」と語った。その重要性は高く、家庭環境がしっかりしていれば、成人したときの精神的健康が予測できると言うほどだ。(5) 精神科医でハーバード大学の教員経験をもち、著作家でもあるエドワード・ハロウェルは、手伝いは「できる、やりたいという感覚」をはぐくみ、無能感ではなく充実感を味わわせるようになると述べている。[6]

そこで、手伝いが非常に重要になってくる。今日の子どもたちの手伝いの時間は、前世代よりも非常に少なくなっている。2008年のメリーランド大学の調査では、6歳から12歳の子どもが家事に費やす時間は1日あたりたったの24分であり、1981年よりも25パーセント減少している。[7] ウォール・ストリート・ジャーナル紙は、この調査を紹介する際に「社会学的変化が穏やかであることを考慮すれば、この減少は自由落下に匹敵する」と述べた。[8]

ウェルズリー大学の社会学教授マーケラ・ラザフォードは、1926年から2006年に書かれたペアレンツ誌（最も歴史が長く、現在人気トップの子育て情報誌）の記事を参照して、子どもと手伝いに関する社会的な期待の変化を調べた。[9] 1930年代、1940年代、1950年代では、手伝いはよくあるテーマであり、専門家も素人もよく取りあげていた。火の世話や食事の支度、大工仕事、家計管理、病気の家族の世話などの仕事だ。1960年代、1970年代、1980年代になると、ペアレンツ誌から手伝いの話題はほとんど消えてしまう。そして1990年代には再び専門家の記事に取りあげられるが、そこで言及される手伝いは、後片づけ、ペットの世話、食事後のテーブルの片づけ、汚れた洗濯物の仕分けなど、それまでの数十年間に子どもがこなしてきた仕事と比べれば「ささいな仕事」だった。1990年代以降、手伝いに関するペアレンツ誌の記事は、子どもに手伝いをする気にさせる方法に焦点が当てられるようになる。たとえば、子どもの好きなおもちゃなどに使えるポイントやおこづかいのご褒美を与える方法だ。それに対し、過去の記事では、手伝いは家庭生活を機能させ、「仕事をうまくやり遂げた誇り」を子どもに味わわせるために必要な仕事として言及されてきた。

中流階級と上流中産階級の日常生活は、前時代のように家事に忙殺されてはいない。ほとんどの家事は機械やテクノロジー、雇い人に任せられている。

その代わり、子どもの宿題や課外活動にとられる時間が増えている。ペンシルベニア大学の社会学者アネット・ラローは、そういった活動（スポーツ、芸術、家庭教師など）と子どもの送り迎えをする親の貢献を「意図的育成」と名づけ、それに消耗される親の様子を描いた[10]。これほどたくさんの予定を抱えながら、家で手伝いをする時間があるとしたら、それはまさに奇跡だろう。

そして、宿題のプレッシャーもある。宿題は自動的に、子どもが家事を手伝わなくてもいい言い訳となる。２０１４年9月、教師、親、子どもを対象としたチャレンジ・サクセス・オーガニゼーションの年次会議で、心理学者のウェンディ・モーゲル（ベストセラー著書『すり傷から学ぶこと（*The Blessing of a Skinned Knee*）』と『Ｂマイナスから学ぶこと（*The Blessing of a B Minus*）』で知られる）はこう述べた。「子どもはただ『テストがあるんだ』と言うだけでいい。そうすれば親はまるで彼らが〝ファシストの独裁者〟か〝ハンディキャップを負った王族〟であるかのように、かしずいて面倒をみてくれる[11]」。「飼い犬に宿題を食べられちゃった」という古い言い訳は、過去のものとなった。山のような宿題をこなす現在の子どもには、犬の面倒をみたり一緒に遊んだりする暇はない。

課外活動やテスト、宿題は重要なものだ。しかし、手伝いを通して子どもに教えるスキルや価値観もまた、同じくらい重要である。手伝いによって学べることは次のとおり。

・家事やチームの仕事の手伝いに対する責任感
・仕事をこなすうえでの自主性
・期限や特定の品質に仕上げる責任感
・きちんと仕事をやり遂げる決意
・困難に直面したときの忍耐力
・頼まれるまで待つのではなく、率先してやることの価値

たとえ家庭の円滑な運営に子どもの労力が必要でないとしても、子どもは家庭に貢献し、その方法を会得して、充実感を得る必要がある。いつか子どもが職に就き、一人前の市民となったとき、厳しい仕事に対して適切な方法をとれるようにするためだ。

生活能力の先に――「手助けする」「仕事をやり遂げる」

13章で挙げた生活能力を習得することの重要性は、おそらく子どもにも理解できるだろう。年少の子どもなら、自分でやること、親の手伝いをすることを楽しみ、もっとやりたがるかもしれない。10代になるまでに始めなければ、子どもは、それまでやらせてもらえなかったことをやらされることに抵抗し、怒りを見せるだろう。しかし、10代には10代なりの利点もある。高校卒業が待ち受けている子どもに、そのうち家を出て、朝は自分で起き、洗濯や炊事をやらなければならないと教えてやれば、自活するた

めのさまざまな生活能力を身につけさせる十分な根拠となるだろう。

しかし、労働倫理とは、それ以上の面倒をみることだ。たとえ自分に直接的な利益がなくても、手助けに入ることだ。私の母はいつも古いことわざを口にしていた。「やる価値のある仕事なら、きちんとやる価値がある」。生活能力を養うという意味が、子どもがオレンジジュースを自分で注いで、もしこぼしたら掃除するということだとするなら、労働倫理が意味するのは、誰かが何かをこぼしたときに、子どもが「自分には関係ない」と考えて背を向けず、手助けするということだ。

けれども、自分には関係ないことを助けたいという気を起こさせるには、どうしたらいいだろうか？ 生まれつき他者を助けたいという共感と義務感の備わっている珍しい子どもでないかぎり、教えてやる必要がある。その方法については、ロスマンの調査が役に立つだろう。また、1990年に「ヘリコプターペアレント」という言葉を生みだし、ラブ・アンド・ロジック・インスティテュートを設立した子育て専門家のジム・フェイとフォスター・クラインの仕事や、ネット上のたくさんの記事（2009年のパトリシア・スミスの記事「手助けして！ 子どもに手伝いをさせること」〈eduztion.com〉や、2012年のエスター・ダビドウィッツの記事「子どもに手助けさせよう」〈parenting.com〉、フリーランスの健康ライター、アニー・スチュアートの「家事を分割してやり遂げる」〈WebMD.com〉など）も参考になる。さまざまな情報と私自身の経験をもとに、できるだけ何もやらずに楽をしたがる子どもに自分の役割を果たさせる方法をまとめてみた。(12)

1　学齢前の子ども

ウェストチェスター誌の元編集長エスター・ダビドウィッツによれば、幼児の場合は、「子どもの熱意を利用する」ことがテーマだという。小さな子どもは大人になった気分を味わうことが大好きなので、雑誌を積むのを頼んだり、掃除用の雑巾を渡したり、洗濯物の山を洗濯場に運んで色物と白物の仕分けをするよう頼んだりすると喜ぶ。完璧を望んではいけない。家事に参加し、貢献することで、子どもは作業の達成感を深め、指示に従って認められるという自信を身につけていく。

2　小学生の子ども

小学生になると、いろいろな家事を手伝えるようになる。たとえば、キッチンを例にあげてみよう。車から食料品を運んだり、食料品を片づけたり、テーブルの準備や片づけをしたり、食器洗い機のセットや取り出しをしたりできる。

それぞれの作業を、いくつかのシンプルなステップに分割しよう。たとえば食料品を片づける場合には、冷凍庫、冷蔵庫、保存庫、その他に分類するように言う。それから、それぞれの品を適切な場所に運ばせる。通常、野菜や果物は冷蔵庫の下の段に保存するから、小さな子どもに担当させることができるだろう。もう少し年長になれば、牛乳やジュースなど、高いところに保存するものを片づけることができるようになる。小さな子どもには、買い物バッグをまとめて大きな袋に入れ、次に取り出しやすいようにする手伝いをさせよう。この場合も、完璧を望まないこと。何かを頼まれたとき、細かく指図をされるのは楽しくない。子どもは親のようにうまくはできないだろうが、それを受け入れてあげよう。回数を重ねるうちに上達していく。

キッチンで何かをこぼしたときは、「手助けする」というマインドセットを築くよい機会だ。そんなときは、近くにいる子どもを呼んで、「助けてほしい」と言おう。こぼしたものを片づける経験を積まないと、役に立つ方法はわからないはずだ。スポンジをぬらしてジュースをふいて、物置きからほうきとちりとりを取ってきて掃いて（ちりとりで受けるのは親が担当する）、などと指示しよう。完全に作業が終わるまでは休まないこと。そして「うまくできたね」と、満足感を表明する。感謝を忘れてはいけないが、まるでエベレストに登頂したかのような、大げさすぎるほめ言葉ではなく、シンプルに「ありがとう」と言おう。そういった反応を与えることで、子どもは自分の努力に対して同じようなほめ言葉を受ける経験を再びしたくなるのだ。

3　中学生の子ども

この年齢の子どもは、詮索好きなご近所に子どもを放置していると心配されることなく、外で作業をすることができる。天候が許せば、洗車をさせよう。家の前の雪かきや、草取り、車寄せにたまった土を花壇に運ぶ、落ち葉掃きなどの庭仕事を頼み、ハロウィン後の腐りかけたカボチャをゴミ箱に入れさせ、祝日用の飾りつけをさせよう。コンビニエンスストアまで自転車で行かせ、必要なものを買ってきてもらおう。この年齢になるまであまり手伝いをしたことがない子どもの場合は、眉を上げて「なんで?」「どうして?」と言い返したり、手伝えない言い訳をしたりするかもしれない。まっとうな言い訳でないかぎり、押し通すこと。理由は、「あなたの手助けが必要だから」というだけで十分だ。理由と結果を示す方法で子どもを動かすことに成功した親はたくさんいる。たとえば、「あなたの助けが必要なの。この落ち葉を掃いてちょうだい。終わったら、あなたの学校で必要な材料を買いに行きましょう」というように。

生活には、単調でつらい仕事がたくさんある。不快でつまらない仕事をこなすのは、労働倫理を築くよい方法だ。こぼしたものは誰かが掃除しなければならないし、ゴミ箱やリサイクル箱も誰かが洗わなければいけない。アリの駆除も、雨漏りでカビのはえた箱を全部運び出すのも、犬の糞の処理も、誰かがしなければならないのだ。中学生がやってもいいではないか。この場合も、感謝は忘れないようにしよう。大げさなほめ言葉ではなく、心をこめてシンプルに「ありがとう。大変だったでしょう。本当に助かったわ」と言えばいい。

この年齢になると、子どもの労働倫理をさらに育てることができる。次の指示をただ待つのではなく、次の作業ステップを予想したり、長期的に関連する各作業を考えたりすることを教えるのだ。「次回はゴミがあふれないようにしたいね。そのためにはどうしたらいい?」「トイレットペーパーがしょっちゅう切れているでしょう。どうすればいいかな?」などと尋ねればいい。成人市民として、職業人として成功するには、次のステップを事前に予想できることが重要だ。子どものためにチェックリストをつくりたいという誘惑は却下しよう。

4　高校生の子ども

この年齢では、親の仕事のほとんどをやれるようになっているはずだ。機械の扱いや高所作業などの危険な仕事もこなせるようになる。家の中では、冷蔵庫の掃除（古い品をチェックし、棚や内部の清掃をする）、オーブンや電子レンジ、コンロの掃除、掃除機の紙パックの交換ができる。家の外では、窓の掃除、芝刈り、そして屋根に登って雨どいを掃除することも可能だ。

子どもに汗をかかせよう。クリスマスツリーを立てさせ、金づちと釘を使ったフェンスの修理を一緒にやろう。屋根裏やガレージの片づけを手伝わせよう。そういった身体的な努力をすると、集中力が高まる（ＡＤＤ／ＡＤＨＤの子どもをもつ親には既知のことだ）。そして力やスタミナが増し、きつい肉体作業をやり遂げたことによる労働者の誇りが得られる。

労働倫理とは、腕まくりして、やるべきことをやり、必要なステップを予想し、指示を待つのではなく先取りして行動することだ。近所に、毎朝苦労して新聞を家に取りこんでいるお年寄りはいないだろうか？　ゴミ出しが大変そうではないか？　親自身が昔、近所の人を手伝っていた時代の話を聞かせよう。子どもも同じように、親や近所の人の生活に役立つ方法を探し始めるかもしれない。

親の権利と責任に尻込みしない

1　**見本を見せる**……ソファでくつろぎながら子どもに仕事をさせてはいけない。労働倫理を教える最上の方法は、見本を見せることだ。年齢、性別、地位にかかわらず、家族全員に求められるのは、手助けをすることだ。自分が働くところを見せて、助けを頼もう。キッチンや庭、ガレージで何かを始めるときに、「あなたの手助けが必要なんだ」と子どもを呼ぼう。

2　**助けを期待する**……親は子どものコンシェルジュではなく、最初の教師だ。子どもに労働倫理を植えつけるうえでの最大の障害は、親自身かもしれない。特に、寛容型／迎合型の親は、宿題や課外活動で忙しい子どもの幸福や楽しみに気を配りすぎる傾向がある。しかし、子どもが大人に育ったときには、手伝いから得られるスキルが必要となる。家事の手伝いは、職場での「つまらない仕事」に代わる。それをこなすことで経験を積み、出世の階段を上ることができるのだ。子どもは、何かをやれと言われるのは好きではなく、電話やほかの機器を使ったり、友人と過ごしたりするほうが好きだろう。しかし、頼まれたことをやり遂げたときには、達成感を味わえるはずだ。

3　**謝罪や過剰な説明をしない**……今日、中流階級と上流中産階級の家庭の子育ての特徴は、親がしゃべりすぎることだ。前章で見たとおり、その日の学校での出来事を通し、子どもが経験し学んだことを分析するのは、クリティカル・シンキングのスキルを得るためのよい方法である。何かの問題について話し合うのも、子どもの決断を促し、親が気にかけていることを伝えるすばらしい手段だろう。それは権威型子育ての特徴だ。しかし、専制型の親は、家事のルールや価値を明確にする。家事を手伝わせる理由と方法について、あるいは、子どもがやりたくないのはわかっているけれどもやらなければいけないということや、頼むのが心苦しいということなどを、親がしゃべりすぎるのは無駄だ。過剰な説明をすると、自分の頼みを正当化する必要があると感じているように見える。また、頼んだことの最中に、あるいは事後に謝罪してしまうと、親としての権威が損なわれてしまうだろう。親には、子どもに手助けを頼む権利と責任が備わっているのだから。子どもは一時的に不平をこぼすかもしれないが、長い目で見れば、感謝するようになるだろう。

4　明快で単刀直入な指示を出す……何をしてほしいかを明確にし、そのとおり口にする。子どもにとって初めての仕事なら、ステップごとに説明しよう。そして、引き下がること。子どもの作業中に、そばをうろついてはいけない。細かく指図しすぎず、自分がやるときとまったく同じように子どもにやらせようとしない。単に、子どもにやらせるだけでいいのだ。親がそばについて、ああしろ、こうしろと言いつづけていたら、子どもは自分でやることを学ばない。本当に自分自身でやり遂げなければ、達成感や、もう一度やりたいという気持ちも味わえないだろう。やるべきことを逐一教えられていたら、次回に先を読んで行動することを学べない。一度やって失敗したら、再びやらせればいい。「終わったら知らせて。どんな出来か見にくるから」と言い、監督が必要なほど危険な状況でないかぎり、その場を去ろう。

5　適切な感謝と意見を伝える……過剰にほめてはいけない。子どもがごく簡単なこと（ゴミ出し、テーブルの皿を下げる、犬にえさをやるなど）をしたときには、「すばらしい！」「完璧！」などと大げさにほめてしまいがちだが、シンプルに「ありがとう」「よくやったね」と優しく声をかけるだけで十分だ。過剰なほめ言葉は、本当に予想以上の努力をしたときや、まさに特別なことを成し遂げたときのためにとっておこう。

子どもがちゃんとした仕事を、もしかしたらかなりいい仕事をやってのけた場合でも、より進歩するための建設的な意見が必要だ。それはやがて仕事に就いたときも同様である。グーグルのシニアマネージャーを務める私の友人は、ミレニアル世代のチームを監督しているが、建設的な意見を部下に告げると、こんな返事が返ってくることが多いという。「なんですって？　私のはずがありません。そんな意見をもらったことは一度もありません。マネージャーか、グーグルに問題があるに決まっています」。職場で初めて評価を受けるまで、一度も建設的な意見をもらったことがないのだ。あなたの子どもは、そうならないようにしよう。

次に改善できるようなことをひとつふたつ、指摘すればいい。「ゴミ袋をこんなふうに持てば、中身がこぼれにくいよ」「グレーのシャツがまだらになっているのがわかる？　新しいジーンズと一緒に洗ったからだよ。新しいジーンズを初めて洗うときには、別に分けて洗ったほうがいいんだ。でないと、ほかの服に色が移っちゃうからね」など。

もしも、子どもが作業をやり遂げていなかったり、やり遂げたとしても完成度が低かったりしたら、指摘しなければいけない。「食事のあとに洗い物を始めたのはよかったね。皿洗いはできていたよ。でも、鍋類の手洗いが残っているし、カウンターも拭かなきゃ」。そして、にっこり笑って（怒っているのではなく、教えているのだから)、それまで自分のやっていたことに戻ろう。

子どもが家事の手伝いに慣れてきて、言われなくてもやるようになったら、いいチャンスだ。言葉やアイコンタクト、ボディーランゲージを使ってコミュニケーションをとろう。「あなたがしてくれたことに気づいていたよ、本当にありがとう」。ただしこの段階でも、それだけで十分だ。くどくどと話す必要はない。その場を去って、自分の仕事に戻ろう。子どもは心の中で喜んでいるはずだ。

6 ルーティン化する……毎日する仕事、毎週する仕事、季節ごとにする仕事を親が定めれば、生活の中でいつも何かをやらなければならないという事実に子どもは慣れていき、手伝いをすることで自分が役に立っているといういい気分を味わい、認めてもらえると気づく。「ねえ、これを手伝ってほしいんだけど」と言い続け、子どもが苦労しているところを見れば親が手助けをする、というふうに繰り返していれば、やがて子どもは、家族や友人、近所の人や同僚が困っている様子を見ると、自分が手助けできる方法を探すようになるだろう。

夢のために働く必要性——自分を信じるだけでは足りない

スティーブン・パークハーストの映像作品は、ミレニアル世代へのメディアの批判に反対するものだ。とはいえ、仲間を見わたせば、自分の世代に対する意見にもいくらかの真実があることがわかった。「そう、僕たちは権利意識をもっている。僕自身もそうです」と、スティーブンは私に語ってくれた(13)。

彼の両親はいつも、自分自身を信じなさい、そうすれば何でもできると言っていた。彼はしばらく、その言葉を文字どおりの真実として行動していた。自尊心のかたまりで、労働倫理はもっていなかった。そして、あまり成功できなかった。

「大学を出てから、仕事をいろいろ渡り歩きながら自分の映像を売りこもうとしていたけど、どうにもならなかった。僕は、問題は自分のいる場所にあるというふうに考えていた。自分のせいではない、まだ適切な場所にいないだけだというふうにね。『僕は25歳だ！　どうしてまだ有名な監督じゃないんだ？』と思っていた。大学に行き、やるべきことをやったけど、すぐに報われることはなかった。当然そうなると思っていたのに」

2009年4月、金融市場が崩壊したすぐあとに、スティーブンはあきらめて、メーン州ポートランドの実家に戻った。映画制作の夢をわきに押しやり、生計を立てるためだけにホテルの職を得た。2年後、彼にとってはとても恐ろしい考えが浮かんだ。「40歳になっても、僕はこのままホテルで働いているだろう」

絶望に沈みながら、誰かのすてきな車を駐車場に入れているとき、ひらめきを感じた。映画の成功が、向こうからやってくるわけではないことを悟ったのだ。「どれだけ『僕はすごい』と思っていても、誰も気づいてくれない。ホテルで働いているうちに気づいたんです。ただ動きまわるのではなく、誰かが僕のすばらしい才能に気づくのを待つよりもましなことをしなきゃいけないって」

スティーブンは人脈と技術を培うためにニューヨークに引っ越して、デラックス社でデジタル技術者・映写技師として働きはじめた。誰かの映画の裏方として働くよりも、自分の映画を作って暮らしを立てたいが、映画制作の夢をかなえるのは大変だということはわかっていて、計画を進めつつあった。重い学生ローンを抱えてはいるが、恋人とともにニューヨークで自力で暮らす生活と、デラックス社での仕事、自分自身の作品については満足している。「自分が正しい道を進んでいるという気がしています。数年間は、どんな道も進まず、ただ荒野を転げまわっていただけだったけど、いまは、『僕の仕事ってどこにあるんだい？』ではなく、『この先に自分の仕事がある』という気分です」

求職中に生じる労働倫理

スティーブンは暮らしを立て、成功の階段を上るためならつまらない仕事もやるつもりだ。アレクサ・ガリフォードは、彼のような若い働き手ともっと出会いたいと望んでいる。アレクサは、グループ・インサーチ社という企業調査会社の重役だ。この会社は、サンフランシスコのベイエリアの技術系企業や金融サービス企業、小売業者（ツイッターやセールスフォース、ベンチャー投資会社やヘッジファンド、セフォラ、レストレーション・ハードウェアなど）を支えるポジションに、近年の大学卒業者を斡旋している。これらの企業は、優れた若者を新入社員としてほしがっているのだ。そこでアレクサは、候補者を仕分けし、ふるいにかける。「つまらない仕事」（別名・管理的業務）が面談の話題にのぼると、候補者のほとんどが目玉をぐるりと回して見せる。だがアレクサと顧客の企業が求めているのは、腕まくりして手助けしてくれる人材なのだ(14)。

アレクサは自分の観察と顧客の意見から、若い求職者が労働倫理を示すためのヒントを作成した。

1　仕事そのものに関心を抱く……「いいですよ、管理的な業務をやってもかまいません」とは言わずに、「管理的な業務をやってのけましょう」と言うこと。「この仕事と、そのための作業をするのが楽しみです」と言おう。

2　経験を積むことに関心を抱く……その仕事は足がかりを得るため我慢するものにすぎないという印象を与えないようにしよう。「足がかり」という言葉は禁句だ。昇進や将来のことにしか興味がなく、面談を受けている実際の仕事には関心がないことがあからさまになってしまうからだ。

3　仕事についたら、先を読んで率先して動く……次のステップを予想できるようになろう。「このミーティングのためにXを頼まれた。そのあとは、YとZをやらなきゃいけないな」と心の中で考えるのだ。アレクサによれば、もし自分で考えられず、「次にどうなるか、有利な立場を持続するにはどうしたらいいかがわかる」という直感に従って行動できなければ、進歩が妨げられてしまうという。

アレクサの社員採用の話を聞いて、そのチェックリストは小学3年生に、あるいは中学1年生にも役に立つだろうと思った。しかし、誰かがつねにつまらない仕事をやり、次のステップを示してくれると子どもに思わせたら、道を踏み外させることになるだろう。私の心を読んで、アレクサはつけ加えた。「子どもたちは、合図を待つことを教わります。指示があるまで待つことです。それが、雇用主がほしがるタイプのマインドセットをもつ妨げとなっています」

家庭で懸命に働くことが、職場での出世につながる

ハンナは25歳のミレニアル世代で、まさに、雇用主がほしがるタイプのマインドセットを備えていた。デューク大学で政治学の学位を取ってから、テキサス州の金融サービス企業で働き、短い年数で何度も昇進して、シニア・プロジェクトマネージャーとして働いている。

「大学に入るまで、自分の育てられ方の違いに気づいていませんでした」とハンナは私に語った(15)。ハンナは3人きょうだいの長女で、ベイエリアの裕福な家庭に育った。なんでもしてもらえたと思われる環境だったが、そうではなかった。「両親は、私たちきょうだいが強い自主性をもつように育てました。たくさんの手伝いをさせられ、自分ひとりでやることの価値を強調されて、いつも手助けはしてもらえませんでした」。大学に入ったハンナは、親に甘やかされた学生たちと出会った。親は子どもの学生アパートの内装を整え、食料品を買い、洗濯をしてやっていたのだ。

デューク大学の最終学年時に就職活動を始めたとき、ハンナはスポーツを後援する大手企業に求職先を絞り、「そこではなんでもやってやろうと決心しました」。両親に履歴書を見せた以外は「手続きを全部自分ひとりでやりましたし、実力で仕事を得ました」。ハンナの友人の多くは、親のコネを使って就職することを当然と思っていた。「現在の経済状況では、それも間違いではありません。でも、自分で職を得て成功をつかみ、最初から生活費をまかなうことが、私にとっては価値がありました」。そう話

すハンナの声には、自信があふれていた。「一方、友人の多くは、親に家賃や車の保険料を払ってもらっていました。大人への途上の快適な時代を過ごし、大人になることの厳しさやストレスを経験しなくてよかったのです」

ハンナは「大人への途上」にあることが、職場にとってはいいことではないとわかっていた。「もしも、ステレオタイプなミレニアル世代のように振る舞いはじめたら、職場で成長するのは難しくなるでしょう。子ども時代に便利に使われることと、職場で権利意識をもつことは、密接なかかわりがあることが多いのです。子どもが手伝いをさせられず、つらいことはなんでも親に助けてもらっていたら、そういったことに職場で初めて対処しなければならなくなるでしょう」

子ども時代にやらなければならなかった仕事について尋ねると、ハンナは立て続けにあげてみせた。「毎日のベッドメイキング、おもちゃや本や洗濯物の片づけ、食器洗いと料理の手伝い、洗濯の手伝い、草むしりと水やりと庭仕事の手伝い、運転できるようになってからは母のおつかい、窓の掃除、春の大掃除、物置の掃き掃除、幅木のハタキかけ、洗車」

ハンナは言葉を続けた。「困難に対処して、上司や同僚に自分の力量を示さなければならない機会が生じたとき、別の方法をとる人がいました」。〝別の方法をとった〟友人は、大学を卒業してたったの18カ月で、3つめの職についたそうだ。「好きではないからという理由で、やめてしまうのです。最初は新入社員であり、目的は学ぶことだという概念がつかめていません。学ぶことでステップアップできるのです。さもなければ、転職を繰り返す間、親の援助を受け続けることになります」

「同い年の同僚のひとりは、あまり熱心に働かず、多くの仕事を人に押しつけ、かなりの自意識過剰で、自分の担当する仕事は少々役不足だと思っています。昇進の時期には、自分が昇進できなかったことにショックを受けました。その後1、2週間は、ふてくされた様子で午後2時か3時に退社しました。熱心に働かず、幼児のようにすねてしまったせいで、上司の覚えは悪くなり、『自分のほしいものが手に入らないなら、やめてしまえばいい』と言われてしまいました。彼女は、仕事に打ち込むということを一度も教わらなかったのです。両親にはいつも、おまえはすばらしい子だとほめられ続けてきました。そのせいで、自分と同僚を比較して正しく評価することができなくなったのです」

同僚がオフィスですねているあいだに、ハンナはより責任のある地位を獲得していき、会議に参加するよう依頼されることも多くなった。自分の望みをわきまえ、そのために熱心に働く社員を、会社は選ぼうとしている。ハンナのような人材をほしがっているのだ。

17 自分の道を自分で決めさせる

息子にプレッシャーを与えることはできたが、私が彼に求めるスキルは、プレッシャーに対応するスキルではない。

――セバスチアン・スラン

大人になったら何になりたい？　大学では何を専攻するつもり？　大人はしょっちゅう、子どもや大学受験生にそんな質問をする。そして、その答えを聞いて、笑みを見せたり、いぶかしげに眉を上げたり、顔をしかめたりする。たとえ相手のことをよく知らなくても、どの答えに価値があり、どの答えに価値がないかをよく知っているつもりでいるのだ。

すでに述べたとおり、娘のアベリーが通っていた保育園の先生が、私を脇に呼んで、娘の絵をとてもほめてくれたとき私はこう思った。「はいはい。でも、だからといって大学に入れるわけじゃないでしょ」。アベリーはたったの4歳だったが、すでに私は、娘のすべきことを考えていた。娘の芸術的才能が、その後どれほどの害を及ぼすことになるか、まだわかっていなかった。しかし、まもなく、スタンフォード大学の学生部長の仕事を通して、自分の考えの間違いを理解した。あまりにも多くの学生が、〝誰もが〟自分に学び、追求するよう期待してきたことについての話をするのだ。そして私が「では、あなた自身は何をしたいのですか？」と尋ねると、多くの学生が涙を見せた。私は、学生との公式な、あるいは非公式な会話に使う決まり文句を編み出した。そのひとつは、「自分の声を見つけ、自分に聞こえるものを大事にしなさい」だ。それは、次の言葉を私なりに言いかえたものである。あなたがこれから世界に出て何になるか、何をするかは、あなた自身にかかっている。自分にとって本当に大事なものの手がかりを、自分で探しなさい。何になるか、何をするかの許可は自分で与えなさい。

そして家では、180度の方向転換をした。アベリーとソーヤーが何か特別なもの（医師、弁護士、教師、起業家など）になると期待することをやめた。盆栽のように注意深く剪定して育てることをやめ、見知らぬ野の花のように扱い始めた。適切な栄養と環境を与えていれば、独特のすばらしい美しさを見せてくれるだろう。私が何よりも望むようになったのは、スタンフォードの教授であり大学青年期センター所長のウィリアム・デイモンが「目的」と呼ぶところのものを、自分の子どもや学生たちが見つけてくれることだ。

目的の重要性

デイモンの研究によれば、人生で幸福と満足を得るためには、「目的」の感覚が重要である。デイモンは目的を、人の「究極の関心」と定義する。それを知れば、「なぜ自分はこれをしているのか？」「どうして自分によってこれが重要なのか？」といった質問に対する究極の答えとなる。デイモンは、目的と短期的な望み（テストでAを取ること、ダンスの約束、新しい技術、チームのレギュラー入り、ある大学の入学許可など）を区別する。「短期的な望みは、長期的な重要性をもつこともあれば、もたないこともある。それに対し『目的』は、それ自体が最終的なものだ」とデイモンは述べている。

２００３年、デイモンは同僚とともに、若者の目的プロジェクトを始めた。このプロジェクトは、26歳の若者の目的を、４年かけて全国調査するものだ。調査対象者のうち、自分の生活を捧げてもよいと思えるほどやりがいのあることを見つけたのは、たった20パーセントだった。25パーセントは、自分が本当にやりたいことを感じられず、自分の知識を増やしたいとも思わずにぼんやりと生き、残りの若者は、その間のどこかに位置していた。自分の目的を見つけた者の割合が20パーセントというのはいささか低すぎるとデイモンには思われた。デイモンは近著『目的に至る道──若者が天職を見つける方法（*The Path to Purpose: How Young People Find Their Calling in Life*）』で、人間の発達に関する自らの研究の成果だけでなく、今日の社会で多くの若者が味わっている虚無感について述べている[2]。

この虚無感は、目的をもつことへの関心がないせいではない。２０１２年のネット・インパクト（キャリアを通して世界の変革をもたらす人々の支援を目的とする非営利組織）の調査によれば、大学生の72パーセントが、社会や環境によい影響を与える仕事に就くことは非常に重要であり、自分の幸福には不可欠だと感じている。ミレニアル世代のアダム・スマイリー・ポーズルスキーは、２０１４年にベストセラーとなったキャリアガイド『クォーター・ライフの突破口（*The Quarter-Life Breakthrough*）』で、多くの若者に人生の目的をもつ方法を教え、自分たちの世代の大多数が抱く望みは「有意義な仕事」を見つけることだと述べている。ポーズルスキーにとって、有意義な仕事とは「自分は誰か、自分の関心は何かということを反映した個人的な意義を与えてくれ、自分の才能を他者を助けることに使うことができ、望みのライフスタイルを経済的に実現できる仕事」である。そして有意義な仕事と対照的なのが、「平凡な仕事」だ。その仕事は生計を立てるための時間つぶしで、自分の価値観とは合わず、経済的には成功しても「自分独自のやり方で世界に貢献することはできない」。「したがって、私が話を聞いた多くの若者は、個人の適性ではなく温情的なプレッシャーに押されて道を選ぶことになる」と、ポーズルスキーは私に語ってくれた。「それは混乱や怒りを引き起こし、不幸を招くこともある。親（特に、ベビーブーマーとして現在とはまったく異なる就職状況を経験した親たち）は、子どもにとって何がいちばんいいのかわかっていない」

私は学生部長として、学生を有意義な仕事に就かせるために、目的を知る手助けをすることに強い関心を抱いた。キャリアのために勉強し、行動することを誰もが望んでいるという考えを捨てなさい、と告げ、好きなことを勉強すれば、ほかのことは後からついてくると言おう。学生にはこう語りたい。「好きなことを勉強すれば、すべての講義に出る気になり、資料もすべて読むでしょう。参考文献まで読むかもしれません。講義で発言し、教員との面談に行くでしょう。読んだものを講義の内容やその後の教授や同級生との議論と結びつけて、自分自身の考えを組み立てます。好きなことを勉強すれば、おそらくいい成績を取れるでしょう。その問題を習得したいという強い気持ちがあるからです。たとえいい成績が取れなくても、好きなことの勉強は一生懸命していたはずです。真剣に努力していたなら、どんな成績であろうと、教授はその好奇心と決意に関して、有効な推薦状を書いてくれるでしょう。それに、就職の面談では、その問題について説得力のあるスピーチができます。誰がなんと言おうと好きなことを勉強する根性があれば、まさにあなたの望んでいる成功が手に入るでしょう」

ドラッカー・インスティテュート（クレアモント大学院大学に属し、「社会を強くするための強化組織」をめざす社会的企業）のエグゼクティブ・ディレクターであるリック・ワルツマンは、私の「好きなことを勉強する」という説に同意してくれた。[4] ２０１４年にワルツマンと話し、人生の進路と目的に関するこの説に彼の見識を取り入れようとしたとき、彼の娘はちょうど大学を卒業したばかりだった。高名な著述家でもあるワルツマンは娘にあてて、経営の専門家であるピーター・F・ドラッカーの法則を人生に適用することについての手紙を書き上げ、タイム誌で公開した。[5] その手紙で、ワルツマンは娘にこう語りかけている。「おそらく、好きなことをして自分の力を発揮すれば、大きな成功を収められるだろう」。ワルツマンとの対話では、若いときに好きなことを仕事にすれば、「たっぷりと時間があるのだから、十分に習熟し、卓越した存在になれるだろう」とつけ加えてもらった。

一方、ドイツ生まれのシリコンバレーの天才（自動運転車やグーグルグラス、無料のオンライン大学ユーダシティの生みの親）であるセバスチアン・スランは、目的意識が幸福や有意義な仕事をもたらすだけでなく、成功ももたらすと信じている。[6] ２０１４年に電話をかけて、子育てについての意見を尋ねたとき、最初に彼が私に告げたのは、「私は子どもの教育の専門家ではない。いろいろな意見が世界にあふれているのは知っているけれど、それ以上のことは知りませんよ」という言葉だった。スランはそう念押ししたうえで、若者にキャリアに関するアドバイスを求められた場合はいつも、シンプルなメッセージを贈ると語ってくれた。「熱意を注げるものを見つけろ」。その言葉を聞いたとき、私はややたじろいだ。「熱意を注げるものを見つけろ」というのは、かつては哲学的な考え方だったかもしれないが、いまでは功利主義的なものとなってしまっている。まるで、それが書棚の上や岩の下に隠れているかのように、熱意を注げるものを見つけろ、すぐに見つけろ！　そうすれば、大学の入学審査担当部長にその話ができるから、と。その一般的な決まり文句の裏にひそむ彼の価値観を理解すべく、私は再度、説明を求めた。

「自分自身に耳をかたむけろ、自分の直感に耳をかたむけろ、ということです。自分の気持ちと完全に隔絶されている子どもはたくさんいる。その代わり、『何をするか教えてくれたら、それをやろう』ということに慣れている。自分のやることに熱意を注げれば、仕事は見つかるでしょう。実際に熱意を注いで行動している人は比較的少なく、もしも熱意を注げるのなら、ほかの誰よりも2倍優れているということです。仕事について、本当に成功したいと思ったときに、何をするか教えてくれる人は誰もいない。自分が何をしたいか、自分でよくわきまえておく必要があるんです。

子どもを人生で真に成功させることは、スタンフォード大学に入学させるよりも重要なことです。完璧な経歴をもちながら、熱意を注げるものをもたない人間の数は驚くほど多い。スティーブ・ジョブズやザッカーバーグ、ゲイツを見ればいいでしょう。彼らが歩んだ道は平らかではなかった。子どもたちを同時に同じものに引っぱっていくという規範は崩壊しています。親はよかれと思ってやっているし、自分自身はどんな苦難も耐え忍ぶでしょうけど、子どもの意思や思考の独立性や、自分の行動から喜びを生みだす能力は、ないがしろにされてしまいます」

リック・ワルツマンとは、自分の好きなことをやる場合に考えられる否定的な側面について話した。つまり、経済的な豊かさを得られないかもしれないことだ。これは難しい問題で、とりわけ上流中産階級の親にとっては受け入れがたいだろう。えっ、子どもの生活水準が、私たちよりも下がるかもしれないんですって？　慣れ親しんできた環境では暮らせなくなる？　私たちが住んでいるような地域に家が買えない？　おそらく、経済状況と生活費を考えれば、そうなるだろう。だが、いまこそ、成功とはいったい何を意味するのかを議論すべきときだ。子どもは慎ましい家に住み、持てる物も少ないかもしれない。けれども、好きなことをしているのなら、限りない幸福と満足と喜び、そして〝目的〟に満ちているはずだ。それが有意義な人生でないと、誰が言えよう？

デイモンはこう語っている。「子どもたちは、自分が選んだ目的に向かう道を探しているという感覚を持たなければならない。親がその選択を代わってやることはできないのだ」。親は子どもに目的を与えることも、その定義を定めることも、目的意識をもつよう強いることもできないと、デイモンは警告する。「そして、親には子どもの個性を選ぶことも、子どもの人生のシナリオを書くこともできない」

では、子どもに自分の道を歩ませるために、親に手助けできることはなんだろうか？

何よりもまず、ありのままの子どもを受け入れる

「ありのままの子どもを受け入れる」というのは自明のことだが、それでも強調しておく価値はある。親は、自分の子どもがやるべき勉強や仕事を決めるのは自分だと決心すると、子どもの本来の姿ではな

い姿（そうあってほしいと親が願う姿）として子どもを見てしまう危険に陥り、本来の姿を見つめて評価し、愛することをやめてしまう。

ジェニファー・エアという私の友人は、パロ・アルトの私立学校ガールズ・ミドルスクールの校長であり、10代の娘3人の母親でもある。子どものころ、ジェニファーは〝先生と親のいい子ちゃん〟で、自分が本当にやりたいことがまったくわかっていなかった。「学校の勉強をこなし、指示に従い、いい成績をとる方法は知っていた。生来のリーダーだと言われたけれど、いったいなんのリーダーなんだろうと思っていたの。世間のやかましい声じゃなくて、内心の声に耳をかたむけはじめたのは、30歳になってからよ」。ジェニファーはその教訓を自分の子育てと、教育者としての仕事に生かした。「子どもたちは私よりもずっと速く、内心の声に耳をかたむけてくれると信じている。それには苦労や失敗が欠かせないの」

ジェニファーが、子どもが「熱意」をもつ手助けをすることの重要性を知ったのは、10年以上前のことだ。ビング・ナーサリー・スクールの資金集めの催しに、チャレンジ・サクセスの共同設立者デニス・ポープを招いて、スピーチしてもらったときだ。デニスを招くまで、当時学齢前の3人の娘を抱えていたジェニファーは、娘たちに自分や夫と同じ道を歩ませ、小学校から大学までエリート校に通わせることの危険性をあまり認識していなかった。「だけど、デニスの話に釘付けになったわ。みんなが帰ってから、夫に言ったの。『あの子たちには健康で道徳的でいてほしいし、家を離れるときも、学ぶことを好きでいてほしい。ほかのことはどうでもいい』って。夫はこう答えたの。『それでもまだ、ダートマス大学に行ってほしいとひそかに思っているだろう？』『そんなことは忘れなきゃ。もしもそれが運命なら、放っておいてもそうなるはずよ』。学齢前の子をもつ親として、私たちは考え方と育て方を変えたわ。それ以来、『子どもたちが興味の対象や才能を見つけ、それを育てる手助けをしよう』というのが、私の信条になったの」

全国の教育者や親との会話と、私自身の観察を踏まえ、コミュニティでも家庭でも、子どもの虚像やできもしないことにとらわれるのではなく、子どもたちの実際の姿と彼らにできることに視点を変えるようになることが必要だと私は気づいた。ニューヨークのアッパーイーストサイドに住むミシェルからは、こんな話をよく耳にする。「あるがままの子どもをほめてあげなきゃ。ここではそれが欠けているわ。『間違っている』ことや、これが足りない、あれが不十分、といったことばかりが問題にされている。子どものいいところはほとんどほめてあげていない(8)」

北部バージニアに住むホリーは、心理学者のマデリーン・レヴィンの話を聞いてから、視点を変えることを肝に銘じている。「マデリーン・レヴィンの話と自分の経験から気づいたの(9)。娘に優れた才能があると言われたからといって、いつも、すべての才能に、永遠に恵まれているわけじゃない。娘は歴史と英語が大嫌いで、数学と科学が大好きなの。それでも、私は娘を英語の上級クラスに入らせた。そうしたら、成績はDだったの。マデリーン・レヴィンの話を聞いてから、考えを改めたわ。どうして、全部の上級クラスに入らなきゃいけないって言いつづけていたんだろう？　どうして、大嫌いなことをやらせるんだろう？　すべてのことに完璧であれと子どもに期待するべきじゃないって悟ったの。娘は上級化学のクラスに入って、Bを取っている。その時間をすみずみまで楽しんでいるわ」

息子のソーヤーが高校2年生のとき、私も同じような経験をした。ソーヤーは、上級化学と代数Ⅱ／

三角法を含む、たくさんの難しい科目を取っていたが、私が取るように言った3年目のスペイン語にはとても手こずっていた。毎晩、ほかの5科目と一緒に、スペイン語の宿題もやっているふりをしていたけれど、機械的に宿題をやっているうちに、どんどん落ちこぼれていってしまった。毎晩4時間以上かけて、疲れて赤くなっていく目をこすりながら宿題をやり、翌朝は学校にも人生にも楽観的な気分になれないまま起床する。週末を費やしてスペイン語の宿題を進め、翌週の負担を軽くしようとしても、負担は少しも軽くなったように思えなかった。

この状態が2週間続いたあと、家族で過ごす週末に、息子がのろのろとスペイン語の宿題に取りかかっていたとき、これは少々まずいと感じた夫と私は、命綱を差し出すことにした。私たち夫婦が息子にスペイン語を勧めたのは、スペイン語を流暢に話せるようになれなかった私の後悔があったからだった。私たちは息子と話して、バランスを整えるためのひとつの方法として、その科目をやめる選択を提案した。それを聞くなり、息子はずいぶんと元気を取りもどした。だが、大きな問題に直面した「そうするべきか、そうするべきではないか?」。その夜、息子は指導カウンセラーにメールして、翌日にはそのカウンセラーに会いに行き、十分話し合った。息子ひとりで。当然のことながら、カウンセラーは予想どおり「大学は3年間の語学学習を求めていますよ」と言ったが、ソーヤーはこう答えた。「だけど、僕は完全にストレスにやられてしまって、ほかの科目もうまくこなせなくなっているんです。この科目をやめれば、大事な科目の宿題をやる時間ができます。どのみち、大学が要求するレベルのスペイン語の成績は取れそうにありませんし」。ソーヤーはスペイン語の教師とも話して、結局、スペイン語はやめることになった。宿題はいまも大変だが、毎晩3時間でやれている。その選択のあと、息子の足取りは軽くなった。

私たち夫婦にとって、その決断は容易なものではなかった。子どもが第二外国語を学ぶことはとても重要だと思っていたからだ。実用的で重要なスキルであり、それによって貴重な文化的経験や、違う種類の気づきが得られる。それでも、ソーヤーが毎日毎晩、受けていたストレスは、手に負えないものとなりかけていた。睡眠を妨害され、人生観まで損なわれつつあったのだ。息子が好きな科目（科学、歴史、英語、写真）から最大限のものを得るほうが、スペイン語に死ぬほど苦しめられてすべてを台なしにするよりもましだと私たちは決心した。大学について言えば、入学審査担当部長のなかには、この決断に異を唱えて、その大学の新入生としてふさわしくないと判断する者もいるだろう。だが、私には自信が、途方もない自信がある。ソーヤーに適した大学は、息子がその決断をした理由を理解してくれるだろう、と。

子どもが小さいうちに、手がかりに関心を向ける

ウィリアム・デイモンたちの研究から、たいていの子どもは中学に入るころまでは自分のアイデンティティや未来について考えはしないということがわかっている。この2つについて考えることは、自分の目的を考えるうえで不可欠である。したがって、どんなに親が子どもに自分自身を知れ、大事な目的意識を育てろと言っても、内省ができるようになる発達段階の節目（その時期は子どもによって異なる）に子どもが達するまでは、とうてい無理というものだ。小さな子どもの場合、親の役目は、子ども

を観察してさまざまな体験をさせ、子どもの興味を引いたものに興味をもつことである。

デイモンはこう主張する。「親がすべきことは、子どもを有望な選択肢に導くことだ。自分の才能や興味を社会のチャンスやニーズに結びつけるために、子どもはさまざまな選択肢をより分け、よく考えなければならないが、親はその手助けができる。有望な方向に行こうとし、より可能性の高い目的を見つけようとする子ども自身の努力を支援できるのだ。親は主役ではなく、それを支える脇役だと言える。舞台の真ん中に立つのは、子どもなのだから。しかし、親が与えられる手助けのなかで最も効果的なのは、間接的な手助けである。それはとても貴重なものだ[10]」

グーグルグラスを発明したセバスチアン・スランの幼い息子は、たいていのことを自分自身で選択する。その結果、ほかの子どもたちよりも課外活動が少ない。「息子にチェスやスキーを上達させることができたかもしれない。だが自分で何かを発見する能力を奪いたくないんだ。息子にプレッシャーを与えることはできたが、私が彼に求めるスキルは、プレッシャーに対応するスキルではない。私がそばにいなくなったら、自分でやらなければならないのだ。私が息子を動かせるかどうかではなく、息子が自分でできるかどうかの問題だ。これこれのことを考えろと強制するよりも、自分で世界を見るように勧めたい[11]」

また、ポーズルスキーはこう表現する。「親ができる最上のことは、子どもの創造性と試行錯誤を認め、喜びを守ってやることだ[12]」

盆栽ではなく野の花のように育てる（特に10代の子どもの場合）

デイモンの言う「目的意識」と、スランの言う「熱意」を子どもがもつために、親はどうすれば手助けできるだろうか。ただし、深入りしすぎたり、道を示したりしてはいけない。デイモンの調査、スランのアドバイス、そして私自身の個人的な経験と観察をもとに、親が自分の道を進む子どもを支えるためのヒントをまとめてみた。特に、熱くなりやすいであろう10代への外からのプレッシャーと内面のプレッシャーが過熱する時期に、役に立つだろう。

1　**自分ではなく、子どものことだという認識をもつ**……成功したキャリアについての自分の定義や、子どもの自慢話、子どもにこうなってほしいとずっと望んできたことなどは、いったん忘れよう。それは容易なことではない。子どもの生活が自分とは別物だということを根本的に認める必要がある。多くの親が苦労するが、必要不可欠なことだ。親の生活と子どもの生活を区別できるようになることは、子どもの、そして親の精神衛生上、どうしても欠かせない。

2　**子どもの本来の姿を知る**……子どもの得意なこと、好きなことを知ろう。子ども独自の貴重な生活が明らかになる。その可能性は無限大である。家庭であろうと外の世界であろうと、子どもが得意なことや、関心を抱くことの手がかりはどこにでもある。たとえば、子どもが熱心に取り組み、興奮して話をし、困難にぶつかっても追求する科目はなんだろう？　読んでいるのはどんな本や雑誌だろう？　フェイスブックに書いたり、ツイッターでつぶやいたり、ピンタレストにピンしたりする話題はなんだろう？　好奇心を抱き、質問をしたり関心を示したりするのはいつだろう？　なかなかやめさせられないほど熱中するものは？　世界の出来事で、気にかけているのは？　どんな不当なことに心を悩ませているだろうか？

また、外の世界との接し方にも注意を払おう。人と交流するのを楽しんでいるか？　何かをまとめるのが得意か？　問題を解決するのが得意か？　大局的な話ができるか？　細部に関心があるか？　理想主義か、それとも現実主義か？　多くの情報を集めるのが好きか？　数字に強いか？　社交的か？　競争好きか？　説得力があるか？　手を使って何かを作るのが好きか？　他者を助けるのが好きか？

子どもには、自分の得意なもの、愛するもの、大事なものとともに、目的意識に満ちた有意義な生活を送る大きなチャンスがある。そのとき子どもは、ミハイ・チクセントミハイが言うところの「フロー」を経験するだろう。それは、出合った困難が自分の才能や能力よりもわずかに上回っているときに、強い関心とやる気を抱く状態だ。子どもは自分自身と自分の貢献に満足感を抱くだろう。子どもがやっていることを親が真に理解できなくても、子どもが喜んでいることは明白だ。それが何よりも重要なことである。

3　診断ツールを使う……世論調査機関ギャラップ社のドナルド・O・クリフトンは、「強み」という概念を提唱した。それは人に活力を与え、うまく利用すれば、プロとしての成功をもたらしてくれる手段だ。クリフトンのストレングス・ファインダーテスト（強みを見つけるテスト。www.gallupstrengthscenter.com）を受ければ、ギャラップ社の調査にもとづく一般的な34種類の才能やスキルのうち、自分がもつ強みのトップ5を知ることができる。世界的ベストセラーとなった『まず、ルールを破れ――すぐれたマネジャーはここが違う』（日本経済新聞出版社、２０００年）、『さあ、才能（じぶん）に目覚めよう――あなたの5つの強みを見出し、活かす』（日本経済新聞出版社、２００1年）などを著したマーカス・バッキンガムは、ストレングス・ムーブメントを職場にもたらした立役者だ。『子供の強みを見つけよう』の著者ジェニファー・フォックスは、ニュージャージー州の私立女子校、パーネル・スクールの校長をしているとき、高校のカリキュラムと教育体制全体に「強み」の概念を反映させた。

クリフトンのストレングス・ファインダーテストは、目的のある有意義な仕事を子どもが見つけるための見識を与えてくれる、楽しく役に立つツールと言えるかもしれない。対象年齢は15歳以上。同じようなツールに、個々の興味に適した職業をマッチングするストロング・インタレスト・インベントリー、社会の中で楽しく果たせる役割とやりがいを感じる職種を知る手助けをするマイヤーズ＝ブリッグス・タイプ指標（ＭＢＴＩ）などがある。これら3つのツールはすべて、高校の進路指導カウンセラーや大学の就職センターで、全国的に使用されているものだ。年少の子ども向けには、ギャラップ社の10歳から14歳向けのツール、ストレングス・エクスプローラーが提供されている。

4　関心をもち、手助けをする……子どもが関心を抱いた兆しを感じたら、それを育てる大きな手助けができる。ウィリアム・デイモンの言葉のとおり、子どもを手助けするのは、子どもの関心ややりたいことをより深く理解することだ。食事どきの家族の会話は、関心の兆しを感じ、それを育てるよい機会である。その日の出来事や学校や放課後の楽しかったことを尋ね、その理由を聞いてみよう。楽しい経験となったポイントを探る質問を続けるが、親が答えを出し、推測したいという気持ちは抑えること。子どもが抱いた関心を豊かに育ててくれるような学校の活動やサマーキャンプなどを積極的に探してあげれば、支援ができる。

5　押すべきとき、引くべきときをわきまえる……どんな親も、子どもに才能を無駄づかいしてほしくはないし、困難にぶつかったとき（たとえば楽器の練習など）にあきらめてほしくもないだろう。子どもが本当に関心をもっていることを見定めてから、多大な努力と時間と、おそらくは費用をかけるに値するかどうかを決める必要がある。子どもが何かの才能の芽をもち、さらにかなりの関心を見せていたなら、できるだけの支援をしてあげよう。だが関心が見られないようなら、たとえどんなに才能があろうとも、生涯をかけてやりたいものではない可能性が高い。それでも無理にやらせたとしたら、子どもがどれほど〝成功〟を収め、親がその出来を誇りにできたとしても、最終的には子どもの怒りを買うことになるだろう。

6　メンターを見つける手助けをする……デイモンの調査によれば、「調査対象のうち、目的意識の高い若者のほとんどには、家庭以外にメンターがいた。若者が目的を追求するうえで、メンターの存在は重要な貢献をした」という。つまり、子どもの関心を育てる方法として、その分野の先駆者のなかから、子どものメンターとなってその関心を深め、強めてくれそうな人物を紹介することもできる。子どもの身の回りには、目的意識のある有意義な生き方のロールモデルになれる大人がたくさんいるだろう。

科学好きな子どもには、科学者の叔母に、最初にその分野に興味を抱いた時期や、その興味を発展させるためにどんな段階を踏んだかを尋ねるよう勧めてみよう。飛行機好きな子どもには、航空機の建造に携わる友人やパイロットの友人を紹介して、同じ質問をさせよう。お気に入りの作家がいるなら、書店でのサイン会に連れていき、本人に会わせたあとで、どうやって作家になったか尋ねる手紙を書くよう勧めてみる。どんな子どもにも、好きなことを仕事にしている先生が何人かいるはずだ。お気に入りの先生に、どうやってその仕事を始めたか尋ねてみるよう勧めよう。教えること自体に興味がないとしても、目的意識をもった人と話すことは役に立つ。子どもは、目的とはどんなものかを理解し、自分でもそれを感じたいと願うようになるだろう。

どの年齢の子どもも、大人と会話することを考えると緊張するはずだ。しかし、教授に相談に行くよう学生にアドバイスしたときと同じように、どんな大人も、「好きなことをお仕事にされているようですが、いつ、どんなふうにして、やりたいことを見つけたのですか？」という、思慮のあるシンプルな質問には喜んで答えてくれる。この質問は、どんな子どもがどんな大人に尋ねたとしても、場をほぐす役に立つ。そのあとの会話は、科学者やパイロット、エンジニア、作家の卵のためになる話へと進むだろう。

7　将来の厳しい努力に備えさせる……ミレニアル世代の映像制作者スティーブン・パークハーストの場合もそうだったが、親は子どもにしょっちゅう、こんな決まり文句を言う。「なんでもなりたいものになれるよ」「夢はいつかかなう」。どちらも半分は正しい。自分を信じ、夢をもつことは重要だ。しかし、間違いなく、あとの半分には厳しい努力が必要だ。子どもをほめすぎて、何をやっても「すごいね！」「完璧！」と言っていると、いつか現実の世界で目的を達成する際に、感覚を誤らせることになる。子どもに現実的で建設的な意見を与えられることが肝心だ。

そのためには、現実の世界で成功するために必要なことを教えなければならない。厳しい努力、人間関係、忍耐、レジリエンス（立ち直る力）、いくらかの幸運だ。デイモンは「何かを真に習得するために忍耐することの重要性を印象づけると同時に、正直で率直な意見を与える準備をしよう」と述べている。存在する困難や限界について、知るかぎりのことを子どもに教えよう。子どものやる気を殺いだり、馬鹿みたいな気分にさせたりするためではなく、夢をかなえるためにしなければならない努力の厳しさに備えさせるためだ。

たとえば、プロフットボール選手の卵の親なら、こう言えばいいだろう。「高校のフットボール選手のうち、大学でプレーできるのはたったの3、4パーセントだよ。そのうち、NFLに入れるのはごくわずかだ……」。そのあとで、次のレベルに到達するにはどうしたらいいかを告げる。「もしそうなりたいなら、練習量を2倍にして、もっと体力をつけなきゃね。やる気になればできると思うよ。私はいつも支えになるよ」

8　子どものためにやりすぎない……子どもの関心について、親が夢中になりすぎると、なんでもやってやりたくなるものだ。だが、運転するのは子ども自身でなければならない。どんなことであっても、実現するのは子ども自身なのだ。

近年、子どもの間で、小ビジネスや社会的企業活動が流行している。それは、大学の願書で「大学側の目を引く」と思われているせいでもあるが、そういった動機は別として、子どもがスキルを発達させ、目的意識を育てるには絶好の機会となりえる。しかし、親が事業計画を立て、商品を注文し、集めた商品を保管する方法を考案し、学校や通りに運び、さまざまな問題を解決して、一日の終わりにはすべて箱詰めしてやり、子どもは看板やポスターをつくって笑顔で立ち、お金や寄付されたものを受けとるだけだとしたら、子どもの成長を手助けしていることにはまったくならない。子どもの目的への理解を深めることにもならないだろう。

シアトルに住むある親は、その様子を「副料理長のように振る舞う親と、ジュリア・チャイルド（訳注：アメリカの著名な料理研究家）のように演じる子ども」と表現した。親がとるべき態度は、わきのほうに控えて、子どもが見せる才気に注目することだ。お金の扱いやおつりを出すのがうまい？　新しい客を呼びこむのがうまい？　会話が上手？　ものを集めたり、売ったりする目的を話すのが上手？　そういった観察は、子どもの将来の目的を知る重要な手がかりとなるだろう。

9　親自身の目的をもつ……ここでは、親が中心となる。子どもはしょっちゅう親の不平を耳にしているものだ。仕事の嫌な面ではなく、魅力について聞かせよう。自分の仕事に意義や目的を感じているだろうか？　もしそうなら、その理由は？　仕事を通して個人的な成長をしているか？　他者を助けているか？　地域社会や、より広い社会に貢献しているか？　家族を養い、安全に保つ稼ぎを誇りにしているか？　その仕事は個人を表現できるものか？　意義や目的意識を与えてくれる仕事について、何でも子どもに教えよう。もし専業主婦（夫）なら、育児や家事を楽しむ理由を話そう。外で働いているなら、その日仕事で起きた重要なことについて話そう。いまの子どもたちは、あらゆることに手を出し、さまざまなことを少しずつ知ってはいるが、真に関心を抱き、時間をかけて追求した場合に得られるような深い知識はもたずに終わることが多い。親自身がどうやって目的意識を得たかを子どもに理解させれば、同じようにやりたいと思うようになるだろう。

もし親自身も、自分が生活を立てている仕事にあまり満足していない多くの中堅社員のひとりだとしたら、正直にそのことを子どもに話せばいい。悲観的になりすぎてはいけないが（親の仕事や家庭が崩壊するかもしれないという不安を子どもに抱かせたくはないだろう）、いつか本当にしたいことを、子どもに話そう。なんであれ、それに対する親の熱意は子どもに影響を与える。子どもはその計画に耳をかたむけ、夢をかなえるために前進する姿を見つめるだろう。

子どもをそばにおいておきたい？――子どもを手放そう

名誉や地位やお金が得られる、一流の方向に子どもの進路を定めてやれば安全だ、と親は考える。多くの親が、子どものためを思って必死になり、それがよい子育ての証しだと思っている。ほかの人間のために人生の設計図を引く建築家になるのだ。それがうまくいくこともある。親の直感や理想が、子どもの追求したいこととうまく合う場合だ。時には、子どもが医師や弁護士やエンジニア、コンサート・ピアニストやプロのテニス選手そのほか親が思い描いていたようなものになり、親にとって、あるいは世間的にはうまくいったように見えても、子どもはある時点で目隠しを捨て、周りにあるほかの選択肢を見て、苦しみとまではいかなくても、ある程度の不安を味わい、自分の人生を返せと主張することもある。

ウィリアム・デイモンは、子どもが目的を見つける手助けをする親の役割を強く支持しているが、それでもこんな警告を発している。「親は単に目的を与えるだけでなく、そのために強引な、あるいは押しつけがましい努力をして、悪影響を与えてしまうことがある」[13]。私は2014年の夏に、ある深刻な悪影響の例を聞くことになった。フェイスブックで見知らぬ男性がメッセージを寄こして、私がこの本を書いているのがうれしい、自分の成長期に母もそんな本を読んでくれればよかったと書いていた。数分後、私たちは電話で話していた。その男性はこんな話を伝えてくれた。

タイラー（仮名）は、大多数の目から見れば、典型的な成功者だ[14]。ハーバード大学とスタンフォード・ロースクールを卒業し、30年近く、ロサンゼルスの一流法律事務所のアソシエイトとして働いてきた。しかし、過保護な子育てによって、子どもに自分の目的を見つける能力が育たなくなってしまうという意味で、タイラーの話は教訓となる。タイラーは自分の生い立ちを、温かな声で力強く雄弁に語った。

「私は子どものころ、とても努力家だった。両親はそのことをとても評価してくれたし、そのこと自体は何も問題なかった。宿題を代わりにやってくれたわけではなかったが、どの授業の内容も熟知していたし、全部の宿題にかかわってきた。12、13歳のとき、両親は私を座らせ、大学に行かないという選択肢はないから必ず行くように、それからロースクールに行きなさいと言った。両親はどちらも弁護士だったんだ。両親がそうしなさいと言うなら、私はそうするしかなかった。いつも、両親の言うとおりにしてきたんだ。両親はただ『この道をそれずに行きなさい』と言い、その道以外はすべて、否定された」

ハーバードで、タイラーは政治を専攻した。「母は毎日何度も電話をかけてきたし、両親はしょっちゅう大学を訪ねてきた」。それはタイラーの学問の選択だけでなく、他人と交流する能力にも影響を及ぼした。大学を卒業して、ニューヨークの人材派遣会社で数年間働いたあと、両親はこう言った。「ロースクールに行く時期だよ」

タイラーがスタンフォードを選んだのは両親から離れたいという意図でもあったが、いずれにせよ、両親はやってきた。「両親は私のためにアパートを選び、家主と交渉して、家賃を払ってくれた。私は何もする必要がなかった。両親は内装まで整えてくれた。友人たちは自活して支払いに苦しみ、よく愚痴をこぼしていたが、私はいつも『それもいいものだよ。きみたちは社会に出ている。僕はまだ、両親の機嫌をとろうとしているのに』と答えたものだ」

ロースクールで、タイラーは気づいた。「同級生たちは自分の意志でここにいるようだ。なのに、自分は母親が設定したとおりの段階を進んでいるだけだ。心の奥底では、そんな助けには問題があることがわかっている。だけど、断れるわけがない。両親はどちらも若いころに親をなくしていて、僕の世話をすることが無上の喜びだとわかっているのだから」

最初の学期の間も母親は毎日電話をよこし、日に何度もかけてくることもしばしばだった。「私はずっと内気で大人しい子どもだったが、ある日ついに限界に達し、もうこれ以上、母と話したくないと思った。わきだしてくる気持ちを抑えられず、あふれさせてしまった。『僕の頭の中には母さんの声しか聞こえない！　僕は自分自身の声を聞かなきゃいけないんだ』と私は叫んだ。そして、自分自身を取りもどしはじめたんだ」

その電話は、タイラーと母親との関係を大きく変えることになった。「母とは、6カ月ほど口をきかなかった。それは母にとって、とても、とてもつらいことだっただろう。『僕は永久にいなくなるわけじゃない、でもこうすることが正しいし、必要なんだ』と母に告げ、集中セラピーを受けはじめた」

タイラーはセラピーを2年近く受けた。何かがおかしいと気づいたのはいつかと尋ねると、こんな答えが返ってきた。「子どものころ、自分ひとりで何か、歌詞を書くとか、曲を録音するといったことをすると、いつも叱られた。母にとっては、履歴書に書けるピアノのレッスンのほうがよかったから。15歳になって、自分が作って録音した歌のCDを持ち帰ったとき、母は言った。『第二のエルヴィスになれるって言われた？　言われてないの？　そう、思ったとおりね』。時には、祖母がこんなことを言ってくれた。『ああ、タイラーの声はすてきだね』。すると、母はいつもこう言った。『まあ、度を超さないようにね』。母がどうして、私が学校をやめるかもしれないとか、大学に進学しないかもしれないといった不安を抱いたのかはわからない。趣味から得られる純粋な喜びを母が認めようとしないという事実、祖母が助け船を出さなくてはと感じるほど、私の喜びを母が強く抑えこもうとしている事実は、問題があると感じた」

深い憂鬱を抱えていたという時期を回想するとき、タイラーの声は深刻になった。「虐待を受けなかったことは日々感謝しているが、ある意味で、怒りを感じるべきだったと思う。私は、怒りを抱く権利があることを知らなかった。あれは、ある種のネグレクト（育児放棄）の変形版だった。セラピーでは、ずっと抱えていたけれど、それを認めるのは正しくないと感じていたさまざまな感情に向き合った。それには2年半かかったよ」

タイラーだけでなく、どんな人間でも、教育を受けた愛情深い親が与えてくれるふんだんなチャンスと助言を批判することは難しい。「守られていることに感謝するべきだとは感じる。文字どおり、道を設定してくれる人がいれば、それはいいことだと思い、自分は幸運だと考える。けれども、真に自立し、真に熱意を抱いて行動する人々を目にしたとき、自分自身をまるで知らないことに気づくんだ。母のためにできるだけ最高の人間になろうと、自分自身の目標はないまま努力するけれど、両親は自分を個人として見てくれない。ただの一度も。自分は両親の副産物のようなものであり、両親が望む道を歩く。それは自分自身の安全のためではなく、両親のエゴを満たすためだ。そのせいで、いい仕事をしようと考えている人を見ると憤りを感じてしまう」

ロースクールの最後の2年間で、母親との関係は完全に変わり、タイラーの社会性は向上した。「とても気に入っていた。法律の勉強そのものではなく、26歳になってやっと、大学1年生が感じるような自由を味わいはじめたことをね」

その2年間に、家族とも交流をもっている。「父は決して私を押さえつけようとはしなかった。ただ、母の言うとおりに従っていただけだ。父と話すことがあっても、それはいつも表面的な話だった。だけど、母との交流を絶ったとき、父は仲介役となってくれた。母に『タイラーの言うことにも一理あるよ』と言ってくれた。一方で、母は自分の友人に『タイラーは私に腹を立てているの』と愚痴をこぼし、友人はそのたびに『放っておきなさい、タイラーは25歳なんだから』と答えた。友人には見えていたことが、母には見えなかったというわけだ。母の目に映っていたのは、自分がコントロールできる息子の姿だけだった。そのコントロールを完全に断ち切るまで、母は私を成人男性と見なしてくれなかった。

いまでは、週に1、2回は母と会話している。すべてが変化し、ずっとよくなった。母は『ごめんなさい。妹にはもっといい態度をとれたと思うわ』と言う。それ以上踏み込むのは、母にとって酷なようだ。母は、子どもよりも自分自身に関心を向ける必要があったと思う。私に向けていた関心の20パーセントを自分自身に向けていたら、すべてがもっといい結果になっていただろう。子どもが生まれたときに、親は『この子に集中しよう。完璧にやろう。やっと、私がコントロールできるものを手に入れた』となってしまうんだ」

タイラーは、人生は変えられると気づかせてくれたエックハルト・トールの言葉を信頼している。その言葉は彼の内面に響いた。「トールはあるインタビューで、親の付属品として生き、自分自身をもたない子どもについて語った。その言葉は、私に直接語りかけてきたんだ」

ウィリアム・デレズウィッツも同じ意見だ。『優秀なる羊たち』で、彼はこう述べている。「親の承認よりもずっと重要なものがある。承認なしで行動することを学ぶことだ。それが、大人になるということだ[15]」

18 困難を標準化する

私たちはともに泣き、恐怖と悲しみに直面する。あなたの苦しみを取り去りたくなるが、そうはせずに、そばに座って、それをどう受けとめればいいかを教えよう。(1)

――ブレネー・ブラウン

数年前、スタンフォード大学の同僚のアディーナ・グリックマンは、難局（B評価を含む）を処理する能力に欠ける学生が増えていることに気づいた。アディーナは学力指導を担当し、学力支援プログラムを統括して、時間管理、テストへの不安や先延ばしの克服、ノートの取り方などの学習スキルを学生に教えている。子ども時代のように完璧にできないと、途端にうまく対処できなくなる学生の増加を心配し、アディーナはハーバード大学のアビゲイル・リプソンに相談した。アビゲイルは「成功と失敗プロジェクト」を始めていて、「非難と拒絶」と題したパンフレットを出していた。アディーナとアビゲイルはいま、「失敗の経験をしていない」学生はどんどん増えているという判断を下した。

人間ならごく当たり前の、自分自身の不完全な面に、10代後半、あるいは20代初めになって初めて直面するとしたら、その学生は「さっさと払いのけ、もう一度やり直して、今度はやりとおす」精神力に欠けているだろう。その力は、子ども時代に培える。なぜなら、培っておくべきものだからだ。アディーナは「スタンフォード・レジリエンス・プロジェクト」を立ち上げた。プロジェクトには、スタンフォードのメンバー（学生、最高裁判事、コンピュータ・サイエンスの教授、そして私）によるオンラインの動画ライブラリーやPDFファイルが含まれ、それぞれの努力や失敗、拒絶、対処方法、学んだことが共有されている。[2] このプロジェクトの目的は、努力を標準化すること。誰もが困難にぶつかるのだから、困難を恥じる必要はないと学生に感じてもらい、困難によって教訓を学べ、新たな可能性を追求できると示すことである。初期の調査によれば、スタンフォード・レジリエンス・プロジェクトは学部生によい影響を与えていると思われる。

だが、失敗の恐怖と、困難に対処する能力の欠如という問題を抱えているのは、スタンフォード大学やハーバード大学の若者に限ったことではない。そういった局面は、今日のアメリカの中流階級および上流中産階級だけでなく、世界じゅうで増えているのだ。

国際的に著名な教育者であるサー・ケン・ロビンソンが、2006年のTEDトークで子どもの創造性への圧迫について語ったスピーチは、2800万以上の視聴数を弾き出し、歴代ナンバーワンの記録となった。ロビンソンはこう述べた。「現在運用されている国の教育制度では、失敗は最悪のことだとされている。しかし、間違いをする心構えができていなければ、独創的なことは決してできないだろう。大人になるころには、ほとんどの子どもがその能力を失ってしまう。間違うことを恐れるようになってしまうのだ[3]」。軍の士官を目指す子どもですら、その影響は免れない。陸軍士官学校（ウェストポイント）の教授で、化学・生命科学部の学部長を務めるレオン・ロバート大佐はこう語ってくれた。[4]「ウェストポイントや軍隊で、今日の若者のレジリエンス（立ち直る力）は昔より下がっているという話が出る。ハイスクールを卒業したばかりの新人に声を荒げれば、彼らは涙ぐむ。それまで行いを正されたことが一度もなかったかのようだ。人はいったん倒れて起きあがり、ほこりを払ってもう一度進むという経験が必要だ」。依存症患者にはレジリエンスが欠けていることが多い。ロサンゼルスの依存症治療施設、バイト・テシュバのハリエット・ロゼットは、「成功を導いてくれるのは、レジリエンス、グリット（やり抜く力）、倒れても立ち上がれる力よ。不快さや失敗を味わう経験ができなければ、そういったことに対処する感覚は身につかない」と言う。[5]レジリエンスの欠如は、職場の若者にも影響を与える。ミシガン州立大学で学生の就職を担当するフィル・ガードナーは、「雇用主は労働倫理とレジリエンスを備えた学生を好む。そんな学生は、中間所得層、あるいは低所得層やブルーカラーの場合が多い」と言う。[6]ティーチ・フォー・アメリカ・ベイエリアのエグゼクティブ・ディレクター、エリック・スクロギンスも同意する。「我々はグリットとレジリエンスで選択する。22歳の若者から無作為に選んでいるわけではない。向上心に富み、忍耐力を見せた上位15パーセントを採用する」[7]

スタンフォード大学の現況を、私はこんなふうに感じている。子どもがいい成績をとる環境を親が必死に整え、人生のでこぼこ道を平らにしてやり（遊びでも、学習でも、人間関係においても）、何をやってもその出来の如何にかかわらず「よくやったね」「完璧」などとつねに大げさにほめていたら、子どもは大学で壊れてしまい、BやC、D、あるいはFという最低の評価をとってしまう可能性がある。そしてルームメイトとの間に誤解が生じ、チームやクラブ、社交クラブから拒絶されても、親にはもはや修復することができない。

ミレニアル世代の映像を制作した若い映像制作者、スティーブン・パークハーストを覚えているだろうか。映像制作者としての自分の才能をいつ認めてもらえるのだろうか、と思いながらホテルで働いていた彼は、ある日、時間を無駄にしていることに気づき、母親がよく言っていた、「前向きな態度でいれば、すばらしいことが起きる」という言葉を思い出した。子ども時代はその言葉を心地よく感じていたが、現実の世界でもがいているうちに、憤りを感じるようになった。[8]「母の言葉は馬鹿げていた。いわゆる、親の甘やかしだった」とスティーブンは振り返る。母親は、当時の親に推奨されていた言葉を言っていたにすぎないし、ベストを尽くしてくれていたこともわかっている。それでも現在、親たちに言いたいのは、「もちろん、すばらしいことが起きると子どもに言うのはいいことだ。でも、それを達成するには、懸命に努力しなければならないと言うことも忘れないでほしい」ということだ。

ウェストポイントのロバート大佐も、その点には賛成だ。[9]「自分個人の責任を取り、自分の仕事の品質目標を受け入れる必要がある。みんながみんなスーパースターではない。スーパースターだと誰にでも言うことをやめなければならない」。ウィリアム・デレズウィッツもまた、この〝スーパースター〟志向を嘆く。「頂点を極めたいのか？　頂点などない。どんなに高く登ろうと、その上にはつねに誰かがいる……最後にはどうなるかを教えよう。どこか中間地点で、残りのみんなと一緒に終わるんだ[10]」

困難なことに取り組み、忍耐力を養う機会を奪う一方で、つねに子どもがいちばんになるよう手配をして、子どものすばらしさをほめたたえる。よかれと思ってやったことで失敗してしまうという、典型的な例だ。おそらく、親が子どもを挫折や失敗から〝守る〟ことが、子どもを傷つけてしまいかねないことに気づいていなかったのだろう。だが、それはありえる。成功とは、親切なよい人間になること、そして成果を問わず懸命に努力をすることだと再定義する必要がある。子どもが立ち直り、うまくいかないことに対処する力を得る手助けをしなければならない。しかし、どうすればいいのだろうか。子どもの苦しみを目にしながら平気でいられる親など存在しないのに？

ときおり、私はこんなジョークを口にする。私のような親は、大学が忍耐力やレジリエンス（立ち直る力）を評価するようになるという噂を聞けば、そういった力を自然に発達させる機会を奪われた子どもも時代とはどんなものかを吟味することなく、厳しいサマーキャンプに子どもを入れるだろう。はたして、そんな事態になるだろうか？　エリート大学の入学許可は、まるで聖杯のように手に入れがたく思える。それを手に入れるために、子どもの代わりに願書を書いてやるなどとんでもないことをしでかす親も現れるほどだ。しかし、子どもに家庭教師やコーチをあてがい、テスト準備をしてやり、大学の相談を受けさせてやるのと同じようにして、レジリエンスを与えることはできない。レジリエンスは、本当の努力で培われるものであり、金で買ったり製造したりできるものではないのだ。

では、中流階級および上流中産階級の子どもを成長させ、忍耐力をつけさせるにはどうしたらいいのだろうか。親の特権をフルに働かせ、子どもの人生のつらいところをそぎ落としてしまったというのに？　自宅への帰り道に殺されてしまいそうな子牛ではなく、戦士に育てるにはどうしたらいいだろう？　どうすれば、なんでもたっぷり与えられ、何もほしがったことのない子どもが優れた成果を望み、成功を求めるようになるだろう？　アスパイア・パブリックスクールズＣＥＯのジェイムズ・ウィルコックスは、十分な施策を受けていない子どもに教育を授けつつ、家庭では自分の３人の娘を育てている。

ジェイムズは深いため息とともに言った。「子どもたちに失敗させなきゃいけない。苦労を与えなきゃ。基本的ではあるが、非常に難しいことだ[11]」

子どもを自由にさせ、失敗や間違いを経験させることの価値を頭では理解していても、内心では満足できない。親として、何か肯定的なことをしたくてたまらないからだ。ここで、いい知らせがある。困難を標準化し、大人として世の中を生き抜くために必要なタフさを身につける手助けとして、できることがある。レジリエンス（立ち直る力）を身につける手助けができるのだ。

レジリエンス（立ち直る力）を育てる

困難や不運から立ち直る力は、前に進む意欲を与えてくれる。子どもがレジリエンスを養う方法に関するヒントや知恵は、医療、心理学、ソーシャルワーク、宗教やスピリチュアル、若者のメンター、そして文学など、さまざまな分野で教わることができる。いくつか例をあげてみよう。

本書の15章で取りあげた、スタンフォード大学の心理学教授キャロル・ドウェックが提唱し実践した「しなやかマインドセット」の概念から始めるのがいいだろう[12]。賢さをほめられた子どもは、自分の賢さに見合わない結果を招きたくないため、困難を避ける「硬直マインドセット」に陥る。ドウェックはこのマインドセットの解放に焦点を当て、より高い段階に成長するために大切なのは努力（子どもにコントロールできるもの）であり、本質的な知性（子どもにはコントロールできないもの）ではないと、子どもに教えるべきだと言う。しなやかマインドセットとは、前進と努力を続け、努力によって目的をかなえることができるという考え方だ。ある意味で、ドウェックは学習におけるレジリエンスを教えていると言える。

ニューヨーク・タイムズ紙のベストセラー作家であり、研究者で、人気のストーリーテラーでもあるブレネー・ブラウンが教えるのは、いわば魂のレジリエンスだと思われる。近年、スピリチュアル的ではない著書『「ネガティブな感情」の魔法──「悩み」や「不安」を希望に変える10の方法』（三笠書房、2013年）や『本当の勇気は「弱さ」を認めること』（サンマーク出版、2013年）でブラウンは、心のもろさや不完全さ、恥という、多くの者が議論しづらい問題についての思想的リーダーとなった。[13]そういった感情は、何かがうまくいかないときや、悪い結果が予想されるときに抱くものであり、それに屈したとき、レジリエンスは損なわれてしまう。

2010年のTEDでのブラウンのスピーチ（現在の視聴数は1600万を超え、TEDトーク史上4位となっている）は、アメリカ国民の心に響いた。[14]ブラウンは調査にもとづいて、恐怖や不完全さ、心のもろさがより楽しく幸福な人生をもたらしてくれる可能性について感情をこめて語り、聴衆や読者の理解を促している。「あるがままの人生」という用語を生みだし、「あるがまま」の人は、毎晩「そう、私は完全ではないし心はもろく、恐れるときもあるけれど、私が勇敢で、愛情と帰属に値するという事実は変わらない」と思いながら眠りにつく、と説明する。

ペンシルベニア大学の研究者アンジェラ・ダックワースは、「グリット（やり抜く力）」という概念を生みだした。それは、非常に長期的な目標に向かって、興味と努力を持続する能力のことだ。[15]アンジェラの研究によれば、グリットのレベルが高ければ、さまざまな成果がもたらされるという。たとえば、陸軍士官学校の最初の夏のつらい訓練を耐え抜いたり、全米スペリング競技会の決勝に進出したり、特殊部隊や新米教師のなかで活躍したり、IQテストや大学進学適性試験（SAT）やその他の標準的な到達度テスト、それに体力テストでいい点を取ってシカゴの公立高校を卒業したり、といったことだ。グリットは、生涯教育の達成度とも関係するし、転職や離婚にも逆の意味でかかわっている。グリットとは、長期的なレジリエンスと言えるだろう。

25以上の著作をもつベストセラー作家のティム・エルモア博士は、アトランタを本拠地とする非営利組織、グローイング・リーダーズの創立者であり会長でもある。彼は若者や企業向けのリーダーシップ訓練について本を書き、講演を行っている。『iY世代――彼らの未来を救う最後のチャンス（*Generation iY: Our Last Chance to Save Their Future*）』でエルモアは、ミレニアル世代が言われてきた「7つの嘘」について書いている。「なりたいものならなんにでもなれる」「自分で自由に選びなさい」「あなたは特別な存在」「どんな子どもも大学に行くべき」「いますぐ手に入る」「参加したというだけで勝者」「ほしいものはなんでも手に入る」の7つだ。これらの嘘が、ミレニアル世代を「感情が不安定で社会的に未熟」な大人にさせたと、エルモアは主張する。[16] 正直に、率直に子どもと接することで、レジリエンスが育つというのだ。

小児科医で、思春期の発達に詳しいケネス・ギンズバーグは、子どものレジリエンスの形成に関する、おそらく決定版と言える包括的な書籍を出している。アメリカ小児科学会発行の『青少年のレジリエンスを育てる――子どもに根っこと翼を与えよう（*Building Resilience in Children and Teens: Giving Kids Roots and Wings*）』だ。[17] ギンズバーグはこの本で、レジリエンスを形づくるのは、能力（competence）、自信（confidence）、関係性（connection）、性格（character）、貢献（contribution）、対処（coping）、制御（control）だと説き、それらを「7つのC」と名づけた。それらは若者の積極的な活動から生じ、積極的な心の動きから派生したものだという。

スタンフォードの学生の観察と、私自身の子育ての経験、そしてキャロル・ドウェックやブレネー・ブラウン、アンジェラ・ダックワース、ティム・エルモア、ケネス・ギンズバーグたちの著作をもとに、私はレジリエンスを次のようにシンプルに定義した。それは自分自身に、「私は大丈夫。解決方法を選べるし、別の方法も試せる。結局、それは私のしたいことじゃないと結論を出すこともできる。それでも私自身は変わらない。それでも私は愛される存在。人生は続いていく」と言える能力だ。そういった考え方を子どもがもつようにするにはどうしたらいいか、私なりの考えを述べてみよう。

子どものレジリエンスを育てるヒント

1　子どもの生活に入りこむ

過保護な親は子どもの上を旋回し、必要があれば急降下する、と言われる。しかし調査によれば、逆説的ではあるが、そういった親は子どもと有意義な感情の関係性を築いておらず、子どもとともに有意義な時間を過ごしてはいない。子どもの生活に入りこんで、レジリエンスを育てる方法は次のとおり。

・**愛情を示す**……子どもが学校や課外活動から帰ってきたときや、あなたが仕事から帰宅したときは、コンピュータやスマートフォンなどにかかりきりにならず、何はともあれ、子どもの存在があなたの喜びであることを示そう。お互いを大事に思っていることを確かめなければならない。誰もが、そのことを知っていなければならない。アイコンタクトなどの、簡単に思われるようなことがとても重要なのだ。それは愛情を示す最初の段階であり、愛されていると感じることは、レジリエンスを育ててくれる。

・**関心を注ぐ**……毎日、子どもの関心や考え、経験、心配事などに関心を注ぎ、子どものことをもっとよく知ろう。放課後、料理中、夕食後、車の中、犬の散歩中、就寝前など、適切なタイミングを選ぶこと。「今日はどうだった?」「よかったよ」と、型どおりの親子の会話で終わるのではなく、「今日はどうだった?」「よかったよ」「本当に? どうしてよかったの? 何がすばらしかったの? 何がそんなによくなかったの? どうしてそう感じたの?」と話を広げていこう。

・**気にかけていることを示す**……挫折は、子どもを無条件に(何があろうと)愛していることを伝える絶好の機会だ。子どもが挫折したときには、そばに寄り添おう。子どもが傷ついていることがわかると伝えよう。何か気を紛らわせるようなことをしてもいいだろう。次は違う結果を得るためにはどうしたらいいかを考える手助けをしよう。同じようなことを自分が経験した話を聞かせよう。しかし、その失敗をほかの誰か(ひどい教師や偏見をもった審判、不公平なコーチ、ずるい友だちなど)のせいにしてはいけない。また、親の手で解決しようとするのもよくない。人生には、時にはそんなこともあると告げ、それでも自分で努力すれば多くのことをコントロールできると教えよう。あなたの愛情を確信させよう。

2 引き下がっている

子どもが何をしているときも、親がそばについていたら（あるいは携帯電話で、その最中、または事前や事後にチェックを入れていたら）、「親がついていないとできないはず」という間接的なメッセージを送ることになり、子どもの自信を損なってしまう。子ども自身に経験させ、レジリエンスを養わせる方法は次のとおり。

- **子どもに選択と決定を任せる**……たとえば、何を着るか（年少の子どもの場合）、寒いからコートを着る必要があるか（中学生の場合）、夜の活動と宿題と手伝いをどの順番でやるか（高校生の場合）といったことだ。すべての詳細をチェックしたり、結果を粗探ししたりして、細かい管理はしないようにする。実際の経験を重ねてこそ、子どもはスキルを向上させ、自分の判断を信じて、責任をもって選択肢、困難な状況に立ち向かうようになるのだから。
- **リスクを背負わせ、失敗を経験させる**……人は、失敗を通してしか学ぶことができない。健康や安全が脅かされない範囲でリスクを負い、失敗を経ることで、最初は困難で恐ろしく思えたことをやり遂げたときに、真の深い達成感を得られるだろう。

3　経験から学ぶ手助けをする

親が何もしてはいけないというわけではない。何もかもやってしまってはいけないというだけである。自分の経験から学ぶ手助けをする方法をあげてみよう。

・**子どもが学んだことを分析するため、対話形式の質問をする**……何か問題があれば、その解決方法を考える手助けをする。たとえば、「うーん、それは本当に大変そうだね。どうやって解決したいと思う？」というように。助言を与えてもいい。自分たちの生活の中に、解決方法の見本を示すこともできる。ただし、子どもに代わってやってしまってはいけない。

・**ハードルをより高く設定し続ける**……人は成長と学習を望み、より多くのことをできるようになりたいと思うものだ。子どもが判断力をつけ、信頼できるようになったら、より多くの責任とチャンスを与え、難題を渡して自由にさせてもいいだろう。それによって子どもの能力は向上し、自信が増す。どちらも、レジリエンスを養うのに必要なものだ。

・完璧主義と闘う……「ひたすらベストを尽くしなさい」という言葉は非現実的だ。ひたすらベストを尽くせ？　ベストというのは最高ということで、それ以上はない。子どもが（大人でもそうだが）、つねにそんな高水準なことをやろうとしたら、頭がおかしくなってしまうだろう。「ひたすらベストを尽くしなさい」というのは、「そのときできるかぎりのことをしなさい」とか、さらに寛大な「できるだけ努力をしてみなさい」という意味に近いだろう。そうした言葉は、不利な要素がたくさん生じて、真のベストを尽くす能力の妨げになることもあるということ、そして、重要なのはやろうとすること、努力することなのだということを認めている。

4　人格を育てる

今日の親が重視しているのは、子どもの人となりではなく、学校や課外活動での評価や大学入学審査の結果であることが多い。親の多くは、自分が人生で達成してきたことを両親が誇りに思ってくれるだろうかと思いながら、中年になるまでずっともがき続けてきた。人間として評価されたいのは、誰しも同じだ。人間の価値は、成績の平均値（ＧＰＡ）ではなく、優しさ、寛大さ、公正さ、働く熱意などの人格で測られる。要するに、誰かに見られていたり、評価をつけられたりしていないときに何をするかで、人格は判断される。よい人格であれば世界に優しく受け入れられ、ほめられ、感謝される。それはやがて、避けがたい挫折を経験したときの支えとなってくれる。誇りに思うべきなのは成績やトロフィーではなく、よい人格であることだと子どもに示し、レジリエンスを育てよう。

・よい行いに目をとめる……子どものよい行いに注目し、そのことを一緒に振り返ることで、人格を育てることができる。たとえばスーパーで、子どもが誰かのために品物を棚から取ってあげたら、帰りの車の中で、簡単にこう触れればいい。「あの女の人を助けてあげたの、とても親切だったね」。あるいは、きょうだいや友だちに順番を譲ったり、もう一度やらせてあげたりしたら、「(これこれのことを)したのを見てたよ。優しかったね」と声をかけよう。それは「完璧だ。わあ、すごいね!」というような瞬間ではない。伝えるべき言葉は、ただこれだけでいい。あなたを見てたよ。気づいていたよ。あなたはいい子だ。そんなことをするあなたを誇りに思う。それを聞いた子どもはとてもいい気分になり、そんな瞬間をもっと経験したくなるだろう。

・視野を広げる手助けをする……悲惨な状況の人々を目にすることで、子どもは自分の恵まれた環境に気づく。遠い国にかぎらず、身近な地域社会にも、食べ物や住まいを求めて苦しんでいる人々がいるのだ。家族で奉仕活動をすることで、そういった人々を助けるだけでなく、子どもの視野を広げることができる。いつか子ども自身が苦境に陥ったとき、その経験はきっと役に立つだろう。

5　詳細で偽りのない評価をする

後期のベビーブーム世代、X世代、初期のミレニアル世代の親は、子どもを過剰にほめ、批判やしつけができないことで知られている。「完璧」「すばらしい」「見事だ」「最高だ」「よくやった」といった言葉は、口から出されたときにはほめ言葉のように聞こえるが、やがては発達途上にある子どもの魂に突き刺さり、レジリエンスを損なうことになる。そういった言葉を使うたびに、子どもは自分のスキルや才能について不正確な感覚を抱くようになり、そうではないという証拠を恐れるようになる。それは、自分がもはや優れていないということを意味するからだ。その結果、ドウェックの研究が示すとおり、子どもは学校や課外活動で無難な行動をとるようになり、より高いレベルに挑戦しなくなってしまう（自分がそれほど優秀でないことが証明されてしまうかもしれないからだ）。あるいは、自分を極限まで追いつめ、親や上司など、評価を与えてくれる人の望むままになんでもやるようになる。子どもには、第三者（親を含む）の評価を気にするのではなく、努力を重ねてよい成果を得ることで、長く続く本物の自尊心を養ってほしいものだ。子どものレジリエンスは、真の賞賛と建設的な批評によって培われる。その例をあげてみよう。

- **ほめ言葉のかけ方**……学校や課外活動などで、達成した、あるいは到達した課題がある場合は、課題に関して具体的な言及をすると、より愛情深い、レジリエンスを育てるほめ言葉となる。例をいくつかあげてみよう。年少児の場合「あの絵に、いろんな色を使っていたのがよかったよ」、小学生の場合「バレエを踊っているとき、ずっと、先生に言われたとおりに、ポワントで立っていたのがわかったよ」、中学生の場合「学校のプロジェクトで、グルーガンをうまく使いこなしていたね。けっこう難しいのに」、高校生の場合「シラノ・ド・ベルジュラックの作文は、シラノの心の葛藤まで踏みこんで、詳細に書いていたね。シラノの頭の中に入ったみたいだった」。こういった具体的なほめ言葉は、子どもに自信をつけさせる。子どもの実際の行動に目をとめていることがわかるからだ。

・**批判の仕方**……子どもには、学習と成長を重ねて、よりよい方向に進歩してほしいものだ。そのための唯一の方法は、現在の出来栄えについて現実的な査定を与えることである。ほめ言葉の場合と同様に、批判の対象は行動あるいは努力であり、人格ではないことに気をつけなければならない。「玄関にひと晩じゅうお弁当を置きっぱなしにしたでしょ。もう、いっぱいアリがたかっているよ。洗い落としてちょうだい。いいえ、あとではだめ。ひどくなるから」と言うほうが、次のように言うよりもずっとしつけの効果があがる。「なんで言うことが聞けないの？　忘れちゃだめって言ったでしょ。もうアリだらけよ」。もちろん、親が代わりにアリの始末をしてしまったら、なんの教育効果もない。目的は行動（修正できるもの）の批判であり、子どもの人格（変えられないもの）が悪いと言ったり、暗に示したりすることではない。

6　見本を見せる

心理学者のマデリーン・レヴィンが高校の講演で語ったとおり、子どもたちは親を成功者と見なし、親が人生で経験してきた（そして、いまも経験している）紆余曲折を知らない。苦労を一般的なものとし、レジリエンスを養うための最上の方法のひとつは、親が経験してきた挫折（たとえば、仕事上の失敗や失望、親友とのけんかなど）を伝え、それによって少々気分が落ち込んだと教えることだ。親も失敗することがあり、間違ったやり方をすることもあるかもしれないが、そのおかげで今後のための教訓を得られると、子どもに知らせよう。親の反省の声を聞かせ、それから微笑んで前に進む姿を見せよう。

よくない出来事もそのままにしておく

人は間違いを犯すものだ。私たちはいつも間違うし、これからも間違うだろう。子どもたちも例外ではない。むしろ、子ども時代は間違いを犯し、教訓を学び、対処能力やレジリエンスなどを発達させるための練習場である。動揺し、失敗し、落ち込むといった重要な経験を子どもにさせるのは、学習と成長を促す最上の方法だ。失敗は、人生の最大の師である。

教師でアトランティック誌やニューヨーク・タイムズ紙のライターでもあるジェシカ・レイヒは、『失敗の恩恵――子どもの成功のため、最良の親が学ぶ方法（*The Gift of Failure: How the Best Parents Learn to Let Go So Their Children Can Succeed*）』[18]の著者である。自分が教える生徒の親の過保護な現象を観察し、それについて書いてきた。レイヒによれば、子どもが失敗したとき、親は「それによる教育的効果は恩恵であり、親が義務を放棄したわけではない」ことを忘れてはならない。レイヒはこう述べている。「例年、失敗することを許され、誤りの責任をとり、自分の間違いと向き合える最良の人間であるよう努力してきた者が、私の〝最良〟の（生活を最高に楽しみ、成功している）生徒となっている」

では、人生が変化球を投げてきたときは、どうだろう？　私たちは間違いをする。だが、時には、何もかも正しくやってのけても、残念な結果となることもあるのだ。人生の変化球が子どもに向かって投げられても、それが健康や安全を深刻に脅かすものでないかぎり、親が代わりに受けてやることはない。子どもは自分で変化球を受けとめるか、逃げることを覚えなければならないのだ。

２０００年代に、心理学者のマイケル・アンダーソンと小児科医のティム・ジョハンソン（ふたりともミネアポリス地区で開業している）は、展望と忍耐に欠けた子どもと若者の診察を始めた。それらは、失敗をし、変化球を経験することで得られるはずの特性だ。２０１３年刊行の共著『ＧＩＳＴ――人生の用意ができた子どもを育てるために重要なこと（*GIST: The Essence of Raising Life-Ready Kids*）』では、親の主な仕事は、子どもの安全を保ちながら、大人になるまで育てることだと述べている。ただし、「多くの家庭では、安全がより重視され、出来栄えにも重きがおかれる。だが、準備にはそれほど十分な注意が払われない」。

アンダーソンとジョハンソンの言う「準備」とは、何が起ころうと対処できることを意味する。ふたりは、大人になるための適切な準備を与えてくれる、困難な状況のリストを用意した。

子どもに経験させなければならない失敗と変化球[19]

- 誕生日パーティに招待されない
- ペットが死ぬ
- 高価な花瓶を割ってしまう
- 懸命に働いても評価されない

・家から離れた場所で車が故障する
・自分が植えた植物が枯れる
・参加したい授業やキャンプが満員
・居残りさせられる
・祖母の面倒をみていてテレビを見損ねる
・車の接触事故を起こす
・身に覚えのないことで非難される
・誰かの不品行のせいでイベントがキャンセルになる
・アルバイトをクビになる
・チームに入れてもらえない
・何かで最下位になる
・ほかの子どもに殴られる
・習ってきたことをやめる
・とりかえしのつかないことを言ってしまい、深く後悔する
・友だちが外出するときに誘われない
・キックボールのメンバーに選ばれるのが最後だった

親は子どもにこういった経験をさせ、その重要性を理解しなければならない。アンダーソンとジョハ

ンソンは、よい子育てとは「子どもにさせたくないような恐ろしい出来事を、子どもの知恵を育て、視野を広げて成長させる出来事と見なすことを学ぶ」ことだと主張する。そんな出来事があったとき、親は落ち着いてこう考えよう。「完璧だ、これは完璧だ。子ども時代に一度は経験しなきゃいけないことにすぎないんだから」

ベストセラー作家の心理学者ウェンディ・モーゲルも、アンダーソンとジョハンソンのこの主張には同意するだろう。モーゲルは著書『Bマイナスから学ぶこと』で、子どもにそういった出来事を経験させることは、「適度な苦しみを与える」ことだと述べている。それによって、大人になって経験する、もっと深刻な失望や困難に対処する準備させることができるのだ。子どもは家を離れるまでに、「感情の浮き沈みのパターン」に慣れておかなければならない。なぜなら、友だちと話をしたら／ランニングをしたら／教授に話したら／少し睡眠をとったら／ルームメイトの恋人が部屋に泊まったことを抗議したら／サッカーのスキル向上のための計画を立てたら／医療センターに行ったら／一部の仕事を実際にやり終えたら／気分はよくなっているだろう。この件に、親はまったく関係ない」

モーゲルの書いた架空のシナリオで、若者は「気分はよくなっているだろう。この件に、親はまったく関係ない」と締めくくる。そのとおりだ。子どもを守り、苦しみを止めたいという衝動を感じたとしても、親は引き下がって口を閉じ、手を出さないでいなければならない。自分の苦しみに対処できることを子どもに気づかせ、解決策を講じて前に進むようにさせよう。

ティーチ・フォー・アメリカ（TFA）・ベイエリアのエグゼクティブ・ディレクター、エリック・

スクロギンスは、親の適切なかかわり方が、レジリエンスを育てることに気づいた。「TFAは、教師の成長とリーダーシップをもたらすよい機会となる。最も生産的な親は、子どもの相談役になろうとするが、それは言い訳を聞くためではない。親は優しく声をかけるだろう。『あなたが申し込んだんだよ。困難に立ち向かうことこそ価値がある。何を望んでいたの？　どうやって必要な情報を探し、利用可能なサポートを受けるつもり？』一方、よかれと思って問題行動を助ける親は、こう言う。『状況が不公平だよ。あなたのために、私があれこれやってあげよう』」[21]

特権のせいで欠如が生じる

皮肉なことに、つねに完璧な結果を出すために必要な経済的基盤や社会資産、十分な時間のない、労働者階級の貧しい子どもの場合、その厳しい人生経験によって、長い目で見れば、裕福な子どもよりもずっと強くなれることがある。ポール・タフは、この現象を『成功する子　失敗する子――何が「その後の人生」を決めるのか』（英治出版、2013年）でとりあげた。[22]

カリフォルニア州オークランドに本部をおく非営利組織、アスパイア・パブリックスクールズのモットーは、「大学教育を確実に」である。この組織は低収入層の子どもに、幼稚園から高校までのK‐12一貫教育を提供する。アスパイアのモットーは、幼稚園の入園時から子どもに刻みこまれる。高校を卒業して大学に進むまで、アスパイアの生徒は実質的にほぼ生涯にわたってこの言葉を聞きつづけているわけだ。設立から15年が過ぎたアスパイアは、いまではカリフォルニア州とテネシー州に38校を運営し、アメリカでもトップレベルの極貧困者対象学校組織となった。直近の4年間では、アスパイアの卒業生の100パーセントが大学の入学許可を得ている。教師の訓練プログラムは、2014年10月、ニューヨーク・タイムズ紙で特集された[23]。

2014年に開かれた、毎年恒例の基金集めの催しで、アスパイアの卒業生のひとり、レナ・ストーンがスピーチをし、アスパイアが自分の人生に与えた影響を語った[24]。「アスパイアは私の家となりました。安心感を抱ける場所でした。ときどきアスパイア・モナーク・アカデミーまで歩いていき、駐車場に座っていました。リード先生の教室に夜の8時まで居座り、先生の仕事の邪魔をしていたものです。先生はひと言も文句を言わず、車で家まで送ってくれました」。その後、レナはナッシュビルのフィスク大学（黒人向けに設立された人文系私立大学）に進学し、非常につらい時期を過ごす。「フィスク大学の2年次は、バリケードのように私の前進を妨げました。私の力量と、レジリエンスの両方が限界に達し、真の試練に遭遇した時期でした。問題は単純なものでした。食費と家賃が工面できなかったのです。自分の未来と、生活必需品とを天秤にかけなければなりませんでした。アスパイアでは、人生は変えられると言われました。教育は、人生を変える鍵でした」。レナは一時的にホームレスになることを選択し、学業を継続した。フィスク大学を卒業し、いまは教師となっている。

アスパイアCEOのジェームズ・ウィルコックスは陸軍士官学校の卒業生で、8年近く在隊したあとカリフォルニア州に赴き、スタンフォード大学で2つの学位（MEdとMBA）を取得した。10代後半から20代初めの3人の娘をもつ。レナ・ストーンやほかのアスパイアの子どもについて、私はウィルコックスと話をした[25]。ウィルコックスによれば、低収入層の学生は大きな可能性を秘め、苦労を重ねてかなりの意欲と忍耐力を培ってきているという。ウィルコックス自身の恵まれた子どもたちはそんな苦労をしてこなかったため、同様のスキルを培う機会は一度もなかった。

ウィルコックスはレジリエンスを、さまざまな道具のトレイが入った道具箱だと考えている。ひとつのトレイには親から与えられたものが詰まっている。次のトレイには学校で教わったスキルが、3つめには人生経験が入っている[10]。生徒はそれぞれ、自分の道具箱を持って大学に進学する。

「レナのような生徒は、うちの子どもたちには得られないであろうたくさんの道具を人生経験から得ていると思う。レナが持っている道具は困難によって鍛えられ、多くの苦難を耐え忍び、つらい選択や妥協を乗り越えてきた。中流階級や上流中産階級の学生のほとんどは、それほどつらい選択を迫られ、真の苦難に直面したことがない。レナはまた、大学時代の一時期をホームレスとして過ごした。その経験は、レナの人格形成にひと役買っているに違いない。うちの子どもたちはそんな経験をしたことがなく、道具のトレイをもたないまま大学に進み、初めてひとりで苦労を経験しはじめることになる。レナをはじめとする低収入層の学生には、大きな可能性と、大学や人生を乗り切るためのすばらしい道具がある。そうではない私たちは、いかにして自分の子どもに同じような道具を与えられるか（よりトラウマの少ない形で）、考えなければならない。

一方でレナは、中流階級および上流中産階級の子どもがもつ道具類をもたずに大学に進んだ。それは、成功への期待と、よりどころとする信念体系だ。レナのような学生がそういった期待を、つまり『大学教育を確実に』というマインドセットを与えられたなら、決して止まることはないだろう。グリットと忍耐力を秘めた彼らのマインドセットは、『私は大学に所属しているか？』ではなく、『私の邪魔をするな』となる。人生で激しい苦闘をしてこなかった子どもよりもはるかに能力が高くなるだろう。学位と優れた教育を手に入れた彼らは、世界を変革していく。

レナたち、アスパイアの学生がもつ人生経験は悲惨なものであると同時に、貴重なものだ。支援を受けつづけることができれば、彼らは忍耐力とグリットを与えてくれる道具を手に入れ、なんでもやってのけられるだろう。その道具は複製困難なものだ」

だが、その複製は不可能ではない。

19 より広い視野で大学を見る

我々は、レイク・ウォビゴン（訳注：住民は皆が平均以上だと考えている架空の村）の幻想の中に生きている。自分たちは社会経済的に進歩していて、親は全員、優秀な大学の学位をもつ。地元の高校の生徒でアイビーリーグの大学が埋まってしまう。学問とは馬鹿げたものだ。大学進学適性試験（SAT）で98パーセントの成績を取った子どもが大学に入れず、暇な時間にガンの治療を行いながら、家をつくっている。親にとっても、子どもにとっても、とんでもないことにちがいない[1]。

――ウィリアム・リベラ

ある夜、パロアルトに住むひとりの母親が、友人たちと飲みながら、こんな話をした。「息子の成績がBだったから、こう言ってやったの。『何を考えているの？　こんな成績でスタンフォード大学に入れると思う？　アリゾナ州立大に入るんでしょうけど、その学費を払ってもらえると思っていたら、大間違いよ！』」。この母親は明らかに、アリゾナ州立大学を高く評価していない。この大学が、フルブライト奨学金学者を出した数ではアメリカでトップ10に入り、卒業生には、ロマンティック・コメディ映画では歴代興行収入第2位の『ハート・オブ・ウーマン』のプロデューサーであるスーザン・カートソニスや、まさにその母親が持っているハンドバッグのデザイナー、ケイト・スペードがいることを知らないのだ。

ほとんどの親には、大学と子どもの適性を判断できない。USニューズ&ワールドレポート誌の大学ランキングを食いいるように眺めるが、それはおおむね、入学の難易度と教育者の意見を反映しているだけのものだ。スタンフォード大学の教育学教授ミッチェル・L・スティーブンスは、2007年の著書『クラスをつくる――大学入学審査とエリート教育（*Creating a Class: College Admissions and the Education of Elites*）』で、大学の入学許可の倍率が、名声や教育の質の尺度として広く使われるようになっていることを論じている[2]。教育の質を正確に評価するシステムが欠如しているため、入学許可の統計が、ステータスを示すものではなくステータスそのものとなっているというのだ。スティーブンスはこれを同語反復であるとし、「入学許可を得たい者が増えれば増えるほど、その大学の学位の価値が上がる」と言う。USニューズ誌が伝える合格率の統計は、その大学で学生が受ける教育の質や、自分の子どもとの適性については何も教えてくれない。にもかかわらず、親は夢中になる。

そして子どもたちは、親が夢中になっていることに気づいている。ほとんどの子どもがアイビーリーグの大学だけを近視眼的に検討するのは、USニューズ&ワールドレポート誌の「大学ランキング」のせいだけでなく、親のせいでもあるとバリー・シュワルツは言う。シュワルツはベストセラー『なぜ選ぶたびに後悔するのか――オプション過剰時代の賢い選択術[3]』（武田ランダムハウスジャパン、

2012年）の著者で、スワースモア大学の行動心理学教授である。シュワルツは、「親は子どもに、最高のものだけが役に立つと伝える。この基準はなにげなく伝えられるが、それでも子どもは同じマインドセットをもつようになる。学校に入れというプレッシャーは、的外れというだけでなく、たちが悪い。私の調査によれば、最高のものだけが役に立つという親の態度は、子どもを麻痺させ、不満をもたせることになる」

バリー・シュワルツは、この問題についてアメリカ各地で講演するとき、ニューヨーカー誌に掲載された故レオ・カラムのマンガを好んで聴衆に見せる。そのマンガに描かれた若い女性は、「ブラウン大学　だけど、第一志望はイェールだった」と書かれたトレーナーを着ている。「今日、優秀な大学の学生の多くが、自分は別の大学にいるべきだと感じている。そのマインドセットは、大学生活を悲惨なものにしてしまうだろう。どんな場所も賜物であるはずなのに、賜物として扱われない。自分は別の大学に入るはずだったと、学生がずっと考えているからだ。彼らはたいした理由もないのに、大学生活に不満を抱くようになる」

私の見たところでは、子どもがたいした理由もないのに大学生活に不満を抱く原因となる親の考え方は、そもそも、友人関係や民族あるいは社会的コミュニティ、職場環境、家族の見解から生まれたものだ。ステータスや優秀さ、価値（それらはみな〝質〟と表現される）についての山ほどの意見を聞いた親は、子どもが最も倍率の高い学校に入学しないと、子どものことを（おそらくは親自身のことも）本当に誇りに思えないのではないかという恐れを感じる。この恐れのせいで、親は前しか見えない目隠しを子どもにつけさせ、親が用意し点検した子どもの生活からそれないように走らせる。子どもには子どもの人生があり、歩むべき旅路が、走るべきレースがある。しかし、子どもに目隠しをつける親は、子どもを競走馬のように走らせ、望みどおりのゴールを目指させる。子どもは歯をくいしばって、ますます必死になってトラックを走り、ほとんど絶望的な戦いに勝つためならなんでもする。親は子どもをつつき、おだて、舵を取り、拍車をかけ、ムチをふるう。時には、レースの準備が完全に整っている子どももいる。だが多くの子どもは、おそらく別の種類のレース、子ども時代を駆け抜けるのではなく、楽しんで過ごすほうを選ぶだろう。そして、ご承知のとおり、ぎりぎりのところで耐えている子どももいる。

ニューヨークの名門校トリニティー・スクールの進路指導カウンセラーで、元コロンビア大学の入学審査担当部長、ラリー・モモを覚えているだろうか。ラリーは、目隠しをつけた子どもをたくさん見ている(4)。さまざまな大学のうちのどれに入ろうと、生徒たちは完璧に幸せになれるとわかっている。問題は、生徒の家族に選択の範囲をもっと広く考えてもらうことだ。しかしラリーは、能力の高い最上級生たちが、大学を適性で選ぶのではなく、勝敗を決するゲームのように考える風潮を心配している。「現実的と思われる候補校のうちで、生徒が興味を抱いた具体的な学校名を質問すると、最近では、こんな答えが多い。『早期申し込みはイェールにして、うまくいかなければ一般申し込みでハーバード、プリンストン、スタンフォードにします』。この態度は、各大学の学問やキャンパス文化の違いを無視し、超難関校の宝くじを引くようなものだ。我々はそれを、HYPS現象（訳注：Harvard、Yale、Princeton、Stanfordの頭文字を取った略称）と呼んでいる」。ラリーもまた、トップレベルの大学の高すぎる難度と、あとに続こうとする他校の熱意が、「大学選択をゲームの駆け引きのように考えて不安を覚え、危険を回避して過度に戦略的な考え方をするようになって、年のわりに老成した」大学進学者の集団を生むと考えている。

そういった親のマインドセットと、子どもがつけられ目隠しのせいで、より多くの学生が最難関校に申し込むようになる。大学入学カウンセリング協会によれば、7校以上の大学に申し込む学生の割合は、1990年に9パーセント、2000年に12パーセント、そして2011年には29パーセントとなっている。申込数の増加により、もともと難関校であった大学が、実際よりもさらに難関度を増すことになった。トップ校に申し込む優秀な学生が増えたわけではない。多くの学生が、より多くの大学に申し込むようになったのだ[5]（最終的な進学先はひとつに絞られる）。それでも、最難関の大学に入学できる確率は5～10パーセントであるという事実を避けて通るわけにはいかない。つまり、見通しはかなり暗い。

スミス大学の入学審査担当者、シド・ダルビーの言葉を思い出してみよう。「降水確率が5～10パーセントのとき、あなたはレインコートを着ていきますか？　着ていかない？　でも、志望校に入学できる確率が5～10パーセントと聞くと、どういうわけか、自分が残り90～95パーセントになるだろうとは、誰も思わないのです」。シドは、自分の子どもがそんな難関校に入れるのではないかと思いこもうとしていた私の目を覚ましてくれた。

では、ほかの確率を見てみよう。2013年の合格率が10パーセント以下だった12校（スタンフォード、ハーバード、コロンビア、イェール、プリンストン、アメリカ海軍兵学校、クーパー・ユニオン、MIT、シカゴ大学、陸軍士官学校、ブラウン、アリス・ロイド・カレッジ）の新入生の合計数は、ざっと1万5000人である。アメリカには約3万7000の私立・公立高校がある。仮に各高校の卒業生総代（GPAが最も高い生徒）が最難関の12校に入学したいと思った場合、その40パーセントしか入れないことになる。そのうえ、最難関校のほとんどが、かなりの数の留学生を受け入れているという事実を考えると、卒業生総代が（私たちの子どもは言うまでもなく）入学できる確率はさらに下がる。

親は子どもの目隠しをはずし、子どもの（そして自分自身の）視野を広げてやらなければならない。さもなければ、ほとんどの親は最終的に疲れ果て、落胆し、失敗者の気分になって、人生の新たな段階に胸を高鳴らせるべき子どもにも失敗者の気分を味わわせてしまうだろう。

ステップ1　確率について現実的に考える

大学の難易度を重要視する親に、目隠しをちょっとずらして大学の風景をもっとよく眺める勇気があれば、次の難関校が見つかるだろう。２０１３年の合格率が10～20パーセントだった約30校だ。さらに目隠しを少しずらせば、合格率が20～33パーセントの、中難度と思われる約50校が見つかるだろう。つまり、合格率33パーセント以下の大学は１００校あるということだ。全米で２８００校の認可4年制大学の平均合格率が63・9パーセントであることを考えると、十分「難関校」と言っていいだろう。大学の難易度が気になるのなら（気にする必要はなく、そのちゃんとした理由もある。本章後半で検討するとおり、優秀な教育を提供する大学のいくつかはまだ埋もれた宝石であり、申し込みが殺到するわけではないから難易度はあまり高くないのだ）、少なくともその難関校の１００校すべてが目に入る程度には、目隠しを開いたほうがいいだろう。それらの大学は非常に強力な教授陣と、かなりの才能と意欲に富んだおもしろい学生を引き付けている。資金力も十分だ。卒業生は豊かな暮らしを送り、やりがいのある仕事について、友情を見つけ、幸福だ。重要なのはそこではないだろうか？

難関大学の合格確率に関するシド・ダルビーの率直な言葉が私の心に響いた話は、すでに二度述べた。そう、彼女の言葉で気持ちを変えたのは私だけではない。ある日、ニューイングランド州立裁判所の判事がシドに近づき、こう言った。「地元の高校であなたがしてくれた話を覚えていますよ。あの講演は、私がもらったなかでも最高のアドバイスでした。あなたのおかげで、結果への心構えができました」。私はシドに頼んで、その判事に連絡を取らせてもらった。判事が語ってくれた言葉は次のとおり（職務上の規則により、判事の名は伏せる[6]）。

「私は誰よりも負けず嫌いでした。私自身はイェールに行き、夫はジョンズ・ホプキンス。娘のステファニアの知的レベルは私よりもずっと上です。だから、娘もそんな大学に行くものだと思っていました。そんな力を娘に求めていました」

判事はシドの講演を聞くまで、ステファニアの大学申し込み手続きに強く干渉しようとしていた。公立高校に通うステファニア自身は、親の干渉だけでなく大学の個人カウンセリング、友人が受けているような追加のテストを避けていたにもかかわらず。ステファニアの親友は、手続きを手伝ってくれる人を頼んでいた。判事はステファニアも頼むべきだと考えたが、彼女は拒絶した。そして彼女の文章をチェックしようという申し入れも断った。「チェックしない親がどこにいるでしょう？」。判事は私に尋ねた。彼女は娘のそばを飛びまわりながら言い続けていた。「お母さんにさせるべきよ！　助けになってあげられるのに！」。だがステファニアはくじけなかった。自分でやりたかったのだ。

そのころ、判事はシドの講演を聞いた。「娘の望みどおり引き下がっている間、内心では落ち着けなかったことは認めます。ああいう大学に入学する難しさはわかっていました。どんな利点も生かし、少しでも優位に立てそうなことは活用しなければいけません。費用も喜んで払うつもりでした。誰もが自分の子どもに利点を与えようとしているという事実に縛られ、条件を同じにしようとしていました。ステファニアがすでに不利な条件を抱えていることがわかっていたのです。いわば、ゴールをもうひとつほしがっていたようなものでした。私の考えが正しいと娘を説得する方法を探していました」

シドのアドバイスを聞いた判事は、方向転換をした。「いったん考えを変えれば、気分は楽になるのです」。判事は落ち着いた様子で語った。「そして、もっといい親になれる。そばにいて、子どもを支えることができるようになります」

ステファニアは申し込んだアイビーリーグの大学には入れなかったが、別の選択肢を探して、ニューヨークの小さなリベラルアーツ大学、バーナードを選んだ。コロンビア大学と提携するこの大学の2013年の合格率は20・5パーセントだった。「シドのおかげで、〝手の届く〟大学に方向を変え、他の大学の長所を重視することができました。シドが救ってくれたのです。いまの子どもは、トップの成績、ボランティア活動、スポーツ活動などをなんでも揃えていても、最高峰の大学には入れません。そして入れなかったときには、親の100パーセントの支えと声かけが必要です。『私たちは満足だよ。幸せだ。あなたが大学ですばらしい経験をしているから』。それが重要なんです」

判事の娘ステファニアは、バーナード大学の生活を楽しんだ。これは、ダン・エドモンズが2013年のタイム誌の記事で指摘した点の好例と言えるだろう。「学問や課外活動の評価が最難関大学の基準を満たすとしても、生徒は一流大学のひとつに進むだろう。競争率の高い、特定の大学に入ろうとする可能性は高くない」[7]。言い換えれば、目隠しをはずしさえすれば、大学入学は、椅子取りゲームではないということだ。誰もが自分の場所を見つけられるだろう。

ステップ2　ほかのブランドを自慢する

判事は、ほかの親に「バーナード？　聞いたことのない名前ね」と言われたときに、動揺を感じたことは認める。「『聞いたことあるはずでしょ。聞いたことないって、どういう意味よ？』と思ってしまいました。認めてもらえないことを、ちょっと腹立たしく思いました。いまは、そんなふうに感じるべきじゃなかったとわかっています。私は学んだんです。大学の入学許可通知が届いたとき、多くの親は子どもの選択に影響され、特権を得たように感じます。おそらく適切な態度ではないでしょう。それは子どもの未来であって、親の未来ではないのですから。親の特権は、子どもの安寧と幸福を求めることにおくべきです」

バーナード大学のことを知っていれば、こんなことで騒ぐ人を想像できないだろう。たとえ知らない場合でも、同じことだ。この話は、多くの親がブランド病にかかっているということをよく示している。確かに、ニューヨークの評価の高い大学、バーナードの名を聞いたことがない人もいる。同じく、ウィスコンシン州のベロイト大学や、メーン州のベイツ大学、オハイオ州のアンティオーク大学、オレゴン州のリード大学なども、聞いたことのない人が多いであろう、すばらしい大学の例だ。大学のブランドに執着しすぎるのは、もう一度ティーンエイジャーに戻ってデザイナージーンズに執着し、みんなが持っているであろう服を死ぬほどほしがっているようなものだ。あまりにも未成熟で自信に欠け、自分に（子どもに）いちばん似合うものを選ぶことができないのだ。

ブランド病と戦うため、私はパロアルトに行って、「誰も聞いたことがない」上位100校の名を会話にちりばめてみることにした。友人たちにも同じ行動を勧めた。そのころ、ミネソタ州のセントオラフ大学が、なんと地元ラジオ番組のスポンサーになったのだ。通勤途中や子どもの送迎時にそのラジオを聞き、「セントオラフ？　なんだろう？　ラジオで宣伝しているのだから、いい大学に違いない」と考える親の姿が想像できた。そのとおりだった。「誰も聞いたことがない大学」で子どもが受けているすばらしい教育の話ができる親が増えたら、ほかの親も関心をもちはじめ、目隠しをはずせるだろう。そして子どもが（すべての子どもが）、すべての可能性を検討し、自分に適した選択を許されるようになるだろう。

ステップ3　競争率の低い大学に行く利点を理解する

1999年に、ステーシー・バーグ・デールとアラン・クルーガーというふたりの研究者が、アイビーリーグや同等の最難関校の入学許可を得たにもかかわらず、「ほどほどの競争率」の大学（すなわち、上位100校以内）を選んだ学生が、その後どうなったかを調査した。[8]その結果、そういった学生の20年後の平均年収が、最難関校の卒業生と同等であることが判明した。クルーガーとデールによれば、最難関校の入学許可を得られるほど頭のいい学生の場合、「どちらのタイプの大学に行こうと、のちの年収の差はほとんど生じない」のだ。言い換えれば、成功の要因は大学ではなく、学生自身だということだ[9]。今日、最難関校の入学審査担当部長たちは、入学許可を受ける資格のある申込者が何千、何万といることを知っている。そういった大学が受け入れる新入生の数は１５００～１７００人だから、資格のある何千人もの学生のほとんどが、どこかほかの大学に行かなければならない。幸い、クルーガーとデールの研究によれば、経済的には変わりなくやっていけるだろう。もしかしたら、ほかの基準で見れば、さらにうまくやれるかもしれない。

つまり、ほかの大学に進んだほうがうまくいくかもしれないのだ。何人かの研究者もそう考えている。ウィリアム・デレズウィッツは『優秀なる羊たち』のなかで、ＵＳニューズ誌が挙げたランキングのトップ20校では、高校を上位10パーセント以内の成績で卒業した学生の割合は90パーセント以上だと指摘している。「そんな大学は警戒したい」とデレズウィッツは述べる。「上位10パーセント以内の学生の全員が優秀なる羊というわけではないが、かなりの数がそうだろう。彼らの中に入ると決める前に、慎重に考えたほうがいい。それほど名声の高くない大学の学生のほうが、よりおもしろく、好奇心を抱き、率直で、自分が得るものに対する感謝の気持ちが強く、権利意識や競争心はずっと少ない傾向にある。ライバルというよりも、仲間としてつきあえることが多いのだ[10]」

企業採用の第一人者であり、アマゾン・ベストセラー『頭を使って雇う　雇用と被雇用のエッセンシャルガイド（*Hire with Your Head and The Essential Guide for Hiring and Getting Hired*）』の著者であるルー・アドラーも同じ意見だ。彼はアイビーリーグのひとつ、コーネル大学の学生を例にあげる[11]。「コーネル大学の学生に会うと、彼らはみな頭が良いが、別の種類の若者であることに気づく。かなり分別をわきまえているように思えるのだ。誰かの基準にもとづき、自分たちがアイビーリーグの中では低い層にいると考えて、自分たちを上に引き上げようとしている。エゴをつぶされたとしても、より強い対人スキルを見せて現実的になり、あまり自己中心的ではない」

マルコム・グラッドウェルは、最難関大学に通うことで学生は傷つきかねない、とまで言う。ベストセラー著書『逆転！　強敵や逆境に勝てる秘密』（講談社、２０１４年）で、グラッドウェルは次のように説明する。ほとんどの子どもは、超一流の大学に進学すべきではない。なぜなら、どの大学でも、大学院でさらに成功するだけの関心と才能と機会を最も得られるのは、トップレベルの学生だ[12]。自分の成績が下位半分に入ってしまうような大学に進学したら、教授たちの関心を引くことも、選択した専攻で特別な経験を積むことにできないうえ、自尊心が傷つけられるだろう。大学進学を、人生の次の段階に向けた強力な踏切板としたいなら、グラッドウェルのアドバイスはこうだ。成績上位5～10パーセントに入れるであろう大学に行くこと。例外は、たいした学歴をもたず、大学での成績の如何にかかわらず、ブランド大学に通うことで卒業後の選択肢が大きく広がるであろう学生だけだ。

ハーバード・ロースクールの1年生の出身大学リストを見れば、グラッドウェルの論点がわかる。２０１６年の1年生、およそ５４０人の出身大学の数は、１７１校だ[13]。彼らが卒業した大学名（聞いたことのある名もあるだろうが、おそらく多くの大学名は知られていないだろう）の完全なリストは、巻末の付録Aに掲載する。

大学卒業者をアメリカで2番目に多く採用するティーチ・フォー・アメリカ（ＴＦＡ）の採用情報か

らも、同じことがわかる。TFAは2013年、5900名の新人教師を雇ったが、その出身大学は800校におよんだ。その主な60校の名は、付録Bに掲載した。

それから、グーグル社の例もある。ニューヨーク・タイムズ紙のコラムニストであるトーマス・フリードマンのインタビューで、グーグルの人事担当上級副社長ラズロ・ボックはこう述べている。「採用されるかどうかは、GPAや卒業した大学名ではなく、個人のスキルで決まる。たとえば、現場で学ぶ力や、リーダーとして前に出るべきときと引き下がるべきときを判断する力、責任感、謙虚さなどだ(14)」。グーグル社の雇用理念について、フリードマンはこう書いている。「気をつけろ。学位とは、何かの仕事ができると証明するものではない。社会では、自分の知識（どうやってそれを学んだかは重要ではない）を生かして達成した成果だけが重んじられ、それに対して報酬が支払われるのだ」。ボックは、あまりにも優秀な経歴をもつ学生が陥りがちな危険について警鐘を鳴らす。「成功した聡明な人間は、失敗をほとんど経験しない。したがって、失敗から学ぶ方法を知らないのだ」

ここでも再び、「失敗」という言葉が出てきた。

ステップ4　USニューズ誌のリスト以外の優秀大学リストを使う

私たちはUSニューズ誌のランキングにとらわれてしまうが、その算出方法は大学教育の質や大学生のより広い経験、卒業生の就職や人生となんの関係もない。ある大学に自分が適合していると真に感じられるかどうか、そして大学を最大限に活用して進歩し、目標に到達できるかどうかには、USニューズ誌の調査よりもはるかに多くの変数がかかわっている。その大学のすばらしい点と、かなりの費用を出すだけの価値をもっと広い視野で見きわめれば、親はほっと安心し、子どもの大学入学申し込み手続きに際して親と子の両方が味わうストレスも軽減するだろう。

USニューズ誌の多数の競合相手は、それぞれ独自の方法で、各大学の学生となって教育を受ける感覚を伝えようとしている。そのひとつが、大学ガイドの現在のベストセラー、フィスク・ガイド誌だ。ニューヨーク・タイムズ紙の教育担当編集者だったエドワード・B・フィスクが全米の数多くの大学を広く取材して、主観的な分析を行っていることを誇っている。近年は、経験と費用の質を対象にした〝お買い得〟な大学ランキングを出しはじめた。フォーブズ誌が出す「アメリカのベストカレッジ」リストは、各大学が提供する教育の質、学生の経験、卒業後の生涯年収をもとにランキング付けしている。ニッチは30万人以上の大学生の調査と各所の客観的データをもとに、「カレッジ・プロウラー（うろつく者）」ランキングを出している。そのリストの上位にある学校では、学生の幸福と学力、多様なコミュニティ、健康的な環境、低利学生ローンの債務不履行比率などが重視されている。ザ・プリンストン・レビューの大学ランキングは、全米の大学生13万人を対象に行った調査をもとに、学生の意見だけで構成され、最高の講義や教授、経済的支援、ポリシー、社交の場、キャンパスの美しさ、最も幸せな学生といった観点で算出されている。

それらとはまったく質が異なるのが、「人生を変える大学」（カレッジズ・ザット・チェンジ・ライブズ）という名の、非常に小さな大学をたった40校だけの短いリストだ。ここに掲載されている大学は、学生と教授、あるいは学生同士が密接なコンタクトをとりつつ切磋琢磨する、生き生きとした学習コミユニティをつくりあげることに焦点を置いている。学生は十分な準備を整えて職につき、多忙な世界市民となるのだ[15]。このリストはもともと、ニューヨーク・タイムズ紙の教育担当編集者であったローレン・ポープによって編集されたものだ。１９９０年、ポープはベストセラー著書『アイビーリーグの向こう――自分に適した大学を見つける（*Looking Beyond the Ivy League: Finding the College That's Right for You*）』で２００校の大学を分析し、アメリカの大学入学制度に関する専門家の先駆けとなった[16]。最高の大学リストをつくるために、ポープはキャンパスを訪れて、その形と性質と雰囲気を味わった。ポープが厳選した大学は、学生や卒業生、教授、管理者が口を揃えて「この学校は自分の人生を変えた」という意見をはっきりと述べた40校だ。

ポープは２００８年に亡くなったが、その前に、非営利組織のカレッジズ・ザット・チェンジ・ライブズ（ＣＴＣＬ）が設立され、彼の遺志を引き継いだ。ＣＴＣＬはごく小さな組織で、ウェブサイト（www.ctcl.org）の更新はボランティアの手によるものであり、事務局長はパートのコンサルタントで、有給の職員はひとりもいない。しかし十分な情報と熱心な職員が、ポープの哲学を生かしつづけている。ＣＴＣＬのリストにある大学の大半は競争率がそれほど激しくなく、申し込みの50～80パーセントを受け入れている。大学のブランドが有名なため、合格率がもう少し低い大学もある（たとえばオレゴン州ポートランドのリード大学など）。

もうひとつの目からうろこが落ちるようなリストが、アルムニ・ファクター（www.alumnifactor.com）だ。このリストが登場したのは２０１３年だが、型どおりの大学ランキングの視点に新たな変化を与えることとなった。このリストは、息子をもつある大物経営者が、ＵＳニューズ誌の大学ランキングデータには残念ながら子どもが有意義な選択をするための情報が欠けていると気づいてつくりあげたものだ。さまざまな大学の卒業生が世間でどんな活躍をしているか、自分自身や生活についてどう感じているか、ということに焦点が当てられている。225校以上の大学の、数十万人にものぼる学生を対象に、人生における成果について、次の項目の調査がなされた。

- 知的成長
- 社会的なコミュニケーションスキルの進歩
- 友情の発達
- 職業的な成功の準備
- 急募の職の機会
- 有望な生徒に自分の大学を薦めたいという意志
- 金銭価値
- もう一度進学先を選べた場合、いまの大学を再び選ぶかどうか
- 卒業生の世帯平均年収
- 卒業生の高収入世帯率（年収15万ドル以上）
- 卒業生世帯の平均純資産
- 卒業生世帯の高額純資産率（100万ドル以上）
- 卒業生の総合的な幸福度

アルムニ・ファクターは、こういった要素のほか、社会的あるいは政治的問題に対する卒業生の意見を加味して大学のランク付けを行う。たとえば移民、銃規制、ゲイの婚姻、差別是正措置、離婚、法執行機関における人種的分析、学校での礼拝、報道の偏向といった問題だ。入学志望者とその親は、そういった問題について卒業生がおおむね賛成か反対かを知ることで、その大学や教室、寮の社会政治的環境になじめるか、あるいは疎外感を抱くかを感じとることができる。

おそらく、最も魅力的なのはアルムニ・ファクターの「究極の成果」の部分だろう。そこでは、ふたつの属性の組み合わせにもとづいて大学がランク付けされる。たとえば、卒業生が経済的な成功と知的能力を獲得した大学、経済的成功と幸福を獲得した大学、あるいは友情と知的能力を獲得した大学、といったように。「究極の成果」の6種類の項目すべてでトップ50入りした17校を挙げると、次のとおり。

バックネル大学
ザ・ホリー・クロス大学
ダートマス大学
ゲティスバーグ大学
ミドルブリー大学
ポモナ大学
プリンストン大学

ライス大学
スクリプス大学
スワースモア大学
アメリカ空軍士官学校
アメリカ沿岸警備隊士官学校
アメリカ陸軍士官学校
アメリカ海軍士官学校
ノートルダム大学
ワシントン・アンド・リー大学
イェール大学

私立高校の大学カウンセラーの職能団体、私立校大学カウンセラー協会（ACCIS）会長のサム・モスは、アルムニ・ファクターをいちはやく取り入れたひとりだ。モスは、ジョージア州ロームにある私立校ダーリントン・スクールの進路指導部長である。創立100年を誇るダーリントン・スクールには、全米22州、世界の40カ国から生徒が集まっている。モスはこの学校で40年間、大学カウンセラーを務めてきた。彼の書棚には、ありとあらゆる大学ガイドが並んでいる。アルムニ・ファクターは「生徒や保護者との会話を完全に変えてくれた」とモスは語った。

モスはこんなふうに生徒のカウンセリングをする。「もし超難関校への出願に挑戦するなら、不合格率は95パーセントだということを理解しておかなきゃならない。不合格者と合格者の割合はあまり変わらないから、不合格を失敗と考えるべきではない。ジョージア州の宝くじのようなものだ。当たればうれしいが、9カ月間くよくよして過ごすことはない。ほかの学校なら合格率はもっといいし、どこへ行っても同じように成功して幸せになれるんだから」。最後の指摘は、アルムニ・ファクターでも明快に示されている、とモスは私に告げた。「求めるものが経済的成功であれ、厳格な知性であれ、人生の幸福であれ、そういったものを卒業生が獲得できる学校は非常にたくさんある。アルムニ・ファクターのおかげで、子どもと親は、別の尺度で大学を見るようになった。インプットとアウトプットの比較だ。回答者にほかの学校の評価を求めず、回答者自身の学校についての意見と、受けている教育への満足度だけを尋ねているところが最も気に入っている」

テネシー州スワニーのサウス大学の同窓会に出席したモスは、アルムニ・ファクターの話を聞いた。その週末、大学副総長のジョン・マッカーデル・ジュニアは集まった卒業生にこう語ったという。「大学の新しい評価方法ができ、卒業生諸君は我が校をかなり誇りに思っていることだろう」。生徒に大学選択のアドバイスをする仕事についているモスは、耳をそばだてた。マッカーデル（バーモント州のミドルベリー・カレッジの元校長）には、アルムニ・ファクターでのスワニーの結果を喜ぶだけの十分な根拠があった。リベラルアーツ大学すべての中で16位であり、知的進歩と社会的進歩では1位、現役生徒へのお勧め度では2位、友情の進歩では4位、職業的成功の準備では9位だったのだ。正直なところ、スワニーの名を聞いたことがなかった私だが、その話を聞いて興奮し、もっと話を聞きたくなった。スワニーは26名のローズ奨学生を輩出し、著名な卒業生のひとりには、故ロビン・ウィリアムズ主演の映画『いまを生きる』の主人公、キーティング先生のモデルとなったサミュエル・F・ピカリングがいる。また、このあと取り上げるテスト・オプショナル校（試験の成績提出を任意とする大学）でもあり、喜ばしいことに、合格率は61パーセントに達する。

リンクトインが2014年秋に始めた大学ランキングも、大学カウンセラーや受験生、親たちに衝撃を与えている。現在、アメリカに1億以上、世界じゅうに3億以上のユーザーを擁する世界最大の職業人ネットワークであるリンクトインは、ある業種の職を得る可能性が高いのはどの大学の卒業生かというデータを、どこよりも大量に持っている。また、ある分野（英語や哲学など、非実用的と言われる分野を含む）を専攻した学生の行く末を判断することもできる。「私は就職できますか？」という質問に、声高らかに「できます」と答えるだけでなく、その専攻の学生が就ける職業の選択肢をずらずらと並べることができるのだ。新しい大学ランキングのページでは、最近の卒業生があらゆる分野で望みどおりに就職できているかという観点にもとづいて、大学を評価している。

これまでに取り上げたどのタイプのリストも、ある種の質的・量的調査をもとにしているのに対し、リンクトインのランキングは、何億もの職業人による、絶えず増えつづけ、更新されつづけている情報にもとづいている。その意味でこのランキングは新鮮さを失わない、とリンクトインの新しいランキングプロジェクトを統括する生産管理部長であった、クリスティーナ・アレンは言う[17]。こうした卒業生の就職結果は、あらゆる大学の、あらゆる種類の専攻の学生が職業人として成功できるという証明になる。「これらのデータとシステムのいいところは、広い範囲の大学リストや、親が子どもに選んでほしくないと思っているような学問分野を見られるということです。そして子どもは、その卒業生が立派な職業に就いていることを主張できるのです」とアレンは語った。そうしたデータは驚きに満ちている。アレンは、リンクトインのコンピュータ科学者の話をした。彼が卒業したアイオワ州のマハリシ経営大学は、コンピュータ科学の学位をとるのに適した場所と見なされるような学校ではない。それなのに、彼は非常に熟練したコンピュータ科学者だった。アレンは興味を抱いた。「マハリシの卒業生のデータを見たら、マイクロソフトやグーグル、アマゾンといった企業で、管理職や非常にレベルの高い社員となっていました」。リンクトインのデータは、入学を申し込むに値する大学に関してUSニューズ誌が築いた既成概念を破壊するだろう。

ステップ5　テストの成績を重視しない大学を考慮に入れる

真剣な検討に値する大学のリストを拡大するほかに、テストの成績だけではなくもっと全体的な観点から申込者を選別する大学を検討することも重要だ。そういった大学に申し込むことで、ストレスを減らせるだけでなく、学生と大学との親和性も高くなる。フェアテスト（公正なオープンテスト全米センター）[18]によれば、800校以上の大学が、SATやACTの成績提出を任意とするか、柔軟な対応をとっている。この800校は、SATやACTの成績が提出されれば参考にするが、高校の成績やエッセイ、推薦書などの、学力や可能性を証明するほかの指標のほうにより関心を示す。柔軟な対応をとる大学は、ほかの種類のテストの成績も受け付ける。テスト提出が任意の大学（リベラルアーツ大学を含む）のリストは、www.fairtest.org に掲載されている。そのリストには、ランキング愛好者にはおなじみの次のような大学も含まれている。

アメリカン大学
アリゾナ州立大学
ベイツ大学
ボウディン大学
ブランデイズ大学
ブリンマー大学
クラーク大学
ザ・ホリー・クロス大学
ディキンソン大学
フランクリン＆マーシャル大学
マウント・ホリヨーク大学
ピッツァー大学
スワニー サウス大学
スミス大学
ウェイクフォレスト大学
ウェズリアン大学

ある大学は２０１４年、テスト成績を任意提出とすることもやめてニュースとなった。つまり、申込者の成績を見たくないということだ。その大学は、マサチューセッツ州アマーストにあるハンプシャー大学である。[19] ハンプシャー大学がその決定を公にした報道発表で、入学審査および学資援助部長のメレディス・トゥオンブリーはこう述べた。「ＳＡＴは基本的に、ある年のある1日に受けるひとつのテストにすぎません。高校の学業成績や市民活動の記録、メンターからの推薦状、エッセイで自分を表現する能力などは、ＳＡＴよりもずっと雄弁です」。ハンプシャー大学は「人生を変える大学リスト」に掲載されていて、ネットフリックスのコミュニケーション事業部長であるジョナサン・フリードランド、ドキュメンタリー映像制作者のケン・バーンズ、認知科学者のゲイリー・マーカス、アカデミー賞受賞女優のルピタ・ニョンゴなど、著名な卒業生を輩出している。ハンプシャー大学の２０１４年の合格率は70パーセントだった。

ニューヨークシティから数時間ほど北上した町、ニューヨーク州アナンデール＝オン＝ハドソンにあるバード大学[20]は２０１４年、「入学選考の画期的な試み[21]」でニュースに取り上げられた。この大学は志願者に、通常の申し込みをするか、21種のエッセイ課題のうち4つを提出するかという選択肢を与える。志願者が後者を選んだ場合、提出したエッセイがバード大学教授陣の審査を受けて、Ｂプラス以上の評価を得れば、それだけで合格となる。標準テストやＧＰＡや、下心のあるボランティア経験満載の履歴書（ＣＶ）はいっさい不要だ。[22]

2014年のステート誌の記事でレベッカ・シューマンは、バード大学の新たな入学審査制度を「アメリカのエリート大学への申し込みの真の代替となる唯一のもの」と呼んだ[23]。バード大学の制度がターゲットとしているのは、いかなる理由があろうと完璧さという檻に閉じこめられない学生だ。つまり、バード大学の学生担当副学長および入学審査部長であるメアリー・バックランドが私に語ってくれた言葉を借りれば、「学ぶことが本当に好きだが、高校の〝忙しい作業〟に煩わされたくないと思い、音楽や芸術や個人的な読書など、必ずしも〝学問的〟とは見なされないかもしれないものに打ち込む」学生ということだ。バード大学の2014年の合格率は38パーセントだった。

ユニークな試みを行うエリート大学のなかで、私のお気に入りのひとつはマサチューセッツ州メドフォードのタフツ大学だ。タフツ大学の難易度は、先に挙げた2校とはまた異なるカテゴリーに属し、2014年の合格率は17パーセントしかない。しかしここでその名を挙げるのは、テストは評価を左右するものではなく全体的な選考手続きのひとつの要素にすぎないと見なすエリート大学の好例だからだ。学部入学審査部長のリー・コフィンは、「テストというものをより柔軟なコンテクストのなかで捉えたいと思っている」と語る[24]。コフィンの方法論は理にかなっていると私は感じる。2014年、彼らはパロアルトの優秀で勤勉な学生を受け入れてくれた。ランキング上位の大学の選考に漏れた学生だ。タフツ大学を気に入っているもうひとつの理由は、ギャップイヤー（入学前に自らを成長させ、リーダーシップと自信を得る機会を学生に提供する制度）を取り入れていることだ[25]。

コフィンはその筋では〝原点回帰部長〟として知られている。多くの部長が、入学審査に関するより全体的な取り組みを声高に語るだけなのに対し、コフィンは実行に移す。大学の首脳陣はUSニューズ誌のランキングを注視し、自分の大学のランクを上げるためさらに多くの志願者を集めたがる（たとえその80～95パーセントを不合格にするとしても）。コフィンは、タフツ大学の評議員会と学長が、ほかと比べて「非常に分別がある」と認めた。数年前にコフィンが採用されたとき、学長はこう告げた。「志願者の数や合格率にとらわれるつもりはない。興味があるのは、知的取り組みのレベルが毎年上がりつづけるような品格をタフツにもたらしてくれることだ」

以来、コフィンはその仕事に専念してきた。「最初の作業は、我々のカリキュラムで志願者が成功できると確かめることだ。我々が提供する厳しいカリキュラムで彼らが成功可能かどうかを判断する」。だが、ほかの多くの大学と同様に、タフツ大学の1万9000名の志願者のうち、75パーセントがその基準を満たしている。そこで、次はタフツ大学の創立理念を反映する資質を探る。コミュニティの尊重、知性による世界改革、クリティカル・シンキング能力、そして思いやりだ。「思いやりですか？」と私はコフィンに尋ねた。「そう。学部生たちが殺人ロボットの集団になってほしくないからね」。スタンフォード大学の入学審査および学資援助部長であるリチャード・ショウも、同じ考え方を何度も私に語っていた。思いやりの要素を確かめるため、コフィンが志願者に求めるものは、ただの成績や得点にとどまらない。

単純に成績上位の者を選んで終わりにしないのはなぜだろう？　そのほうがずっと時間が節約できるだろうに。理由のひとつは、コフィンら全米の入学審査担当者が呼ぶところの「クラスを形づくる」ということだ。「学業に秀でた者を求めてはいるが、必ずしも〝最高〟がよいというわけではない。最高なものには、ほかのものが欠けていることが多いからだ。数字上の超新星的存在を、数字上の超新星的であるという点だけで評価はしない。熱心なテスト勉強のおかげでGPAやテストの点が突出していても、知的な関心という点ではどうだろう?」。タフツ大学の政治科学教授のひとりが、コフィンに語ったことがある。トルーマン、ローズといった高名な奨学金に申し込む最上位の学生には、興味深いパターンがあるというのだ。「最高の成績の者が、優れた数字の上では半歩遅れていると思われる学生よりも、必ずしも面接をうまくこなせるわけではない。Aマイナスの成績の学生とAの成績の学生、あるいはAの成績の学生とAプラスの成績の学生を比較してみると、成績の上では半歩遅れた学生のほうが知的な取り組みという点では勝り、自分の意見をもっていて、人格形成ができているように見える。テストを受けてAを取るように指導されてきた者は、台本なしではうまくやれないことがあるのだ」

コフィンは、補足的に志願者に課すエッセイのテーマの選択肢のひとつとして、「あなたは何に幸福を感じますか?」という設問をもうけている。馬鹿げた設問だと批評されることもあるが、コフィンは「何に幸福を感じるかというのは重要な質問だ」と言う。ある女子学生は古い本のことを書いた。その匂い、手触り、ページをめくるときの音。ある男子学生は、3人の弟たちの面倒をみているときのことを書いた。エッセイの選択肢の中で、この質問は最も人気があると同時に、合格率の高い設問のひとつだった。

適性と帰属性に着目する

私が大学で働いていた時期には、進学志望の生徒とその親に、大学選択にあたってどうしたらいいか、助言を求められてきた。基本的に私はこう答えた。「それは適性と帰属性の問題に尽きます」。大学を見学し、公式な催し（説明、紹介ビデオ、見学ツアーなど）のあとに、大学に雇われたのではない本物の学生を見つけて尋ねよう。「こんにちは、ここに志願しようと考えているのですが、この大学の感想をうかがえますか？」。その質問を皮切りとして、次は「では、もしもできるならば、この大学のどこを変えたいですか？」と尋ねる。この質問への答えは、大学について雄弁に語るもののはずだ（また、その学生の特性を語るものでもある。必ず、３、４人の学生に尋ねること）。最終的には、大学についての情報だけでなく、自分自身についての情報もふんだんに手に入れられるだろう。何が心に響いたか？　何にうんざりしただろう？　教授陣についての情報も必要だ。教授は学部生の指導にかかわっているか、それとも大学院生に任せているか？　仲間の学生はどうだろう？　彼らと同じ教室で学び、同じ寮の部屋に入り、中庭や研究室やクラブで過ごし、行動をともにしたいか？　最後に私は、自問するよう生徒に勧める。「この大学で自分らしくいられるか？　自分自身を認めてもらえるだろうか？」。最後の２つの質問への答えが心の底からの「イエス」ならば、適性と帰属性を感じているということだ。

　スタンフォード大学を離れたいま、私自身も大学進学のカウンセリングを行っている。そこでは入学申し込み手続きという毒にやられた生徒たちの（私を雇っているのは彼らの親なのだが）解毒剤となろうと努めている。数十億ドル規模の産業が、大学が求めると思しき子ども時代のつくり方を、熱心に子どもに教えているのだ。「パッケージ屋」を自称する第三者（両親を含む）が、その手続きの最も個人的な部分であるエッセイを、子どもに代わって大幅に書き直し、あるいは公然と執筆している。

　私は学生部長として、つくられた子どもとの交流は楽しめなかったし、親として、こうした状況を不快に感じている。システムを変えることはできないが、高校の最上級生と話し合うときには、興味があるのは目の前の子どもそのものであることを告げ、入学申込書では自分自身を前面に押し出すように話す。どんな人間か？　あるべき姿ではなく、実際の姿はどんなものか？　何に腹をたてるか？　何が気にかかるか？　何に魅了されるか？　自分の知識をどうやって把握するか？　私たちが「自分の熱意を注げるものを探そう」という言葉を発するとき、17歳ならひとつは熱意を注げるものをもっているはずで、もっていなければ急いで見つけるべきだという態度をとる。だが、実際には、まだそんなものを持っていない若者が大半である。自意識もまだ芽ばえたばかりで、世界で自分が何になりたいか、何をしたいかもおぼつかない若者なのだ。重要なのは、学びに打ち込んでいるということだ。好奇心があるということだ。成長と奉仕を望み、いつの日か、世の中で何か意義あることを成し遂げるということだ。いまはその発見途上にあるのだ。私は、それで十分だと思う。高校の生徒に連続的な質問を与えて、自分自身についての真実を見つけさせることができれば、大学の入学審査担当者のお眼鏡にかなうような意義深いエッセイを書けるだろう。

　苦痛の少ない入学申し込み手続きをもうけてくれたタフツ大学のリー・コフィンに、親は感謝する。コフィンのとった手法、そしてハンプシャー大学やバード大学など、ＳＡＴ／ＡＣＴの成績提出を選択式あるいは任意とした選抜方法を見れば、苦痛の少ない申し込み手続きというものが存在することがわかる。アルムニ・ファクター、人生を変える大学（カレッジズ・ザット・チェンジ・ライブズ）、リンクトインの大学ランキングを見れば、人生で成功を収めた人（私生活でも、財政上でも）の出身大学は、有名なものからほぼ無名なものまで、あらゆる種類を網羅していることがわかる。つまり、適性と帰属性を感じる大学を探すように子どもを励ましつづけるなら、それを見つける手助けとなる方法はいくらでもあるということだ。超難関大学しか見ようとせず、そこに出願して合格することだけを誇りとしていた（先ほど例にあげた判事がそうだったように）親や子どもが目隠しをはずせば、事態は好転するだろう。

大学生活とは、すばらしい可能性、人生を変える可能性を秘めた長い4年間だ。ミネソタ州のブレイク・スクールで大学進学カウンセリング部長を務めるフランク・サックスはこう語っている。「大学とは、勝ち取るべき報奨ではない。自分と相性のいい大学を探すべきだ」。そのとおりだ。子どもが自分に最適の場所へ行き、そこで成長すること自体が報奨なのである。

20 耳をかたむける

親がますます必死になって、USニューズ誌ランキングのトップ40の大学に入れる子どもをつくろうとする一方で、アン・ファーガソンは子どもを守りつづける進路指導カウンセラーのひとりとして最前線に立っている。アンはマサチューセッツ州の私立校フィリップス・アカデミー（「アンドーバー」という略称をもつ）の進路指導副部長だ。２０１４年2月、私は電話でアンと話した。大学入学申し込み手続きが始まった直後のことだ。

「高校2年生との初めての面談で、いくつか質問をします。『大学のことを考えたとき、最初に頭に浮かぶ言葉をカードに書きとめてください』。よくある答えは、『SAT、ストレス、自由、独立、申し込み』などです。次にこう質問します。『もし親に何かひとつだけ伝えるとしたら、なんと言いますか？』。生徒はこんなメッセージを走り書きします。『愛してくれているのはわかっているし、ベストを尽くそうとしているのもわかっているけれど、放っておいてもらえないかな？』」。そのあと、アンは生徒の親と面談し、カードを渡して子どもへのメッセージを書かせる。最初、子どもが書いたカードを見せていない段階では、親はこんなふうに書く。「ベストを尽くせ」「ハーバードに入れないと思っているのはわかっているけど、試してみて」。しかし、子どもが書いたカードを見せると、こんなことを書くようになる。「あなたに完全に任せます」「あなたを全力で支えるつもりです」

子どもが書いたメッセージを見せると、親はたじろぐ。そして、いっそう子どもを励ますようなメッセージを書く。「とても温かくて曖昧なメッセージです。親たちは『そんなことはしていない』と主張します。誰もが正しいことをしようとしているのです」。そして申し込み手続きが佳境に入ってくると、「親がかけた魔法は消えてしまいます。多くの親は再び神経質になってしまうのです」

アンは、親の不安が生徒に影響を与えると見ている。2年生のひとりがアンのオフィスに来て、入学申し込みの件で相談を始めたときのことだ。アンが考えや資料をまとめ、この生徒の件をどう進めるか決定しようとしているとき、当の生徒が両手で頭を抱えているのに気づいた。アンは口をつぐみ、資料を脇におしやって、間をおいた。そして大丈夫かどうか尋ねた。生徒は大丈夫じゃないと言い、自分をアンドーバーに入れた父親は、ハーバードに入らせたがっていると言った。そして胸の内を明かした。「僕は数学が苦手です。ハーバードには行けそうにありません」。その生徒はよく眠れないし、悪夢を見ると言った。

「私たちカウンセラーは門番となって、子どもに気を配りたいと思っています」とアンは私に言った。アンはその生徒の家族に告げるつもりだ。「お子さんは強いプレッシャーを受けています。楽しく経験させてやり、その結果を見てみませんか?」。オフィスで頭を抱えた生徒には、優しく声をかけた。「信じられないでしょうけど、何よりも大事なのは、あなたの健康よ。特定の大学が大事なんじゃない。健康がすぐれなければ、大学でやっていけないでしょう」。生徒はアンを信じた。自分を気遣う人がいてくれることにほっとしたことだろう。

多くの親は子どもの生活を強力にコントロールして特定の成果を得ることに慣れている。しかし、入学申し込みの数が増えるにつれて大学の難易度は増すし、ある大学に入学するための秘訣などは誰にもわからない。その結果、入学申し込みゲームの状態と、それをコントロールできないということに、親は恐怖を覚える。アンにはわかっているが、もっと広くすばらしい可能性を親に示し、視野を広げさせることさえできれば、手続き全体のストレスはぐっと減るだろう。とはいえ、地雷原のように思える場所(親にとっても、子どもにとっても、そしてアンにとっても)を案内するのはかなり難しいことだ。

私が住んでいるような野心的で競争心旺盛な地域社会では、ずいぶん早くから子どもの声に耳をかたむけなくなっている。パロアルトからオレゴン州のベンドに引っ越していったメーブという母親に、生活の緊張感の低下と、子育ての環境の違いについての感想を尋ねてみた。(1)「パロアルトでよかったのは、親たちが意識的に我が子との交流を保ち、多くの時間を費やしていたこと。よくなかったのはつねに駆けずりまわっていて、我が子の言葉に耳をかたむけていなかったこと。あの忙しさと課せられた負担のなかで、家族がお互いに真のコミュニケーションをとるのは不可能だと気づいたわ。型にはまらないコミュニケーションをとり、ただ一緒にぶらぶらと出かけるような機会がほしかったの」

カリフォルニア州サンタクララから越してきたマウリナという母親も、同じような話を聞かせてくれた。「子どもに早く出かけなさいと怒鳴り、野球の用意をしなさいと怒鳴り、宿題をやりなさいと怒鳴っているわ。家はオアシスじゃない。悲惨な場所よ」(2)。もしも私たち全員(家庭にいる親も、外で働く親も）が、すべての白熱した課外活動から解放され、愛する子どものそばにいる時間を生みだすことができれば、どうなるだろうか。

子どもに耳をかたむける方法

アメリカ心理学会（ＡＰＡ）の助言によれば、親子が健康な関係を結ぶために必要なのは、耳をかたむけ、語り合うことである。特に子どもがティーンエイジャーの場合は重要だ。ＡＰＡの「親のためのコミュニケーションのヒント[3]」をもとに、その例をあげてみよう。

1 時間を割く……子どもがふたり以上なら、それぞれに集中する時間を少し割こう。就寝前や習い事に通う車中、何も拘束されていない週末の朝など、子どもが話す気になっているタイミングを狙うといい。適切なタイミングを見つけたら、会話を始めてみよう。気にかかっていることを最初に尋ねないこと。子どもがずっとやっていることや問題点に関心を示そう。ティーンエイジャーは自分の親が、成績や成果や大学のことばかり話したがっていると感じている。子どもの興味や喜び、心配事など、子ども自身を気にかけていることを示そう。そうすれば気にかかっている話題（大学に提出するエッセイをいつ書き始めるのかなど）も出しやすくなるだろう。

2 耳をかたむけていることを知らせる……手を止めて耳をかたむけよう。目を合わせよう。たとえ子どもの言葉が聞きづらいものであっても、口をはさまずに耳をかたむけること。子どもが話し終えたら、その内容をこんなふうに繰り返してみる。「じゃあ、あなたは本当にそれを楽しんでいるということなのね」「それにすごくストレスを感じているということだね」。問題解決のためのアドバイスや手助けが必要か、それともただ愚痴を聞いてもらいたいだけなのかを尋ねよう。

3　子どもが耳を貸すような返答をする……子どもは往々にして、話の全貌を語る前に一部だけを伝え、親の反応を試す。注意深く耳をかたむけ、続きを話すように促せば全体を聞くことができるだろう。感情的になったり怒ったりすれば相手にされなくなってしまうから、子どもに与える印象には気をつけよう。子どもの気持ちを気遣いつつ、自分の感情のバランスをとるよう心がけること。感じたことを言葉にし、子どもの視点を尊重しながら考える。誰かが悪いとか正しいとかは論じない。「あなたの意見が違うことはわかっているけど、私はこう思う」のように言うといいだろう。

本書の調査を進める過程で、私はたくさんの若者の話を聞く機会を得た。「耳をかたむける」能力を育て、その重要性を知る方法として、ここで3人の若者の話をお伝えしたいと思う。どの話にするかはかなり悩んだが、大学の新入生、最上級生、大学院生の話を選んでみた。誰もが自分の子どもに望むような能力を備えた若者たちだ。

ブランドンの場合――自分らしくいられること

ブランドンが育ったテキサス州ダラスは、映画『プライド　栄光への絆』（訳注：実話をもとに、高校のアメフトに熱狂するテキサスの町を描いている）さながらに、高校のアメリカンフットボールが盛んな町だ。ブランドンはチームで、セーフティ、レシーバー、コーナーバック、タイトエンド、ラインバッカーなどさまざまなポジションをこなしてきた。２０１４年の夏にブランドンと話したとき、彼は19歳で、ヒューストンの一流大学であるライス大学の1年次を終えたばかりだった。(4)

ブランドンの母親は、大学在学中に彼を産んだ。「母はいろいろな人に僕をたらい回しにしました」とブランドンは笑う。「幼いころから、僕は自分の好きなことを自由にやれました。学びたいことを学び、やりたいことをやってきました」。ブランドンは、テキサス州サウスレイクの公立学校、キャロル・シニア・ハイスクールに3年間通い、母親と継父が離婚すると、父親と継母のいるベイエリアに引っ越して、サンマテオの公立学校、アラゴン・ハイスクールで最終学年を終えた。

僕はつねに自立して行動してきました。6年生のときには、純粋な好奇心からトランペットを習いました。親に強制されたわけではありません。2年間続けて、かなり上達しましたが、アメフトのほうが好きになったのでやめてしまいました。両親から文句はありませんでした。ライス大学の同級生の多くは、バイオリンやピアノを習ったことがあります。でも、すぐそこの談話室にピアノがあるのに演奏しない理由を尋ねると、こう答えるんです。「興味ないんだ。親に習わされていただけで、自分で選んだわけじゃない。いつもそんな感じだった」

高校では、上級科目をたくさん選択しました。3年生のときは英語が大嫌いだったので、「化学と数学は上級レベルの科目を取るつもりだけれど、英語では取らない」と母に言いました。母は反対して「理由は何?」と聞いてきました。そんなに頑張って勉強したくないからだと話すと、母は「いつだって頑張って勉強しなきゃいけないのよ。そんなこと言っちゃだめ」と言いました。そして、まるでカウンセラーのように質問を重ね、僕の答えを次々に求めました。母は僕に働きかけてきましたが、僕は自分の選択どおりにしました。

継父はもう少し権威主義的な人でした。まるでヘッドコーチのような感じです。人生という戦場で準備すべきことを、全力で僕に訓練させようとしてきました。しかし、実際の戦場で継父が僕に指図できることは何もありません。自分の目指す方向を決めるのは自分自身です。

大学にエッセイを提出する時期には、僕は完全に自分ひとりで書きました。両親に一度は読ませ、母には修正を入れられましたが、いつものように話し合ったうえで自室に戻り、修正点は自分で決めました。ほとんどの修正は無視しました。自分の書き方のほうがいいと思ったからです。宿題であれ、大学の入学申し込みであれ、母の修正が絶対的な権威をもつことはありえないのです。

同級生の親のほとんどは、入学申し込み手続きにかかわっていました。一緒にエッセイを書いたり、誰かに依頼して書いてもらったり。でもエッセイは、親や他人の手を借りずに、生徒自身が心から書いたものであるべきです。人となりを純粋な形で表現し、真の姿を現すものであるべきなのです。

申し込み時期になると、自分の利用したいものが揃った、成功につながりそうな学校を選びました。

優秀な大学だと思ったスタンフォードに申し込みましたが、入れませんでした。アイビーリーグの大学数校とライス大学、カリフォルニア州立大学に申し込みました。両親ではなく僕自身が、自分の人生のための教育を受けたい大学を決めました。両親の人生、教育ではなく、僕自身の人生であり教育なのですから。僕はずっとそう考えていました。

ブランドンはアメフトの選手としてライス大学に入学を許可されたわけではなかったが、早期にチーム入りの打診はされた。スポーツより学業を優先させたかったブランドンは断った。「皮肉なことに、4カ月後にはプレーしたくなったんですが、遅すぎました」。そこでブランドンは代わりにラグビーチームに入った。「たくさんのすてきな連中と一緒に、キャンパスでいろんな人と会いました。本当にすばらしい選択でしたよ。できるなら、3年間ずっと続けたいです」。ブランドンの声は、なんだって可能だと言いたげに、悠々と響いた。

ブランドンは医学部進学課程に進んだ。彼の見たところ、同級生の70パーセントが同じ進路を選んでいた。必要条件を満たすため、生化学と細胞生物学を専攻した。「ラテン語にも興味を抱いたので、古典学も同時に専攻しています。最高学年になったら、ローマに行って資料を研究するかもしれません。神経学にも興味があります。神経の研究をするかもしれません」。ランドンは弾んだ口調で語った。「『あなたは成功するのよ。それには医学部進学課程が最適。あなたに選択権はありません』と親に言われて進路を選んだ学生は大勢います。僕の親はふたりとも金融業界で働いていますから、僕にもその道を選んでほしかったと思います。でも、僕は望む道に進み、やりたいことを学べます。おもしろそうなことを見つけたら、それをもっと学びたいと決めることができます。学問の自由があるんです。そこから興味がわいてきます」

ブランドンは、ヘリコプターペアレントのもとで育ってきた学生たちを知っている。「彼らは内面から突き動かされるということがありません。自分がやりたいことを知り、それを実行する方法を知るのはひとつの生活能力です。科目の申請を例にとってみましょう。過干渉の親をもつ子どもは、大学でうまく科目を取ることができません。『医者になりたい』という学生は、取るべき科目の助言を受けますが、医学界に進むためにどんな準備をしたらいいのかわからないのです。やり方を知らないからです。いつも誰かがやり方を教えてくれていたから、自分で考えたことがないのです。僕の友人のひとりは、毎日1回両親と話して、その日のスケジュールと行動を見直します。自分で目標を定めることができず、いまでも、やるべきことかどうかを親に尋ねなければならないのです。口を出したくなりますが、そこは彼自身に任せなければいけないでしょう」

ブランドンはこう結論づけた。「両親が果たしてくれた役割をおろそかにしたくはありません。すばらしい両親でした。本当に支えになってくれ、あらゆる手段を提供してくれました。僕を育てるうえでの最良の選択は、僕に自分の道を選ばせてくれたことです」

エマの場合――〝役に立たない〟と呼ばれるもの

子どもに〝役に立たない〟学位をとらせ、その後は親のすねをかじりながらハンバーガー屋でバイトをする一生を送らせたい、という親はいない。だから、2014年のタイム誌に掲載された「〝役に立たない〟学位を娘に取らせた理由」と題した記事を目にしたとき、もっと詳しい話を聞きたくなった。(5)1週間後には、その記事を書いたランダイ・ホダーと〝役に立たない〟学位を取った彼女の娘エマと、スピーカーを通して話をすることになった。(6)

それは2014年の春、エマがスクリップス大学を卒業した数日後だった。名門スクリップス大学は、ロサンゼルスのダウンタウン南東部にある小さなリベラルアーツ女子大学で、姉妹校にポモナ、クレアモント・マッケナ、ピッツァー、ハーベイ・マッドの4校がある。エマはいわゆる〝役に立たない〟学位とされる、アメリカ研究の学位を取得した。ちなみに、それは私自身の専攻でもあった。

エマが最初に入った大学は、そこから約3200キロ東にある、オハイオ州のオバーリン大学だった。この大学も、評価の高い小さなリベラルアーツ大学である。オバーリン大学はエマに向いてはいなかったが、最初の学期のアメリカ研究入門という科目は、のちにエマの知的関心の基盤となる分野に導いてくれた。

「大学生活を始めたとき、『弁護士になりたい』『医者になりたい』『何かになりたい』といった感覚は持ちあわせていませんでした」とエマは私に語った。オバーリンの履修科目カタログを眺めたとき、エマはアメリカ研究というジャンルでカバーされる、植民地主義、ネイティブ・アメリカンの歴史、刑務所産業複合施設、都会の食糧問題といったテーマに引きつけられた。シラバスのテーマの幅広さと「信じられないほど魅力的」な教授に魅せられたのだ。「アメリカ研究を勉強することで、自分が本当に学びたいことを追究して学ぶことができました」。オバーリン大学を離れると決めたとき、スクリップス大学も強力なアメリカ研究のプログラムを提供していることを知り、エマは喜んだ。スクリップス大学に着いたときには積極的に学部長と会って専攻を告げた。エマの関心は食糧、政策、文化に向かっていた。

タイム誌の記事で明確になっていたとおり、エマの両親はアメリカ研究を専攻するという娘の選択に協力的だった。優れた教育を受け、自らの熱意を注げるものを発見することで、人は最高の人生を送れるというのが両親の信念であった。おかげで、エマはその両方を経験できたのだ。しかし母親のランダイは、職業に結びつかない分野を追究しようとする子どもを心配する親の気持ちも理解できると言った。「大学の『投資利益率』という考え方について、いまはとんでもない量の情報が蔓延しています。自分の子どもが英語学やアメリカ研究、政治学、食文化学などを専攻したら、この経済状況のなかで職につけるかどうか、親として心配になります」

「急成長している分野なのに!」。エマは母親の言葉を聞きつけて叫んだ。「インターンシップの口はすごくたくさんあったよ!」

「でも、当時はそんなこと知りませんでした」とランダイは笑った。人文科学の価値を理解し、「STEM(科学・技術・工学・数学)科目は、競争社会で次世代が成功するための唯一の答えではない」と書いたランダイですら、専攻を経済的成功と同じものとみなす最近の記事を少々気に病んでいたのだ。

また、ランダイは何度か、エマの専攻選択を友人に説明しづらいと感じたことがある。しかし、やがて、エマの専攻を正当化しなければならないと感じていることを悟り、そんな必要はないと決めた。「エマが選んだ道が確実な収入につながるという理論づけをしたくて、説明しすぎていました。娘の職業形態が、私たち夫婦が選んだ教育の真価を証明するような気がしていたのです。振り返ってみると、よくある間違いを犯していました。エマの個人的な成功が、親としての自分の成功であると勘違いしていたのです」

エマはそういった懸念に気づいていたとしても、影響は受けなかった。卒業論文のテーマは「はじめに料理あり――アメリカ人がキッチンに回帰すべき理由と、彼らをそうさせる動機の探究」だった。エマは論文の中で、自宅で料理する人が減っている傾向を扱い、20世紀半ばのライフスタイルの変化の原因を探り、地域社会のガーデニング事業や食育、食の砂漠（訳注：都心部などで食料品店が撤退し食料品の入手困難な地域）との戦いなど、この傾向を逆転させる努力について検証した。前年の夏には、ニューヨーク・タイムズ紙の食品担当編集者、アマンダ・ヘッサーが立ち上げた「フード52」というウェブサイトですばらしいインターンシップを経験していた。ハプニングに満ちたニューヨークで暮らしながら、優れた女性上司のもと、レシピを試し、編集部に貢献していたのだ。キャンパスに戻って自分の論文をこつこつと書き始めたときには、同級生たちはまったく違う魅力的なテーマに取り組んでいた。「9・11後のカントリー・ミュージックの変化について書いていた子もいれば、女性のガイドブックを書いた歴史的人物を調べている子もいました。心理学的な観点で、悲しみについて書いていた子もいました。とても刺激的でした」

電話を通した会話だったので、話しているときのエマの顔は見えなかった。それでも、その言葉は流暢で、口調には重みがあり、声は明瞭で自信に満ちていた。私は昔の教え子を思い出した。ジェフ・オーロースキーという名の学生で、彼もまた自分が学びたいことを確実に理解していた。たとえ誰かに

「そんなことを勉強して、どうするつもり？」と聞かれることになっても。スタンフォード大学に入学したときには、哲学など人間の存在を探究するような科目を念頭においていた。そして自分の卓越した写真撮影技術を生かせることを期待して、人類学を専攻することに決めた。1年生のときには、ナショナル・ジオグラフィック誌で仕事をすることが夢だと私に語ってくれた。卒業後数年たって、ジェフは『チェイシング・アイス』という映画の監督、プロデューサー、撮影技師を務め、溶けゆく氷河と気候変動の影響にアメリカの注目を集めた。サンダンス映画祭の賞とエミー賞を受賞したこの映画を、ジェフはナショナル・ジオグラフィック誌に売ったのだ。

政治や食文化については無知な私だが、エマの研究の説明を聞いて興味を引かれた。ちょうど、ジェフ・オーロースキーの話を聞いていたときと同じだった。確かに、懸念を抱く人はいるかもしれない。だがジェフは気にとめなかったし、エマもそうだ。彼らは自分自身を知っている。目的を持っている。それこそが、熱意というものだ。

ステファニアの場合──自分でできると心から思った

ニューイングランドの判事の娘ステファニアの話はすでに取りあげたとおりだ。母親が何度も申し出た、大学入学申し込み手続きの手助けを断った彼女は、いま26歳。マサチューセッツ州ノーサンプトンの公立校ノーサンプトン・ハイスクールを卒業後、ステファニアはバーナード大学に行って頭角を現した。マルコム・グラッドウェルの言葉どおり、バーナードのトップレベルの学生として、数々の高名なロースクールに入学を許可された。母親である判事は意見を180度変え、全額給付の奨学金を出してくれる下位レベルのロースクールを選ぶよう望んだ。しかしいつものように、ステファニアは拒絶した。ステファニアはハーバード・ロースクールの待機リストに入り、その後、入学を許可された。ローンなどはあったが、そこの学生になれたことを喜んだ。私が連絡をとったとき、彼女は前途有望な3年生として、ワシントンDCの法律事務所と非営利組織の双方で働きながら夏を過ごしていた。(7)

「すべてが本当にうまくいきました。結局、大学入学申し込み手続きの際に私が取った方法は、とてもとても重要だったんです。自分の力でバーナードに入学できることがわかりました。かなりすごいことです。私は自信をつけ、入学後もすべて自分の力でうまくやっていきました。長期的に見て、かなりの自信をつけることになりました」

ステファニアは私に、「大学の入学申し込みは、自分でできると心から思いました」と語った。その強い口調には、私の心に迫るものがあった。入学申し込みの手続きを完全に子どもひとりで行うことが、どれほど珍しいことかを物語っていた。「高校では自分ひとりでうまくやれていたから、世の中に出ても、手助けなしでやれると思いました。高校で私と同じような階層にいた友人たちの場合、親が大学進学適性試験(SAT)の個別指導を手配してくれ、申請書を手伝ってくれる人を雇ってくれていました。私は自分に言い聞かせました。『そうね、私は自分ひとりでやろう。そして、手助けなしでうまくできることを証明しよう』って。そのおかげでやる気が出ました。いま思えば未熟で、自分を傷つけかねませんでした」。しかし、そうはならなかった。

彼女の友人はプロの手を借りてダートマス大学に行き、いまはハーバードの大学院課程に在籍している。「行き着くところは同じでした。彼女はそれほど甘やかされ、操られていたわけではなく、手助けなしでもやり遂げられたと思います」

私は「甘やかされ、操られていた」子どもは大学でどんなことになるのか尋ねた。

そんな人は不平をたくさんこぼします。たくさん。学生ならいろんなレベルの不平屋にも我慢するでしょうが、教授は違います。本物の専門家ですから、自分の専門分野を非常に大事にします。教授にとってはただの職業ではなく、熱意を注ぐ対象なのです。「教授は自分たちに奉仕するために存在するんだ」と考えるような学生を尊重したり容認したりはしません。教育を受ける資格があるかのように振る舞ったり、教育の質に不平をこぼしたりする学生を、1マイル離れていても嗅ぎつけます。指導や成績という面で重要になるであろう人間関係が損なわれてしまいます。

自分で申し込み手続きをするだけの正直さがあると知っていることで、頭の中で基準点のようなものができました。自分自身で選択をするたびに、その価値が強化されるのです。高校では大学に提出するエッセイを代筆する親を大勢見ました。大学では盗用を目にしました。職場でもよく見ます。自分の仕事は自分でしなければならないとわかっていれば、知識はおのずと育っていきます。

正直なところ、これは自分の経験を長い目で見たうえでの意見です。ティーンエイジャーやその親は、失望や苦労を感じ、入学したい大学に入れないことに心を痛めることもあるでしょう。けれど、それは必ずしも悪いことではありません。そこにはたくさんの教訓がひそんでいます。自分のほしいものを何ひとつ手にしていないところから始めたおかげで、それらを手に入れるため、私はさらに力を尽くしました。バーナード大学を愛するようになりました。そしてハーバードのロースクールに入れたことを本当に、本当にありがたく思っています。当然のことだとは少しも思っていません。

どの大学に申し込むかについて助言を求められると、私はおおむねこんなふうに答えます。どんな大学の経験も、誇れるものにできる、と。卒業証書に書かれた大学名は重要ではありません。どの大学に行こうと、成績、業績、課外活動など、何かを見つけられます。それらを用いて、大学院や就職に非常に効果的な文章を書けるはずです。ですから、ブランド志向で大学を選んではいけません。自分が幸せを感じ、力を発揮できるところに行きましょう。そんな文章を書ければ、〝より優秀な〟大学に通いながら不幸に過ごし、印象的な話をもたない学生よりも就職先や大学院に選ばれる可能性が高いことを保証します。ハーバード大学を卒業した役立たずよりも、ジョージ・ワシントン大学卒の活力にあふれた人物のほうが成功するでしょう。私はバーナード大学で幸せでしたし、そこで収めた成功を、さらに大きな成功に結びつけることができました。最高の話題をつくれる大学へ行ってください。

大学で両親に受けた手助けについても尋ねてみた。

両親が心の支えでいてくれたことが、いちばん助けとなったと思います。特に、1年生のときはそうでした。誰もが経験する激動の時期です。電話の向こうにいる両親は、「ストレスがたまってるの。成績は悪かったし、誰にも好かれてない気がするわ」と伝える相手でした。ただ思いを吐きだし、叫ぶ必要があるのに、まだ知り合いはひとりもいなかったのです。のちに知り合いができてからも、そんな無防備な自分をさらけだす相手としては、両親のほうが安心できます。

一緒にバーナードを卒業した友人のひとりは、いまも両親なしでは行動を起こせない人です。人生の大きな決断を親に相談するなとは言いませんが、そんなレベルではないのです。友人にとっては両親の意見があまりにも大きすぎて、逆らうことなど、とてもできそうにありません。両親はいまも彼女をかなりコントロールしています。彼女はある町で仕事に就いていますが、将来の展望のないその仕事が大嫌いです。それでも仕事をやめないのは、両親に「契約したんだろう。自分の言葉も信頼できないのか」と言われるからです。両親に人生の助言を求め、心の支えとして頼りきっています。26歳にもなれば自分の人生のことは次第にわかってきます。親元を離れ、自分の経験や感情、望みなどを把握しているからです。問題は、彼女が自分の心に従わず、リスクを負おうともしていないことです。彼女の両親はリスクを嫌います。親にとって子どもは人生でいちばん大事なものですから、親はつねに安全策をとります。親にとっては、子どもが安全策をとることにマイナスの面はまったくないのです。

Ⅳ

親の人生の歩み方

——勇気をもって態度を変える

21 自分自身を取りもどす

周囲に、とりわけ子どもたちに最も大きな心理的影響を与えるのは、両親が空疎な生を送ることだ。

――カール・ユング

シアトルのレイクサイド・スクールで進路指導カウンセラーを務めるキャサリン・ジェイコブセンは、若い母親として自分の母親に電話して、子どものサッカーの試合に行ってサイドラインに立っている寒さと泥と湿っぽさの不平をこぼしたとき、自分が送れずにいる生き方にはっと気づかされた(1)。母はキャサリンにあまり同情してくれなかったのだ。「そんなところに立っているなんて、わけがわからないね。子どもに何も見せてやってない。運動の大切さを教えたいなら、自分で走らなきゃ。自分にとって大事なものを教えたいなら、家で本を読んでやったり、自分の友だちと一緒に過ごさせたり、劇を観にいって家でその感想を話したりしなきゃ。自分でやったらどう? あなたがもっと人生を楽しまなきゃ。子どもたちはその姿を見てこう考える。『そうか、ママはそうやって人生を楽しんでいる』。そして、自分もそうしたくなる。でも、いまのままじゃ、25歳になったらこう考える。『楽しく生きている大人を一度も見たことがない。自分のために何かをやってくれたり、車で送ってくれたり、土曜の朝にどこかで突っ立っていたりしてるだけ』」

中流階級および上流中産階級の家庭では、社会学者アネット・ラルーの言うところの「協調的育成[2]」が実践されている。家族共用カレンダーと、よい親とはつねに子どものそばにいて子どものために行動することだという信念、ほかの親は子どものためにもっといろいろやっているのではないかという恐怖のせいで、毎日、際限のないレースを走っている気分で、すべての行動を重大なことのように感じている。外で働く親も家庭にいる親も、その両方をこなしてきた親も、親としてさまざまな思いに心を悩ませている。今日、子どもはうまく過ごしただろうか？　もしそうでなければ、それは私にとって何を意味するか？　私は何をしなければならないか？　なんであれその解決法にどうやったら取り組めるだろうか？　ただでさえこんなに忙しいというのに？

カレンダーに書かれた予定のすべては、子どもの世話と学校や課外活動の手伝いにかかわることばかりで、親自身のことに集中する余裕は少しもない。ペアレンティング誌によれば、抑うつ状態を経験する親の割合は、一般的な成人の2倍だ[3]。アメリカ心理学会の2010年の調査によれば、平均的な親は、自分が健康だと思う親の2倍のストレスを感じているという[4]。カリフォルニア州立大学バークレー校の社会学研究者クリスティーン・カーターは、『核心を突く——家庭や職場で楽しく過ごす方法（*The Sweet Spot: How to Find Your Groove at Home and Work*）』で、働く親の66パーセントがやりたいことを全部できていないと答えたと報告している。また、家族と十分一緒に過ごせていないと答えたのは57パーセント、レジャーに費やす時間がないと感じているのは46パーセントだった。[5] 受賞歴のあるジャーナリストのブリジッド・シュルテは2014年の著書『くたくたに疲れて――時間がない中で働き、愛し、遊ぶ（*Overwhelmed: Work, Love, and Play When No One Has the Time*）』[6]で、そういった根強い感覚を「くたくたに疲れている」と表現した。抑うつ状態になったり強いストレスを受けたりしていなくても、子どもに手をかけすぎていたら、自分自身の人生ではなく、子どもを介した人生を生きている可能性は高い。それは親にとっても子どもにとっても健康的とは言えない。

人間は自分で人生の道を選び、自分の経験を重ねて、自分の夢に向かって進んでいくべきである。親となる道を選んだら、その子どもにも自分自身の道を進ませることになる。しかし、親自身の道もまだ続くのだ。子どものために、子どもと一緒の道を歩くなら、子どもが自己効力感を自力で育てる機会を奪うだけでなく、親が自分自身の道を進み続ける機会も奪われてしまう。子どもが達成したことを自分の手柄のように勘違いし、子どもの幸せが自分の幸せであり、子どもの人生が自分の人生だと思えたことがあるなら（そういった混同が起きるのは時折にすぎないとしても）、そんなあなたに、本章は特に役に立つだろう。たとえ親になっても、あなた自身が重要であることに変わりはない。自分の人生を確実に歩かなければならない。それは親のためだけでなく、子どものためでもあるのだ。

調査によれば、子どもたちは親のことをヒーローだと考えている。ほかのどんな大人よりも、親を尊敬しているのだ。親は最大のロールモデルである。しかし、子どもの尊敬を受ける親は、子どもの目に映った自分の姿を誇りに思えるだろうか？　ストレスに苦しみ、つねにスマートフォンやタブレットやパソコンを見つめ、子どもが宿題をやったか、いい成績を取ったか、サッカーの送迎当番の車は定刻どおりか、といったことしか心配していないように見えていないだろうか？　あるいは、自分に満足し、自分の力を生かした仕事や自分の評価を上げる仕事をしている人間に見えているか？　家族や他人と有意義な人間関係を築く時間を捻出する人間に見えるか？　子どもは親の行動すべてを見て、親がやっていない行動にも気づいている。寒空の下、サッカーコートの脇に立っていたキャサリン・ジェイコブセンに彼女の母親が指摘したとおり、親の第一の目的と役割とは、子どもの周りを飛びまわってあらゆる交流や活動を手伝うことではない。親は自分の選択や行動、価値観などを通して、充実した大人の生活を送るとはどういうことか、子どもに示さなければならないのだ。

自分が価値を感じるものを優先することは自分勝手ではなく、非常に重要なことだ。良きロールモデルとなるためには、自分本位でなければならない。完全に矛盾して聞こえるかもしれないが（特に女性は理解に苦しむだろう。他者のニーズを自分よりも優先するよう育てられていることが多いから）、最悪の事態に備えた航空会社のシナリオでは、まず自分の酸素マスクをつけてからほかの人を助けるよう指示されている。これは、一般的な生活にも通用する、非常に現実的なアドバイスだ。ファイナンシャルプランナーも同じ助言をし、自分の引退後の資金を貯めてから、子どもの大学の費用を貯めろと言う。そして20世紀の著名な心理学者であるカール・ユングは、自分自身の人生を生きるよう親に警告する。さもなければ、子どもたちはいずれ神経症になってしまうだろう。飛行機の旅の安全ビデオにせよ、ファイナンシャルプランナーにせよ、心理学者にせよ、その知恵ある言葉を突きつめれば、こういうことだ。私たち人間は、まず自分自身の面倒をみたあとで、最も能力を発揮でき、他者の役に立つことができるのだ。

本書はここまでずっと、子どもをうまく大人に育てる方法を扱ってきた。そして本章で取り上げる問題は、あなた自身は大人だろうか、ということだ。基本的な欲求を満たし、自主的に考え、懸命に仕事をし、休養時間をとっているか？　立ち直る力はあるか？　自分が進む道の計画を立てているか？　ほかの人に人気があるもの、最上だと思われているものに飛びつかず、すべてを考慮したうえで、自分が適切だと思えるものを選んでいるか？　それらはすべて、自己実現している大人の特徴である。過保護な親のほとんどに共通しているのが自主性の弱さであることは請け合ってもいい。つまり、他人の強い恐れや意見に流されてしまいがちだということだ。確かに、親は懸命に働き、子育てをする。疲れ果てるまで頑張ることもしばしばだ。しかし、その先には何が待っているだろう？　懸命に働いて、誰かの神経症に支配される生活を送っていると、休息や楽しみを味わい、基本的欲求を満たす余裕がなくなり、避けがたい苦しみを切りぬけられなくなってしまう。そしてもちろん、人についていこうと必死になったり、我が子の人生を自分のものであるかのように生きたりすると、自分の道の計画を立てるという考えは打ち棄てられてしまう。

では、自分自身を取りもどし、本当に自分がなりたい人間に、親になるためには何ができるだろう？　クリスティーン・カーターやバーバラ・フレデリクソン、バーティン・セリグマンといった心理学研究者たちの研究と私自身の経験をもとに、その方法をいくつか述べてみよう。

自分の面倒をみる（その結果、よい親になれる）

1　熱意を注げるものや目的を見つけ、それに従って自分の道を切り開く

子どもにばかり関心を向けていると、自分自身の熱意への関心が薄れてしまいがちになる。たとえ親がどう思っていようと、子どもは親の熱意を注ぐ対象ではない。もしそんな扱いをしてしまうと、親に人生の達成感を味わわせるという、非常に困難で不健康な役割を子どもに負わせることになる。子どもの興味を支えるのはいいことだ。子どもを誇りに思おう。しかし、親は自分自身の熱意を注げるものや目的を見つけよう。子どものためにも、親のためにも、そうしなければならない。

何年かの間、かなり道を外れていた私は、やっと自分の情熱を注げるものを見つけた。ロースクールに行き、社会正義の仕事への興味を追求したのだ。そこで家族法への関心を深め、育児放棄された子どものために働くことを考えた。しかし、実入りがよく名の通った会社法の仕事を良しとする他人の価値観に影響され、その道を選んでしまった。大きな法律事務所で働いて9カ月が過ぎたころ、毎週日曜の正午ごろには血圧が上がり、胃が苦しくなるようになっていた。翌日オフィスに戻ることを考えるせいだ（もちろん、日曜出勤していることもあった）。長時間労働そのものは問題ではなかった。問題は、仕事の中心となるものが好きになれなかったことだ。収入はよかったが、目的意識がもてなかった。そして目的意識を失うことは、希望を失うことにつながっていった。そのとき、私は27歳だった。

ある週末、私は裏庭に座って泣きながら考えていた。「こんな人生を送るつもりじゃなかった」。人生を地図のように眺めたとき、自分が端のほうにさまよい出ていることがわかった。さらに問題なのは、もっと報いのある充実した道を歩く人生とはどんなものなのか、わからなかったことだ。私はそれを見

つけるため、紙にリストを書き出してみた。自分が得意なこと（スキル）、やりたいこと（関心がもてること）を書き出して、そのふたつのリストの共通点を探った。そこに有意義な仕事があるような気がしたからだ。その作業を通して、私は人と働くのが得意なこと（スキル）、社会に取り残された人々を助けたいこと（関心がもてること）がわかった。取るべき道は家族法であったことも判明した。しかし残念ながら、そのころにはもう法律にはうんざりしていた。そこで、学生をサポートできる仕事を探すことに決めた。3年間職を探したあと、4回目の試みで、スタンフォード大学に臨時職を得た。自分の能力を示すチャンスさえあれば、正規雇用になれるだろうことはわかっていた。そして、そのとおりになった。

この話は、私が熱意を注げる対象（人の進路を手助けすること）を見つけ、それを実現する勇気をもち、有意義で充実した職を見つけた経緯を示している。人が熱意を注ぐものは仕事であったり、ボランティアであったり、趣味であったりするだろう。どんな種類であれ、そんなふうに打ち込めるものをすでに見つけているだろうか？　じっくりと考えてみてほしい。私がやったように、自分が得意なこと、関心がもてる大事なことを書き出してみよう。さらに、世の中で自分がどんな存在でありたいか（他人にどんなふうに見られたいか）、何をやりたいか（どんな種類の仕事に魅力を感じるか）を自問するといい。さまざまな資料も参考になるだろう。たとえば、『何をやればいいのかさえわかれば、何でもできた――自分が本当にやりたいことを見つけ、それをかなえる方法（*I Could Do Anything if I Only Knew What It Was: How to Discover What You Really Want and How to Get It*）』などのベストセラーを7冊出しているバーバラ・シェルの人生指南に学ぶのもいい。マイヤーズ・ブリッグズ・タイプ指標（就職適性検査：www.myersbriggs.org）や強み診断（www.gallupstrengthscenter.com）で理解できることもあるだろう。ニューヨーク・タイムズ紙のベストセラー著者エックハルト・トールのようなスピリチュアル・リーダーの知見にも学べる。トールの著書には、『ニュー・アース――意識が変わる　世界が変わる』（サンマーク出版、２００８年）などがある。(7) 熱意の対象と目的はどんなものでもいい。それが「自分の子ども」でさえなければ。

2　断ることを学ぶ

自分の熱意を大事にして生きるなら、それにそぐわないものは極力排除しなければならない。上手に断ることを学ぼう。過保護な親の群れには、やることがつねにたくさんある。遠足、バザー、学校のオークション、ＰＴＡの会合、ボランティア、地域の会合、社会奉仕、サッカーの練習、車での送迎当番などなど。誤解しないでほしい。それらは学校や地域社会がうまく機能するために大事なことだ。しかし、必要以上にかかわりすぎていないだろうか？　それも、誤った理由（人と足並みを合わせるため）のせいで。カリフォルニア州立大学バークレー校の社会学者クリスティーン・カーターは、幸福な人生を送るためには、自分にとって最も大事な5つのことに95パーセントの時間を使わなければならないと主張している。

では、一歩下がってみよう。熱意の対象と目的を、いまの生き方と比較してほしい。それは合致しているだろうか？　何を変えなければならないだろう？　何をしなければいけない？　よく見て、自問してみよう。本当にそれらを全部、要求されているレベルまでやる必要があるだろうか？　ＰＴＡを重役会議のように運営しよう、サッカーのおやつ作り当番は人間としての価値を示すものだ、といった意見に逆らおう。〝完璧〟を目指さずほどほどに活動して、自分にとってもっと重要なことに時間を割けるだろうか？　つまらない義務のように思えることを断れるだろうか？　ほかの誰かが、代わりに断ってくれることはない。自分で口火を切らなければならないのだ。たとえ、手を引こうとする態度を（あるいはそう口にするだけの大胆さを）誰かに責められたとしても。

そして、頼まれたことをできない理由を説明する必要に迫られたら、口数は少なめのほうがいい。断固とした笑みを見せて、「ごめんなさい、できません」と言ってみよう。言い訳めいた説明をだらだらと続け、あとで勘ぐられてしまうよりもずっと効果的だ。

3　自分の健康を優先する

肉体的、精神的に健康でいなければ、子どもや愛する者、同僚、友人のために十分役立つことができなくなる。前回、健康診断を受けたのはいつだろう？　体によい食事をとり、運動を楽しみ、不健康な依存をせずに生きているだろうか？　ストレスを減らし、瞑想やヨガで自己認識を高めよう。子どもの野球シーズンの間は（あるいは入学申し込み時期は）運動を始めたり、瞑想を習ったり、悪い習慣をやめたりできないなどと思っているなら、そんな考え方はやめて、自分が優先順位を（少なくとも、優先すべきことの取り組み方を）取り違えていることを真剣に考えよう。最初に自分の酸素マスクをつける、という考え方に則れば、ほかのことが全部片づくまで手をつけられないということはない。最初にそれに取り組んでこそ、ほかのことを片づけることができるようになるのだ。

4 最も重要な人間関係に時間を割く

ハーバード大学の精神科医ジョージ・バイヤンは、人間のさまざまな経験を最も長期にわたって調べている研究（グラントスタディ）のメイン研究者である。バイヤンは、人生の最期を迎えた研究対象者を見て悟った。「人生で唯一本当に重要なのは、人とのつながりであること」、そして「幸福は愛情と等しい――以上」[8]。もしあなたに配偶者がいるなら、相手に十分に関心を抱いているだろうか？　お互いの目を見つめ、大事な存在であることを確かめ合い、毎日会話をしているだろうか（子どもの話題以外のことも）、親密さは十分に足りているだろうか？

バイヤンが記すそうした愛情は、恋愛的なものである必要はない。人は友人や隣人、子ども、その他の親族と、互いに愛情をわかち合う。バイヤンは、重要なのは「共感的な人間関係をもつ能力」だと言う。共感的な人間関係をもつことで、自分に満足し、自分にとって最も重要なことに集中しつづけることができるのだ。

5　お金という観点で人間関係を調べる

最初に、もしあなたが裕福なら、お金が最も価値あるものかどうかを自問してみよう。答えがイエスでもかまわない、それはあなたの選択だ。だが、あなたの子どもが異なる価値観のもとで生きようとするかもしれないことは認めよう。また、ちょっと考えてみてほしい。何よりもお金が重要だとすることが、過保護の原因のひとつかもしれない。子どもにも確実に高収入な地位についてほしいからだ。過保護が子どもを苦しめることは忘れないでほしい。特に、親が躍起になって、実入りのいい道を子どもに追求させたがる場合は問題だ。資産を比較するライフスタイルよりも、子どもの人生のほうがずっと大事である。

次に、私たち多数派と同様、あなたがそれほど裕福でないのなら、自分の経済状況を真剣に調べてみよう。恐れを抱いているだろうか？　こんな経済状況で、うちの子はどうやって自活できるだろう、SATで高得点を取って学資援助を得ることができなければ、大学の学費をどうやって払おう、と心配しているだろうか？　個別指導や私立校やサマーキャンプの支払いが恐ろしい勢いでたまっていないだろうか？　他の人についていけないのではないかと恐れていないだろうか？　そんな恐れが子どもの成功に役立つことはない。まずは自分の酸素マスクをつけよう。（1）有意義だと感じる仕事を見つけ、（2）収入に応じた生活をし、（3）定年後の資金に気を配る。自分の経済状況を見つめることは恐ろしいかもしれないが、結果的には、それによってストレスレベルを下げ、恐怖を減らすことになるはずだ。お金の上手な扱いを学ぶことで、子どもによりよい生き方の見本を見せることにもなるだろう。十分な学資援助を得る資格がなければ（そうなるかどうかは推測に頼らず、カレッジ・ボードのウェブサイト（www.bigfuture.collegeboard.org）をチェックして、学資援助の規定を把握しておこう）、州立や市立など、ブランド大学ではなくても賢い学生と優秀な教授を擁する、もっと手頃な費用の大学でも、すばらしい教育を子どもに受けさせることができる。

6　親切と感謝を実践する

断ることを学ぶのはとても重要なことだ。なぜなら、自分の望む人生を生きようとするとき、頼まれたことをすべてこなすことはできないからだ。しかし、親切と感謝を提供することはいつでもできる。無料で時間もかけずに、他者だけでなく自分自身に恩恵を施すことができるのだ。知人にも見知らぬ人にも親切に振る舞おう。渋滞の長い列に誰かの車を入れてあげよう。誰かのためにドアを開けてあげよう（そして自分のためにドアを押さえてくれた人には礼を言おう）。レジ係やカフェの店員に笑みを見せて、挨拶しよう。困っている人（鍵を落としたとか、袋が破れたとか、荷物が多すぎてドアを開けられないとか）のそばを通り過ぎてしまわずに、助けてあげよう。もっと大がかりなボランティアなどに定期的に参加して、地域社会で困っている人を助けよう。

親切は自分の行動にかかわることだが、その対となる感謝は、自分がしてもらったことを認めることだ。料理をしてくれた人（他人であっても配偶者であっても）、用務員、店員、看護師、同僚、子どもを認めることである。自分の一日をより明るく、より美しく、安楽にしてくれる人、あるいは苦痛を減らしてくれる人がいたら、その人の目を見ながら、してくれたことに対してはっきりと感謝しよう。感謝の言葉は相手を満足させるだけでなく、自分自身もいい気分にさせてくれるだろう。

親切と感謝は単純なことと思われがちだ。あまりにも単純すぎて、重要ではない馬鹿げたこととしてないがしろにされがちである。しかし、それらは決しておろそかにしてはならない、幸福には欠かせないものなのだ。クリスティーン・カーターは、『幸福を育てる――楽しい子どもと幸福な親になるためのシンプルな10のステップ（*Raising Happiness: 10 Simple Steps for More Joyful Kids and Happier Parents*）』で、他者を助けることが健康に与える良い影響に関する数多くの研究をまとめ、「他人の手助けをする親切な人のほうがより長生きして健康な人生を送り、痛みや不安、抑うつ経験は少なくなる」と結論づけた[9]。また、別の著書『核心を突く』では、カリフォルニア州立大学バークレー校のグレイター・グッド・サイエンスセンターの研究について述べている。その研究では、感謝する事柄を毎日書きとめた人は、わずか2週間でストレスへの抵抗力が強まり、生活の満足度が上がり、頭痛やうっ血、胃痛、咳、喉の痛みが減ったと報告されている[10]。長い間、人に親切を施し続け、感謝を感じる事柄に目をとめ、口に出し続けていれば、より幸福で健康な人生を招くことになるだろう。そして、よい親にもなれるだろう。

子どもに必要なのは、人間らしい親（スーパーママやスーパーパパではない）

12章で取りあげたクインを覚えているだろうか。シリコンバレーに住む、スーパーママになろうとしていた母親だ。親友のひとりに「あなたはみじめな様子だし、他人にもみじめな思いをさせている」と指摘されたのち、クインは精神科医のもとを訪れ、不安と抑うつの徴候が見られると診断された。クインは、自分の精神状態が頑健とは言えない原因は、自分の子どもや夫、そして成功しているように見える友人たちのせいだと見なしていた。医師は異論を唱えず、抗うつ剤を処方した。クインはレクサプロの服用に同意し、ある女性グループに参加した。グループの4名はみな、不安と抑うつの処方薬で心の安らぎを得ていた。

しかし、クインの心に薬と同じくらい大きな効果をもたらしたのは、不安と抑うつが安定したときに実行した大きな変化だった。「物事をもっと明確に見て、完璧なママになる競争をやめることに決めたんです。PTAをやめました。一歩下がって、ノーと言いはじめました。自分がスーパーママだと証明しようとすることをやめました。子どもたちには、自分のことは自分でやらせ、自分で失敗させ、自分で戦わせました。私はより大きな幸せを感じるようになりました。子どもたちとの距離はかなり縮まり、いまは好きなようになくなっても気にせず、笑い飛ばしました。子どもたちは、私が読書会を運営しやらせています。この変化に気づいたのは、おそらくいちばん上の子（いまは大学2年生）だけだと思います。ストレスにやられて、頑張ろうとしすぎていたとき、私はこの子に八つ当たりしていた気がします。私はベビーシッターを雇って、夫ともっと長く過ごせるようにしました。それは最良の策でした。とても気持ちが楽になったんです」

それから、ロサンゼルス出身のレイチェルのことを覚えているだろうか。高校ではオールAを取り、大学でも4・0の成績を維持しながら毎日アルコールとアデロールを摂取して、とうとう自殺しそうになった学生だ。そう、悲惨な経験のあとで前向きに大きく変化したのはレイチェルだけではない。レイチェルの母親もまた、生き方を大きく見直したのだ。

「典型的なユダヤの母で、神経過敏でした」とレイチェルは語る。[11]「喜ばしいことに、私が変わりはじめ、私の人生が変化しはじめると、母もまた変わりはじめたんです。母はとても支配的な人でした。悪意があってのことではなく、ただすべてを牛耳ることで愛情を表していただけなんです。母の変化は私よりも大きいものでした。弟妹を育てるときにも、もはや少しも支配する必要はありませんでした。いまではほかの親に、子どもの手を放す方法を教えています」

レイチェルと話したあと、私は母親のリアと会い、レイチェルの依存症によって彼女のマインドセットがどのように変化したかを聞き、同じような苦労を抱えた親に何を話しているのかを尋ねた。[12]リアは、夫とともに初めてバイト・テシュバの施設長ハリエット・ロゼットのオフィスを訪れたときに学んだ大事な教訓を、ほかの親に伝えているという。大きなデスクの向こうに座ったロゼットは、リアと夫に「あなたがたにとっていちばん大事なものはなんですか?」と尋ねてきた。リアはこう答えた。「レイチェルが幸せになることだけが望みです」。ロゼットは探るような目でリアをじっと見つめ、現在のリアがほかの親に伝えている助言を口にした。「子どもが幸せになることだけが望みだというのは、その子にとんでもないプレッシャーを与えることになります。幸せだと感じられなければ、失敗したとその子は思うでしょう。幸せではない時期があってもいいのです。子どもはそのことを知る必要があります。その葛藤が、人を形づくるのですから」

子どもの幸せという目標が、実際には双方の重荷となり、悪い影響を与えているとロゼットは助言した。「家族のあり方の全体を変えなければなりません。お子さんは楽しみを求めることに依存しています。親御さんは子どもの選択や行動を支配し、完璧な人間をつくることに依存し、感情を混乱させています。子どもがいい一日を過ごしたら両親も幸せになり、子どもがいい一日を過ごせなかったら両親は絶望します。我々の家族プログラムがやっているのは、そんな結びつきを断ち切ることです。親の幸せは、子どもがいい一日を過ごしたかどうかで左右されてはいけません」

ほかの親のカウンセリングをする以外に、リアはロゼットの言葉を毎日、まだ家にいる下の子ふたりに実践している。「親はときどき、子どもにはトラウマになるようなこと（実際にはそれほど悪いことでなくとも）を経験させず、楽な人生を送らせたいと思います。そして子ども自身に悩ませる代わりに、親が問題を解決してしまいます。子どもが家で荒れていると、『この子は私に怒っている』と思って、何かしたくなってしまいます。私はいま、子どもは幸福でなくてもいいし、怒っていてもいいし、なだめてやる必要もないとわかっています。大丈夫なんです」

ロゼットは、親と子のアイデンティティを切り離すことの重要性をリアに理解させた。そして、ほかの親に対するリアの重要な助言は、「自分のために時間を使いなさい」ということだ。「私の幸せは、レイチェルの幸せとはまったく別のものなのです」

22 なりたい親になる

他者の行動をうかがう必要はない。

――マハトマ・ガンディー

マハトマ・ガンディーの「世の中に見たい変化を、自分自身に成せ」という簡潔で力強い言葉は非常に有名だが、実際に口にしたのはもっと哲学的で実践的な言葉だったという。「我々が自分自身を変えられるなら、世の傾向もまた変わる。誰かが自分の性質を変えると、その男に対する世間の態度も変わる……他者の行動をうかがう必要はない」(1)

もし、すべての社会が変わるまで親は手を出さずに待つという方法を変えて、本書で示したような考えを単純に認め、それに従って子どもの育て方を変えたらどうなるだろう？　次にあげるような原則に変えたら、どうなるだろうか。

1　世界は私たちが思っていたよりもずっと安全になった。子どもは守られるよりも、そこで成長する方法を学ばなければならない。

2　狭い意味での成功が得られるよう設計され、チェックリスト化された子ども時代は、子どもが正しく成長する機会を奪い、心に傷をつけてしまう可能性がある。

3　自分が関心を抱いたことを追求し、自分で考え、行動して、失敗を重ねながら試みて、努力によって上達することで、子どもは学び、成長し、最終的に成功を手にする。

4　親が子どもの生活に絶えずつきまとって手助けしないほうが、家族の生活は実りある豊かなものになる。

こういった信念にしたがった生活を、多くの親が思い浮かべることができるだろう。新しい生活を始められるよう、家庭でのやり方を変えることができさえすれば、安らぎが生まれる。やがてくるその安らぎの片鱗を感じることもできるだろう。しかし、そういった変更は、精神的に容易なものではない。どんな地域社会でも、典型的な過保護な親は、人気のある子どもや立ち向かうことが難しいいじめっ子のようなものだ。彼らに馬鹿にされたり取り残されたりすることが怖くなってしまう。

カリフォルニア州立大学バークレー校の社会学者クリスティーン・カーター博士によれば、たとえ親としての態度を変えたいと思っていても、〝群れからはずれる〟恐れが生じることがあるという。著書『核心を突く』でカーターは、「さらなる勇気を奮い起こして」体制を脅かすと周囲に受けとられかねない危険な（あるいは単に愚かだと見なされる）行動に出なければならないと述べている[2]。家族や親戚、地域社会、子どもの学校、職場で、先陣を切って群れからはずれ、過保護をやめるには、まさにガンディーのような信念と不屈の精神が必要かもしれない。

ほかの大人に立ち向かう――複雑な瞬間のための単純なシナリオ

他者とのコミュニティの中で生きるのが健康な生活というものだ。では、コミュニティにうまく属しつつ、育て方を変えるにはどうしたらいいだろうか。権威型の親（専制型ではない）となって子どもを自立した大人に育てたいなら、包括的で断固とした物の言い方をしよう。ほかの親には心理的な逃げ道を必ず与えること。どんな場合も、子どもの年齢や状況、自分の信念を披露する準備に応じた言動を行う。次にあげる例文は、自分の新しい道を再確認し、口にする際の手助けとなるだろう。

1　**親が仲裁に入るとき**……おもちゃや順番をめぐっていさかいが起きても、かかわらないこと。ほかの親に何か言われても、自信をもって丁寧に言おう。「私は旧式なのかもしれませんが、子どもには自分で解決させたいんです。一歩離れて見守るのは難しいですが、子どもは、そうやって学ぶものだと思います」

2　**親が送迎するとき**……徒歩や自転車、公共交通機関で子どもを行かせたい場所に、ほかの親が車で送ってくれると申し出てくれたら、こう言おう（やはり自信をもって丁寧に）。「ありがたいお申し出ですが、結構です。うちの子には自力で行かせたいんです。そうするだけの知恵は備わっていると信じていますし、自主性を高めてほしいんです」

3 親が忘れ物を届けるとき……子どもの忘れ物（弁当、リュック、学校の宿題など）を届けないといけないという不平を耳にしたときは、できるだけ率直で穏やかな態度でいること。相手は自分とは異なる見方をしているだけなのだ。笑顔でこう言おう。「私は子どもに痛い目にあわせることにしています。でないと、いつも親に助けてもらえると思い込むでしょうから」

4 親が手助けをするとき……子どもが適当な年齢に達したら、もう子どものコンシェルジュを務めるのはやめ、手助けや尻ぬぐいはしないということを、友人に知らせておこう。「もちろん、私がやったほうが早くてうまいわよ。でも、あの子は自分でやることを覚えなくちゃいけないの。子どもが大学生になっても、なんでもやってあげるような親になるつもりはないから」。たとえば、散歩やお茶、カクテルを楽しんでいるときに、あるいは読書クラブやゴルフやPTAの最中に、子どもがメールや電話でちょっとした災難を伝えてきたときには、こんな返答をして、友人たちに聞かせよう。「それは困ったわね。どうやって解決するつもり？」

5 親が子どもの宿題を肩代わりするとき……子どもが幼稚園児でも高校3年生でも、あるいはその間のどの学年でも、新学期の懇談会で手を挙げて尋ねよう。「親が宿題の手助けをすることについて、先生はどうお考えですか？　数学（あるいは作文、学校のプロジェクトなど）の場合、どのように線引きしたらいいか教えていただけますか?」。どの教科についても質問していたら、困った親だと思われる危険がある。しかし、誰かがその問題を明らかにしなければならないのだから、自分がやってもいいはずだ。

度が過ぎた手伝い(代わりに問題を解いてほしい、文章を書いてほしいなど)を子どもに頼まれたなら、こう言おう。「私も昔は4年生(あるいは6年生、中学2年生)だったわ。今度はあなたの番ね」。そして友人たちに、〝宿題の問題〟の対処法を知らせよう。「代わりにやってもいいんだけど、そうしたらいつも代わってやることになってしまうでしょう。私がいなきゃ何もできないと、子どもに思わせたくないの」

6 親がすべての家事を引き受けるとき……家事を手伝うことの重要性を主張すること。宿題や課外活動は、子どもが手伝いを免れる免罪符にはならないことを理解させる。手伝いをしない子どもは、不愉快な作業の手助けを申し出てまじめに働くことを学ばない。手伝いをさせるいいアイデアを友人に教えてもらえることもあるだろう。PTAやボーイスカウト/ガールスカウトなど、親子のプロジェクトの会合に出ているときは、こんなふうに提案しよう。「この仕事(活動、イベント、プロジェクト)の責任をもっと子どもにもたせるにはどうしたらいいでしょう? 何もかも親に任せて、そばで突っ立っているだけの存在にはしたくないんです」

7 親が子どもの歩む道を切り開くとき……たとえば、皆がお互いの子どもの品定めをしているような社交の場で、息子や娘が何に興味を抱いているか、どんな学問や職業を目指しているか尋ねられたら、ほがらかに答えよう。「まったくわかりません。子どもに任せていますから」。あるいは、「得意なものや好きなものは自分で見つけ、どんなものであってもそれを最大限に生かしてほしいと思っています。息子はハイキングに（絵に、読書に、パズルに、数字に）夢中なんです。見込みがあるのかどうかはわかりませんが、息子の才能と興味を伸ばす支えになりたいと思っています」などと言ってもいい。

誰かが、子どもは「大学入学のために」ある活動を一定のレベルまで「やらなければならない」と話したときには、笑いながら、あるいは笑顔でため息をついてこう言おう。「そうですね、私たちは大学が望むものを予想するのをいっさいやめました。そして自分らしく生きることにしたんですが、かなり楽な気分になりましたよ」。相手がはっと沈黙したら、にっこり笑って言えばいい。「本当ですよ！」

8　親が大学について狭い（非常に狭い）考え方をしているとき……すでに述べたとおり私はときどき、ジョークを飛ばしてきた。「もし全部の親が〝誰も名前を聞いたことのない〟優れた大学の名を5つ覚えて、意図的にその大学名を友人や同僚との会話に織り込んだなら、それらの大学に対する認識を変えられるでしょう。相手だけでなく、自分自身の認識もね」。しかし、いまはジョークではなく、試してみるべきだとまじめに思っている。ビッグ・フューチャー（www.bigfuture.collegeboard.org）を訪問して、高機能の対話式大学検索ツールを使ってみよう。「人生を変える大学」（www.ctcl.

org）をよく読んでみよう。アルムニ・ファクター（www.alumnifactor.com）の大学リストを調べて、卒業生が経済的な成功および幸福、知的成長および友情の面で「究極の成果」をあげている大学を探そう。子どもが「行くべき」だと誰もが（親も含めて）考えるような大学ではなく、子どもが本当にわくわくした気持ちで通っている姿を想像できる大学を5～10校、見つけてみよう。そして、娘がカールトン大学やホイットマン大学、あるいは我が町の優秀な市立大学を考えてくれたらうれしいと友人に言って、その理由をひとつ挙げてみるといい。

［注意］これは、子どもを特定の大学に行かせようとする行為ではない（すでに述べたとおり、それは子どもが決めることだ）。自分の見識を広げ、厳しい入学基準がなく合格率が高い大学に興奮している様子を子どもに見せることである。また、大学入学申し込み手続きについて「私たち」で語るのはやめよう。ご承知のとおり、申し込むのは「私たち」ではないし、大学に入学するのも「私たち」ではないのだ。

最後に、ある大学群の合格率のとてつもない低さについて話し、そのストレスに見合うだけの価値がないことを率直に語ろう。友人には肩をすくめて微笑み、こんなふうに言えばいい。「超難関校は、資格を満たした申込者を何千人も落とさなきゃいけないのよね。それが人生というもの。優れた大学教育が受けられる場所は本当にたくさんある。ストレスを感じたくないの」。また、子どもは親の口から直接その言葉を聞く必要がある。子どもの前でもなるべく頻繁にその話をしよう。

9　親が子どもに耳を貸さないとき……子どもは、自分が出した成果について、親がいちいち感じるストレスを減らしてほしいと思っている。得意なことをもっとやるように励ましてほしいと感じている。自分で行動したいと思っている。では、あなたはこんなふうに友人に語れるだろうか？「うちの子は、自分の活動（高校でやっていること、大学の入学申し込み、大学の選択など）には首を突っ込まずに一歩下がっていてほしいと言うの。だから私はそうしている。親子のどちらにとってもいいことよ。これまでずっと、希望を抱くことを教え、よい価値観を持たせようとしてきた。あとは子ども自身に任せるの」

友人のなかには「それって危険じゃない？」と言う人もいるかもしれない。けれども、たとえ口には出さずとも、「とても勇気がある人ね」と考える親もひとりはいるはずだ。

同じ考えをもった大人のコミュニティをつくる

あなたや私のように、もうたくさん、と言いたい気分の親はどこにでもいる。いまは少数派かもしれないが、間違っていると知りながらその子育てを続けることはやめて、やり方を変える勇気をかき集めなければならない。心の中で正しいと思っていることを実行し、なりたいと思う親になる勇気を見つけるには、団結するといい。

1　パートナーを仲間にする……誰かと一緒に子どもを育てているなら、自立した健全な大人に育てる方法について話し合ってみよう。週末をずっとサッカーコートのサイドラインで過ごすことを拒否し、群れに従うこともやめて、ほかの子どもが勉強していることを無理に子どもに学ばせたり、大学の入学申し込みを手伝う人を雇ったりすることもやめたとき、パートナーは群れから離れるあなたと一緒に歩いてくれる。たとえみんなに口笛を吹かれ、指をさされたとしても、自分を守ってくれる人がいるとわかっていなければならないのだ。

2　同じ考えの親を見つける……他人の考えを変える必要はないが、育て方が似ている人とコミュニティをつくる努力はしよう。子育ての方法がしっくりくると思える人を探すといい。そして、自分のコミュニティを知人以外にも広げることを考えよう。フェイスブックや近隣のメーリングリストなどに投稿すれば、過保護をやめて子どもを自立した大人に育てるための会話ができるはずだ。そして、同じ考えの人が見つかるだろう。あるいは、自分で仲間をつくるタイプでないなら、そんな会話をしたいという意思を明確にしよう。きっとリーダーが現れてくれるに違いない。変化が必要なら、自分から始めよう。心配しなくても大丈夫、ひとりきりでやる必要はない。

3　思想的リーダーとつながりをもつ……本書で取りあげたさまざまな問題について、インターネットやツイッター、フェイスブックを使って、思想的リーダーとつながりをもとう。

- 子どもに自由と自立を与えるという問題については、『フリーレンジ・キッズ』のレノア・スクナージ（www.freerangekids.com／@freerangekids／Facebook: Free Range Kids）
- 子どもの生活における遊びと冒険の重要性を知るには、マイク・ランザ（www.playborhood.com／

@playborhood／Facebook: Playborhood）とゲーバー・タリー（www.tinkeringschool.com／@Gever／Facebook: Gever Tulley）

- 子どもに自分自身の学問をさせるには、チャレンジ・サクセス（www.challengesuccess.org／@chalsuccess／Facebook: Challenge Success）
- 精神的に健全な子どもを育てるには、マデリーン・レヴィン（www.madelinelevine.com）とウェンディ・モーゲル（www.wendymogel.com／@drwendymogel）
- 子どもにやる気を起こさせる方法については、ダン・インク（www.danpink.com／@DanielPink／Facebook: Daniel Pink）
- 子どもの人生をさらに幸せにする手助けについては、ポジティブ心理学の先駆者であるクリスティーン・カーター（www.christinecarter.com／@RaisingHappines／Facebook: Christine Carter）やバーバラ・フレデリクソン（www.positivityratio.com）
- 子どもが自分の弱さや不完全さを受け入れ、レジリエンス（立ち直る力）を育てる手助けについては、ブレネー・ブラウン（@BreneBrown／Facebook: Brené Brown）

4　私とつながろう……私のブログ（www.deanjulie.com）を訪問して、話や意見を聞かせてほしい。フェイスブック（www.facebook.com/HowToRaiseAnAdult）やツイッター（@raiseanadult）をフォローして、本書の言葉を友人とシェアし、読書クラブで紹介してほしい。

現実を把握する

過保護をやめて子どもを大人に育てることは、理屈のうえではいいことずくめだろう。しかし、やがて子どもには一緒に遊ぶ相手がいなくなってしまう。ほかのみんなが何かの活動をしていたり、サッカーコートのサイドラインに親がいてくれないのは、あなたの子どもひとりだけだったりするからだ。そして、いずれあなたの子どもが〝人生を変える〟大学に入ったとき、姉妹の子どもはハーバード大学に進学しているかもしれない。そんなふうに本物の孤独や社会的な不満を感じたとき、何をすればいいだろう？　自分の価値観が反映された現実を受け入れるよう、努力することだ。

心のもろさについての専門家ブレネー・ブラウンは、自分のもろさや恐れ、「不確かさと呼ばれる拷問部屋」を経験することで、自分の感情をさらけ出せると書いている。それは実際にはとてもいいことなのだ。「リスクを負い、不確かさに立ち向かい、自分自身の感情をさらけ出すことは弱点であるという方程式はない」とブラウンは述べる。多くの親は、そんな深い感情を味わったり表現したりすることはない。何をするときも完璧でいなくてはならない、あるいは完璧に見えなければならないと思うからだ。他人の考えをひどく気にして、もっといい道があるとわかっていても群れについていこうとするのは、たとえ意識していなくても、その心のもろさと恐れの感情が原因であることがある。

子どもが家にいてなんの予定もなく、一緒に遊ぶ友だちがいないのなら、その時間になんらかの意味をもたせてやろう。家族の時間として、一緒に本を読んだり、パズルをしたり、散歩したり、雲を眺めてのんびりと過ごしたりするといい。それぞれがうれしく思っていることや楽しみにしていることを教えあうのもいいだろう。子どもにきょうだいがいるなら、一緒に何かをするよう勧めてみよう。パロアルトに住むブライアンという名の父親は子どもたちにこう言う。「きみたちはお互いに誰よりも長いつきあいになるんだから、一緒に過ごさなきゃ。何かの活動に出かけてばかりいたら、そうはできないよ」。あるいは子どもをひとりきりにして、時間をつぶす方法を見つけさせよう。それも大きな価値があることだ。

サッカーコートのサイドラインに親がついていないのが自分の子どもだけだとしたら（どうか信じてほしいが、そんな状態は長くは続かないだろう。あなたの例を見て、ずっとそばにいなくてもいいと気づく親がいるはずだから）、サッカーが子どもにとってとても貴重な経験となることを強調しよう。子どもにとってサッカーが重要であるように、親の生活にも仕事や趣味、ひとりの時間や友人と過ごす時間など、重要なものがあることを子どもに告げよう。どうしても親に来てもらいたい試合をいくつか選ぶように言い、そのときには行くと約束しよう。サッカーの練習や試合を見に行かなかった日の夕食では、みんながその日のできごとを話すときに、子どもがサッカーをしている間にやっていたことの話を必ずすること。

中学2年になった娘のアベリーにも、同じ方法をとった。アベリーは冬から春まで毎日ダンス教室に通いつづけた。「ダンス・ママ」は「サッカー・ママ」と同じくらいどこにでもいるが、私はそのひとりではない。アベリーには、私に来てほしい演目を選ぶように言い、それには喜んで観にいった。おかげでいろいろなことをする余裕ができた。もし全部の演目に出かけていたら、それらを犠牲にすることになっただろう。そしてアベリーが選んだ演目は、私たち母娘にとってとても特別なものとなった。

もし自分の子どもが〝人生を変える〟大学やコミュニティ・カレッジに入り、姪が有名大学に入学したなら、頭の中で「それが何？」と言うことを覚えよう（必ず役に立つはずだ）。重要なのは、子どもがどこで学ぶかではなく、そこで成長することだ。大学に進学した我が子と電話で話すときには、いちばん楽しいことを尋ね、その理由を聞いてみよう。学問（アメリカの歴史であれ、生化学実験や文化人類学セミナーであれ）がいちばん楽しいと言った場合は、たとえば教授陣に近づくなど、さらに追究する方法を考えるよう勧めてみよう。私は学生に、この種のアドバイスをしょっちゅうしている。3年生の初めに会いに来た学生がいた。GPAが4・0という自分の成績に自信満々だった。私はお祝いを述べ、熱心さをたたえてからこう言った。「では、名前を知っている教授は何人くらいいますか？」。彼はこう答えた。「ええと……ひとりもいませんが？」。そこで私は言った。「そうですか。では、あなたのGPAは4・0かもしれませんが、求められることしかせず教授と知り合っていないのなら、努力はBですね。教授と知り合うことは（そして、その後に続く、理解を深め自信をつけることや研究の機会を得ること、よい推薦状を得られるかもしれないことなどは）、この大学の可能性を最大限に引き出す方法ですから」。どんな大学でも、そういった恩恵は得られる。小さなリベラルアーツ大学のほうが、その可能性はさらに高いかもしれない。一般大学の教授は「論文を書かないと破滅する」というプレッシャーにさらされ、その結果、学部生のメンターとなる重要な役割は優先されず、後回しにされるかもしれないからだ。

実際に実行する人に刺激を受ける

過保護をやめて子どもを大人に育てると口で言うのはたやすいが、実際に過保護をやめることを選び、実行する方法を見つけた親のひとりになることは、また別の話だ。そんな先駆者たちの話を紹介したい。

子どもの学校と適切なかかわり方をする親

マウリナはカリフォルニア州のサンタクラリタ（ロサンゼルスの北にある町）に住む専業主婦だ。[5] 資源の乏しい地域の教育者は、親が教育にもっとかかわってくれることを望むものだが、サンタクラリタの学校では、親の関与は決して少なくなかった。しかし、ほかの多くの親とは異なり、マウリナは一歩身を引いていた。子どもたちには、学校は自分たちの領域だと感じてほしかったのだ。母親が存在するもうひとつの場所だとは思わせたくなかった。「参観日には、子どもたちは興奮して、〝自分たち〟の場所を案内してくれました。学校は、ママがいつもいる場所ではないのです」

子どもの学校とあまりかかわらないマウリナは、いつも学校の門のそばをうろついているような親には色眼鏡で見られている。しかし、マウリナはたいていの親よりも年長で、その口調には他人の批判などなんとも思わないという様子がうかがわれた。マウリナは学校や学校の活動に費やす時間を、リラックスできる家庭をつくり、運動などをする自分のための時間にあてた。「専業主婦は家庭にいると言われるけれど、私たちが家庭そのものではないんです！　馬鹿げたことすべてから解放されることで、ポジティブで幸福な家庭をつくる時間がたっぷりと取れます」

　2人の子どもをもつリサは、ミネアポリス郊外に住む上流中産階級の母親だ。その町で「進学するには、活動や栄誉が非常に重要視される」[6]。リサの娘は高校2年生のとき、全米優等生協会（訳注：優秀な学生を集めた組織）に応募した。リサと夫は娘が自分で全部手続きすることを望んだが、ほかの生徒は親に手伝ってもらった。「娘は奉仕活動や学業などあらゆる基準をクリアしましたが、1枚の用紙に記入もれがあって、不合格になりました」。1年後、娘は再び応募した。手続きはさらに難しくなっていたが、娘は合格した。その難しい手続きをやってのけるとは、リサと夫にはなかなか信じられなかったのだが。「前年のように簡単ではありませんでした。娘よりも入念な応募手続きをした人はまずいなかったでしょう。前年の失敗から娘は学んでいたからです。小さな失敗をすることで、大きな教訓を学べたのはとてもいいことでした」

　アトランタに住むキャロルは、ふたりの子どもの母親だ[7]。キャロルの地元の学校には、子どもが悪い成績をとると電子メールで親に通知するシステムがあるという。だがキャロルは、そのメールを完全に無視した。その代わりに、学校で何か問題があれば、ほかのところから伝わる前に、子どもが話してくれることを期待した。大学に入学を申し込む時期になると、応募書類に目を通したいという強い欲求を我慢した。それでも、大人がエッセイを読んで意見を伝えることは重要だと考えていた。「信用できる大人を見つけて、私の許可を得たうえでエッセイを見てもらいなさい、と子どもに言いました。応募書類が子ども自身の姿を反映していると信じることはできました。だから、成功できそうなところに入学できるだろうと思っていました」。息子は大学1年生のとき、ある教科で大きな問題にぶつかり、両親に電話をかけた。「電話をかけてくる前に、息子はすでに教師や指導員、アドバイザー、学部長と相談していました。そのとき、息子は世の中でやっていけることがわかりました。息子を誇らしく思う気持ちが頂点に達した瞬間でした」

スポーツなどの課外活動を客観的に見る親

パロアルト在住のブライアンは、自分の子どもに全力で集中する親を大勢知っている。(8)「そうやって社会生活を築き、自尊心を養っているとしたら、子どもが家を離れて結婚したり大学に進学したりしたとき、どうなるだろう?」。ブライアンと妻は〝子ども中心〟の生活ではなく、〝家族中心〟の生活を送っている。その根底にあるのは、「生きる主目的として子どもに注力することはない」というシンプルな考えかただ。

つまりブライアンは〝子どものスポーツ産業複合体〟というものに関心がない。そこにかかわってしまえば、なんであろうと子どもが興味を抱いたものが、その家庭の中心を成すものとなってしまう。「真ん中の娘はクラブでサッカーが好きになったかもしれない。だが、そんな機会を娘に与えるつもりはなかった。娘にはできないからではない(おそらくできただろう)。週に3回の練習と1回の試合があり、遠征もあるからだ。家族の時間がなくなってしまう。だから娘は、昔ながらのAYSO(アメリカユースサッカー協会)に入り、週に1回の練習と地元での試合に参加した。自分で往復できる年になるまで、そうやって続けるだろう」

予定表を活動で埋め尽くしてはいないため、ブライアンの子どもには週末をのんびりと家で過ごす余裕がある。「友人のなかには、だらしないと思う者もいる。だが娘たちは外に出て遊んだり、砦をつくったり、動画を撮影したりしている。歌やダンス、ぶらぶら歩きに時間をかける。一緒にテレビを見る。散歩や読書をし、宿題をする。一方で、友人の子どもはあれこれと練習したり個人コーチの指導をうけたりしている。

キャリーが住むミシガン州アナーバーでは、子どもが朝6時に起きて、スケートリンクまで片道1時間かけて車で送迎してもらうことも珍しくない。優秀な選手になるため、学校には毎日30分遅刻することになる。[9] 子どものスポーツや、そのほかの活動に妥協を許さない姿勢について、キャリーは疑問を抱く。「子どもが望んでいるのか、それとも親が子どものために望んでいるのでしょうか？　オリンピックやハーバード大学に行くためだけに、そんなことをしているのでしょうか？　もしそこまでの成果を達成できなかったら（達成できる子どもはごく少数でしょう）、どうなるのでしょう？　それでも、そこまでの犠牲を払う価値があるのでしょうか」

10歳の娘のことを念頭に置きつつ、キャリーは語る。「娘には家庭での休憩がかなり必要です。絵を描いたり遊んだりもしたいし、あまりにも多くの活動を押しつけられてもうまくやれません。娘に何かを習わせるときは、その点に気をつけています。サッカーなら、遠征チームよりもレック&エドプログラム（訳注：子ども向けの各種教育プログラム）のサッカー教室のほうが向いているでしょう。娘が応募して入った全市規模のコーラスグループは、おそらく適当ではありませんでした。練習スケジュールが厳しいし、もっと低いキーのグループで歌うほうが娘には向いているのです」

キャリーの属するコミュニティでは、早期にスポーツや楽器を始めないと、子どもが将来的に何かをやる機会を逃してしまうと言われている。したがって、親は〝間違った〟決断をしてしまうことを恐れがちだ。キャリーが言うには、「年上の子どもをもつ親と話をして、何が本当に正しいのかを確かめるんです。高校にはいろいろな伝説があります。遠征チームやオーケストラに入る競争率の高さや、チャンスを得るためにしなければならない、あれこれなどです。でも、私はずっと『本当のところはどうなんですか?』と尋ね、情報を集めてきました。たとえばサッカーチームは、空きがあるかぎり、どんな新入生も歓迎してくれます。遠征チームに入っていないと高校でプレーできないというのは幻想にすぎません。オーケストラも同じです。ほかの子ほど上手でなくても、参加して楽しむことはできます。親たちはそういった伝説をアドバイスとして伝え合い、驚くほど広めてしまうのです。そんな人たちと一緒にいたいでしょうか? 子どもにとって善良で健全な存在でしょうか? そういったタイプのプレッシャーや押しつけは、私たち家族の価値観とはまったく相容れないものです」

子どもを愛し支える親

ミシガン州アナーバーに住むクリステンは2人の子どもを育てている。[10] 上の息子は公立のマグネット・ハイスクールの2年生で、実行機能に問題を抱えているが、それ以外は知的能力が高く、子どものころから勉強はとても簡単なものだと思っていた。しかし高校入学後、真剣に勉強に取り組まなければならなくなったとき、息子はあまりやる気を出せなかった。クリステンと夫(ふたりとも名門大学の上級学位を取得している）は心を痛めた。もし息子がちゃんと力を発揮すれば、かなりの難関大学に入れ、外の世界への扉が開くことはわかっていた。息子はまだ熱意を注ぐ対象を見つけていないが、なりたいと思えばなんにでもなれるだろう。その才能を無駄にするのはもったいないし、扉を開けておいてほしかった。また、それまで息子を作業に集中させ、やり遂げさせるために親が用意してきた支えを、そろそろ取り払う時期だとも感じていた。それでも、自分たちのサポートがなければ成功できないだろうことはわかっていた。

「最初に考えていたのは、息子は聡明でなんでもできるということでした。そして、まだ若すぎます。授業の成績でCを取ったら後悔するかもしれないなんて、わかるはずがありません」。しかし、毎晩息子に宿題をさせているうちに、それが家族の精神的な負担となり、不和を引き起こしはじめていることに気づいた。「つねに息子に無理強いし、コントロールしようとしているせいで、みんながいつもみじめな気分でした」

クリステンは、息子と同じタイプの（才能と障害を併せもつ）子どもの親に助言を求めた。そして編集者兼作家のカトリーナ・ケニソンが書いた『なんでもない日の贈り物――ある母親の回想録（*The Gift of an Ordinary Day: A Mother's Memoir*）』に慰めを見いだした[11]。クリステンが最も大きな気づきを得られたのは、自分と同じコミュニティに所属する成功者たちの言葉を聞いたときだった。過去には波乱に満ちた人生を送り、いまは興味を覚えた仕事や満足のいく仕事についている人々だ。「平坦ではない道を歩いてきた人たちと、次々に話をしました。高校の成績がオールAではなかった人。聞いたこともない大学に進学した人。1年生で退学した人。最も大きな気づきは、私たちと息子との関係が、高校卒業後、首尾よく大学に入学できたときに始まるのではないということです。息子との関係はいま、存在するのです。けれども、必ずしもいま成功できるわけではありません」

クリステンはかつて、息子の背中を押さないのは親としての責任を放棄することのように感じていた。いまは、親としての責任を果たすもうひとつの方法は、大学に入る前に自分で壊れさせることだと考えている。「息子のような子どもは、高校時代に親の支えや支配を受けすぎると、大学に入ったときに壊れてしまうだろう、そうなったら元も子もない、とよく言われたものです。高校時代に崩壊を経験させたほうがいいのです。サマースクールに通うのは、何も世界の終わりというわけではありません。高校に1年長く通ったとしても、世界の終わりではないのです。

専門家の人たちに何度も繰り返し言われてきました。『たとえ息子さんがひどく壊れたとしても、元どおりになれますよ』。そこで私は本当に心を開きました。それが息子の本当の姿なのです。名門大学に行くかもしれないし、行かないかもしれません。名門大学院に行くかもしれません。いつ本領を発揮するのかはわかりません。予定表を用意するわけにはいかないんです。私がコントロールする必要はない、息子のために扉を支えておく必要はないと気づいたとき、とてつもない解放感を覚えました。大学が人生を決定するわけではありません。息子は名門大学に行って、生涯かけてすばらしいことを成し遂げる必要はないのです。裕福になれず、有名にもなれず、自分の分野でトップにもなれないかもしれませんが、それでもいいのです」

4人の子をもつクリスティーンは、サンフランシスコの少し北にあるマリン郡のミルバリーという町に暮らし、「小学校に上がる前から大学選択の話を始める」と言われる上流中産階級に属している。[12] クリスティーンの長男（ずっと成績は良かったが勉強が好きになったことは一度もない）は、中学2年生のとき両親にこう告げた。「あと4年間もストレスを味わいたくないし、そのあと大学に行ってまた4年間ストレスを感じたうえに、卒業して嫌な仕事に就きたくない」。そのとき、クリスティーンの友人の子どものほとんどは私立高校に入学申し込みをしていて、息子が暗に言及したような、名門であってもストレスの多い高校で過ごす計画を立てていた。しかしクリスティーンと夫は、息子にはそんなことを求めずに、本当にやりたいことを見つける手伝いをしたいと思った。

　息子は地元の公立校タマルパイス・ハイスクールを選んだ。そして1年次の修了までに、自分はマリン郡の外に出たがっているということに気づき、2年次に向けていろいろな計画を立てたが、どれも従来の学校生活とはかけ離れていた。息子はケニアの無料の女子校で働きながら国立大学のバーチャル・ハイスクールの授業をオンラインで受講し、アメリカに戻ってニューヨークの親戚の家に住まわせてもらい、国際写真センターで夏期だけ働いた。母親のクリスティーンは、「息子を自由にさせるのはつらかったし、従来の道を外れるリスクもありました。でも、私たちは自由にさせてやりました。その経験が人間的な成長をもたらし、故郷の学校で勉強して2年生を過ごすよりも、はるかに成長させてくれると信じていました。その年、息子は何もかも自分ひとりでやってのけました」

　クリスティーンと夫の目には、離れている間に息子が成長したことは明らかだったが、その結果、息子は従来の学校制度を外れるという決断を下すことになった。タマルパイス・ハイスクールに復学して3年生となったとき、以前と同じ上級コースを取ることは認められなかった。前年度は生徒でなかったからだ。「多くの人にとって、リスクを犯すほどの価値はありませんでした」とクリスティーンは語った。だがクリスティーンと息子本人（ここが大事なところだ）はそのリスクを犯すことにした。「私たちは息子の決断を支援しました。自立して常識を超えた経験を追求する機会を与えられたら、自分自身とその将来の姿を見つけやすくなり、人生や大学、職業について、よりよい選択をするだろうと思ったからです。そんなふうに息子を支えることで、なりたい自分になる力を与えることができると、固く信じています」

カリフォルニア州オークランドに住む牧師のモーリスには成人した娘がひとりいる。[13] その娘がごく幼かったころ、娘の才能に気づいた人々はモーリスにせっついて、娘にテストを受けさせ、難関のプレスクールに入れて、アイビーリーグの大学に入学させる準備をさせようとした。しかし、モーリスとミシェルは娘に手をかけることを好まず、才能が自然に育つのを待つことにした。「子育てに重要なのは、どこまで親がかかわり、どこから子どもに任せるかをわきまえることです。心配せずに観察することが、とても大切です。驚きが、その報奨なのです。娘が必要とするものは、昔もいまも、私自身のそれとはまったく異なるということを学びました。私なら混乱してしまうような環境で娘は活躍し、私が活躍できる環境で娘は元気をなくしてしまいます。最も驚いたのは、娘はたくさんのことを私から学んだと言うのですが、それは私の意図とはまったく関係のないことであったということです」

子育ての価値観を支えてくれるコミュニティを見つける親

サンフランシスコ在住で2人の子どもをもつラニは、スタンフォード大学のキャンパスで教授の子どもとして育ち、いまはふたつのエリート大学の学位をもつ内科医である。[14]ラニと夫の間に子どもが生まれたとき、友人の多くは郊外に引っ越していたが、ふたりは町にとどまって子どもを公立校に通わせることに決めた。「サンフランシスコの公立校を選んだとき、周りにいるのはおおむね過保護ではない家族ばかりでしたから、自分たちの過保護な傾向を抑えることができました。5年生になった娘をひとりで公共の路線バスに乗せたときや、4年生の弟と一緒に数ブロック先の肉屋まで徒歩で行かせたときは、胸がどきどきしました。子どもたちはわくわくしながら、喜んで行動していました」

1学期間、あるいは1年間、地元のコミュニティを離れてストレスを軽減したい、あるいは本当に重要なことに集中したいと思う親もいる。パロアルトで非常に人気のあるサマーキャンプ、ジェフナイラの共同創立者であるジェフ・ギャンブルは、2014年にそれを実行に移し、妻のテリーとともに3人の子ども（8歳、11歳、13歳）を1年間、インドネシアのバリに送った。[15]バリで、ジェフとテリーの子どもたちは自分たちだけで、あるいは友人と一緒に、学校までの7～10分の道のりを毎日歩いて通った。ジャングルをぬけ、15メートルもある竹林を通って、野生のバナナやココナツの木を通り過ぎ、トカゲやヤモリが矢のように横切る道を歩いたのだ。頭上には、樹冠に遮られた空がぼんやりと見えている。「ベイエリアに住んでいたとき、私の子どもたちがひとりで歩くのは、せいぜい1ブロックくらいのものでした。だがここでは子どもたちを自立させ、探検させています。年長のふたりは〝バリの電話〟を持っていて、自分たちの居場所や計画を親に連絡する責任を負う代わりに、ジャングルや食堂やプール、川を含む8ヘクタールものキャンパスを仲間と一緒に自由に歩き回れます。何を学ぶかは自分で選び、子どものひとりはスキューバダイビングと養蜂の授業を取っています。いつ宿題をやるかも自分で決めます。親は一歩下がって見守り、子どもに成功、あるいは失敗をさせます。どちらからも子どもは学びます。これが、過保護をやめる試みです。子どもたちは3人とも成長しました」

パロアルトに以前住んでいたメーブ・グローガンと夫のパットは、2人の子どもを連れて同じような旅に出て、6カ月で世界じゅうを探検した[16]。それまでずっと、息子たちに山のような宿題をやり遂げるよう命じていて、それが難関校への入学といい仕事につながると思っていたのだが、実際には彼らがひどく危険を回避するようになり、不確実なことへの対処が総じて困難になりつつあるということに気づいたのだ。「いつもより危険なことに取り組み、不確実な道を行くことに決めたんです」とメーブは言った。「子どもたちには、不確実な状況で選択し、決断することを学ばせたかったからです」。そして、子どもたちともっと密接にかかわりはじめた。「個人的には、我が子をもっと知りたかっただけです。忙しさと義務に縛られていたら、型にはまらないコミュニケーションをとり、ただ一緒にぶらぶらと出かけるような機会はいつ訪れるでしょう?」

メーブの家族が旅を終えるころには、パロアルトを離れてオレゴン州南部の静かな地域に住むという決意が固まっていた。「表面的なものにとらわれず、お互いの結びつきを何よりも優先して生きるようになったんです。『これこれをやらなきゃだめ』と押しつけずに、もっと話し合って選ぶようになりました。あの6カ月間の成果です。予定が詰まっていると、話し合って選択する時間がありません」

話し合って選択するということ。

現在主流の過保護な子育てモデルしか考えられない私たちは、自分で選択する人生を生きていないのかもしれない。親は自分の、そして子どもたちの選択を、〝群れ〟に任せていたのかもしれない。

おわりに

多くの学生が服従と勇気のはざまにとらわれているように、多くの親はおかしくなったシステムの中で最善を尽くそうと努力している。しかし、お手上げだとあきらめる前にやるべきことがある。この流れがどんなに強力でも、このままにしておくわけにはいかない。子どもを変えたいのなら、育て方を変えなければならないのだ。[1]

――ウィリアム・デレズウィッツ

スタンフォード大学の新入生担当学生部長を務めていた時期には、18歳から22歳の何千人もの男女学生を相手に働く特権に恵まれた。多くの同僚とともに、学生が目標をかなえる手助けをし、彼ら自身、まだ想像もつかない可能性に向かって成長させる仕事だ。そのためには注意深く耳をかたむけ、忍耐と長期的な見通しをもつ必要があった。人が大人に成長する過程は煩雑でやっかいだが、やがてすばらしい結果がもたらされる。

その期間に、かつては比較的明確だった青年期と成人期の区切りが、どんどんぼやけていくさまを見ていた。毎年、大学生の親を説得して後部座席に座らせ、その息子や娘に自分自身の大学生活の運転をさせることが難しくなっていく。学生は自分で物事を采配したがらずに、親の干渉をありがたがるようになっていく。ある時点で、私は本能的に感じた。次世代の若者に大人になる気がなかったら、私たちはどうなるだろう？　この心配が芽ばえたせいで、私は自分の大学やほかの大学だけでなく、地域社会や子どもの学校、自分の家庭の状況も調べてみることにした。すると、子ども時代（子どもはその時期に能力や自立心を発達させ、親離れして自己を形成する）に自然に備わるはずの成長段階が損なわれているように思われた。安全への懸念が増し、チームのレギュラーや学校の席を確保するなど、親の懸命な関与なしでは獲得できないであろう栄誉を得る機会が増えたことが原因だ。かなり大人に近づいた子どもを導き、世話をして、そばを飛びまわる親はもはや例外ではなく、当たり前と言えるだろう。そして不安や抑うつなどの精神的な問題を抱えた若者は増加しつづけている。

本書の執筆を始めたのは、若者への憂慮が募ったせいだった。同時に、親に対してもかなりの不安を抱くに至った。〝ああいう親〟が問題だと信じて始めたのに、自分自身も〝ああいう親〟のひとりだと気づかされることになった。何が間違っているかということに光を当てたくて始め、修正する方法として学んだことすべてに啓蒙されることになった。本書を完成させて自分の道を進みつづける（愛するパートナーとともにふたりの子どもを育てるという仕事も含まれる）うちに、過保護の害について学び、自分自身も良い方向に変わることができた。読者もそうであることを願う。

親の夢は子どもをもつことであった。しかし、子どもには自分の夢をもつ権利があることを忘れてはいけない。かけがえのない大切な子どもには、それぞれ計り知れない可能性がある。その唯一無二の個性、つまり自己は、若者自身が見つけるべきものだ。子どもを導き、失敗や苦痛から守りたいと親は強く願っている。しかし過剰な手助けは有害である。自分自身を知って、人生を形づくるための力やスキル、意志、性格をもつことのできない若者を生みだしてしまうのだ。若者は自分自身をつくるだけでなく、さらにグローバルで親密度を増した21世紀をつくりだす世代でもある。私たちの理解を超えた予想不可能な時代だ。人間が遭遇してきたうちで最も厄介に思われる環境問題、社会問題が、次世代の前に立ちふさがるだろう。彼らは懸命に働き、知恵を駆使し、問題を解決することを要求される。思いやりのある熱心な市民、善き人間となって、いずれ彼ら自身も親になるよう求められるのだ。子どもが自力でそんな人間になってくれれば、私たちは親として成功したことになるだろう。親の助力や肩代わりを当てにされるよりも、ずっといいことだ。

もちろん、親はそばにいるだけで何もしないというわけではない。できること、やらなければならないことはたくさんある。私の子どもはまだ親と一緒に暮らしている。栄養を与え、安全な場所で育て、あるがままの子どもを愛し、興味や関心を支援し、自立心を養い、やがて有意義な大人の生活を送らせるためのスキルや価値観を教えなければならない。また、親の幸福と健康は親自身で責任を持ち、決して子どものせいにしてはいけない。子どもとよい関係を築き維持していれば、親の観点をつねに尊重してくれるだろうし、合わせようとしてくれるかもしれない。しかし子どもが成長するにつれて、無理に言うことをきかせようとするのはやめなければいけない。その時期が来れば、大人には欠かせない資質を我が子が備えたという確かな自信をもって、指導者のマントを優雅に脱いでみせよう。

子どもと同じく、親もさまざまな助言を求めている。子育ての方法もそのひとつだ。研究者や哲学者、臨床医、思想的リーダー、スピリチュアルリーダー、コーチ、著述家、ほかの親などから学べることは多い。しかし、他人の答えを追い求めるあまり、自分自身の生活で得た知恵や直感を見過ごしてはいけない。自分の子どもや家庭の状況は、誰よりもよく知っているのだから。子育てのどんな局面にもぴったりと合う、フリーサイズの答えなどはない。毎回最高の対応をしようと頑張っていたら、頭がおかしくなってしまうだろう。自分の選択能力を信じ、自分で子育ての解決策を見つけてみよう。そう、この子育て本の著者は、子育て本をあまりにもたくさん読むことはやめて、自分自身をもう少し信じたほうがいいと言っているのだ。ペースを落として深呼吸し、内面を見つめ、パートナーを、そして子どもをハグしよう。もう、子育てをそんなに大変なものと感じなくていい。あなたならできる。

私はまだスタンフォード大学の学生部長だった時代に、自分のコミュニティで過保護の害についての講演を始めた。そして聴衆から「エリート大学に罪はないんですか？」という鋭い指摘を受けて、幾度となく気まずい思いをした。当時は大学の管理側にいたため、大学が過保護を奨励していることが見えていなかったのだ。もちろん、質問者が暗に示していた大学側の責任にも気づいていなかった。しかし、距離と時間を隔てたことで、私の視野は広くなった。親が子どもに宿題をやらせ、テストでいい点を取らせるために何千ドルも使い、履歴書を水増ししようと決断することが、スタンフォードやハーバードのせいだとは思わない。しかし、そういった組織の思慮深い指導者は、ブランド主義やエリート主義、捏造された難易度、不適切なランキングなどによる大学の評価に対処し、志願者の純粋な知的能力と性質を判断できるように入学審査手続きを改変するには最適のポジションにいる。最難関の大学がそれをうまくやってのけたなら、子どもや親、そして子ども時代そのものに、とてつもない恩恵を与えることになるだろう。彼らが試みてくれることを期待する。

大学入学申し込みシステムの欠陥や、親の手には負えないたくさんの社会的・文化的要素があるにもかかわらず、私たちの前には、今日の夕食、明日の朝食を必要とする子どもがいる。社会や世界には上手な子育てを期待されている。私と一緒に、子どもを正しく扱おう。飛びまわる親たちのことは放っておいて、依存心ではなく自立心を育て、あるべき姿を求めるのではなく、あるがままの子どもを支えよう。力をあわせれば、子育ての流れを別の方向に変えられる。子どもを大人に育ててあげるという方向へ。

付録A

ハーバード・ロースクールの学生の出身大学リスト（2016年度）

アメリカン大学
アマースト大学
アリゾナ州立大学
オーバーン大学
オーガスタナ大学（サウスダコタ州）
バード大学
ニューヨーク市立大学バルーク校
ベイツ大学
ベイラー大学
ベス・メドラッシュ・ゴボハ
ベテル大学（ミネソタ州）
ビオラ大学
ボイシ州立大学
ボストン大学
ボウドイン大学
ブランデイズ大学
ブリガムヤング大学
ニューヨーク市立大学ブルックリン校
ブラウン大学
バックネル大学
カリフォルニア工科大学（サンルイスオビスポ）
カリフォルニア州立大学ロサンゼルス校
カールトン大学（ミネソタ州）
カールトン大学
カーネギーメロン大学
ケースウェスタンリザーブ大学
センター大学
クレアモント・マッケンナ大学
クラークアトランタ大学
クレムソン大学
コルゲート大学
コロラド州立大学
コロンビア大学
コーネル大学（ニューヨーク州）
ダートマス大学
ディキンソン大学
ディラード大学

デューク大学
イースタン・ナザレン大学
エンブリー・リドル航空大学
エモリー大学
フロリダ工科大学
フロリダ州立大学
フォーダム大学
ファーマン大学
ジョージ・ワシントン大学
ジョージタウン大学
ハミルトン大学
ハーバード大学
ホフストラ大学
ハワード大学
ニューヨーク市立大学ハンター校
インディアナ大学ブルーミントン校
インディアナ大学（パーデュ大学、インディアナポリス）
ジョンズ・ホプキンス大学

ラファイエット大学（ペンシルベニア州）
ロヨラ大学（シカゴ）
マルケット大学
マサチューセッツ工科大学
マギル大学
マクマスター大学
メトロポリタン州立大学
マイアミ大学オックスフォード校
ミドルブリー大学
モアヘッド州立大学
モアハウス大学
ネブラスカウェスリアン大学
ネル・イスラエル・ラビニカル大学
ノースイースタン大学
ノースウェスタン大学
ニューヨーク大学
オークランド大学
オーバリン大学

オハイオ州立大学（コロンバス）
オーラルロバーツ大学
オレゴン州立大学
パトリック・ヘンリー大学
北京大学
ペンシルバニア州立大学（ユニバーシティパーク）
ポイントローマナザレ大学
ポモナ大学
プリンストン大学
ニューヨーク市立大学クイーンズ校
クイーンズ大学
リード大学
ライス大学
ラトガーズ大学芸術科学校
セントルイス大学
サンフランシスコ州立大学
サンタクララ大学
サラ・ローレンス大学（ニューヨ

ーク州）
シアトル大学
ソウル大学
スミス大学
南メソジスト大学
サウスウェスタン大学
スペルマン大学
スタンフォード大学
スティーブン・F・オースティン州立大学
ニューヨーク州立大学オルバニー校
ニューヨーク州立大学ストーニーブルック校
ニューヨーク州立大学ジェネセオ校
スワースモア大学
シラキュース大学
テキサスA&M大学（カレッジステーション）
テキサスクリスチャン大学
テキサス工科大学
テキサス大学アーリントン校
テキサス大学オースティン校
トーラ・テミマ・タルミディカル神学校
トウロ大学
トリニティ大学（テキサス州）
トルーマン州立大学
タフツ大学　スクール・オブ・アーツ・アンド・サイエンシズ
テュレーン大学
アメリカ沿岸警備隊士官学校
アラバマ大学
アリゾナ大学
アーカンソー大学（フェイエットビル）
ブリティッシュ・コロンビア大学
カルガリー大学
カリフォルニア大学バークレー校
カリフォルニア大学デイビス校
カリフォルニア大学アーバイン校
カリフォルニア大学ロサンゼルス校
カリフォルニア大学サンディエゴ校
カリフォルニア大学サンタバーバラ校
シカゴ大学
コロラド大学ボールダー校
コネチカット大学（ストアーズ）
フロリダ大学
ジョージア大学
イリノイ大学アーバナ・シャンペーン校
ケンタッキー大学（レキシントン）
レットリッジ大学
メリーランド大学（カレッジパーク）
マイアミ大学
ミシガン大学アナーバー校
ミネソタ大学（ミネアポリス）

ミズーリ大学コロンビア校
モンタナ大学
ネブラスカ大学（リンカーン）
ノースカロライナ大学チャペルヒル校
ノートルダム大学
ノッティンガム大学
オクラホマ大学
ペンシルベニア大学
ピッツバーグ大学
サンディエゴ大学
サウスカロライナ大学コロンビア校
サザンカリフォルニア大学
トロント大学
バージニア大学
ワシントン大学
ワーテルロー大学
ウェスタンオンタリオ大学
ウィスコンシン大学マディソン校
バージニア工科大学
ヴァンダービルト大学
ヴァッサー大学
ヴィラノバ大学
ウォッシュバーン大学
ワシントン州立大学
ワシントン大学
ウェズリアン大学
ウィートン大学（イリノイ州）
ウィートン大学（マサチューセッツ州）
ウィリアムズ大学
ウォーフフィールド大学
イエール大学
イエシーバー大学

付録B

ティーチ・フォー・アメリカ（ＴＦＡ）採用教師の主な出身大学（２０１３年度）

２０１３年には５９００名が教師団に加わった。２０１２年とあわせた数は1万１０００名以上にのぼり、35州とワシントンＤＣの48の地域の教室で教えている。ティーチ・フォー・アメリカ（ＴＦＡ）の２０１３年度採用教師の74パーセントは２０１３年の大学卒業生である。その出身大学は全米の８００校以上にわたる。以下のランキングは、２０１３年度採用の卒業生数の順に並んでいる。（データは２０１３年8月時点のもの。前例にもとづき、プロジェクト初日を対象とする。大学の分類はカーネギー教育振興財団の分類にもとづいている）

・大規模校（学部生1万名以上）

テキサス大学オースティン校
サザンカリフォルニア大学
カリフォルニア大学バークレー校
ミシガン大学アナーバー校
フロリダ大学
ノースカロライナ大学チャペルヒル校
イリノイ大学アーバナ・シャンペーン校
コーネル大学
バージニア大学
ウィスコンシン大学マディソン校
インディアナ大学ブルーミントン校
ペンシルバニア州立大学（ユニバーシティパーク）
ミネソタ大学ツインシティー校
アリゾナ州立大学
メリーランド大学（カレッジパー

ク）
カリフォルニア大学ロサンゼルス校
オハイオ州立大学
ワシントン大学（シアトル）
ジョージア大学
ピッツバーグ大学

・中規模校（学部生3000～9999名）

ハーバード大学
ダートマス大学
ボストン大学
ヴァンダービルト大学
ノースウェスタン大学
エモリー大学
ジョージタウン大学
ブラウン大学
テュレーン大学
ペンシルベニア大学
ハワード大学
アメリカン大学
ジョージ・ワシントン大学
プリンストン大学
ゴンザガ大学
コロンビア大学（ニューヨーク）
セントルイス・ワシントン大学
ウェイクフォレスト大学
タフツ大学
イェール大学

・小規模校（学部生2999名以下）

スペルマン大学
ザ・ホリー・クロス大学
ホイットマン大学
ウェルズリー大学
デポー大学
ウィリアムズ大学
スミス大学
グリネル大学
バーナード大学
デニソン大学
ラファイエット大学
コルビー大学

フランクリン＆マーシャル大学
ワシントン＆リー大学
クレアモント・マッケンナ大学

コロラド大学
アマースト大学
モアハウス大学

マウント・ホリヨーク大学
ウェズリアン大学

■著者紹介

ジュリー・リスコット・ヘイムス（Julie Lythcott-Haims）

スタンフォード大学で新入生担当学生部長、学部生のアドバイザーを歴任し、学部生への貢献度を評価されてディンケルスパイエル・アワードを受賞。スタンフォード大学で学士号、ハーバード・ロー・スクールで法務博士号、カリフォルニア芸術大学でMFA修士学位（美術マスター）を取得している。サンフランシスコ・ライターズ・グロット所属。夫、10代の子どもふたり、実母とともにサンフランシスコ・ベイエリアで暮らしている。

■訳者紹介

多賀谷正子（たがや・まさこ）

上智大学文学部英文学科卒業。銀行勤務などを経て、フリーランスの翻訳者に。訳書に『THE RHETORIC 人生の武器としての伝える技術』（ポプラ社）、『親も子も幸せになれる子育てのヒント100』（共訳、バベルプレス）がある。

菊池由美（きくち・ゆみ）

大阪府出身。京都大学卒業。旅行会社などに勤務後、翻訳をはじめる。訳書に『「困った人」との接し方・付き合い方』（パンローリング）、『ホーリー・カウ』（小学館）など。京都在住。

2018年9月2日 初版第1刷発行

フェニックスシリーズ ⑯

大人《おとな》の育《そだ》て方《かた》
――子どもの自立心を育む方法

著　者　ジュリー・リスコット・ヘイムス
訳　者　多賀谷正子、菊池由美
発行者　後藤康徳
発行所　パンローリング株式会社
〒160-0023　東京都新宿区西新宿7-9-18　6階
TEL 03-5386-7391　FAX 03-5386-7393
http://www.panrolling.com/
E-mail　info@panrolling.com
装　丁　パンローリング装丁室
印刷·製本　株式会社シナノ

ISBN978-4-7759-4200-0

好評発売中

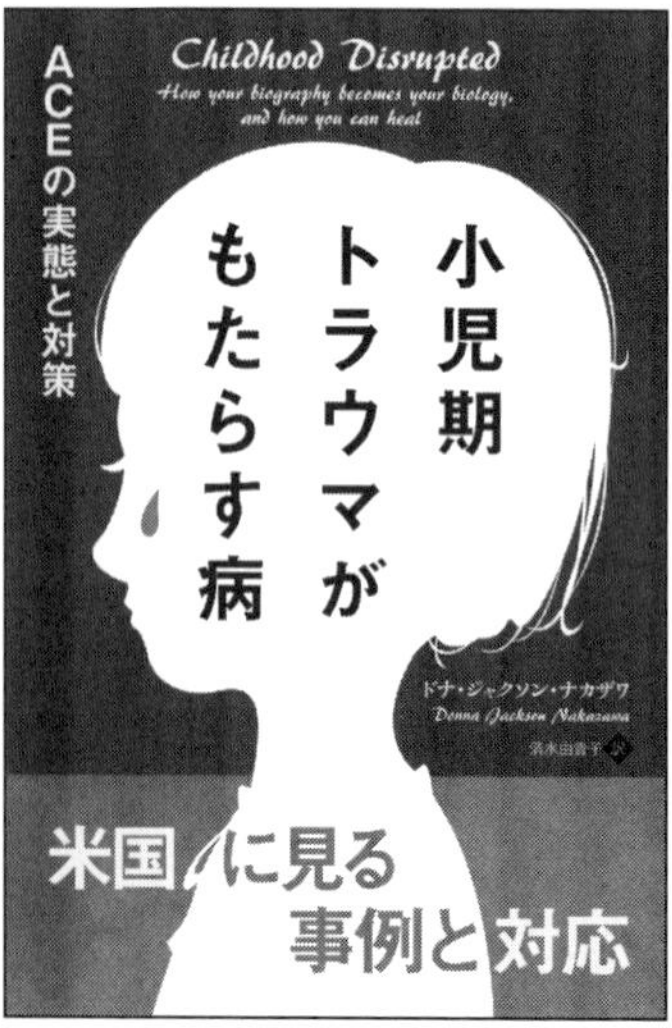

小児期トラウマがもたらす病

ACEの実態と対策

ドナ・ジャクソン・ナカザワ【著】
ISBN 9784775941935　328ページ
定価：本体 2,000円＋税

ACE＝逆境的小児期体験、
理解に向けた1冊

小児期のストレスと成人後の身体・精神疾患発症の相関関係を調べる ACE（Adverse Childhood Experiences：逆境的小児期体験）研究。本書では、トラウマ克服の体験談を交え、脳をリセットし、愛する子どもを救う道筋が示される。

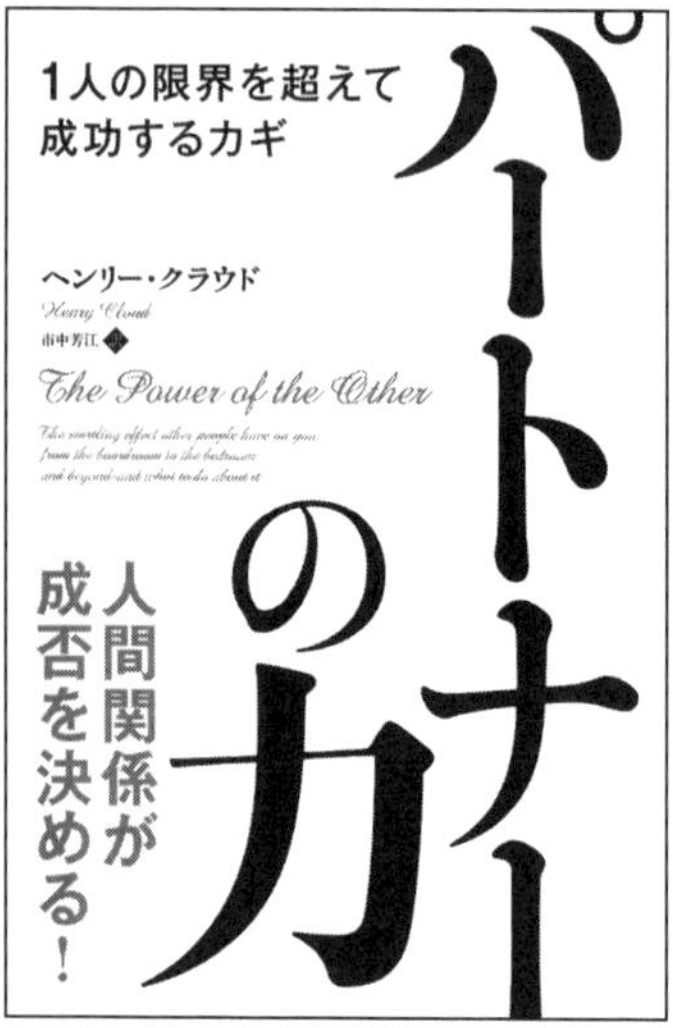

パートナーの力

1人の限界を超えて成功するカギ

ヘンリー・クラウド【著】
ISBN 9784775941973　304ページ
定価：本体 1,500円＋税

今あなたの傍に誰がいるか
仕事、家庭、あなたに関わる人が及ぼす驚くべき力とは

本書はリーダーシップコーチングのエキスパートであり、1000万部を超えるベストセラー作家でもある心理学者ヘンリー・クラウドが、深い洞察力と最新脳科学研究の知見を得てまったく新しい概念を提案する。「限界を超えて成果を上げる方法」の大転換である。

好評発売中

「バカ?」と言われて大正解

非常識なアイデアを実現する

リッチー・ノートン / ナタリー・ノートン【著】
ISBN 9784775941348　264ページ
定価:本体 1,300円+税

反逆者、問題児に幸あれ ―― Apple社

今では当たり前になっている発明や伝説的人物も、最初は「その道のプロ」から酷評を受けた。本書では、世界中の誰もが知るアップルのスティーブ・ジョブズやアマゾンのジェフ・ベゾスから夢を実現した一般人まで、成功のヒントを満載したエピソードをもとに、あなたも必ず持っている「バカ」なアイデアを発掘し、実現するためのサポートをする。

しっくりくることだけ、やりなさい

あなただけの「幸せの北極星」の見つけ方

マーサ・ベック【著】
ISBN 9784775941287　376ページ
定価:本体 1,600円+税

不安や不満、違和感があるなら
いまこそ変化を起こそう!

本書では、あなたが自分自身の北極星を探すための、心の羅針盤の読み方を学ぶ。人は誰しも自分の本当の望みを知る「本当の自己」と周囲からの評価を気にする「対外的な自己」のはざまでゆれている。自分の本当の望みを知れば、もっとずっと楽しく毎日を過ごし、世の中の役に立つこともできる。

好評発売中

オプティミストはなぜ成功するか【新装版】

ポジティブ心理学の父が教える楽観主義の身につけ方

マーティン・セリグマン【著】
ISBN 9784775941102　384ページ
定価：本体価格 1,300円＋税

前向き（オプティミスト）＝成功を科学的に証明したポジティブ心理学の原点

本書には、あなたがペシミストなのかオプティミストなのかを判断するテストがついている。自分がペシミストであることに気づいていない人もいるというから、ぜひやってみてほしい。「楽観主義」を身につければ、ペシミストならではの視点をもちながら、オプティミストにだってなれる。

ひとつずつ、ひとつずつ

書くことで人は癒される

アン・ラモット【著】
ISBN 9784775941195　336ページ
定価：本体 1,300円＋税

書くことそのものに癒され、自分の喜びとなっている

本書は小説家アン・ラモットが自らの人生を通して得てきた、ほかの小説作法の本では教えてくれない出版の真実や、小説の着想を得る方法や、キャラクター、舞台設定の作り方はもちろん、スランプに陥ったときの対処法や、書いているときに頭のなかで何が起こるかといった小説家の内面をえぐるものまで、「書く」ことの意味を追求していきます。

好評発売中

脳の配線と才能の偏り

個人の潜在能力を掘り起こす

ゲイル・サルツ【著】
ISBN 9784775941898　312ページ
定価：本体 1,600円＋税

天才はどうやって弱点を才能で補ってきたか。

天才とは、いったい何なのだろう。アインシュタインなどの非凡な才能の持ち主は、私たちが精神的な欠陥とみなす「脳の特異性」を持っていた。本書の目指すところは、天才と脳の特異性との相関関係を明らかにし、そのずば抜けた才能を育てサポートする家族や地域社会に助力することだ。弱点を補い、彼らの強みを最大限に活かす道を探る。

ナイスガイ症候群

人生が思うようにならない理由

ロバート・A・グラバー【著】
ISBN 9784775941881　336ページ
定価：本体 1,600円＋税

日々他人の目を気にして自分を殺し、女性には主導権を奪われ、悶々と過ごしている自分とはサヨナラしよう。

・自分のことより他者を優先する
・人の世話を焼く
・けっしてノーと言わない
・自分のミスや失敗は隠す　etc...

そんなジレンマで苦しむ男たち、「ナイスガイ症候群」を克服するための手引書である。